21 世纪高职高专财经类规划教材
21SHIJI GAOZHIGAOZHUAN CAIJINGLEI GUIHUA JIAOCAI

财务会计
（第 3 版）

Caiwu Kuaiji

贾永海 ◎ 主编

郭军 刘磊 ◎ 副主编

人民邮电出版社

北京

图书在版编目（CIP）数据

财务会计 / 贾永海主编. -- 3版. -- 北京：人民
邮电出版社，2020.8
　21世纪高职高专财经类规划教材
　ISBN 978-7-115-53364-7

　Ⅰ. ①财… Ⅱ. ①贾… Ⅲ. ①财务会计－高等职业教
育－教材 Ⅳ. ①F234.4

中国版本图书馆CIP数据核字(2020)第021258号

内 容 提 要

本版根据我国高职高专教育的特点，遵循《企业会计准则——基本准则》及各具体准则的规范和要求，按照理论与实训有机结合的原则，对上一版内容做了进一步优化，整合设计了11章内容，包括货币资金、应收及预付款项、存货、金融资产和长期股权投资、固定资产、无形资产和投资性房地产、负债、所有者权益、收入和费用、利润和所得税费用、财务报表等。

本书各章章前设置了本章学习目标和本章导读，大多数节设置了案例导入，正文内穿插了"政策依据""学中做""知识拓展""微课视频"和凭证样本等，章末设置了"本章小结"和"综合练习"，附录提供了两套自测试卷。

本书配有电子教案、教学大纲、教学进度表、电子课件、习题参考答案、模拟试卷及答案等教学资料，索取方式参见"更新勘误表和配套资料索取示意图"。

本书适用于高职高专财务会计类专业相关课程的教学，也可供会计教师、会计从业人员及自学者学习和参考，还可以作为在职人员岗位培训用书。

- ◆ 主　编　贾永海

　　副主编　郭　军　刘　磊

　　责任编辑　万国清

　　责任印制　周昇亮

- ◆ 人民邮电出版社出版发行　北京市丰台区成寿寺路 11 号
　　邮编　100164　　电子邮件　315@ptpress.com.cn
　　网址　https://www.ptpress.com.cn
　　北京天宇星印刷厂印刷

- ◆ 开本：787×1092　1/16
　　印张：22　　　　　　　　　　2020 年 8 月第 3 版
　　字数：580 千字　　　　　　　2025 年 7 月北京第 6 次印刷

定价：69.80 元
读者服务热线：(010)81055256　印装质量热线：(010)81055316
反盗版热线：(010)81055315

第 3 版前言

本书第 2 版自 2015 年出版以来，得到了更多师生的认可。同时，编者也收到了许多宝贵的意见和建议。自 2014 年以来，财政部陆续发布或修订了一些企业会计准则，相关税务政策也有了一些变化。基于以上两个方面的因素，编者结合在教学实践中使用本书的体会，对本书进行了修订。

本次修订，所依据的政策法规主要有以下两类。

（1）新发布的或修订后的企业会计相关政策文件，如《企业会计准则第 22 号——金融工具确认与计量》《企业会计准则第 23 号——金融资产转移》《企业会计准则第 37 号——金融工具列报》《企业会计准则第 14 号——收入》和《关于修订印发 2019 年度一般企业财务报表格式的通知》等。

（2）相关税务政策，如《财政部　税务总局　海关总署　关于深化增值税改革有关政策的公告》（财政部 税务总局 海关总署公告 2019 年第 39 号）等。

本版较重要的修订体现在以下几个方面。

（1）重点修订了金融资产、收入、利润及相关内容，完善了所有者权益的内容，修改了财务报表的格式及列报内容，按新的增值税税率修改了全书的例题、习题，并对原有内容进行了较为全面的梳理、补充和完善，使其内容更加完整、准确。

（2）根据用书教师反馈的意见，本书各章章前增加了"本章导读"，在大多数节前设置了"案例导入"，将课后作业移入了各章章后。

（3）以二维码链接政策文件、案例解析、凭证样本、微课视频、知识拓展、自测试卷等。

（4）全面修订了电子教案、教学大纲、教学进度表、电子课件、习题参考答案、模拟试卷及答案等配套教学资料，索取方式见"更新勘误表和配套资料索取示意图"。

除上述修订外，编者还对本书第 2 版中的一些技术性错误做了全面订正。借此机会，对所有给本书前两版提出过意见、建议的朋友表示衷心的感谢！

为更好地落实立德树人这一根本任务，编者团队在深入学习党的二十大报告后，在本书重印时对局部内容进行了微调，新增了素质教育指引等配套教学资料。

贾永海教授主持了本书第 3 版的修订工作，负责全书写作大纲的拟定和编写的组织工作，并对全书进行了总纂。具体编写分工如下：第一章、第十章、第十一章由贾永海撰写；第二章、第三章由孙艳撰写；第四章至第六章由刘磊撰写；第七章至第九章由郭军撰写。

在编写过程中我们参考了国内有关著述、教材和论文，在此对相关作者表示衷心感谢！

由于时间仓促，修改工作量大，加之编者水平有限，书中疏漏之处在所难免，欢迎广大读者和同行批评指正（联系方式见"更新勘误表和配套资料索取示意图"）。

编　者
2019 年 12 月

目　录

第一章

货币资金

【本章学习目标】

知识目标：了解货币资金的管理制度；掌握库存现金、银行存款和其他货币资金的核算内容、需要设置的会计科目和账务处理方法；了解常用银行结算方式的种类、适用范围以及结算的基本规定。

能力目标：能正确进行货币资金的账务处理；能合理选用银行结算方式。

【本章导读】

一、出纳岗位的日常工作

出纳岗位的日常工作主要包括货币资金核算、往来结算两个方面的内容。

1. 货币资金核算

货币资金核算的日常工作内容包括以下几个方面。

（1）办理现金收付，审核收付单据。严格按照国家有关库存现金管理制度的规定，根据稽核人员审核签章的收付款凭证进行复核，办理款项收付。对于重大的开支项目，必须经过会计主管人员、总会计师或单位领导审核签章，方可办理。收付款后，要在收付款凭证上签章，并加盖"收讫""付讫"戳记。

（2）办理银行结算，规范使用支票。严格控制签发空白支票。如因特殊情况确需签发不填写金额的转账支票时，必须在支票上写明收款单位名称、款项用途、签发日期和规定限额，并由领用支票人在专设的登记簿上签章。逾期未用的空白支票应交还签发人。对于填写错误的支票，必须加盖"作废"戳记，与存根一并保存。支票遗失时要立即向银行办理挂失手续。禁止将银行账户出租、出借给任何单位或个人办理结算。

（3）认真登记日记账，保证日清月结。根据已经办理完毕的收付款凭证，逐笔顺序登记库存现金日记账和银行存款日记账，并结出余额。现金的账面余额要及时与库存现金实有数核对，银行存款的账面余额要定期与银行对账单核对。月末要按开户银行分别编制银行存款余额调节表，使账面余额与对账单上余额调节相符。对于未达账款，要及时查询。

（4）保管现金和有价证券。对于现金和各种有价证券，要确保其安全和完整无缺。库存现金不得超过银行核定的限额，超过部分要及时存入银行。不得以"白条"充抵现金，更不得任意挪用现金。如果发现现金有短缺或盈余，应查明原因，根据情况分别处理，不得私下取走或补足。如有短缺，要负赔偿责任。要严守保险柜密码，保管好钥匙，不得任意转交他人。

（5）保管有关印章，登记注销支票。出纳人员必须妥善保管印章，严格按照规定用途使用，但签发支票的各种印章，不得全部交由出纳一人保管。对于空白收据和空白支票，必须严格管理，专设登记簿登记，认真办理领用和注销手续。

2. 往来结算

往来结算的日常工作内容包括办理往来款项的结算业务和建立清算手续制度两个方面。

（1）办理往来款项的结算业务。往来款项结算业务的内容主要包括：企业与内部核算单位和职工之间的款项结算；企业与外部不能办理转账结算的单位和个人之间的款项结算；低于转账结算金额起点的小额款项结算；根据规定可以用于其他方面的现金结算。除按规定可以用现金结算的业务外，都要通过银行办理转账结算。对购销业务以外的各种应收、暂付款项，要及时催收结算；对应付、暂收款项，要抓紧清偿。对确实无法收回的应收账款和无法支付的应付账款，应查明原因，按照规定报经批准后处理。实行备用金制度的企业，要核定备用金定额，及时办理领用和报销手续。对预借的差旅费，要督促相关人员及时办理报销手续，收回余额，不得拖欠，不准挪用。

（2）建立往来款项清算手续制度。对购销业务以外的暂收、暂付、应收、应付、备用金等债权债务及往来款项，要建立清算手续制度，加强管理。

二、货币资金内部控制

货币资金是企业流动性最强、控制风险最高的资产。企业必须加强对货币资金的管理和控制，建立健全货币资金内部控制制度，确保货币资金的安全与完整。

1. 货币资金内部控制目标

货币资金内部控制目标是企业管理当局建立健全内部控制的根本出发点。货币资金内部控制目标有四个。

（1）货币资金的安全性，即通过良好的内部控制，确保企业货币资金安全，预防被盗窃、被诈骗和被挪用。

（2）货币资金的完整性，即检查企业收到的货币是否已全部入账，预防私设"小金库"等侵占企业收入的违法行为的出现。

（3）货币资金的合法性，即检查货币资金的取得、使用是否符合国家财经法规，手续是否齐备。

（4）货币资金的效益性，即合理调度货币资金，使其发挥最大的效益。

2. 货币资金内部控制环境

货币资金内部控制环境是对企业货币资金内部控制的建立和实施有重大影响因素的统称。控制环境的好坏直接决定着企业内部控制能否实施或实施的效果，影响着特定控制的有效性。货币资金内部控制环境主要包括以下三个方面的因素。

（1）管理决策者。管理决策者是货币资金内部控制环境中的决定性因素，特别是在推行企业领导个人负责制的情况下，管理决策者的领导风格、管理方式、知识水平、法治意识、道德观念都直接影响着货币资金内部控制制度执行的效果。因此，管理决策者本人应加强自我约束，同时应通过党政联席会议、监事会等加强对管理决策者的监督。

（2）员工的职业道德和业务素质。在每个内部控制环节中，各岗位都处于相互牵制和制约之中，任何一个岗位的工作人员出现疏忽大意，都可能导致某项控制失效。例如，空白支票、印章应分别由不同的人保管。保管印章的会计警惕性不高，出门

请思考

某单位工会为了工作方便，将工会的支票和财务专用章由出纳员一人保管。你认为该工会的这种做法是否合适？为什么？

不锁抽屉，使保管空白支票的出纳有机可乘，由此造成出纳盗窃、挪用公款甚至携款潜逃的案件屡见不鲜。

（3）内部审计。内部审计可协助管理当局监督控制措施和程序的有效性，及时发现内部控制的漏洞和薄弱环节。内部审计力度的大小同样会影响货币资金内部控制的效果。

第一节 库存现金的核算

本节学习目标

知识目标：了解库存现金管理的主要内容；了解库存现金收付的业务流程和库存现金收支的凭证；掌握库存现金收支业务的总分类核算和序时核算的方法。

能力目标：能正确进行库存现金的总分类核算和序时核算。

案例导入

20×9年9月1日，A公司发生如下库存现金收支业务。

（1）从银行提取现金2 000元。

（2）出售材料，收入现金339元，其中含增值税39元。

（3）采购员王强因公外出，预借差旅费1 000元，以现金付给。

（4）用现金支付厂部管理部门办公用品费185元。

（5）将出售材料收入的339元现金送存银行。

（6）职工李平交回欠款300元。

要求：请为A公司上述经济业务编制相关的会计分录，并采用汇总方式登记"库存现金"总账。

案例解析

一、库存现金的管理

现金的概念有广义和狭义之分。广义的现金包括一切可以流通与转让的交易媒介，即库存现金、银行存款、支票、银行本票、银行汇票、邮政汇票、信用卡等；狭义的现金是指现行流通的纸币和硬币，在企业会计核算中指企业的库存现金。

库存现金是企业为了满足日常经营过程中零星支付需要而保留的货币资金，是企业流动性最强的资产。库存现金管理的主要内容有以下几项。

1. 规定库存现金的使用范围

根据《中华人民共和国现金管理暂行条例》（以下简称《条例》）的规定，企业可以在下列范围内使用现金。

（1）职工工资、津贴；

（2）个人劳务报酬；

（3）根据国家规定颁发给个人的科学技术、文化艺术、体育等方面的奖金；

（4）各种劳保、福利费用以及国家规定的对个人的其他支出；

（5）向个人收购农副产品和其他物资的价款；

（6）出差人员必须随身携带的差旅费；

（7）结算起点以下的零星支出；

（8）中国人民银行确定需要支付现金的其他支出。

对于属于上述现金结算范围内的支出，企业可以根据需要向银行提取现金支付；对于不属于上述现金结算范围内的款项支付，一律通过银行转账结算。

2. 规定收取现金的范围

根据《条例》的规定，企业可以在以下情形中收取现金：单位或职工交回的赔偿款、备用金退回款、差旅费剩余款等；向不能转账的单位或个人收取销售收入；不足转账结算起点（1 000元）的小额收入等。

3. 核定库存现金限额

库存现金限额是指为保证企业日常零星支付，按规定允许留存的现金的最高数额。按照国家规定，库存现金限额一般由开户银行根据企业 3~5 天的零星开支核定。边远地区、交通不便地区的企业，银行最多可以根据企业 15 天的日常零星开支需要量来核定库存现金限额。日常零星开支需要量不包括企业每月发放工资和不定期差旅费等大额现金支出。库存现金限额一经核定，企业必须严格遵守，不能任意超过，超过限额的现金应及时存入银行。当库存现金低于限额时，企业可以通过签发现金支票从银行提取现金，补足限额。

4. 不得坐支现金

坐支现金是指企业从收入的现金中直接支付现金的行为。按照《条例》及其细则的规定，企业支付现金，可以从企业库存现金限额中支付，也可以从开户银行提取。企业因特殊情况需要坐支现金的，应当事先报经开户银行审查批准，由开户银行核定坐支范围和限额。企业应定期向开户银行报送坐支金额和现金的使用情况。未经银行批准，企业不得擅自坐支现金。

5. 库存现金管理的其他规定

（1）不准携带大量现金到外地采购。企业派人到外地采购，不得让采购人员携带大量现金，而应通过银行汇款或采用其他非现金结算方式进行支付。

（2）企业应严格遵守"管账不管钱，管钱不管账，账款分开管理"的原则，为财务部门配备专职出纳员，负责现金的收付保管工作，非出纳员不得保管现金。已入账的原始凭证应由会计人员负责保管。不准使用借条、白条等不符合会计制度规定的凭证顶替库存现金，即不得"白条顶库"。任何人员不得谎报用途套取现金，不得用银行账户代其他单位和个人存入或支取现金，不得将单位收入的现金以个人名义储蓄，不得保留账外公款。

二、库存现金收付的业务流程

1. 现金收款的业务流程

现金收款业务的一般流程如下：①根据销售岗位开具的收据（发票）收款；②检查收据（发票）开具的金额是否正确、大小写是否一致、有无经手人签名；③在收据（发票）上签字并加盖财务结算章；④将收据第二联或发票的发票联给交款人。

2. 现金付款的业务流程

费用报销业务的一般流程如下：①审核各会计岗位传来的现金付款凭证金额与原始凭证是否一致；②检查并督促领款人签名；③根据记账凭证金额付款；④在原始凭证上加盖"现金付讫"图章。

人工费、福利费发放的业务流程如下：①根据人力资源部开具的支出证明单付款（包括车间工资差额、需以现金支付的兑现奖金等款项）；②在支出证明上加盖"现金付讫"图章。

　　3．现金存取及保管的业务流程

　　现金存取及保管的业务流程如下：①每天上午按用款计划开具现金支票（或凭银行存折）提取现金；②安全妥善保管现金、准确支付现金；③及时盘点现金；④下午根据现金余额情况决定是否送存银行。

　　4．凭证传递流程

　　出纳在办理现金业务之后要及时根据记账凭证登记现金日记账，登记票据传递登记本，然后将有关凭证记账联连同票据传递登记本传至相应岗位签收制证或复核。

　　5．注意事项

　　出纳在办理现金收付款业务时要按照业务流程完成现金收付款工作，同时还要注意以下几点。

　　（1）原则上只有收到现金才能开具收据；在收到银行存款或下账时需开具收据的，核实收据上是否写有"转账"字样，如果有，则加盖"转账"图章和财务结算章，并在票据传递登记本登记后将收据传给相应会计岗位。

　　（2）在工资发放时代收代扣的款项，由工资及固定资产等岗位人员开具收据，可以没有交款人的签字。

　　（3）下午下班后，现金库存应在限额内。

　　（4）从银行提取现金以及将现金送存银行时都须有保安人员随从，注意保密，确保资金安全。

　　（5）管理纸质的库存现金日记账，做到日清月结，并及时与计算机中的库存现金日记账核对余额。

三、库存现金收支的凭证

　　企业的各项现金收入与支出，必须以合法的原始凭证为依据，经主管人员审核和授权批准人员审批后，才能据以收支款项。

　　现金收入与支出核算时所依据的原始凭证是多种多样的。例如，企业从银行提取现金，要以现金支票存根作为原始凭证；将现金送存银行，要填写送款单，以银行盖章退回的送款单的回单作为原始凭证；收到转账起点以下的小额销货款，应以销售部门开出的发票作为收款证明；支付职工差旅费借款，应以授权批准人员批准的借款单作为支付款项的证明。

　　企业对于自身发生的每项现金收付业务，都必须根据有关的原始凭证编制"现金收款凭证"或"现金付款凭证"，并将相关凭证作为登记现金日记账和总账的依据。

现金存款凭条票样

　　库存现金收支的核算包括总分类核算和序时核算两方面。

四、库存现金收支的总分类核算

　　为了总括反映和监督库存现金收入、支出和结存情况，进行库存现金的总分类核算，企业应设置由会计人员负责登记的"库存现金"总分类科目。该科目属于资产类科目，借方登记库存现金的增加额，贷方登记库存现金的减少额，期末借方余额表示库存现金的结余额。

企业收入现金时，应借记"库存现金"科目，按照现金的来源贷记有关科目；支出现金时，按照现金的用途借记有关科目，贷记"库存现金"科目。

库存现金总分类账可以根据有关的收款凭证和付款凭证直接登记，也可以定期或于月份终了，根据汇总收付款凭证或科目汇总表登记。

五、库存现金收支的序时核算

为了及时、详细反映库存现金收支动态和结存情况，加强对现金的管理，企业除进行现金总分类核算外，还要设置由出纳员负责登记的"库存现金日记账"进行序时核算。库存现金日记账为订本式账簿，由出纳人员根据审核无误的收付款记账凭证及所附原始凭证，按照业务发生的先后顺序逐日逐笔登记。每日业务终了时应结出余额，并将其与库存现金实有数进行核对。

第二节　库存现金清查的核算

本节学习目标

知识目标：了解库存现金清查的基本方法；掌握库存现金短款和长款的核算方法。

能力目标：能正确进行库存现金的清查，能正确进行库存现金短款和长款的账务处理。

案例导入

1. A公司在现金清查中，发现现金短缺200元。经过调查，认定出纳员对库存现金短缺有一定责任。经单位领导决定，由出纳员赔偿100元，另外100元计入管理费用。

要求：请为A公司的现金短缺及其账务处理编制会计分录。

2. B公司在某次库存现金清查中发现库存现金溢余80元。经过认真查对，溢余的库存现金形成原因不明，经批准作营业外收入处理。

要求：请为B公司的现金长款及其账务处理编制会计分录。

一、库存现金短款的核算

为了保证账款相符，防止库存现金发生差错、丢失或被贪污、挪用，企业应经常对库存现金进行清查，基本方法是实地盘点。盘点库存现金后，应根据盘点结果填制"库存现金盘点报告表"。

库存现金实存数小于账存数的称为现金短款。对发生的现金短款，在查明原因之前，应先借记"待处理财产损溢——待处理流动资产损溢"科目，贷记"库存现金"科目。对于现金短款，查明原因后应作如下处理：①属于应由责任人赔偿的部分，借记"其他应收款——应收现金短缺款（××个人）"或"库存现金"科目（若当即赔偿），贷记"待处理财产损溢——待处理流动资产损溢"科目；②属于应由保险公司赔偿的部分，借记"其他应收款——应收保险赔款"科目，贷记"待处理财产损溢——待处理流动资产损溢"科目；③属于无法查明原因的部分，根据管理权限，经批准后借记"管理费用——现金短缺"科目，贷记"待处理财产损溢——待处理流动资产损溢"科目。

二、库存现金长款的核算

库存现金实存数大于账存数的称为现金长款。对发生的现金长款，在查明原因之前，应按长款的金额，借记"库存现金"科目，贷记"待处理财产损溢——待处理流动资产损溢"科目。对于现金长款，查明原因后应进行如下处理：①属于应支付给有关人员或单位的，借记"待处理财产损溢——待处理流动资产损溢"科目，贷记"其他应付款——应付现金溢余（××个人或单位）"科目；②属于无法查明原因的现金溢余，经批准后，借记"待处理财产损溢——待处理流动资产损溢"科目，贷记"营业外收入——现金溢余"科目。

请思考

某单位出纳员刘某经常将个人的现金放在单位的出纳保险柜里；有时私自动用公款就用一张借条放在里边。这种做法是否合适？为什么？

第三节 银行存款的核算

本节学习目标

知识目标：了解银行存款管理的主要内容；了解银行存款结算方式的种类和适用范围；了解银行存款的业务流程；掌握银行存款收付的总分类核算和序时核算方法；掌握银行存款的清查和核算方法。

能力目标：能正确进行银行存款的总分类核算和序时核算，能正确进行银行存款的清查。

案例导入

1. 20×9年9月，A公司发生如下银行存款收付业务。

（1）4日，缴纳上月应交企业所得税税额3 000元。

（2）5日，支付管理部门电话费1 500元。

（3）10日，将库存现金2 100元存入银行。

（4）15日，销售产品一批，价款100 000元，增值税税额13 000元，款项通过银行收妥。

（5）27日，外购材料一批，货款8 000元，增值税税额1 040元，已开出转账支票，材料尚未验收入库。

（6）29日，购入不需安装的设备一台，价款计20 000元，增值税税额2 600元，款项已支付。

要求：请为A公司上述经济业务编制相关的会计分录。

2. 20×9年9月30日，B企业的工商银行某支行人民币银行存款日记账的余额为185 300元，而工商银行某支行提供的银行对账单上的存款余额为176 500元。经逐笔核对后，会计人员发现有以下未达账项。

（1）企业于9月30日存入银行一张转账支票18 200元，银行尚未入账。

（2）企业于9月30日开出一张转账支票6 200元，由于持票人尚未到银行办理转账手续，故银行尚未记账。

案例解析

（3）委托银行代收的货款5 900元，9月30日银行已经收到并登记入账，由于企业未收到收账通知，故企业尚未入账。

（4）电信公司委托银行代收企业应付电话费2 700元，9月30日银行已从企业存款中代付，由于企业未收到付款通知，故企业尚未记账。

要求：请根据上述资料，为B企业编制20×9年9月30日的工商银行某支行的"银行存款余额调节表"。

一、银行存款的管理

企业必须严格执行《人民币银行结算账户管理办法》的各项规定，加强对银行存款的管理，维护金融秩序的稳定。

1. 银行存款开户的管理

银行存款是指企业存放在银行或其他金融机构的货币资金，包括人民币存款、外币存款等。

银行存款的管理，主要是指按照国家有关银行账户管理及银行结算办法规定对银行存款收付业务进行处理的过程。

根据中国人民银行颁布的《支付结算办法》的规定，所有企业都必须遵循《人民币银行结算账户管理办法》的规定在银行开立账户，办理存款、取款和转账等结算。

企业在银行开立的结算账户按用途分为基本存款账户、一般存款账户、专用存款账户和临时存款账户四种：基本存款账户是指企业办理日常转账结算和现金收付的账户。一个企业只能选择一家银行的一个营业网点开立一个基本存款账户，只能通过该账户办理工资、奖金和现金的支取。一般存款账户是指企业在基本存款账户开户行以外的银行开立的账户。存款人可通过该账户办理转账结算和现金缴存，但不得办理现金支取。专用存款账户是指企业按照法律、行政法规和规章，对其特定用途资金进行专项管理和使用而开立的银行结算账户。特定用途是用于基建项目的专项资金、农副产品采购资金等。临时存款账户是指企业因临时需要并在规定期限内使用而开立的银行结算账户。企业通过临时存款账户办理临时机构、异地临时经营活动与注册验资的资金收付业务。

企业在银行开立账户后，可到开户银行购买各种银行往来结算使用的凭证（如送款簿、进账单、现金支票、转账支票等），用于办理银行存款的收付业务。企业的各种经济往来，除了在规定的范围内可以使用现金直接支付外，都应通过银行办理转账结算，也就是由银行按照事先规定的结算方式，将款项从付款单位的账户划出，转入收款单位的账户。企业不仅要在银行开立账户，而且在银行的账户必须有足够的资金保证支付的需要。

2. 银行存款支付结算制度

企业通过银行办理支付结算时，必须严格遵守银行的结算制度：必须如实填写款项来源或用途，不得巧立名目，套取现金；不得签发没有资金保证的票据或远期支票，套取银行信用；不得签发、取得和转让没有真实交易和债权债务的票据，套取银行和他人资金；不得无理拒绝付款，任意占用他人资金；不得违反规定开立和使用银行账户。

二、银行支付结算方式

根据中国人民银行有关支付结算办法的规定，企业货币资金收付可以采用银行汇票、银行本票、商业汇票、支票、汇兑、托收承付、委托收款、信用证和信用卡等结算方式进行转账结算。

银行汇票申请书票样

企业根据不同的结算方式分别采用不同的会计科目进行核算，其中，银行汇票存款、银行本票存款、信用证保证金存款和信用卡存款等在"其他货币资金"科目核算；商业汇票结算方式通过"应付票据"或"应收票据"科目核算；支票、汇兑、托收承付、委托收款等结算方式通过"银行存款"科目核算。

1. 银行汇票

银行汇票是由出票银行签发的，由其在见票时按照实际结算金额无条件支付给收款人或者持票人的票据。银行汇票适用于异地单位和个人之间各种款项的结算。银行汇票一般用于转账，但现金银行汇票（填明"现金"字样）可以用于支取现金。申请人或收款人为单位的，不得申请签发现金银行汇票。银行汇票的付款期限为自出票日起 1 个月。银行汇票一律记名。银行汇票可以背书转让，但未填写实际结算金额或实际结算金额超过出票金额的银行汇票不得背书转让。

银行汇票的一般结算程序如图 1.1 所示。

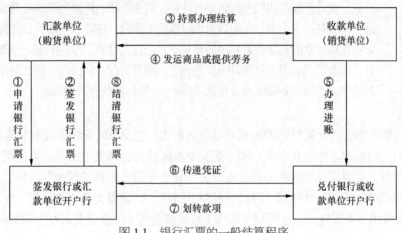

图 1.1 银行汇票的一般结算程序

2. 银行本票

银行本票是银行签发的，承诺自己在见票时无条件支付确定金额给收款人或持票人的票据。银行本票分为不定额本票和定额本票两种。定额本票面值分为 1 000 元、5 000 元、10 000 元和 50 000 元四种。单位和个人在同一票据交换区域需要支付的各种款项，均可使用银行本票。银行本票一般用于转账，但现金银行本票（填明"现金"字样）可以支取现金，申请人或收款人为单位的，不得申请签发现金银行本票。银行本票可以在票据交换区域内背书转让。银行本票的付款期限为自出票日起不超过 2 个月。

银行本票的结算程序如图 1.2 所示。

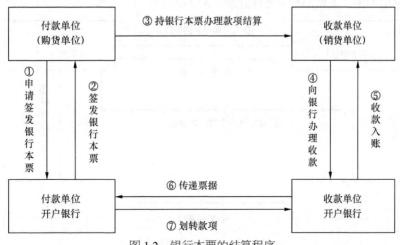

图 1.2 银行本票的结算程序

提示：付款方取得的银行本票只办理全额结算，银行不退回多余款项。结算后仍有多余款项的，可由收款方采用支票、现金等其他方式退给付款方。

3. 商业汇票

商业汇票是出票人签发的，委托付款人在指定日期无条件支付确定的金额给收款人或者持票人的票据。商业汇票按承兑人不同分为商业承兑汇票与银行承兑汇票两种。商业承兑汇票由银行以外的付款人承兑。银行承兑汇票由银行承兑。承兑银行按票面金额向出票人收取万分之五的承兑手续费。在银行开立存款账户的法人以及其他组织之间必须具有真实的交易关系或债权债务关系，才能使用商业汇票。商业汇票在同城或异地均可使用。商业汇票的付款期限由交易双方商定，但最长不得超过6个月。出票后定期付款的汇票付款期限自出票之日起按月计算。见票后定期付款的汇票付款期限自承兑之日起按月计算，并在汇票上记载具体的到期日。商业汇票的提示付款期限，为自汇票到期日起10日内。符合条件的商业汇票的持票人可持未到期的商业汇票连同贴现凭证向银行申请贴现。

4. 支票

支票是出票人签发的，委托办理支票存款业务的银行在见票时无条件支付确定的金额给收款人或者持票人的票据。单位和个人在同一票据交换区域的各种款项结算均可使用支票。支票由银行统一印制，按照支付票款的方式，支票分为现金支票（印有"现金"字样，只能用于支取现金）、转账支票（印有"转账"字样，只能用于转账）、普通支票（未印有"现金"或"转账"字样，既可用于支取现金，也可用于转账）和划线支票（在普通支票左上角画两条平行线，只能用于转账，不得支取现金）。支票的提示付款期限为自出票日起10日内（从签发的次日算起，到期日遇节假日顺延）。支票一律记名，起点金额为100元。转账支票可以根据需要在票据交换区域内背书转让。签发支票时，应使用蓝黑墨水或碳素墨水，将支票上的各要素填写齐全，并在支票上加盖其预留银行印鉴。支票的日期、金额，收款人不得更改，更改的支票无效。企业财务部门在签发支票之前，出纳人员应该认真查明银行存款的账面结余数额，防止签发超过存款余额的空头支票。对于签发空头支票的，银行除退票外，还要处以票面金额5%但不低于1 000元的罚款。持票人有权要求出票人赔偿支票金额2%的赔偿金。

提示：背书转让是指在票据上所做的以转让票据权利为目的的书面行为。

以转账支票为例，支票的结算程序如图1.3所示。

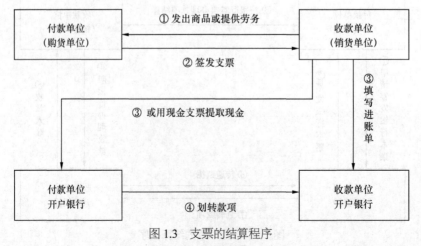

图1.3　支票的结算程序

采用支票结算时，付款方应根据支票存根，借记有关科目，贷记"银行存款"科目；收款方应根据银行进账单回单联，借记"银行存款"科目，贷记有关科目。

5. 汇兑

汇兑是汇款人委托银行将其款项支付给收款人的结算方式。单位和个人之间的各种款项结算均可使用汇兑结算方式。按款项划转方式的不同，汇兑可分为信汇和电汇两种。付款单位在汇出款项时，应填写银行印发的汇款凭证，需要在汇入银行支取现金的，应在信汇或电汇凭证上填明"现金"字样。给未在银行开立存款账户的收款人汇款时，银行应在汇兑凭证上注明"留行待取"字样。

汇兑的结算程序如图1.4所示。

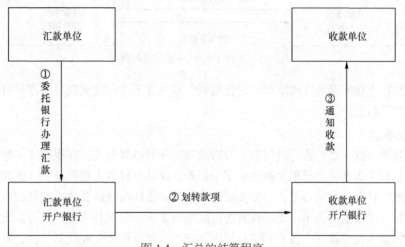

图 1.4　汇兑的结算程序

采用汇兑方式结算时，付款方根据信（电）汇凭证回单，借记有关科目，贷记"银行存款"科目；收款方根据银行收账通知，借记"银行存款"科目，贷记有关科目。

6. 托收承付

托收承付是根据购销合同由收款人发货后委托银行向异地付款人收取款项，由付款人向银行承认付款的结算方式。托收款项划回方式分为邮寄和电报两种，由收款人根据需要选择使用。使用托收承付结算方式的收款单位和付款单位，必须是国有企业、供销合作社，以及经营管理较好并经开户银行审查同意的城乡集体所有制工业企业。办理托收承付结算的款项必须是商品交易以及因商品交易而产生的劳务供应的款项。代销、寄销、赊销商品的款项，不得通过托收承付结算。采用托收承付结算方式时，购销双方必须签有符合《中华人民共和国合同法》的购销合同，并在合同上写明使用托收承付结算方式。收款人办理托收，必须具有商品发出的证件或其他证明。托收承付结算每笔的金额起点为 10 000 元，新华书店系统每笔的金额起点为 1 000 元。验单付款的承付期为 3 天，从付款人开户银行发出承付通知的次日算起（承付期内遇法定节假日顺延）。验货付款的承付期为 10 天，从运输部门向付款人发出提货通知的次日算起。

托收承付的一般结算程序如图1.5所示。

采用托收承付方式结算时，收款方办妥托收手续后，根据银行盖章退回的托收承付结算凭证的回单等，借记"应收账款"科目，贷记有关科目；承付期满收到银行转来的收账通知，借记"银行存款"科目，贷记"应收账款"科目。

图 1.5 托收承付的一般结算程序

付款方根据审核无误的托收承付"付款通知"等凭证于承付期满次日，借记有关科目，贷记"银行存款"科目。

7. 委托收款

委托收款是收款人委托银行向付款人收取款项的一种结算方式。在银行或其他金融机构开立账户的单位和个人都可凭已承兑商业汇票、债券、存单等付款人债务证明办理款项收取。委托收款在同城、异地均可以办理，不受金额起点限制。委托收款结算款项的划回方式，分为邮寄和电报两种，由收款人选用。委托收款的付款期为3天，从付款人开户银行发出付款通知的次日算起。付款人在付款期内没有向银行提出异议的，银行视作企业同意付款，并在付款期满的次日开始营业时将款项从付款人账户划给收款人。付款人在付款期内审查有关债务证明后，需要拒付的，应在付款期内向银行办理拒付，银行不负责审查拒付理由，但付款人需将拒绝付款理由书、债务证明和有关凭证一并寄给委托银行，转交收款人。

委托收款的一般结算程序如图1.6所示。

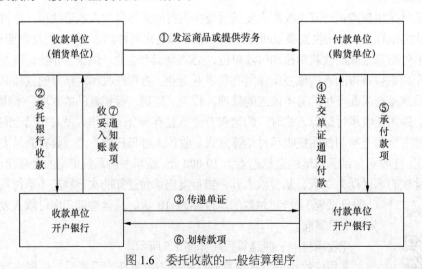

图 1.6 委托收款的一般结算程序

采用委托收款方式结算时，付款方根据银行"委托收款凭证（付款通知）"，借记有关科目，贷记"银行存款"科目；收款方根据银行"委托收款凭证（收款通知）"，借记"银行存款"科目，贷记有关科目。

8. 信用卡

信用卡是商业银行向个人和单位发行的，凭以向特约单位购物、消费和向银行存取现金，且具有消费信用功能的特制载体卡片。信用卡按使用对象分为单位卡和个人卡。凡在中国境内金融机构开立基本存款账户的单位都可申领单位卡。单位卡账户的资金一律从其基本存款账户转账存入，不得交存现金，不得存入销货收入的款项。单位卡一律不得用于 10 万元以上的商品交易、劳务供应款项的结算，不得支取现金。信用卡在规定的期限和限额内允许善意透支，持卡人不得恶意透支。

单位或个人申领信用卡时，应按规定填制申请表，连同有关资料一并送交发卡银行。在单位或个人符合申领条件并按银行要求交存一定金额的备用金后，银行为申领人开立信用卡存款账户，并发给信用卡。持卡人即可凭信用卡购物或消费。

知识拓展
信用卡结算的
注意事项

三、银行存款业务流程

企业收到或付出银行存款业务是企业日常发生比较频繁的经济业务，因此，出纳人员要严格按照银行收付款业务流程办理，以防出现差错和漏洞。

1. 银行收款业务流程

销售收款业务流程如下：①收货款，整理销售会计转来的支票、汇票；②检查和补填银行进账单；③上午上班时交主管岗位背书，去银行进账并取回送款单回单；④整理从银行取回的回款单据，将第一联与回执联粘贴在一起；⑤打印回款登记表并连同回款单传递给销售会计。

其他项目收款业务流程如下：①收到除货款以外的支票、汇票；②填写进账单；③进账；④传递回单给相关岗位会计。

2. 银行付款业务流程

通过银行支付工资的流程如下：①根据工资岗位会计开具的付款审批单（经财务主管签字）开具支票；②将支票连同工资明细表（U 盘）送银行；③将支票存根粘贴到付款审批单上；④加盖"转账"图章。

其他项目付款业务流程如下：①根据付款审批单审核相关用款部门前期有无未报账款项；②开具支票（汇票、电汇）；③将支票、汇票存根粘贴到付款审批单上（无存根的注明支票号及银行名称）；④加盖"转账"图章。

3. 凭证传递流程

出纳在办理银行收付款业务之后要及时根据记账凭证登记银行存款日记账，登记票据传递登记本，然后将有关凭证记账联连同票据传递登记本传递给相关岗位会计签收制证或复核。

出纳在办理银行收付款业务时要按照业务流程完成银行收付款工作，同时还要注意以下几点。

（1）开出的支票应填写完整，禁止签发空白金额、空白收款单位的支票。

（2）开出的支票（汇票、电汇）收款单位名称应与合同、发票上的一致。

（3）有前期未报账款项的个人及其所在部门，一律不办理付款业务。

（4）每月根据工资发放时间提前 1 天将所需工资款从基本存款账户划入工资代发银行。

（5）于工资发放日前 1 天将工资明细表（U 盘）和工资款支票同时送达工资代发银行。

此外，出纳还要及时将各银行对账单交内审岗位编制银行调节表，对调节表上的挂账及时进行清理和查询，责成相关岗位进行处理；熟练掌握公司各银行户头（单位名称、开户银行名称、银行账号）；根据银行收付情况统计各银行资金余额，随时掌握各银行存款余额，避免签发空头支票。

四、银行存款收付的总分类核算

为了概括地反映和监督银行存款的收入、支出和结存情况，企业应设置由会计人员负责登记的"银行存款"总分类科目，对银行存款进行总分类核算。该科目属于资产类科目，借方登记银行存款的增加额，贷方登记银行存款的减少额，期末借方余额表示银行存款的结存额。

当银行存款增加时，借记"银行存款"科目，按银行存款来源贷记有关科目；当银行存款减少时，按银行存款用途借记有关科目，贷记"银行存款"科目。

企业在银行的其他存款，如外埠存款、银行本票存款、银行汇票存款、信用卡存款等，在"其他货币资金"科目核算，不在"银行存款"科目核算。

五、银行存款收付的序时核算

为了及时、详细地反映银行存款的收入、支出和结余情况，加强对银行存款的管理，企业要按开户银行、存款种类分别设置"银行存款日记账"进行序时核算。银行存款日记账采用订本式账簿，由出纳人员根据审核无误的收付款记账凭证和银行收付款结算凭证，按照经济业务发生先后顺序逐日逐笔登记。每日终了应结出余额。月份终了，银行存款日记账的余额必须与银行存款总账的余额进行核对，以保证账账相符。银行存款日记账应定期与银行对账单进行核对，以保证账实相符。

有外币业务的企业应分别按人民币和外币设置银行存款日记账进行序时核算。

微课视频
银行存款的清查

六、银行存款的清查

为了防止账目出错，并掌握银行存款实有数，企业应定期对银行存款进行清查。

1. 银行存款清查的内容

银行存款的清查一般采用核对账目的方法。银行存款清查的内容包括账证核对、账账核对、账单核对三个环节。账证核对是指银行存款日记账与银行存款收、付款凭证互相核对，做到账证相符。账账核对是指出纳人员登记的银行存款日记账与会计人员登记的银行存款总账互相核对，做到账账相符。账单核对是指将本企业银行存款日记账与开户银行提供的对账单逐笔核对，做到账单相符。如果两者余额不符，可能有以下两个原因：一是双方各自的记账错误，这种错误应由双方及时查明原因，予以更正；二是存在未达账项。所谓未达账项，是指企业与银行之间对于同一笔业务，由于凭证传递上的时间差，一方已经取得结算凭证登记入账，而另一方因未取得结算凭证尚未登记入账的款项。

请思考

某单位将与银行核对账目的工作完全交由出纳员一人办理。这种做法是否可行？为什么？

未达账项有以下四种类型：①企业已记存款增加，而银行未收到结算凭证、尚未登记；②企业已记存款减少，而银行未收到结算凭证、尚未登记；③银行已记存款增加，而企业未收到结算凭证、尚未登记；④银行已记存款减少，而企业未收到结算凭证、尚未登记。

存在任何一种未达账项，都会使企业银行存款日记账与银行对账单余额不符。

2．银行存款余额调节表的编制方法

未达账项的产生是因为企业与银行取得结算凭证的时间不同，造成登记入账的时间差异。因此，对未达账项可以通过编制"银行存款余额调节表"进行调节。

银行存款余额调节表的具体编制方法是：在银行对账单与企业银行存款日记账账面余额的基础上，分别加上各自未记的增加款项，减去各自未记的减少款项，然后计算出各自的调节后余额。编制银行存款余额调节表所依据的基本公式为

企业银行存款日记账余额＋银行已记增加而企业未记账项－银行已记减少而企业未记账项

＝银行对账单余额＋企业已记增加而银行未记账项－企业已记减少而银行未记账项

调节后的双方余额相等，表示双方记账基本没有错误，调节后的余额就是企业目前银行存款的实有数。但要说明的是，银行存款余额调节表不是记账依据，不能据此进行企业银行存款的账面调整，而要等结算凭证到达企业后才能进行账务处理，登记入账。经调节后，双方余额如果仍不相等，表明企业或银行记账错漏，应及时查明原因，进行错账更正。属于本企业原因的，应按规定的改错方法进行更正；属于银行方面原因的，应及时通知银行更正。

第四节 其他货币资金的核算

本节学习目标

知识目标：了解其他货币资金的概念和内容；掌握外埠存款、银行汇票存款、银行本票存款、信用卡存款、信用证保证金存款和存出投资款的核算方法。

能力目标：能正确进行外埠存款、银行汇票存款、银行本票存款、信用卡存款、信用证保证金存款和存出投资款的核算。

案例导入

1．F公司20×9年9月发生如下经济业务。

（1）F公司委托当地银行将47 000元款项汇往采购地H市开立专户，取得银行盖章退回的银行汇款回单。企业派采购员王宏去H市利用采购专户进行采购。

（2）F公司收到采购员王宏交来的H市某供货单位发票账单等报销凭证，注明采购材料价款为40 000元、增值税税额为5 200元，材料尚未验收入库。

（3）采购员王宏通过采购地H市银行将多余的外埠存款1 800元转回当地银行，取得银行的收账通知。

要求：假设你是F公司的会计，请对上述经济业务进行会计处理。

2．D公司20×9年9月发生如下经济业务。

（1）D公司向银行提交"银行汇票申请书"，并将60 000元交存银行，申请办理并已取得银行汇票。

（2）D公司采购员持银行汇票前往异地F公司购买原材料，取得的增值税专用发票上注明的货款为50 000元，增值税税额为6 500元，材料已验收入库，取得材料入库单。

（3）开户银行转来多余款收账通知，银行汇票多余款3 500元已存入该公司开户银行。

要求：假设你是D公司的会计，请对上述经济业务进行会计处理。

3. F公司办理银行本票一张，票面金额为200 000元。

要求： 假设你是F公司的会计，请对上述经济业务进行会计处理。

4. M公司在中国建设银行申请领用信用卡，从其基本存款账户转存备用金20 000元。M公司使用信用卡支付购买办公用品费2 000元，持卡人持有关发票报销。

要求： 假设你是M公司的会计，请对上述经济业务进行会计处理。

5. N公司20×9年9月发生了如下经济业务。

（1）N公司因采购需要向银行申请开立信用证，N公司在按规定向银行提交开证申请书、信用证申请人承诺书和购销合同后，向银行交纳保证金60 000元，取得银行盖章的"信用证委托书"回单联。

（2）N公司收到开证行转来的供货单位的信用证结算凭证及有关单据列明的价款80 000元，增值税税额10 400元，通过银行补付差额30 400元。

要求： 假设你是N公司的会计，请对上述经济业务进行会计处理。

6. S公司20×9年9月发生了如下经济业务。

（1）S公司因短期投资需要，将暂时闲置的资金10 000 000元存入证券公司指定的第三方银行投资资金专用账户，取得银行退回的进账单第一联。

（2）S公司用上述投资资金专用账户存款购买股票支付价款4 000 000元、有关费用共20 000元，准备短期持有，取得证券交易凭证。

要求： 假设你是S公司的会计，请对上述经济业务进行会计处理。

案例解析

一、其他货币资金概述

其他货币资金是指除库存现金、银行存款以外的其他各种货币资金，包括外埠存款、银行汇票存款、银行本票存款、信用卡存款、信用证保证金存款和存出投资款等。

外埠存款，是指企业到外地进行临时或零星采购时，汇往采购地银行开设临时采购专户的款项。

银行汇票存款，是指企业为取得银行汇票按规定存入银行的款项。

银行本票存款，是指企业为取得银行本票按规定存入银行的款项。

信用卡存款，是指企业为了取得信用卡按规定存入银行的款项。

信用证保证金存款，是指采用信用证结算方式的企业为开具信用证而存入银行信用证保证金专户的款项。

存出投资款，是指企业已存入证券公司指定的第三方银行，但尚未进行短期投资（未进入交易性金融资产）的货币资金。

从某种意义上说，其他货币资金的性质同库存现金、银行存款一样，都属于货币资金，但是由于其存放地点和用途与库存现金、银行存款不同，是承诺了专门用途的存款，不能像银行结算账户存款那样可随时安排使用。所以，企业需专设"其他货币资金"科目对其进行核算。

"其他货币资金"科目属于资产类科目，借方登记其他货币资金的增加数，贷方登记其他货币资金的减少数，期末借方余额反映其他货币资金的结存数。

该科目可根据其他货币资金的构成内容分别设置"外埠存款""银行汇票存款""银行本票存款""信用卡存款""信用证保证金存款""存出投资款"等明细科目，进行明细分类核算。

二、外埠存款的核算

企业将款项汇往外地开立采购专户时，根据汇出款项凭证，编制记账凭证，借记"其他货币资金——外埠存款"科目，贷记"银行存款"科目；收到采购人员转来的供应单位发票、账单等报销凭证时，借记"在途物资""材料采购"或"原材料""库存商品""应交税费——应交增值税（进项税额）"等科目，贷记"其他货币资金——外埠存款"科目；采购完毕将剩余款项转回本地开户银行时，根据银行转来的收账通知单，借记"银行存款"科目，贷记"其他货币资金——外埠存款"科目。

三、银行汇票存款的核算

付款企业采用银行汇票结算方式时，填写"银行汇票申请书"，将款项交存银行，取得银行汇票后，借记"其他货币资金——银行汇票存款"科目，贷记"银行存款"科目；企业持银行汇票购货、收到有关发票账单时，借记"在途物资""材料采购"或"原材料""库存商品""应交税费——应交增值税（进项税额）"等科目，贷记"其他货币资金——银行汇票存款"科目；采购完毕收回多余款项时，借记"银行存款"科目，贷记"其他货币资金——银行汇票存款"科目。

收款企业收到银行汇票后，填制进账单到开户银行办理款项入账手续时，根据进账单及销货发票等，借记"银行存款"科目，贷记"主营业务收入""应交税费——应交增值税（销项税额）"等科目。

四、银行本票存款的核算

付款企业将款项交存银行，取得银行本票后，根据银行盖章退回的"银行本票申请书"（单位留存联），借记"其他货币资金——银行本票存款"科目，贷记"银行存款"科目。

企业持银行本票与收款人结算后，根据发票、账单等原始凭证，借记"原材料"或"材料采购""应交税费——应交增值税（进项税额）"科目，贷记"其他货币资金——银行本票存款"科目。

收款企业收到银行本票后，连同进账单一并送交开户银行办理转账，根据进账单回单及有关原始凭证，借记"银行存款"科目，贷记"主营业务收入""应交税费——应交增值税（销项税额）"科目。

五、信用卡存款的核算

在信用卡结算方式下，付款企业办理信用卡、存入备用金及支付手续费时，根据支票存根、手续费收据等原始凭证，借记"其他货币资金——信用卡存款（×持卡人）""财务费用"科目，贷记"银行存款"科目。

持卡人持发票报销凭卡购物、消费的开支时，根据审核无误的发票等原始凭证，借记"原材料"或"材料采购""应交税费——应交增值税（进项税额）"科目，贷记"其他货币资金——信用卡存款（×持卡人）"科目。

收款企业根据汇（总）计单、进账单回单等原始凭证，借记"银行存款"科目，贷记"主营业务收入""应交税费——应交增值税（销项税额）"等科目。

六、信用证保证金存款的核算

在国际结算中，交易双方常通过信用证进行结算。信用证是开证银行依据申请人的申请开出的、凭符合信用证条款的单据支付的付款承诺。经中国人民银行批准经营结算业务的商业银行总行以及商业银行总行批准开办信用证结算业务的分支机构，也可以办理国内企业之间商品交易的信用证结算业务。

付款企业因采购需要采用信用证结算方式时，需要向银行申请开立信用证，在按规定向银行提交开证申请书、信用证申请人承诺书和购销合同后，向银行交纳保证金。付款单位根据银行盖章退回的"信用证委托书"回单联，借记"其他货币资金——信用证保证金存款"科目，贷记"银行存款"科目。付款企业在接到开证银行的付款通知后，根据付款的有关单据编制付款凭证，借记"在途物资""应交税费——应交增值税（进项税额）"等科目，贷记"其他货币资金——信用证保证金存款""银行存款"科目。

收款企业收到信用证后，即备货装运，签发有关发票账单，连同运输单据和信用证送交银行，并根据银行退还的信用证等有关凭证编制记账凭证，借记"银行存款"科目，贷记"主营业务收入""应交税费——应交增值税（销项税额）"科目。

七、存出投资款的核算

企业向证券公司指定的第三方银行划出资金时，借记"其他货币资金——存出投资款"科目，贷记"银行存款"科目；企业购买股票、债券、基金时，按公允价值或实际投资额，借记"交易性金融资产""长期股权投资"等科目，贷记"其他货币资金——存出投资款"科目。

【本章小结】

企业的货币资金包括库存现金、银行存款和其他货币资金。货币资金是企业流动性最强的资产。企业在进行货币资金的会计核算时，首先，要落实货币资金的各项管理制度和内部控制制度，严格按货币资金结算规定进行结算；其次，要按规定进行库存现金、银行存款和其他货币资金的账务处理，加强货币资金的清查、核对，以保证货币资金的安全、完整。

【综合练习】

一、单项选择题

1. 可以随时用作购买手段和支付手段的资金是（　　）。

    A. 现金　　　　　　B. 银行存款　　　　　C. 外埠存款　　　　D. 货币资金

2. 我国会计上所说的现金是指企业的（　　）。

    A. 库存现金　　　　　　　　　　　　B. 库存现金和银行存款

    C. 库存现金、银行存款和有价证券　　D. 库存现金、银行存款、有价证券和其他货币资金

3. 企业一般不得从现金收入中直接支付现金，因特殊情况需要坐支现金的，应当事先报经（　　）审查批准。

    A. 上级部门　　　B. 工商行政管理部门　　C. 税务部门　　　　D. 开户银行

4. 出纳员应按照现金收付业务发生的时间先后顺序，采用（　　）方法登记现金日记账。

    A. 三栏式登记　　　B. 多栏式登记　　　C. 逐笔登记　　　D. 汇总登记

5. 为了保证现金账实相符，应对库存现金进行定期或不定期的盘点清查。库存现金清查的主要方法是（　　）。

    A. 实地盘点　　　B. 不定期清查　　　C. 账面盘存　　　D. 抽样清查

6. 企业对无法查明原因的现金溢余，经批准后应转入（　　）科目。

A. 主营业务收入　　B. 其他业务收入　　C. 其他应付款　　D. 营业外收入

7. 按照《银行账户管理办法》的规定，企业的工资、奖金等现金的支取，只能通过（　　）办理。

A. 基本存款账户　　B. 一般存款账户　　C. 临时存款账户　　D. 专用存款账户

8. 商业汇票兑付期限由交易双方商定，但不得超过（　　）。

A. 5个月　　B. 7个月　　C. 6个月　　D. 1年

9. 银行汇票的提示付款期为（　　）。

A. 5天　　B. 10天　　C. 30天　　D. 9个月

10. 支票的有效期为（　　）。

A. 3天　　B. 10天　　C. 1个月　　D. 3个月

11. 托收承付结算方式适用于（　　）。

A. 异地或同城的商品交易　　B. 异地或同城的劳务交易

C. 订有合同的修理劳务　　D. 异地订有合同的商品交易

12. 对于银行已入账而企业尚未入账的未达账款，企业应当（　　）。

A. 根据"银行对账单"入账　　B. 根据"银行存款余额调节表"入账

C. 根据对账单和调节表自制凭证入账　　D. 待有关结算凭证到达后入账

13. 商业承兑汇票是由收款人或付款人签发的，由（　　）承兑的票据。

A. 收款人　　B. 付款人　　C. 银行　　D. 付款人或银行

14. 下列结算方式中，只能应用于同城结算的是（　　）结算方式。

A. 银行汇票　　B. 支票　　C. 商业汇票　　D. 银行本票

15. 下列结算方式中，一般用于同城结算的是（　　）结算方式。

A. 银行汇票　　B. 支票　　C. 委托收款　　D. 托收承付

16. 银行汇票的提示付款期限为自出票日起（　　）。

A. 1个月　　B. 2个月　　C. 3个月　　D. 6个月

17. 银行承兑汇票的承兑人是（　　）。

A. 购货单位　　B. 购货单位的开户银行

C. 销货单位　　D. 销货单位的开户银行

18. 下列支付结算方式中，已签订购销合同才能使用的是（　　）结算方式。

A. 商业汇票　　B. 银行本票　　C. 托收承付　　D. 支票

19. 单位信用卡的资金一律从其（　　）转账存入。

A. 基本存款账户　　B. 一般存款账户　　C. 临时存款账户　　D. 专用存款账户

20. 甲企业欲从外地采购一批材料，现向银行申请办理用于材料货款结算的银行汇票一张，在办妥汇票时应借记（　　）科目。

A. 银行存款　　B. 银行汇票存款　　C. 原材料　　D. 其他货币资金

二、多项选择题

1. 根据现金管理条例的规定，下列支出能使用现金结算的有（　　）。

A. 支付给个人的劳务报酬　　B. 支付职工福利费用

C. 支付金额5 000元的材料购货款　　D. 购买90元的办公用品

E. 购买3 000元的办公设备

2. 下列存款中，应在"其他货币资金"科目核算的有（　　）。

    A. 外埠存款　　　　　B. 银行汇票存款　　C. 信用卡存款

    D. 存出投资款　　　　E. 一般存款账户存款

3. 以下情形会导致未达账项的有（　　）。

    A. 企业已收入入账，银行尚未收款入账　　B. 企业已付款入账，银行尚未付款入账

    C. 银行已收款入账，企业尚未收款入账　　D. 银行已付款入账，企业也已付款入账

4. 下列结算方式中，同时适用于同城和异地结算的有（　　）。

    A. 银行汇票结算方式　　　　　　　B. 银行本票结算方式

    C. 商业汇票结算方式　　　　　　　D. 委托收款结算方式

    E. 支票结算方式

5. 下列结算方式中，可用于异地结算的有（　　）。

    A. 银行汇票结算方式　　　　　　　B. 银行本票结算方式

    C. 商业汇票结算方式　　　　　　　D. 委托收款结算方式

    E. 支票结算方式

6. 企业的银行存款日记账与银行对账单产生差异的原因可能是（　　）。

    A. 企业或银行记账出错

    B. 企业将收到的转账支票登记记入"银行存款"科目，但由于款项未到账银行尚未登记收账

    C. 托收货款，银行已经记入"银行存款"科目，但收账通知还未到达企业

    D. 向企业提供劳务的单位委托银行收款，银行已付款，但付款通知未到达企业

7. 下列结算方式中，可用于同城结算的有（　　）。

    A. 支票结算方式　　　　　　　　　B. 汇兑结算方式

    C. 银行本票结算方式　　　　　　　D. 委托收款结算方式

    E. 托收承付结算方式

8. 在商品交易款项结算中，商业汇票的承兑人可以是（　　）。

    A. 付款人　　　　B. 收款人　　　　C. 销货方

    D. 付款人开户银行　　E. 收款人开户银行

9. 采用托收承付方式结算商品交易款要求（　　）。

    A. 销货方按合同发货　　　　　　　B. 购销双方已签订合法的购销合同

    C. 购货方收到货物后无条件付款　　D. 销货方能向银行提供符合规定的单据

    E. 购货方验单或验货后付款

三、判断题

1. 每日终了，企业必须将库存现金日记账的余额与库存现金总账的余额及库存现金的实际库存数进行核对，做到账账、账实相符。（　　）

2. 收款单位收到付款单位交来的银行汇票可以不送交银行办理转账结算，而是背书转让给另一单位用于购买材料。（　　）

3. 每个企业只能在银行开立一个基本存款账户，企业的工资、奖金等现金的支取只能通过该账户办理。（　　）

4. 银行汇票可以用于转账，也可以用于提现。（　　）

5. 同城或异地的商品交易、劳务供应均可采用银行本票结算方式进行结算。（　　）

6. 商业承兑汇票的承兑人是购货企业的开户银行。　　　　　　　　　　　　（　　）

7. 普通支票左上角画两条平行线的，只能用于转账，不得支取现金。　　　　（　　）

8. 单位和个人的各种款项的结算，均可采用汇兑结算方式。　　　　　　　　（　　）

9. 银行承兑汇票的付款人是购货企业的开户银行。　　　　　　　　　　　　（　　）

四、业务处理题

1. A企业本月发生如下现金收支业务，请为其编制记账凭证中的会计分录。

（1）从银行提取现金2 000元。原始凭证为现金支票存根。

（2）出售材料，收入现金565元，其中含增值税税额65元。原始凭证为销售发票。

（3）采购员王强因公外出，预借差旅费1 000元。原始凭证为借款单。

（4）将出售材料收入的565元现金送存银行。原始凭证为银行进账单。

（5）采购员王强公出归来，报销差旅费850元，交回余款150元。原始凭证为差旅费报销单和收据各一张。

2. B企业本月发生如下现金清查业务，请为其编制记账凭证中的会计分录。

（1）在某次现金清查中发现库存现金短缺300元，原因待查。原始凭证为库存现金清查盘点报告表。

（2）经过认真对，上述库存现金短缺中有100元是由出纳员李某的工作疏忽造成的，应由李某赔偿，余款无法查明原因，经批准计入管理费用。

（3）在某次库存现金清查中发现库存现金溢余88元，原因待查。原始凭证为库存现金盘点报告表。

（4）经过认真查对，上述溢余的库存现金形成原因不明，经批准转作企业收益处理。

3. M企业本月发生如下银行存款收支业务，请为其编制记账凭证中的会计分录。

（1）4日，缴纳上月所得税税额3 000元。原始凭证为税款单回单联。

（2）5日，支付管理部门电话费1 500元。原始凭证为话费发票和银行结算凭证。

（3）10日，将现金2 000元存入银行。原始凭证为现金缴款单回单联。

（4）15日，销售产品一批，价款为100 000元，增值税税额为13 000元，收到转账支票且已送存银行收妥。原始凭证为销售发票和银行进账单回单联。

4. 南方公司本月发生如下经济业务。

（1）委托银行开出银行汇票50 000元，有关手续已办妥。采购员张明持该汇票到外地A市采购材料。

（2）张明在A市采购结束，增值税专用发票上列明的材料价款为50 000元，增值税税额为6 500元，货款共56 500元。已用银行汇票支付50 000元，差额6 500元采用汇兑结算方式补付，材料已验收入库。

要求：根据以上经济业务，为南方公司编制会计分录。

5. 北方工厂本月发生如下经济业务。

（1）开出现金支票一张，向银行提取现金1 000元。

（2）职工李芳出差，借支差旅费2 000元，以现金支付。

（3）收到甲单位交来的转账支票一张，金额50 000元，用以归还上月所欠货款，支票已送存银行。

（4）向乙企业采购A材料，收到的增值税专用发票上列明价款100 000元，增值税税额13 000元，企业采用汇兑结算方式将款项113 000元付给乙企业。A材料已验收入库。

（5）企业开出转账支票一张，归还前欠丙单位货款20 000元。

（6）职工李芳报销差旅费，原借支2 000元，实报销2 050元，差额50元当即用现金补付。

（7）将现金2 000元送存银行。

（8）企业在现金清查中，发现现金短缺200元，原因待查。

（9）上述短款原因已查明，是出纳员陈红工作失职造成的，陈红当即交现金 200 元以作赔偿。

要求： 根据以上经济业务编制北方工厂的会计分录。

6. 北方工厂某年 8 月 31 日"银行存款日记账"的账面余额为 226 600 元，"银行对账单"的余额为 269 700 元。经核对，存在未达账项如下。

（1）8 月 30 日，工厂销售产品，收到转账支票一张，金额 23 000 元，银行尚未入账。

（2）8 月 30 日，工厂开出转账支票一张，支付购买材料款 58 500 元，持票单位尚未向银行办理转账手续。

（3）8 月 31 日，银行代工厂收到销货款 24 600 元，工厂尚未收到收款通知。

（4）8 月 31 日，银行代工厂付出电费 17 000 元，工厂尚未收到付款通知。

要求： 根据上述资料，编制"银行存款余额调节表"。

7. 北方工厂某年 8 月发生如下经济业务。

（1）委托银行开出银行汇票 100 000 元，有关手续已办妥，采购员张华持汇票到外地 A 市采购材料。

（2）派采购员李明到外地 B 市采购材料，委托银行汇款 200 000 元到 B 市开立采购专户。

（3）张华在 A 市的采购结束，增值税专用发票上列明的材料价款为 100 000 元，增值税税额为 13 000 元，货款共 113 000 元。已用银行汇票支付 100 000 元，差额 13 000 元采用汇兑结算方式补付。材料已验收入库。

（4）李明在 B 市的采购结束，增值税专用发票上列明的材料价款为 160 000 元，增值税税额为 20 800 元，款项共 180 800 元，材料已验收入库。同时接到银行多余款收账通知，退回余款 19 200 元。

（5）委托银行开出银行本票 50 000 元，有关手续已办妥。

（6）购买办公用品 3 000 元，用信用卡付款。收到银行转来的信用卡存款的付款凭证及所附账单，经审核无误。

要求： 根据以上经济业务，编制北方工厂的会计分录。

第二章

应收及预付款项

【本章学习目标】

知识目标：了解应收款项的内容；理解应收款项的入账时间和入账价值；理解坏账损失的确认条件。

能力目标：掌握应收票据和应收账款的核算方法，能够编制相关的会计分录；掌握预付账款和其他应收款的核算方法，能够编制相关的会计分录；掌握坏账损失的核算方法，能够编制相关的会计分录。

【本章导读】

应收及预付款项，是指企业在日常生产经营活动中发生的各项债权，包括应收款项和预付款项。应收款项包括应收票据、应收账款和其他应收款等；预付款项是指企业按照合同规定预付的款项，如预付账款等。

第一节 应收票据的核算

本节学习目标

知识目标：理解应收票据的概念和初始计量原则；熟悉"应收票据"科目的核算内容及其结构；掌握应收票据基本业务的核算方法。

技能目标：能够编制与应收票据基本业务相关的会计分录。

案例导入

20×9 年 9 月，某高等职业学院即将毕业的会计专业学生王华到北方公司进行顶岗实习。20×9 年 9 月，北方公司发生如下经济业务。

（1）向 A 公司销售产品一批，价款为 200 000 元，增值税税额为 26 000 元。收到 A 公司交来的一张已经银行承兑的、期限为 2 个月的不带息商业汇票，票面金额为 226 000 元。

（2）上月应收乙单位货款 65 000 元，经协商改用商业汇票结算。北方公司已收到乙单位交来的一张 3 个月期的商业承兑汇票，票面金额为 65 000 元。

（3）将上述收到 A 公司的商业汇票向银行贴现，贴现天数为 45 天，贴现利率为 6%，贴现款已收存银行。

要求：请替王华完成北方公司上述经济业务的账务处理。

一、应收票据概述

1. 应收票据的确认

应收票据，是指企业采用商业汇票结算方式时，因销售商品、提供劳务等而收到并持有的未到期、尚未兑现的票据。

商业汇票按其承兑人的不同，可分为商业承兑汇票和银行承兑汇票两种。商业承兑汇票是出票人签发经付款人（购买单位）承兑的汇票；银行承兑汇票是由出票人签发经银行承兑的汇票。商业承兑汇票以付款人的信誉为担保，银行承兑汇票以银行的信誉为担保。对于收款企业来讲，银行承兑汇票的风险远低于商业承兑汇票。

应收票据按是否载明利率，可分为不带息应收票据和带息应收票据。不带息应收票据是票面不带利息的应收票据，其利息实际包含在票面本金中；带息应收票据是票面注明利息的应收票据，其利息应另行计算。

2. 应收票据的初始计量

在我国，商业汇票的期限最长不超过 6 个月，用现值记账不但计算麻烦而且其折价还要逐期摊销。按现行制度的规定，企业收到的商业汇票，无论是否带息，均按应收票据的票面价值入账。对于带息应收票据，应在期末按票据的票面价值和确定的利率计算利息，计入应收利息，并冲减当期财务费用。这里主要介绍不带息应收票据业务的核算。

二、应收票据典型业务的核算

1. 会计科目的设置

为了反映和监督因销售商品、提供劳务等而收到并持有的商业汇票，企业应设置"应收票据"科目。该科目是资产类科目，借方登记取得的应收票据的面值，贷方登记到期收回票据或到期前向银行贴现以及背书转让的应收票据的面值；期末余额在借方，反映企业持有的应收票据的面值。

本科目可按照开出、承兑商业汇票的单位进行明细核算，并设置"应收票据备查簿"记录所收商业汇票的基本信息。在"应收票据备查簿"中，应逐笔登记商业汇票的种类、号数、出票日、票面金额、交易合同号和付款人、承兑人、背书人的名称、到期日、背书转让日、贴现日、贴现率和贴现净额以及收款日和收回金额、退票情况等资料。商业汇票到期结清票款或退票后，应在备查簿中予以注销。

2. 应收票据的取得

企业因销售商品、提供劳务等收到承兑的商业汇票时，借记"应收票据"科目，贷记"主营业务收入""应交税费——应交增值税（销项税额）"等科目；因债务人抵偿前欠货款而取得应收票据时，借记"应收票据"科目，贷记"应收账款"科目。

【例 2.1.1】 20×9 年 9 月 2 日，A 企业向甲企业销售商品一批，开具的增值税专用发票上注明的价款为 100 000 元，增值税税额为 13 000 元，共计 113 000 元。甲企业开出一张为期 3个月的商业汇票以抵付货款。A 企业的账务处理如下：

借：应收票据——甲企业　　　　　　　　　　　　　　　　　　113 000

   贷：主营业务收入   100 000

     应交税费——应交增值税（销项税额）   13 000

  【例2.1.2】 20×9年9月4日，A企业向乙企业销售一批产品，货款为30 000元，当日未收到，托收手续已办妥，适用的增值税税率为13%。A企业的账务处理如下：

   借：应收账款——乙企业   33 900

     贷：主营业务收入   30 000

       应交税费——应交增值税（销项税额）   3 900

  【学中做】 若20×9年9月15日，A企业收到乙企业寄来的一张为期3个月的商业承兑汇票，面值为33 900元，抵偿前欠商品货款。请问A企业该如何进行账务处理？

  3. 应收票据到期

  应收票据到期收回票面金额，存入银行时，应按票据面值借记“银行存款”科目，贷记“应收票据”科目；票据到期付款人无力支付票款，收到银行退回的商业承兑汇票、委托收款凭证、未付票款通知书或拒绝付款等证明时，按应收票据的票面金额，借记“应收账款”科目，贷记“应收票据”科目。

  【例2.1.3】 20×9年8月2日，A企业持有的C企业票据到期，收回票面金额33 900元并存入银行。A企业的账务处理如下：

   借：银行存款   33 900

     贷：应收票据——C企业   33 900

  【学中做】 若C企业在票据到期时无款支付，A企业未能按期收到款项，银行退回相关单据，A企业如何进行账务处理？

  4. 应收票据背书转让

  根据《支付结算办法》的规定，企业可以将持有的商业汇票背书转让，用于购买所需要的商品物资。**背书**是指在票据背面或粘单上记载有关事项并签章的票据行为。**票据转让**是指持票人将自己持有的商业汇票背书，将汇票权利转让给他人行使。背书人对背书转让的票据承担责任。出票人在汇票上记载“不得转让”字样的，汇票不得转让。对于被拒绝付款或超过付款期限的票据也不得背书转让。背书人通过背书转让汇票后，承担保证其后手所持汇票承兑和付款的责任。

  企业将持有的应收票据背书转让以取得所需物资时，按照应计入取得物资成本的金额，借记“材料采购”或“原材料”“库存商品”等科目；按照增值税专用发票上注明的可抵扣的增值税进项税额，借记“应交税费——应交增值税（进项税额）”科目；按照应收票据的票面金额，贷记“应收票据”科目；如有差额，借记或贷记“银行存款”等科目。如为带息应收票据，还应按尚未计提的利息，贷记“财务费用”科目，并按应收或应付的差额，借记或贷记“银行存款”等科目。

  【例2.1.4】 20×9年9月1日，A企业从E企业采购原材料，价款为20 000元，增值税税额为2 600元，材料已验收入库。当日，A企业将持有的面值为30 000元的B企业商业汇票背书转让给E企业，差额部分用银行存款结算。A企业的账务处理如下：

   借：原材料   20 000

     应交税费——应交增值税（进项税额）   2 600

     银行存款   7 400

     贷：应收票据——B企业   30 000

5. 应收票据贴现

商业汇票贴现
凭证票样

当企业急需资金时，可以持未到期的商业汇票向其开户银行申请贴现。**贴现，是指企业将未到期的商业汇票背书转让给银行，由银行按票据到期值扣除贴现日至票据到期日的利息后，将余额付给企业的融资行为，是企业与贴现银行之间就票据权利所做的一种转让。**

票据贴现实质上是一种融通资金的行为。在贴现中，企业付给银行的利息被称为贴现息（也称贴现利息）；银行计算贴现息所用的利率被称为贴现率；企业从银行获得的票据到期值扣除贴现息后的货币收入被称为贴现所得。

应收票据贴现额的计算公式如下：

贴现息 = 票据到期价值 × 贴现率 × 贴现期

贴现所得 = 票据到期价值 - 贴现息

贴现期是指从贴现日至票据到期日的时间间隔，在实际计算中可按月计算，也可按日计算。比如，4月1日将6月1日到期的票据到银行办理贴现，按月计算的贴现期为2个月。又如，4月1日将5月15日到期的票据到银行办理贴现，按日计算的贴现期为44天（即4月30天，5月14天，共44天）。通常是在贴现日与到期日两天中，只计算其中的一天：

贴现天数 = 贴现日至到期日实际天数 - 1

按照《支付结算办法》的规定，承兑人在异地的，贴现息的计算应另加3天的划款日期。

根据票据到期债务人未能偿还票据款时银行是否对贴现人享有追索权，应收票据贴现的账务处理分为不附加追索权和附加追索权两种情况。

（1）不带追索权票据贴现业务的账务处理。企业与银行签订的协议中规定，在贴现的商业汇票到期而债务人未能按期偿还时，申请贴现的企业不负有任何偿还责任，即银行无追索权的，应视同出售票据进行会计处理。

所谓追索权，是指企业转让应收票据后，当接受方在应收票据遭到拒付或逾期支付时，向应收票据转让方索取应收金额的权利。不带追索权贴现时，票据一经贴现，贴现企业就已将应收票据上的风险和未来经济利益全部转让给银行。

在不附追索权的情况下，企业持未到期的商业汇票向银行贴现，应根据银行盖章退回的贴现凭证第四联收账通知，按照实际收到的金额（即减去贴现息后的净额），借记"银行存款"科目；按照贴现息，借记"财务费用"科目；按照商业汇票的票面金额，贷记"应收票据"科目。

【例2.1.5】 20×8年6月16日，A企业将B企业开具的、出票日期为5月15日、期限为3个月、面值为34 800元的不带息商业承兑汇票到银行贴现。假设银行年贴现率为6%。若该笔票据贴现不附追索权，A企业的账务处理如下：

票据贴现天数 = 15 + 31 + 15 - 1 = 60（天）

票据到期价值 = 面值 = 34 800（元）

贴现息 = 34 800 × 6% ÷ 360 × 60 = 348（元）

贴现所得金额 = 34 800 - 348 = 34 452（元）

财务费用 = 贴现息 = 348（元）

借：银行存款 34 452

财务费用 348

贷：应收票据——B企业 34 800

（2）带追索权票据贴现业务的核算。对于带追索权的票据贴现，企业与银行签订的协议中规定，贴现的商业汇票到期而债务人未能按期偿还时，申请贴现的企业在法律上负有连带偿债责任。若债务人未能按期偿还，则说明企业将票据贴现后，相关的风险和报酬并未转移。从某种角度上说，此类票据贴现业务类似于以应收票据为质押取得的借款。因此，根据"实质重于形式"的要求，上述业务发生时，应贷记"短期借款"科目。

在附有追索权的情况下，企业持未到期的商业汇票向银行贴现，应根据银行盖章退回的贴现凭证第四联收账通知，按照实际收到的金额（即减去贴现息后的净额），借记"银行存款"科目；按照贴现息部分，借记"财务费用"科目；按照商业汇票的票面金额，贷记"短期借款"科目。

【例 2.1.6】 若【例 2.1.5】中 A 企业的该笔票据贴现业务附有追索权，则 A 企业的账务处理如下：

借：银行存款	34 452
财务费用	348
贷：短期借款	34 800

若票据到期后，出票人 B 企业如期付款，则根据银行通知，A 企业的账务处理如下：

借：短期借款	34 800
贷：应收票据——B 企业	34 800

【学中做】 若上述附有追索权贴现的票据到期，承兑人 B 企业银行存款不足，未能按期承兑，则 A 企业如何进行账务处理？

提示： 企业不得对持有的应收票据计提坏账准备，只有将到期不能收回的应收票据转入应收账款后，才能按规定计提坏账准备。但是，如有确凿证据表明企业所持有的未到期应收票据不能够收回或收回的可能性不大时，企业才能将该应收票据的账面余额转入应收账款，再计提相应的坏账准备。

第二节　应收账款的核算

本节学习目标

知识目标： 了解应收账款的含义和内容；明确应收账款的入账时间和入账价值；熟悉"应收账款"科目核算的内容和结构；掌握应收账款基本业务的核算方法。

技能目标： 能够编制与应收账款基本业务相关的会计分录。

案例导入

20×9 年 9 月，某高等职业学院即将毕业的会计专业学生张华到南方工厂进行顶岗实习。

20×9 年 9 月，南方工厂发生如下经济业务。

（1）向甲公司销售产品一批，价款为 50 000 元，增值税税额为 6 500 元，采用托收承付结算方式结算；在产品发运时，以支票支付代垫运杂费 400 元，已向银行办妥托收手续。

（2）向乙单位销售产品一批，价款为 100 000 元，增值税税额为 13 000 元，付款条件为：2/10，1/20，n/30。（现金折扣的计算不考虑增值税，南方工厂对应收账款按总价法核算）

案例解析

（3）接到银行通知，应收甲公司的货款 56 900 元已收妥入账。

（4）上述乙单位在购货后的第 8 天交来转账支票一张，支付货款 111 000 元。

要求： 请帮张华完成南方工厂上述经济业务的账务处理。

一、应收账款概述

（一）应收账款的确认

应收账款，是指企业因销售商品、提供劳务等经营活动，应向购货单位或个人收取的价款及代购货单位垫付的包装费、运杂费等。

会计上所指的应收账款有其特定的范围。企业发生的各种应收款项中，只有进行商品交易、提供劳务等经营活动中所形成的债权，才能确认为应收账款。应收账款不包括应收的其他款项、长期债权和其他存出保证金。

应收账款是在商业信用条件下由于赊销业务而产生的，企业应收账款的确认一般应与收入实现的确认同步进行。因此，应收账款的入账时间一般应为交易发生日或销售收入确认之时。如果企业销售商品时采用的是托收承付方式，则企业应在办妥托收手续时确认收入。

（二）应收账款的初始计量

根据《企业会计准则》的规定，应收及预付款项应当按实际发生额记账。应收账款的入账价值即应向客户收取的款项，包括销售货物或提供劳务的价款、应收取的增值税销项税额，以及代购货方垫付的包装费、运杂费等。但在实际计算应收账款的入账金额时，还需要考虑商业折扣和现金折扣因素。

1. 商业折扣

商业折扣是企业最常用的促销方式之一。企业为了扩大销售、占领市场，对于批发商往往给予商业折扣，采用销量越多、价格越低的促销策略，也就是我们通常所说的"薄利多销"。比如，购买10件以上，销售价格可优惠10%；而购买30件以上，销售价格可优惠20%。

由于商业折扣在交易发生时就已经确定，不需在买卖双方的账上反映，因此，在存在商业折扣的情况下，企业的应收账款入账金额应按扣除商业折扣后的实际售价确认。同时，计算增值税税额时，企业也应该以扣除商业折扣后的金额为计税依据，即商业折扣对会计核算不产生任何影响。

【学中做】下列各项中，构成应收账款入账价值的有（　　　）。

A. 赊销商品的价款　　　　B. 代购货方垫付的保险费

C. 代购货方垫付的运杂费　　D. 销售货物发生的商业折扣

2. 现金折扣

现金折扣通常发生在以赊销方式销售商品、提供劳务的交易中。现金折扣的实质是销货企业为了鼓励顾客在一定期限内及早偿还货款而从发票价格中给顾客一定数额的优惠。现金折扣一般用"折扣率/付款期限"来表示。比如，"2/10，1/20，n/30"分别表示在10天内付款给予2%的折扣，11~20天内付款给予1%的折扣，21~30天内付款不予折扣，信用期限为30天。例如，A公司向B公司出售商品30 000元，付款条件为"2/10，n/60"，如果B公司在10天内付款，须付29 400元，如果在11~60天内付款，则须付全额30 000元。

在存在现金折扣的情况下，应收账款入账金额的确认有两种方法，即总价法和净价法。

（1）**总价法**，是将未扣除现金折扣前的发票金额作为实际售价，并作为销售收入和应收账款的入账价值。由于是按总价入账，所以，对于卖方而言，若客户在折扣期限内付款，则卖方应将给予客户的现金折扣视为融资过程中的理财费用，在会计上将其作为增加财务费用处理；对于买方而言，若在折扣期限内按时付款，则认为企业享受的现金折扣是该企业在节约使用资金活动中的理财收益，冲减当期财务费用。因此，在总价法下，现金折扣不会影响应收账款入账价值的确定。

（2）**净价法**，是按扣除现金折扣后的金额作为实际售价，据以确认"应收账款"的入账价值。这种方法是把客户取得现金折扣作为正常现象，认为客户一般都会提前付款，而将由于客户超过折扣期付款而多收入的金额，视为销货方向客户提供信贷获得的收入，在会计上将其作为冲减财务费用处理。不管以后是否会发生现金折扣，在销售时都按能付出的最高折扣进行处理，如果以后不发生现金折扣，则将未付出的现金折扣，视为提供信贷获得的收入。因此，在净价法下，现金折扣会影响应收账款入账价值的确定。

在我国的企业会计实务中，按 2018 年开始在上市公司实施的《企业会计准则第 14 号——收入》的规定，若赊销收入有现金折扣条件，则收入应按扣减现金折扣的金额予以确认，同时，应收账款也应以扣减现金折扣的金额作为入账价值，即按净价法入账。

在采用净价法核算时，企业因销售商品、提供劳务而形成的应收账款应按照实际成交额扣除最高额度的现金折扣后的金额入账。因客户未能在折扣期限内付款销货方少付出的折扣，销售企业将其确认为当期收益，贷记"财务费用"科目。

二、应收账款典型业务的核算

1. 会计科目的设置

为了总括反映和监督企业应收账款的发生和收回情况，企业应设置"应收账款"科目进行总分类核算。该科目是资产类科目，借方登记赊销形成的应收账款金额，贷方登记客户已归还，或已结转坏账损失，或转作商业汇票结算方式的应收账款金额，期末余额一般在借方，反映尚未收回的应收账款金额。该科目应按债务单位名称设置明细科目，进行明细核算。

提示：不单独设置"预收账款"科目的企业，应在"应收账款"科目中核算预收的账款。

2. 应收账款的形成

当企业因销售商品、提供劳务而形成应收账款时，按应收的货款以及增值税专用发票上注明的增值税税额，借记"应收账款"科目；按实现的营业收入，贷记"主营业务收入"或"其他业务收入"科目；按增值税专用发票上注明的增值税销项税额，贷记"应交税费——应交增值税（销项税额）"科目。

3. 应收账款的收回

企业收回应收账款时，按收回金额，借记"银行存款"或"库存现金"科目，贷记"应收账款"科目。

【例 2.2.1】 20×9 年 9 月 1 日，A 企业采用托收承付方式销售给 B 企业一批产品，开出的增值税专用发票上注明货款 20 000 元、增值税税额 2 600 元。9 月 8 日，A 企业接到银行收款通知，称这笔款项已经入账。A 企业的账务处理如下。

（1）销售产品，形成应收账款时：

借：应收账款——B 企业   22 600

  贷：主营业务收入   20 000

    应交税费——应交增值税（销项税额）   2 600

（2）收回应收账款时：

借：银行存款   22 600

  贷：应收账款——B 企业   22 600

企业的应收账款改用商业汇票结算的，企业在收到承兑的商业汇票时，按照票面金额，借记"应收票据"科目，贷记"应收账款"科目。

【例2.2.2】 A企业销售给C企业一批产品，价目表上标明的金额为40 000元，但在出售时，A企业给予C企业10%的商业折扣，货款尚未收到。A企业为一般纳税人。该批产品适用的增值税税率为13%。A企业的账务处理如下：

借：应收账款——C企业   40 680
　　贷：主营业务收入   36 000
　　　　应交税费——应交增值税（销项税额）   4 680

【例2.2.3】 甲公司销售给乙公司一批商品，价款为50 000元，增值税税额为6 500元，代购货方垫付运杂费1 500元。乙公司收到商品验收入库，货款未付。该项交易附有现金折扣条件：2/10，n/30。现金折扣不包括增值税。甲公司按净价法核算有现金折扣的赊销业务。

（1）甲公司在销售产品时按净价法确认的应收账款总额为57 000元，会计分录如下：

借：应收账款——乙公司   57 000
　　贷：主营业务收入   49 000
　　　　应交税费——应交增值税（销项税额）   6 500
　　　　银行存款   1 500

（2）如果乙公司在10天内付款，可以享受现金折扣1 000（50 000×2%）元，则甲公司实际收款57 000元，会计分录如下：

借：银行存款   57 000
　　贷：应收账款——乙公司   57 000

（3）如果乙公司在10天后付款，不能享受现金折扣，则甲公司实际收款58 000元，会计分录如下：

借：银行存款   58 000
　　贷：应收账款——乙公司   57 000
　　　　财务费用   1 000

第三节　预付账款和其他应收款的核算

本节学习目标

知识目标：理解预付账款、其他应收款、备用金的概念；熟悉"预付账款""其他应收款"科目的核算内容及其结构；掌握预付账款和其他应收款基本业务的核算方法。

技能目标：能够编制与预付账款和其他应收款基本业务相关的会计分录。

案例导入

20×9年9月，某高等职业技术学院即将毕业的会计专业学生李华到A公司进行顶岗实习。A公司为一般纳税人。20×9年9月，A公司发生如下经济业务。

（1）向甲企业采购材料，开出转账支票一张，预付材料款100 000元。

（2）收到甲企业的材料及有关结算单据，材料价款为100 000元，增值税税额为13 000元，材料已验收入库。同时开出转账支票一张，补付材料款 13 000 元。

（3）以银行存款为职工垫付水电费 3 200 元。

（4）以银行存款支付租入包装物押金 800 元。

（5）以现金支付职工刘伟出差预借差旅费 500 元。

要求：请替李华完成 A 公司上述经济业务的账务处理。

案例解析

一、预付账款的核算

预付账款，是指企业按照购货合同或劳务合同的规定，预先支付给供货方或劳务提供方的款项，如预付的材料、商品采购货款，必须预先发放的在以后收回的农副产品预购定金等。对购货企业来说，预付账款是一项流动资产。

企业应设置"预付账款"科目，以核算企业按照购货合同规定预付给供货单位的款项。"预付账款"科目属于资产类科目，借方登记预付的款项和补付的款项，贷方登记采购货物时按发票金额冲销的预付账款和预付账款多余而退回的款项，期末借方余额反映企业实际预付的款项，贷方余额表示企业尚未补付的余额。"预付账款"科目应按供货单位设置明细账，进行明细核算。企业进行在建工程预付的工程价款，也通过该科目核算。

预付款项不多的企业，也可以不设置该科目，而将预付的款项直接记入"应付账款"科目的借方。但在期末编制会计报表时，需要对"应付账款"科目的明细科目进行分析，分别填列资产负债表的"应付账款"项目和"预付款项"项目。

提示：企业的预付账款在性质上不同于应收账款和其他应收款，其收不回的可能性很小，一般不计提坏账准备，但如有确凿证据表明其不符合预付账款性质，或者因供货单位破产、撤销等原因已无望再收到所购货物的，应将预计不能收到货物的预付账款，借记"其他应收款——预付账款转入"科目，贷记"预付账款"科目，并按其他应收款计提坏账准备的方法估计坏账。除转入"其他应收款"科目的预付账款外，其他预付款不得计提坏账准备。

1. 预付账款的会计核算

发生预付账款时，企业应按照以下两种情况进行会计核算。

（1）企业根据购货合同的规定向供应单位预付款项时，借记"预付账款"科目，贷记"银行存款"科目。

【例 2.3.1】 20×9 年 6 月 7 日，A 企业签订合同，向 B 企业采购一批原材料，货款总额为 40 000 元。按照合同规定，A 企业于 6 月 15 日预付 60% 的货款。A 企业 6 月 15 日的账务处理如下：

借：预付账款——B 企业 24 000

贷：银行存款 24 000

（2）企业出包工程按照合同规定预付的工程价款，借记"预付账款"科目，贷记"银行存款"等科目。按照工程进度和合同规定结算的工程价款，借记"在建工程"科目，贷记"预付账款""银行存款"等科目。

【例 2.3.2】 20×9 年 8 月 7 日，A 企业与 C 企业签订建一座新厂房的建筑合同，工程价款为 5 000 000 元。按合同规定，A 企业预付工程款 3 000 000 元。A 企业对预付工程款的账务处理如下：

借：预付账款——预付承包单位款——C 企业 3 000 000

贷：银行存款 3 000 000

2．预付账款的冲减

收到货物或退回多余的预付款项时，企业应冲减预付账款。收到所购物资时，企业应按照应计入所购物资成本的金额，借记"在途物资""原材料"或"库存商品"等科目；按照税法规定可抵扣的增值税进项税额，借记"应交税费——应交增值税（进项税额）"科目；按照应支付的金额，贷记"预付账款"科目。对于预付的工程款，企业应按照工程进度和合同规定进行结算，借记"在建工程"科目，贷记"预付账款""银行存款"等科目。

当预付货款小于采购货物所需支付的款项时，企业应将不足部分补付，借记"预付账款"科目，贷记"银行存款"科目；当预付货款大于采购货物所需支付的款项并收回多余款项时，企业应将收回的多余款项，借记"银行存款"科目，贷记"预付账款"科目。

【例2.3.3】承【例2.3.1】，20×9年8月27日，A企业收到B企业发来的原材料，取得的增值税专用发票上记载的价款为40 000元，增值税税额为5 200元。A企业以银行存款补付其余款项。A企业的账务处理如下：

借：原材料	40 000
应交税费——应交增值税（进项税额）	5 200
贷：预付账款——B企业	45 200
借：预付账款——B企业	21 200
贷：银行存款	21 200

【例2.3.4】承【例2.3.2】，20×9年8月31日，经测算新厂房完工20%。A企业据此进行结算，其账务处理如下：

借：在建工程——厂房建筑工程	1 000 000
贷：预付账款——预付承包单位款——C公司	1 000 000

二、其他应收款的核算

其他应收款是指企业除应收票据、应收账款、预付账款、应收股利、应收利息等以外的其他各种应收及暂付款项。其他应收、暂付款项主要包括以下内容。

（1）应收的各种赔款、罚款，如因职工失职造成一定损失而应向该职工收取的赔款，或因企业财产遭受意外损失而应向有关保险公司收取的赔款等；

（2）应收的出租包装物租金；

（3）应向职工收取的各种垫付款项，如为职工垫付的水电费、医药费、房租等；

（4）存出保证金，如租入包装物支付的押金；

（5）备用金（供企业各职能科室、车间、个人周转使用而拨出的备用金）；

（6）预付账款转入；

（7）其他各种应收、暂付款项。

为了反映和监督其他应收款的发生和结余情况，企业应设置"其他应收款"科目进行总分类核算，并按照其他应收款的项目和不同的债务人设置明细账，进行明细核算。该科目是资产类科目，借方登记其他应收款的增加数，贷方登记其他应收款的收回数，期末余额一般在借方，反映企业尚未收回的其他应收款项。

企业发生各种其他应收款项时，应借记"其他应收款"科目，贷记"库存现金""银行存款""固定资产清理"等科目。

企业收回其他各种应收款项时,借记"库存现金""银行存款""应付职工薪酬"等科目,贷记"其他应收款"科目。

【**例2.3.5**】 A企业从B企业租入包装物一批,以银行存款支付包装物押金1 500元。A企业的账务处理如下。

(1)A企业支付包装物押金时,根据有关原始凭证编制会计分录如下:

借:其他应收款——存出保证金——B企业　　　　　　　　　　　　　　1 500
　　贷:银行存款　　　　　　　　　　　　　　　　　　　　　　　　　　　1 500

(2)当A企业如数返还包装物并收到B企业退回的押金1 500元时,编制会计分录如下:

借:银行存款　　　　　　　　　　　　　　　　　　　　　　　　　　　1 500
　　贷:其他应收款——存出保证金——B企业　　　　　　　　　　　　　　　1 500

【**例2.3.6**】 A企业以银行存款为副总经理垫付应由其个人负担的医药费5 000元,事后从其工资中扣回。

(1)垫支时,A企业编制会计分录如下:

借:其他应收款——某副总经理　　　　　　　　　　　　　　　　　　　5 000
　　贷:银行存款　　　　　　　　　　　　　　　　　　　　　　　　　　　5 000

(2)扣款时,A企业编制会计分录如下:

借:应付职工薪酬　　　　　　　　　　　　　　　　　　　　　　　　　5 000
　　贷:其他应收款——某副总经理　　　　　　　　　　　　　　　　　　　5 000

【**学中做**】 下列项目中,应通过"其他应收款"科目核算的有(　　　　)。

A. 应收出租包装物的租金　　　　　B. 应收的各种罚款
C. 收取的各种押金　　　　　　　　D. 应向职工收取的各种垫付款项

三、备用金的核算

备用金是指为了简化频繁的日常小额零星现金支出的审批和核算手续,满足企业内部各部门和职工个人生产经营活动的需要,而拨给有关部门和职工个人使用的备用现金。企业可以对日常开支、零星采购或小额差旅费等需用的现金,建立定额备用金制度来加以控制。

采用定额备用金制度的企业,由会计部门根据实际情况拨给有关部门和职工个人一笔固定金额的现金,并规定使用范围。备用金由专人经管,经管人员必须妥善保存有关支付备用金的收据、发票等各种报销凭证,并设置备用金登记簿记录各项零星开支。经管人员按规定的间隔日期或在备用金不够周转时,凭有关凭证到会计部门报销,补足备用金的规定金额。

为了反映和监督备用金的拨付和使用情况,企业应在"其他应收款"科目下或单独设置"备用金"科目进行核算。会计部门拨付备用金时,借记"其他应收款——备用金"或"备用金"科目,贷记"库存现金"或"银行存款"科目。内部各单位以备用金支付零星支出时,应根据有关的支出凭单,定期编制备用金报销清单。会计部门根据内部各单位提供的备用金报销清单,定期补足备用金,借记"管理费用"等科目,贷记"库存现金"或"银行存款"科目。除了增加或减少拨付的备用金定额外,内部各单位报销有关备用金支出时不再通过"其他应收款"或"备用金"科目核算。

【**例2.3.7**】 20×9年2月1日,A企业核定销售部备用金定额10 000元,以现金拨付,并规定每月月底由备用金专门经管人员凭有关凭证到会计部门报销,补足备用金。2月月末,销售部报销日常业务支出6 000元。

（1）2月1日，会计部门以现金支票拨付备用金，会计部门编制如下会计分录：

借：其他应收款——备用金（销售部）　　　　　　　　　　　　　　　10 000

　　贷：银行存款　　　　　　　　　　　　　　　　　　　　　　　　　　10 000

（2）2月月末，销售部报销日常业务支出时，会计部门以现金支票补足备用金，会计部门编制如下会计分录：

借：销售费用　　　　　　　　　　　　　　　　　　　　　　　　　　6 000

　　贷：银行存款　　　　　　　　　　　　　　　　　　　　　　　　　　6 000

第四节　坏账损失的核算

本节学习目标

知识目标：理解坏账损失的含义和确认条件；掌握坏账损失核算的备抵法；熟悉"信用减值损失"和"坏账准备"两个科目的核算内容及其结构。

技能目标：能够编制在备抵法下与坏账损失相关的会计分录。

案例导入

20×8年12月，某高等职业学院即将毕业的会计专业学生张华到B公司进行顶岗实习。B公司为一般纳税人。该公司按照应收款项余额的1%计提坏账准备。有关资料如下。

（1）20×6年年初，"应收账款"科目的借方余额为6 000万元，"坏账准备"科目的贷方余额为30万元；20×6年8月，销售商品一批，货款4 680元（含增值税税额680元）尚未收到，20×6年12月实际发生坏账损失40万元。

（2）20×7年4月，收回以前年度的应收账款3 000万元并存入银行；20×7年6月，销售商品一批，货款4 095万元（含增值税税额595万元），尚未收到；20×7年12月，实际发生坏账损失50万元。

（3）20×8年3月，收回以前年度的应收账款5 000万元并存入银行；20×8年7月，销售商品一批，货款8 120万元（含增值税税额1 120万元），尚未收到；20×8年9月，收回已确认的坏账损失30万元。

要求：请替张华根据B公司上述经济业务，完成以下账务处理。（会计分录中的金额以万元为单位）

案例解析

（1）针对20×6年销售商品、实际发生坏账损失、年末计提坏账准备进行相应的账务处理。

（2）针对20×7年收回以前年度的应收账款、销售商品、实际发生坏账损失、年末计提坏账准备进行相应的账务处理。

（3）针对20×8年收回以前年度的应收账款、销售商品、收回已确认的坏账、年末计提坏账准备进行相应的账务处理。

一、坏账损失的含义和确认条件

企业的应收款项可能会因债务人拒付、破产、死亡等原因而无法收回。这类无法收回的应收款项就是坏账。由于发生坏账而遭受的损失，称为"**坏账损失**"。

企业应在资产负债表日对应收款项的账面价值进行检查，如有客观证据表明应收款项发生减值的，应计提坏账准备。符合下列条件之一的，应确认为坏账。

（1）因债务人破产或死亡，以其破产财产或遗产清偿债务后，仍然无法收回的应收款项。

（2）因债务单位撤销、资不抵债或现金流量严重不足，确实不能收回的应收款项。

（3）因发生严重的自然灾害等导致债务单位停产而在短时间内无法偿付债务，确实无法收回的应收款项。

（4）因债务人未履行偿债义务超过 3 年，经核查确实无法收回的应收款项。

对坏账损失的确认，既要注重证据又要注重实质，并且应规定坏账损失的审批权归股东大会或董事会，或厂长（经理）办公会或类似机构。

企业持有的应收票据一般不计提坏账准备，因为应收票据相对于应收账款来讲发生坏账的风险较小。如确有证据表明企业不能收回应收票据的，其款项应及时转入应收账款，并计提相应的坏账准备。

二、坏账损失的核算方法

坏账损失的核算方法一般有两种：直接转销法和备抵法。

1. 直接转销法

在直接转销法下，日常核算中对应收款项可能发生的坏账损失不予考虑，只有在实际发生坏账时，才作为损失计入当期损益，同时冲销应收款项，借记"资产减值损失"科目，贷记"应收账款"科目。

在直接转销法下，企业在转销坏账损失的前期，对坏账不进行任何处理。这会使企业发生大量的坏账和呆账，导致长年挂账。这也使应收账款的可实现价值被夸大，虚增了企业利润。同时，直接转销法也不符合权责发生制会计基础和收入费用配比的要求。我国《小企业会计准则》规定，小企业应收款项的坏账损失应当于实际发生时计入营业外支出，同时冲减应收款项，即小企业应收款项的坏账损失核算采取的是直接转销法。除小企业外的其他企业，应按规定采用备抵法核算企业的坏账损失。

2. 备抵法

备抵法是指采用一定的方法按期估计坏账损失，计入当期费用，形成坏账准备；待实际发生坏账时，再根据实际发生的坏账金额冲销已计提的坏账准备和相应的应收款项。采用这种方法，将预计不能收回的应收款项作为坏账损失入账，避免了虚盈实亏。同时，这种方法便于相关人员了解企业应收款项的可变现净值，可真实反映企业的财务状况。另外，预计不能收回的应收款项已不符合资产的定义，计提坏账准备可以防止企业虚增资产。

《企业会计准则》规定，企业应当在资产负债表日对应收款项的账面价值进行检查，有客观证据表明该应收款项发生减值的，应当将该应收款项的账面价值减记至预计未来现金流量现值，以减记的金额确认减值损失，计提坏账准备，即对坏账损失的会计处理采用备抵法。

坏账准备是企业按一定原则和方法对可能发生的坏账损失而提取的准备资金。当实际发生坏账损失时，根据实际发生的坏账金额冲减已计提的坏账准备，同时转销相应的应收款项。

三、备抵法下坏账损失的核算

（一）科目设置

在备抵法下，企业应当设置"信用减值损失"和"坏账准备"两个科目，进行坏账损失的核算。

　　"信用减值损失"科目属于损益类科目，用来核算根据《企业会计准则第22号——金融工具确认和计量》《企业会计准则第8号——资产减值》等准则计提各项金融资产减值准备时所形成的损失。该科目应按照信用减值损失的项目进行明细核算。该科目的借方登记企业根据资产减值等准则确定应收款项、债权投资等金融资产发生减值应减记的金额；贷方登记企业计提坏账准备、债权投资减值准备后，相关资产的价值又得以恢复，在原已计提的减值准备金额内，登记的恢复增加的金额；期末，应将"信用减值损失"科目余额转入"本年利润"科目，结转后本科目无余额。（注：2019年1月以前，坏账损失通过"资产减值损失"科目核算。）

　　"坏账准备"科目属于资产类科目，用来核算应收款项的坏账准备计提、转销等情况，是"应收账款"和"其他应收款"等科目的备抵调整科目。"坏账准备"科目的借方登记实际发生的坏账损失金额和冲减的坏账准备金额，贷方登记本期计提的坏账准备金额和已确认坏账收回数，期末余额一般在贷方，反映企业已计提但尚未转销的坏账准备。"坏账准备"科目可按应收款项的类别进行明细核算。

【学中做】 下列各项中，应记入"坏账准备"科目借方的有（　　　　）。

A. 提取坏账准备　　　　　　　　　B. 冲回多提坏账准备

C. 收回以前确认并转销的坏账　　　D. 备抵法下实际发生的坏账

　　企业计提应收款项的减值准备时，按应减记的金额，借记"信用减值损失——计提的坏账准备"科目，贷记"坏账准备"科目。实际发生坏账损失时，借记"坏账准备"科目，贷记"应收账款"或"其他应收款"科目。冲减多计提的坏账准备时，借记"坏账准备"科目，贷记"信用减值损失——计提的坏账准备"科目。

　　当坏账损失采用备抵法核算时，期末资产负债表上的"应收账款""其他应收款"项目均应按减去已计提坏账款准备后的可收回净额列示。

（二）备抵法下坏账损失的核算方法

　　在计提坏账准备时，应当注意以下几个问题：一是企业的应收票据，有确凿证据表明不能收回时，应将其账面价值转入应收账款，然后计提相应的坏账准备；二是企业的预付账款，有确凿证据表明不符合预付账款的性质时，应将原计入预付账款的金额转入其他应收款，然后按规定计提坏账准备；三是对已确认为坏账的应收账款，并不意味着企业放弃对该类款项的追索权，一旦将该类款项重新收回，企业应及时将其入账。

　　在备抵法下，坏账准备的计提方法主要有应收账款余额百分比法、账龄分析法、销货百分比法和个别计价法。坏账准备的计提方法和计提比例由企业根据实际情况自行决定，并且一经确定，不得随意变更；如需变更，必须按规定程序批准，并在财务报表附注中加以披露。

微课视频
坏账损失的核算

1. 应收账款余额百分比法下坏账损失的核算

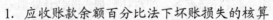

应收账款余额百分比法，是根据会计期末应收款项各科目余额和估计的坏账准备提取比例（坏账率）来估计应收款项减值损失、计提坏账准备的一种方法。坏账损失率可以参照以往的数据资料确定。

　　企业提取坏账准备时，借记"信用减值损失"科目，贷记"坏账准备"科目。如果应计提的坏账准备小于"坏账准备"科目已有的贷方余额，应冲销多计提的坏账准备，借记"坏账准备"科目，贷记"信用减值损失"科目。如果应计提的坏账准备大于"坏账准备"科目已有的贷方余额，应按其差额补提坏账准备，借记"信用减值损失"

科目，贷记"坏账准备"科目。当期应计提的坏账准备可按以下公式计算：

当期应计提的坏账准备＝当期按应收款项余额计算应计提坏账准备金额

＋"坏账准备"科目已有借方余额－"坏账准备"科目已有贷方余额

实际发生坏账时，借记"坏账准备"科目，贷记"应收账款""其他应收款"等科目。

【例2.4.1】 A企业从20×7年开始采用备抵法核算坏账损失。20×7年年末，A企业应收账款的余额为1 000万元。A企业估计的坏账损失计提比例为应收账款余额的5%。则20×7年年末应计提的坏账准备为50（1 000×5%）万元。A企业应编制如下会计分录：

借：资产减值损失——计提坏账准备 500 000
　　贷：坏账准备 500 000

【例2.4.2】 承【例2.4.1】，若20×8年6月A企业发生坏账20万元，年末应收账款的余额还是1 000万元。有关会计处理如下。

（1）20×8年6月，冲减应收账款时：

借：坏账准备 200 000
　　贷：应收账款——×企业 200 000

（2）20×8年年末计提坏账准备时：

20×8年年末坏账准备应有贷方余额＝1 000×5%＝50（万元）

20×8年年末应补提坏账准备金额＝50－（50－20）＝20（万元）

借：资产减值损失——计提坏账准备 200 000
　　贷：坏账准备 200 000

（3）若20×8年A企业没有发生坏账，年末应收账款的余额还是1 000万元，则不需计提。若年末应收账款的余额为1 500万元，则需补提的金额为25（1 500×5%－50）万元。会计分录如下：

借：资产减值损失——计提坏账准备 250 000
　　贷：坏账准备 250 000

从上述计算过程可以看出，年末应补提坏账准备还是冲减坏账准备，关键在于年末按应收账款余额和估计计提比例计算的坏账准备应有余额与调整前坏账准备账面余额是否一致，如果不一致，则应调整其账面余额。

已确认并转销的应收款项又收回的，应当按照实际收到的金额增加坏账准备的账面余额，借记"应收账款""其他应收款"等科目，贷记"坏账准备"科目；同时，借记"银行存款"科目，贷记"应收账款""其他应收款"等科目。也可以按照实际收回的金额，借记"银行存款"科目，贷记"坏账准备"科目。

【例2.4.3】 承【例2.4.1】，若20×9年3月20日A企业收到上年已转销的坏账20万元并存入银行，则A企业应编制如下会计分录：

借：应收账款 200 000
　　贷：坏账准备 200 000

同时，

借：银行存款 200 000
　　贷：应收账款 200 000

或将上述两个会计分录合并如下：

借：银行存款 200 000
　　贷：坏账准备 200 000

2. 账龄分析法下坏账损失的核算

账龄分析法，是按照应收账款账龄的长短，根据以往的经验以及当前的具体情况确定不同的坏账损失率，并据以估计坏账损失，计提坏账准备的一种方法。账龄是指客户所欠账款逾期的时间。通常情况下，应收款项被拖欠的时间越长，发生坏账的可能性就越大，账龄长短与发生坏账的可能性是成正比的。

采用账龄分析法，应先将企业应收账款按账龄长短划分为若干区段，计列各个区段上应收账款的金额，并为每个区段设定一个坏账损失的百分比，在此基础上，估计各区段的坏账损失。将各区段估计坏账损失相加，为应计提的坏账损失总额。该坏账损失总额，就是"坏账准备"科目调整后应有的期末余额。

在采用账龄分析法时，收到债务单位当期偿还的部分债务后，剩余的应收款项，不应改变其账龄，仍应按原账龄加上本期应增加的账龄确定；存在多笔应收款项，且各笔应收款项账龄不同时，收到债务单位当期偿还的部分债务，应逐笔确认收到的应收款项；若无法做到，则应按先发生先收回的原则确定，剩余应收款项的账龄按原账龄加上本期应增加的账龄确定。

【例2.4.4】 表2.1所示为A公司20×8年12月31日的应收账款账龄分析及坏账估算表。该公司估计的坏账金额总计为26 000元。

表2.1　A公司20×8年12月31日的应收账款账龄分析及坏账估算表

应收账款账龄	应收账款期末余额（元）	估计坏账率（%）	估计坏账金额（元）
未过信用期	800 000	1	8 000
过期1个月	300 000	2	6 000
过期2个月	400 000	3	12 000
合　　计			26 000

3. 销货百分比法下坏账损失的核算

销货百分比法，是按本期赊销金额的一定百分比来估计坏账损失，计提坏账准备的方法。企业可以根据过去的经验和有关资料，估计坏账损失与赊销金额之间的百分比。

采用销货百分比法核算坏账损失，不需要考虑计提坏账准备之前"坏账准备"科目的余额，只需要根据年末计算的应计提坏账准备金额，借记"资产减值损失"（2019年1月1日以后为"信用减值损失"）科目，贷记"坏账准备"科目。

估计坏账百分比=（估计坏账−估计坏账回收额）÷估计赊销额×100%

年末应计提坏账准备金额=全年赊销额×估计坏账百分比

采用销货百分比法估计坏账损失，将坏账的发生与当期赊销业务直接联系，强调了同期收入与费用的准确配比，但坏账百分比的估计要尽可能如实反映客观情况，企业要根据应收款项的实际情况，及时修正估计的坏账百分比。

【例2.4.5】 M公司20×8年全年的赊销金额为1 000 000元，根据以往资料和经验，估计坏账损失率为1%；20×9年全年的赊销金额为1 500 000元，当年估计的坏账损失率为1.2%。

（1）20×8年年末，M公司计提坏账准备：

当年应计提的坏账准备金额=1 000 000×1%=10 000（元）

借：资产减值损失——计提的坏账准备　　　　　　　　　　　　　　　10 000

　　贷：坏账准备　　　　　　　　　　　　　　　　　　　　　　　　　　10 000

（2）20×9年年末，M公司计提坏账准备：

当年应计提的坏账准备金额=1 500 000×1.2%=18 000（元）

借：信用减值损失——计提的坏账准备　　　　　　　　　　　　　　　18 000

　　贷：坏账准备　　　　　　　　　　　　　　　　　　　　　　　　　　18 000

4. 个别计价法下坏账损失的核算

个别计价法，即根据每一应收款的情况来估计坏账损失的方法。采用"应收账款余额百分比法"和"账龄分析法"时，如果某项应收款项可收回性与其他各项应收款项存在明显差别（例如，债务单位所处的特定地区等），导致该项应收款项如果按照其他应收款项同样的方法计提坏账准备，将无法真实地反映其可收回金额的，可对该项应收款项采用个别计价法计提坏账准备。在同一会计期间内运用个别计价法的应收款项，应从用其他方法计提坏账准备的应收款项中剔除。

【本章小结】

应收及预付款项，是指企业在日常生产经营过程中发生的各种债权，包括应收票据、应收账款、预付账款和其他应收款等。应收票据应按票面价值入账，应收票据可以背书转让和贴现。一般情况下，应收及预付款项应按实际发生的金额入账。除小企业外的企业，应采用备抵法核算应收账款和其他应收款的坏账损失，计提坏账准备。

【综合练习】

一、单项选择题

1. 应收票据在取得时的入账价值应为（　　）。

    A. 票据面值　　　B. 票据到期价值　　　C. 票据面值加应计利息　　　D. 票据贴现额

2. 在下列项目中，属于应收账款核算范围的是（　　）。

    A. 职工借款

    B. 采购员出差预借差旅费

    C. 因商品交易而发生的应收商品价款和代垫运费款项

    D. 支付给供货单位的包装物押金

3. 为了鼓励客户多买而在价格上给予的一定折扣称为（　　）。

    A. 商业折扣　　　B. 现金折扣　　　C. 销售折让　　　D. 削价处理

4. 总价法是将（　　）作为实际售价，记作应收账款的入账价值。

    A. 未扣减商业折扣前的金额　　　　　　B. 扣减商业折扣但未扣减现金折扣前的金额

    C. 扣减现金折扣后的金额　　　　　　　D. 扣减商业折扣和现金折扣后的金额

5. 企业某项应收账款 50 000 元，现金折扣条件为 2/10，1/20，n/30。若客户在第 20 天付款，则该企业应给予客户的现金折扣为（　　）元。

    A. 1 000　　　B. 750　　　C. 500　　　D. 0

6. 企业为了采购原材料而事先支付的款项被称为（　　）。

    A. 应收账款　　　B. 预付账款　　　C. 应付票据　　　D. 其他应收款

7. 预付货款不多的企业，可以将预付的货款直接记入（　　）的借方，而不单独设置"预付账款"科目。

    A. "应收账款"科目　　　　　　　　　B. "其他应收款"科目

    C. "应付账款"科目　　　　　　　　　D. "应收票据"科目

8. "坏账准备"科目在期末计提前如为借方余额，反映的内容是（　　）。

    A. 提取的坏账准备　　　　　　　　　B. 实际发生的坏账损失

    C. 收回以前已经确认并转销的坏账准备　　D. 已确认的坏账损失超出坏账准备的余额

9. 20×8 年 12 月 31 日，A 公司应收甲公司账款 1 000 万元。该账款预计的未来现金流量现值为 960

万元。此前，A公司已对该账款计提了15万元的坏账准备。20×8年12月31日，A公司为该笔应收账款计提的坏账准备应为（　　）万元。

    A. 1 000　　　　B. 40　　　　C. 25　　　　D. 15

10. 对于到期未能收回的商业承兑汇票，收款单位应按票面金额转入（　　）科目处理。

    A. "应收账款"　　B. "预付账款"　　C. "应付账款"　　D. "其他应收款"

11. 企业某项应收账款100 000元，现金折扣条件为"2/10，1/20，$n/30$"。若客户在10天内付款，则该企业实际收到的款项金额为（　　）元。

    A. 98 000　　　B. 98 500　　　C. 99 000　　　D. 100 000

12. 企业在采用总价法记账的情况下，发生的现金折扣应作为（　　）处理。

    A. 营业收入减少　B. 营业费用增加　C. 管理费用增加　D. 财务费用增加

13. 企业支付包装物押金时，应借记（　　）科目。

    A. "应收账款"　B. "应收票据"　C. "其他应收款"　D. "预付账款"

14. 某企业根据对应收款项收回风险的估计，决定对应收账款和其他应收款按其余额的5%计提坏账准备，对应收票据不计提坏账准备。2015年12月1日，"坏账准备"科目的借方余额为30 000元。2015年12月31日，"应收账款"科目的借方余额为700 000元，"应收票据"科目的借方余额为200 000元，"其他应收款"科目的借方余额为100 000元。该企业于2015年12月31日应补提的坏账准备是（　　）元。

    A. 10 000　　　B. 65 000　　　C. 70 000　　　D. 80 000

15. "坏账准备"科目的年初贷方余额为4 000元，"应收账款"和"其他应收款"科目的年初借方余额分别为30 000元和10 000元。当年，不能收回的应收账款2 000元确认为坏账损失。"应收账款"和"其他应收款"科目的年末借方余额分别为60 000元和10 000元。假定该企业年末确定的坏账计提比例为10%。该企业年末应计提的坏账准备为（　　）元。

    A. 1 000　　　B. 3 000　　　C. 5 000　　　D. 7 000

二、多项选择题

1. 应通过"应收票据"科目核算的票据有（　　）。

    A. 银行本票　　　B. 银行汇票　　　C. 支票

    D. 商业承兑汇票　E. 银行承兑汇票

2. 企业因销售商品发生的应收账款，其入账价值应当包括（　　）。

    A. 销售商品的价款　　　　　　　　B. 增值税销项税额

    C. 代购货方垫付的包装费　　　　　D. 代购货方垫付的运杂费

3. 在现金折扣条件下，应收账款入账价值的确定方法有（　　）。

    A. 直接转销法　B. 总价法　　C. 净价法　　D. 备抵法

4. 关于"预付账款"科目，下列说法正确的有（　　）。

    A. "预付账款"属于资产性质的科目

    B. 预付货款业务不多的企业，可以不单独设置"预付账款"科目，而将预付的货款记入"应付账款"科目的借方

    C. "预付账款"科目贷方余额反映的是应付供应单位的款项

    D. "预付账款"科目只核算企业因销售业务产生的往来款项

5. 坏账损失的核算方法有（　　）。

    A. 总价法　　　B. 净价法　　　C. 直接转销法

    D. 备抵法　　　E. 账龄分析法

6. 计提坏账准备的方法有（   ）。

　　A. 直接转销法　　　　　B. 备抵法　　　　　C. 账龄分析法

　　D. 应收账款余额百分比法　　　　　　　　E. 销货百分比法

7. 企业一般不采用直接转销法核算应收款项减值的理由为（   ）。

　　A. 直接转销法会导致各期收益不实

　　B. 直接转销法会在一定程度上歪曲企业期末的财务状况

　　C. 直接转销法不符合企业会计的权责发生制原则

　　D. 直接转销法不符合收入与费用相配比的会计原则

8. 关于现金折扣，下列说法中表述正确的有（   ）。

　　A. 现金折扣不影响商品销售收入的确认　　B. 现金折扣不影响商品销售成本的结转

　　C. 现金折扣不影响商品销售时应收账款的确认　　D. 现金折扣实际发生时，计入财务费用

9. 下列各项中，会引起期末应收账款账面价值发生变化的有（   ）。

　　A. 收回应收账款　　　　　　　　　　　　B. 收回已转销的坏账

　　C. 计提应收账款坏账准备　　　　　　　　D. 结转到期不能收回的应收票据

10. 下列事项中，应在"其他应收款"科目核算的有（   ）。

　　A. 应收保险公司的各种赔款　　　　　　　B. 应向职工收取的各种垫付款

　　C. 应收出租包装物的租金　　　　　　　　D. 向外单位借用包装物支付的押金

　　E. 未设置"备用金"科目的企业预付给企业内部单位或个人的备用金

三、判断题

1. 对于票据贴现，企业通常应按实际收到的金额，借记"银行存款"科目；按贴现息部分，借记"应收利息"科目；按应收票据的票面价值，贷记"应收票据"科目。（   ）

2. 在存在商业折扣的情况下，应收账款应按发票价格减去商业折扣后的净额确认。（   ）

3. 对商业折扣和现金折扣，都可以采用总价法或净价法进行核算。（   ）

4. 企业预付款项给供应单位形成的债权，应在"预付账款"或"应付账款"科目中核算。（   ）

5. 在一般企业的资产负债表中，"应收账款""其他应收款"项目均按减去已计提坏账准备后的可收回净额列示。（   ）

6. 按照《企业会计准则》的规定，应收款项均应计提坏账准备。（   ）

7. 企业收到开出、承兑的商业汇票，无论是否带息，均按票据的票面金额入账。（   ）

8. 对于商品销售业务，销货企业即使在向客户提供现金折扣的情况下，现金折扣也不影响确认应收账款的入账价值。（   ）

9. 采用总价法时，销售方给予买方的现金折扣，会计上应作为财务费用处理。（   ）

10. 企业支付的包装物押金和收取的包装物押金均应通过"其他应收款"科目核算。（   ）

四、业务处理题

1. 要求：为锦兴公司编制以下经济业务的会计分录。

（1）20×9年6月2日，向甲企业销售A商品一批，开具的增值税专用发票上注明的价款为50 000元，增值税税额为6 500元，共计56 500元。甲企业开出一张为期3个月的商业汇票抵付货款。

（2）20×9年7月4日，向乙企业销售一批产品，货款为40 000元，当日未收到，托收手续已办妥，适用的增值税税率为13%。7月15日，锦兴公司收到乙企业寄来的一张为期3个月的商业承兑汇票，面值为45 200元，抵偿所欠产品货款。

（3）20×9年8月15日，将乙企业应收票据背书转让，以取得生产经营所需的甲种材料。该材料的

价值为 40 000 元，适用的增值税税率为 13%。

2. 20×9 年 8 月 14 日，A 企业销售给 D 企业一批产品，售价为 50 000 元，增值税税额为 6 500 元。为了使买方尽快还款，A 企业规定的现金折扣条件为"2/10，1/20，n/30"（现金折扣不包括增值税）。

要求： 按总价法为 A 企业进行相关账务处理：形成应收账款时，D 企业在 10 天内付款、在第 15 天付款、在第 28 天付款。

3. 要求：编制守信公司下列经济业务的会计分录。

（1）在采购过程中发生材料毁损，按保险合同规定，应由保险公司赔偿损失 30 000 元，赔款尚未收到。

（2）上述保险公司赔款如数收到。

（3）租入一批包装物，以银行存款向出租方支付押金 20 000 元。

（4）租入包装物按期如数退回，收到出租方退还的押金 20 000 元，已存入银行。

4. 要求：为华信公司编制下列经济业务的会计分录。

（1）财务部门核定厂部办公室定额备用金 5 000 元，以现金支票支付。

（2）月末厂部办公室报销差旅费 1 500 元，以库存现金支付。

5. 要求：根据华信公司的下列经济业务编制会计分录。

（1）20×6 年 12 月 31 日，华信公司对应收丙公司的账款进行减值测试。应收账款余额合计为 2 000 000 元。华信公司根据丙公司的资信情况确定按 5% 计提坏账准备，此前对应收账款未计提过坏账准备。

（2）20×7 年，对丙公司的应收账款实际发生坏账损失 80 000 元。

（3）20×7 年年末，应收丙公司的账款余额为 1 800 000 元，经减值测试，公司决定仍按 5% 计提坏账准备。

（4）20×8 年 4 月 20 日，收到 20×7 年已转销的坏账 40 000 元，存入银行。

6. 要求：为华兴公司编制以下经济业务的会计分录。

（1）收到甲工厂交来的一张面值为 100 000 元、期限为 60 天的商业承兑汇票，偿还所欠货款。

（2）将上述甲工厂交来的商业承兑汇票向银行贴现，贴现率为 9%，贴现天数为 30 天。将款项存入银行。银行对该笔票据贴现享有追索权。

7. 要求：为诚信公司编制下列经济业务的会计分录。

（1）诚信公司向乙公司采购材料 1 000 吨，单价 50 元/吨，所需支付的款项总额为 50 000 元。按照合同规定向乙公司预付货款的 50%，验收货物后补付其余款项。

（2）收到乙公司发来的 1 000 吨材料，验收无误，增值税专用发票记载的货款为 50 000 元，增值税税额为 8 000 元。诚信公司以银行存款补付所欠款项 33 000 元。

8. 北方工厂采用"应收账款余额百分比法"计提坏账准备，坏账准备的提取比例为 5%。有关资料如下。

（1）20×6 年年初，"坏账准备"科目的贷方余额为 8 450 元（按应收账款计提的部分，下同）。

（2）20×6 年和 20×7 年年末，应收账款的余额分别为 221 300 元和 122 500 元。这两年均没有发生坏账损失。

（3）20×8 年 7 月，经有关部门批准确认一笔坏账损失，金额为 36 000 元。

（4）20×8 年 11 月，收回以前年度已核销的坏账 18 000 元。

（5）20×8 年年末，应收账款的余额为 86 700 元。

要求： 根据上述资料，为北方工厂计算各年应计提的坏账准备，并编制相关会计分录。

第三章

存　货

【本章学习目标】

知识目标：准确理解存货的概念；熟悉存货的特征和内容；明确各类存货的取得成本的构成；明确原材料日常核算按实际成本计价与按计划成本计价的区别。

能力目标：能够正确进行存货的初始计量和发出计量；能正确进行各类存货增加和减少的核算；掌握存货期末计量和清查的会计处理。

【本章导读】

一、存货的概念及其特征

存货是指企业在日常生产经营活动中持有的以备出售的产成品或商品，或者为了出售仍然处在生产过程中的在产品，或将在生产过程或提供劳务过程中耗用的材料、物料等。

存货不仅占用的资金大，而且品种繁多。与其他类型的资产相比，存货具有下列特征。

（1）存货区别于固定资产、无形资产等非流动资产的最基本的特征，是企业持有存货的最终目的是出售，如商品、产成品；或者将在生产或提供劳务过程中耗用，制成产成品后再予以出售，如材料、包装物等；或者仍然处于生产过程中，如在产品、半成品等。

（2）存货属于有形资产，具有物质实体。存货的具体存在形式经常发生变化，但总会以某种形式存在。人们可通过盘点和计量确认存货的数量。

（3）存货属于流动资产，具有较大的流动性，周转速度较快，通常能在一年内变现、出售或耗用，但其流动性又低于现金、应收账款等流动资产。

（4）存货具有时效性和发生潜在损失的可能性。

二、存货的确认

存货只有在符合存货定义，并同时满足以下两个条件时，才能加以确认。

1. 与该存货有关的经济利益很可能流入企业

对存货的确认，关键是判断其是否很可能给企业带来经济利益或其所包含的经济利益是否很可能流入企业。通常，拥有存货的所有权是与该存货有关的经济利益很可能流入企业的一个重要标志。企业在判断与该存货有关的经济利益能否流入企业时，通常应结合考虑该存货所有权的归属，而不应当仅仅看其存放的地点等。

在商品销售时，凡依据销售合同已经售出取得现金或获得收取现金的权利，其商品的所有权已经转移，就不能再列为企业的存货，即使该商品尚未运离企业；反之，若企业尚未取得现金或获得收取现金的权利，则该商品的所有权尚未转移，仍应包括在企业的存货之中，即使该商品已运离企业。

需要注意的是，存货的交货方式是多种多样的。在有些情况下，存货实物的交付、所有权的转移、收取现金或获得收取现金的权利可能是不同步的。因此，存货的确认也不能一概而论，还应当注意以下几种特殊情形。

（1）代销商品。从商品所有权的转移来分析，代销商品在售出之前，所有权属于委托方，受托方只是代对方销售商品。因此，代销商品应作为委托方的存货处理。但是，为了使受托方加强对代销商品的核算和管理，要求受托方对其受托代销商品纳入存货核算。

（2）在途物资。对于购货方已确认为购进（如已付款等）而尚未到达入库的在途存货，购货方应将其作为存货处理。对于购货方已收到物资但尚未收到销货方结算发票的，购货方应将其作为存货处理；销售方按销售合同、协议规定已确认销售（如已收到货款等），而尚未发运给购货方的存货，应作为购货方的存货而不作为销货方的存货。

（3）购货协定。对于约定未来购入的存货，企业没有发生实际的购货行为，因此不将其作为企业的存货。

2. 该存货的成本能够可靠地计量

存货的成本能够可靠地计量必须以取得的确凿证据为依据，并且具有可验证性。如果存货成本不能可靠地计量，则不能确认为一项存货。比如，企业承诺的订货合同，由于购货业务并未实际发生，购货成本不能被可靠地计量，因此就不能确认为购货企业的存货。

通常随着存货实物的交付，存货所有权一并转移，而随着存货所有权的转移，所有权上的主要风险和报酬也一并转移。此时，一般可以满足存货确认的上述两个条件。因此，存货确认的一个基本标志是企业是否拥有某项存货的法定所有权。在存货盘存日，凡是法定所有权属于本企业的各种货物，无论其存放在何处，通常都属于本企业的存货；凡是法定所有权不属于本企业的各种货物，即使存放在本企业，也不属于本企业的存货。

 请思考

下列各项货物哪些属于本企业存货？哪些不属于本企业存货？

（1）已经确认为购进（如已付款等）而尚未到达入库的在途货物。

（2）按销售合同、协议规定已确认销售（如已收到货款等），而尚未发运给购货方的货物。

（3）已收到货物，但尚未收到销售方发票等单据的货物。

（4）接受其他单位委托代销的货物。

（5）货物虽已发出，但所有权尚未转给购货方的货物。

（6）委托其他单位代销或加工的货物。

三、存货的内容

存货包括原材料、在产品、半成品、产成品、商品，包装物和低值易耗品等周转材料以及委托代销商品、委托加工物资等。

原材料是指企业在生产过程中经加工改变其形态或性质并构成产品主要实体的各种原料及主要材料、辅助材料、外购半成品（外购件）、修理用备件（备品备件）、包装材料、燃料等。

在产品是指企业正在制造尚未完工的生产物，包括正在各个生产工序加工的产品以及已加工完毕但尚未检验，或已检验但尚未办理入库手续的产品。

半成品是指经过一定生产过程并已检验合格交付半成品仓库保管，但尚未制造完工成为产成品，仍需进一步加工的中间产品。

产成品是指企业已经完成全部生产过程并已验收入库，符合标准规格和技术条件，可以按照合同规定的条件送交订货单位，或者可以作为商品对外销售的产品。

商品是指商品流通企业（批发业、零售业）外购或委托加工完成并验收入库用于销售的各种商品。

周转材料是指企业能够多次使用，逐渐转移其价值但仍保持原有实物形态，不确认为固定资产的材料，包括包装物、低值易耗品以及建筑企业的钢模板、木模板、脚手架等。

委托代销商品是指企业委托其他单位代销的商品。

委托加工物资是指企业委托外单位加工的各种材料、商品等物资。

第一节　取得和发出存货的计量

本节学习目标

知识目标：掌握存货的计价原理和通过不同渠道取得的存货的成本构成；掌握在实际成本核算方式下发出存货的计价方法。

技能目标：能够正确进行存货的初始计量和发出计量。

案例导入

20×9年7月，某高等职业学院会计专业毕业生李华到前进工厂进行顶岗实习。20×9年7月月初，前进工厂结存A材料1 000千克，每千克的成本为50元。7月，前进工厂发生的与A材料相关的材料收发业务如下。

（1）5日，从外地购入A材料5 000千克，价款为235 600元，增值税税额为30 628元，运杂费为2 100元，运杂费中可以抵扣的进项税额为100元。A材料验收入库时实收4 950千克，短缺50千克属定额内合理损耗。

（2）8日，生产部门为生产产品领用A材料2 800千克。

（3）12日，在本市购入A材料3 000千克，价款为145 500元，增值税税额为18 915元。A材料已验收入库。

（4）15日，生产部门为生产产品领用A材料3 600千克。

（5）20日，从外地某公司购入A、B两种材料。其中，A材料2 500千克，单价为45.70元/千克，价款为114 250元；B材料2 500千克，单价为100元/千克，价款为250 000元。两种材料的增值税税额共为47 352.50元。另外，两种材料的运杂费共为1 560元，其中可予以抵扣的进项税额为60元。两种材料已验收入库，运杂费按材料的重量比例分摊。

（6）24日，生产部门领用A材料4 000千克。

要求：请替李华为前进工厂完成下列任务：①计算购入的各批 A 材料的实际总成本和单位成本；②分别按先进先出法、月末一次加权平均法列式计算 7 月发出的 A 材料的实际成本和月末结存的 A 材料成本。

一、取得存货的计量

存货的计量是指对取得存货、发出存货及结存存货的价值计量。它是存货核算的关键。存货的增减变动及价值计量直接影响企业的成本费用水平和会计信息质量。因此，企业必须对取得的存货进行正确的计量和核算，只有正确确定存货的入账价值，才能正确提供存货收入、发出和结存信息。

取得存货的计量就是存货的初始计量，是指对达到目前状态和场所的存货价值进行计量，是为了确定存货的入账价值而在取得时对存货进行的计价。

存货应当按照成本进行初始计量。存货的成本是指其达到目前状态和场所而发生的各种成本。总体来说，存货成本包括采购成本、加工成本和其他成本。由于存货的来源渠道多种多样，存货成本的具体构成内容有所不同。原材料、商品等通过购买而取得的存货的成本由采购成本构成。产成品、在产品、半成品、委托加工物资等通过进一步加工而取得的存货的成本由采购成本、加工成本以及使存货达到目前场所和状态所发生的其他成本构成。

1. 存货的采购成本

企业外购的存货主要包括通过购买从企业外部取得的各种材料、商品及周转材料等，其成本主要由采购成本构成。

存货的采购成本是指存货从采购到入库前所发生的全部支出，包括购买价款、相关税费和可归属于存货采购成本的费用。

（1）购买价款，是指企业购买货物的发票账单上列明的价款，但不包括按照税法规定可以抵扣的增值税。

（2）相关税费，是指企业购买货物发生的进口关税和其他税金。进口关税是指从境外购入的货物，在报关进口环节，根据税法规定缴纳的进口关税。其他税金是指企业购买、自制或委托加工存货发生的消费税、资源税和不能从增值税销项税额中抵扣的增值税进项税额，以及相应的教育费附加等应计入存货采购成本的税费。

（3）可归属于存货采购成本的费用，包括在存货采购过程中发生的运杂费、运输途中的合理损耗、入库前的挑选整理费用和其他费用等。运杂费，包括运输费、装卸费、保险费、包装费、仓储费等费用。运输途中的合理损耗是指存货在运输过程中由于客观原因而发生的合理损耗。超定额损耗不计入外购存货的成本。入库前的挑选整理费用是指存货运达企业后需要经过挑选整理才能使用，在挑选整理过程中所发生的费用，主要包括挑选整理中发生的工资费用支出和必要的损耗，并扣除回收的下脚废料价值。其他费用，是指除上述采购成本之外的，使存货达到目前场所和状态所发生的其他必要支出。为简化核算，购进存货的市内运费、采购人员的差旅费不计入存货成本，直接计入管理费用。如果是大宗物资的市内运费，属于其他费用，计入存货成本。这些费用能分清负担对象的，应直接计入某种存货的采购成本；不能分清负担对象的，应选择合理的分配方法，分配计入有关存货的采购成本。

商品流通企业购入的商品，按照进价和规定应计入商品成本的税金作为采购成本。采购过程中发生的运输费、装卸费、保险费等费用，以及运输途中的合理损耗和入库前的挑选整理费用等，可以先进行汇集，期末按所购商品的存销比例进行分摊。已销商品应分摊的进货费用，应计入当期损益（主营业务成本）；未销商品应分摊的进货费用，应计入期末存货成本。企业采购商品时进货费用金额较小的，可以在发生时直接计入当期损益（销售费用）。

【学中做】 某企业（一般纳税人）从外地购进原材料一批，取得的增值税专用发票上注明的材料价格为 10 000 元，增值税税额为 1 300 元，另外支付运费 800 元（不含税），增值税 80 元，支付装卸费 200 元。该批材料的采购成本为多少元？

2. 存货的加工成本

企业通过进一步加工取得的存货主要包括产成品、在产品、半成品、委托加工物资等，其成本由采购成本和加工成本构成。确定加工取得的存货的成本，重点是要确定存货的加工成本。

存货的加工成本，由直接人工费用和按照一定方法合理分配的制造费用两部分构成。其中，直接人工费用，是指企业在生产产品过程中直接从事产品生产的工人的工资、奖金、津贴等工资性支出和福利费。制造费用，是指企业生产车间（部门）为生产产品和提供劳务而发生的各项间接生产费用，包括企业生产车间（部门）管理人员的职工薪酬、折旧费、机物料消耗、办公费、水电费、劳动保护费、季节性生产和设备修理期间的停工损失等。在同一生产过程中，同时生产两种或两种以上的产品，并且每种产品的制造费用不能直接区分的，其制造费用应当按照合理的方法在各种产品之间进行分配；如果只生产一种产品，企业可以先将制造费用进行归集，然后直接计入该种产品成本。

委托加工存货，应按加工过程中实际耗用的原材料或者半成品、加工费、委托加工的往返运杂费等费用以及按规定应计入委托加工存货成本的税金作为实际成本。

3. 存货的其他成本

存货的其他成本是指除采购成本、加工成本以外的使存货达到目前场所和状态所发生的其他支出，如企业为特定客户设计产品所发生的设计费用。企业提供劳务的，所发生的从事劳务提供人员的直接人工薪酬和其他费用以及可归属的间接费用，应当计入存货成本。为取得存货而发生的借款费用，应当按照《企业会计准则第 17 号——借款费用》的规定进行处理，即满足借款费用资本化条件的，应当计入存货成本；不满足借款费用资本化条件的，应当计入当期损益（财务费用）。

4. 不应计入存货成本的费用

下列费用不应计入存货成本，而应在其发生时计入当期损益。

（1）非正常消耗的直接材料、直接人工和制造费用，应在发生时计入当期损益，不应计入存货成本。

（2）仓储费用，指企业在存货采购入库后发生的储存费用，应在发生时计入当期损益。

提示： 在生产过程中为达到下一个生产阶段所必需的仓储费用，如某些酒类产品生产企业为使生产的酒达到规定的产品质量标准，而必须发生的仓储费用，应计入酒的成本，而不应计入当期损益。

（3）商品流通企业在采购商品过程中发生的进货费用金额较小的，可以在发生时直接计入当期损益。

（4）不能归属于使存货达到目前场所和状态的其他支出。

投资者投入的存货、接受捐赠的存货及盘盈的存货等也应按成本进行初始计量。

（1）投资者投入的存货，其成本应当按照投资合同或协议约定的价值确定，但合同或协议约定的价值不公允的除外。

（2）接受捐赠的存货，应按公允价值入账。

（3）盘盈的存货，应当将其重置成本作为入账价值。

除以上来源渠道之外，企业通过债务重组、非货币性资产交换和企业合并取得的存货，其成本按照企业会计准则的有关规定确定。

二、发出存货的计量

发出存货计量的实质是将存货的取得成本在本期发出存货和期末结存存货之间进行分配。如果存货的单位成本是固定不变的，发出存货的计量就十分简单，用发出存货的数量乘以该项存货的单位成本就是该项发出存货的价值。事实上，同一存货通常是分次分批从不同渠道购入的，即使是自制存货，各批完工存货的生产成本往往也各不相同。因此，每次入库的存货，其单位成本也不同。存货的耗用或销售也是分批进行的。这样，企业在发出存货时，就必须根据各类存货的实物流转方式、企业管理要求、存货性质等实际情况，按一定的方法计算确定发出存货的单位成本，以便计算发出存货的实际成本，从而计算出期末结存存货的实际成本。

对于性质和用途相同的存货，企业应当采用相同的成本计算方法确定发出存货的成本。在实际成本核算方式下，企业可以采用的发出存货成本的计价方法有个别计价法、先进先出法、月末一次加权平均法、移动加权平均法等。

1. 个别计价法

个别计价法又称个别认定法，是指以每批购进存货的实际成本作为发出的该批存货的实际成本的方法。该方法的特征是注重所发出存货具体项目的实物流转与成本流转之间的联系，逐一辨认各批发出存货和期末存货所属的购进批别或生产批别，分别按其购入或生产完工时所确定的单位成本计算各批发出存货和期末存货的成本。采用这种方法，要求企业按购进或生产完工的每种存货的批次设置明细账，对存货进行详细记录，并在存货实物上附加标签或编号，以便正确辨认确定发出存货的个别成本。

【例3.1.1】 某企业甲材料原材料明细账见账簿3.1，20×8年12月31日，存货的期末结存数量为200千克。该企业本月发出存货1 200千克，经逐一辨认：12月10日发出的800千克存货由期初结存的（即第一批次）600千克和12月5日购进的200千克（即第二批次）组成；12月25日发出的400千克存货是第三批购进的。计算结果如下：

本月发出存货总成本 = 600 × 15 + 200 × 16 + 400 × 17 = 19 000（元）

本月结存存货总成本 = 200 × 16 = 3 200（元）

个别计价法的优点在于能够准确地计算出存货的发出成本，但这种方法要求对发出存货和结存存货的批次进行具体认定，所以实务操作的工作量繁重，困难较大，特别是当存货品种繁多，购进发出频繁时，采用个别计价法的成本就会过高，甚至不可行。另外，容易出现企业随意选用较高或较低价格的存货进行发出存货计量，以调整当期利润的现象。这种方法一般适用于单位成本较高、存货品种不多，易于辨认不同批次进货的贵重存货的计价，如珠宝、房产、船舶等。

2. 先进先出法

先进先出法是以"先入库的存货应先发出（销售或耗用）"这样一种存货实物流转假设为前提，按照存货入库时间的先后顺序对发出存货进行计价的一种方法。在这种方法下，先购入的存货的成本在后购入的存货的成本之前转出，据此确定发出存货和期末存货的成本。因此，每次收入存货时，应在材料明细分类账中按时间的先后顺序逐笔登记每一批存货的数量、单价和金额；每次发出存货时，按照先购入存货的单价计算发出存货的实际成本，逐笔登记发出和结存存货的数量、单价和金额。

账簿 3.1

原材料明细账　　　　　　　总第　页 分第 **1** 页

部类_____　　　产地 _____　　　单位 千克_____　　　规格 _____　　　品名 甲材料

20×8年		凭证		摘要	收入		金额	发出		金额	结存		金额	√
月	日	字	号		数量	单价	千百十万千百十元角分	数量	单价	千百十万千百十元角分	数量	单价	千百十万千百十元角分	
12	1			期初余额							①600	15	9 0 0 0 0	
	5	付	1	购入	②400	16	6 4 0 0 0 0				①600	15	9 0 0 0 0	
											②400	16	6 4 0 0 0 0	
	10	转	3	领用材料				①600	15	9 0 0 0 0 0	②200	16	3 2 0 0 0 0	
								②200	16	3 2 0 0 0				
	15	付	5	购入	③400	17	6 8 0 0 0 0				②200	16	3 2 0 0 0 0	
											③400	17	6 8 0 0 0 0	
	25	转	7	领用材料				③400	17	6 8 0 0 0 0	②200	16	3 2 0 0 0 0	
	31			本月合计	800		1 3 2 0 0 0 0	1200		1 9 0 0 0 0 0	200	16	3 2 0 0 0 0	

注：①②③代表每批进货的批号。

【例 3.1.2】 依【例 3.1.1】资料，按先进先出法计算发出和结存材料的成本见账簿 3.2。

账簿 3.2

原材料明细账　　　　　　　总第　页 分第 **1** 页

部类_____　　　产地 _____　　　单位 千克_____　　　规格 _____　　　品名 甲材料

20×8年		凭证		摘要	收入		金额	发出		金额	结存		金额	√
月	日	字	号		数量	单价	千百十万千百十元角分	数量	单价	千百十万千百十元角分	数量	单价	千百十万千百十元角分	
12	1			期初余额							①600	15	9 0 0 0 0	
	5	付	1	购入	②400	16	6 4 0 0 0 0				①600	15	9 0 0 0 0	
											②400	16	6 4 0 0 0	
	10	转	3	领用材料				①600	15	9 0 0 0 0 0	②200	16	3 2 0 0 0	
								②200	16	3 2 0 0 0				
	15	付	5	购入	③400	17	6 8 0 0 0 0				②200	16	3 2 0 0 0	
											③400	17	6 8 0 0 0 0	
	25	转	7	领用材料				②200 16 ③200 17		6 6 0 0 0 0	③200	17	3 4 0 0 0 0	
	31			本月合计	800		1 3 2 0 0 0 0	1200		1 8 8 0 0 0 0	200	17	3 4 0 0 0	

注：①②③代表每批进货的批号。

先进先出法的优点是便于日常计算发出存货及结存存货的实际成本，可以随时结转存货的发出成本，及时反映存货的资金占用情况，将核算工作分散在日常进行，企业不能随意挑选存货的计价以调整当期利润；缺点是计算工作量大，明细账记账工作比较烦琐，特别是对于存货进出频繁的企业来说更是如此。同时，当物价上涨时，会高估企业的当期利润和结存存货的价值；反之，会低估企业的当期利润和结存存货的价值，影响利润计算的准确性。这种方法适用于价格基本稳定、存货收发业务频率不高的存货。

3. 加权平均法

加权平均法又称全月一次加权平均法，是指以当月全部进货数量与月初存货数量之和作为权数，去除当月全部进货成本与月初结存存货成本之和，计算出存货的加权平均单位成本，以此为基础计算当月发出存货的成本和期末结存存货的成本的一种方法。其计算公式如下：

月末加权平均单位成本＝（月初结存存货成本＋本月收入存货成本）

÷（月初结存存货数量＋本月收入存货数量）

本月发出存货成本＝本月发出存货数量×月末加权平均单位成本

本月月末结存存货成本＝月末库存存货数量×月末加权平均单位成本

或　　本月月末结存存货成本＝月初结存存货成本＋本月收入存货成本－本月发出存货成本

如果计算出的加权平均单位成本需四舍五入的，为了保持账面数字之间的平衡关系，一般采用倒挤成本法计算发出存货的成本。其计算公式如下：

本月月末结存存货成本＝月末结存存货数量×月末加权平均单位成本

本月发出存货成本＝月初结存存货成本＋本月收入存货成本－月末结存存货成本

【例 3.1.3】 依【例 3.1.1】资料，按加权平均法计算发出和结存材料的成本，其材料明细账见账簿 3.3。

账簿 3.3

原材料明细账　　　　　　　　　　总第　页 分第 1 页

部类＿＿＿＿　　产地 ＿＿＿＿　　单位 千克　　规格 ＿＿＿＿　　品名 甲材料

20×8年 月	日	凭证 字	号	摘要	收入 数量	单价	金额 千	百	十	万	千	百	十	元	角	分	发出 数量	单价	金额 千	百	十	万	千	百	十	元	角	分	结存 数量	单价	金额 千	百	十	万	千	百	十	元	角	分	✓
12	1			期初余额																									600	15				9	0	0	0	0	0		
	5	付	1	购入	400	16				6	4	0	0	0	0														1000												
	10	转	3	领用材料													800												200												
	15	付	5	购入	400	17				6	8	0	0	0	0														600												
	25	转	7	领用材料													400													200												
	31			本月合计	800				1	3	2	0	0	0	0		1200				1	9	0	2	8	0	0		200	15.86				3	1	7	2	0	0		

根据账簿 3.3 中的数字计算的结果如下：

加权平均单位成本＝（9 000＋13 200）÷（600＋800）＝15.86（元）

月末结存材料的成本＝200×15.86＝3 172（元）

本月发出材料的成本＝（9 000＋13 200）－3 172＝19 028（元）

采用加权平均法，只在月末计算一次加权平均单位成本，平时核算工作量小，计算方法比较简单，而且在市场价格上涨或下跌时所计算出来的单位成本平均化，对存货成本的分摊较为折中；但是这种方法将发出存货成本的全部计算工作集中在月末进行，平时只反映库存数量，无法从账上提供发出和结存存货的单位实际成本及其总成本，无法让相关人员随时了解存货资金的占用情况，不利于对存货的日常管理与控制，而且期末核算的工作量较大。因此，这种方法适用于存货品种较少，而且前后购进存货的单位成本相差较大的企业。

4. 移动加权平均法

移动加权平均法是指以本次存货入库前结存存货的实际成本与本次入库的存货的实际成本之和，除以本次存货入库前结存存货的数量与本次入库的存货的数量之和，据以计算移动加权平均单位成本，对发出存货和结存存货进行计价的一种方法。相关计算公式如下：

移动加权平均单位成本 =（本次存货入库前结存存货的实际成本

+ 本次入库的存货的实际成本）

÷（本次存货入库前结存存货的数量 + 本次入库的存货的数量）

本次发出存货的成本 = 本次发出存货的数量 × 移动加权平均单位成本

本次发出存货后结存存货的成本 = 结存存货的数量 × 移动加权平均单位成本

如果计算出的加权平均单位成本需要四舍五入的，为了保证期末结存存货实际成本的正确性，并保持账面数字之间的平衡关系，应采用倒挤成本法计算本次发出存货的实际成本。其计算公式如下：

本次发出存货后结存存货的成本 = 结存存货的数量 × 移动加权平均单位成本

本次发出存货的成本 = 本次发出存货前结存存货的成本 − 本次发出存货后结存存货的成本

【例 3.1.4】 依【例 3.1.1】资料，按移动加权平均法对发出材料的计价见账簿 3.4。

账簿 3.4

原材料明细账　　　　　　　总第　页 分第 **1** 页

部类____　　产地 ____　　单位 千克　　规格 ____　　品名 甲材料

20×8年		凭证		摘要	收入		金额	发出		金额	结存		金额	√
月	日	字	号		数量	单价	千百十万千百十元角分	数量	单价	千百十万千百十元角分	数量	单价	千百十万千百十元角分	
12	1			期初余额							600	15	9 0 0 0 0 0	
	5	付	1	购入	400	16	6 4 0 0 0 0				1000	15.40	1 5 4 0 0 0 0	
	10	转	3	领用材料				800	15.40	1 2 3 2 0 0 0	200	15.40	3 0 8 0 0 0	
	15	付	5	购入	400	17	6 8 0 0 0 0				600	16.47	9 8 8 0 0 0	
	25	转	7	领用材料				400	16.47	6 5 8 8 0 0	200	16.46	3 2 9 2 0 0	
	31			本月合计	800		1 3 2 0 0 0 0	1200		1 8 9 0 8 0 0	200	16.46	3 2 9 2 0 0	

根据账簿 3.4 中的数字计算的结果如下：

月末结存材料成本 = 200 × 16.46 = 3 292（元）

本月发出材料成本 = 12 320 + 6 588 = 18 908（元）

采用移动加权平均法的优点是能及时了解存货的结存情况，而且计算的平均单位成本以及发出和结存的存货成本比较客观；但采用这种方法，每次进货都要计算一次移动加权平均单位成本，计算工作量较大。因此，移动加权平均法对存货收发频繁的企业不适用。

上述四种发出存货成本的计价方法，企业根据实际情况都可以选择，既可以使用其中的一种方法，也可以同时使用多种方法。但是，无论采用了其中一种方法还是多种方法，这些计价方法对性质和用途相似的存货来讲，一经选用，不得随意变更。

第二节　原材料的核算

本节学习目标

知识目标：理解原材料日常核算按实际成本计价与按计划成本计价的区别；掌握实际成本模式下与原材料相关的科目的设置和结构；掌握计划成本模式下与原材料相关科目的设置和结构。

技能目标：能正确进行原材料增加和减少的核算。

案例导入

（一）

20×9年9月，某高等职业学院会计专业毕业生李华到D公司进行顶岗实习。该公司为一般纳税人，对原材料按实际成本计价，以加权平均法作为发出存货成本的计价方法。该公司20×9年9月的有关资料如下。

（1）"原材料"科目的月初余额为79 000元，数量为7 900千克。"在途物资"科目的月初借方余额为21 200元，数量为2 000千克（上述科目核算的均为甲材料）。

（2）9月5日，企业上月已付款的价值21 200元的甲材料（2 000千克）如数收到，已验收入库。

（3）9月15日，从外地A公司购入甲材料5 000千克，增值税专用发票上注明的材料价款为50 000元，增值税税额为6 500元，企业已用银行存款支付上述款项，材料尚未到达。

案例解析

（4）9月20日，从A公司购入的甲材料到达，验收入库时发现短缺50千克，经查明为途中定额内自然损耗。按实收数量验收入库。

（5）9月30日，汇总本月发料凭证，本月共发出甲材料8 000千克，全部用于A产品生产。

要求：请替李华完成D公司上述原材料业务的账务处理。

（二）

20×9年6月，某高等职业技术学院会计专业毕业生赵军到东方工厂进行顶岗实习。

东方工厂为一般纳税人，其材料按计划成本计价。20×9年7月月初，该企业的"原材料"科目的借方余额为135 000元，"材料成本差异"科目的借方余额为11 961.40元。该企业7月发生的经济业务如下。

（1）4日，上月甲企业发来的在途A材料已到达并验收入库。该批材料的实际成本为75 400元，计划成本为77 700元。

（2）10日，向乙企业采购A材料，价款为110 000元，增值税税额为14 300元，运杂费为1 600元（不考虑运杂费的增值税，下同），货款125 900元已用银行存款支付。材料已验收入库，其计划成本为110 000元。

（3）12日，向甲企业购入A材料，价款为150 000元，增值税税额为19 500元，甲企业代垫运杂费2 000元。东方工厂签发并承兑一张票面价值为171 500元、1个月到期的商业汇票结算材料款项。该批材料已验收入库，计划成本为160 000元。

（4）15日，向丙企业采购B材料4000千克，价款为150000元，增值税税额为19500元。丙企业代垫运杂费2400元。货款共171900元已用银行存款支付，材料尚未收到。

（5）25日，向丙企业购买的B材料已运达，实际验收入库3930千克，短缺70千克属定额内合理损耗。B材料的计划单位成本为38元/千克。

（6）26日，按照合同规定，向丁企业预付购料款50000元，已开出转账支票支付。

（7）28日，向丙企业购买B材料，价款为100000元，增值税税额为13000元。该企业代垫运杂费1800元。货款共114800元已用银行汇票存款支付，材料尚未收到。

（8）31日，向乙企业采购A材料，发票账单等已收到，材料价款为60000元，增值税税额为7800元，运杂费为900元。材料已验收入库，计划成本为60000元，货款尚未支付。

（9）31日，根据发料凭证汇总表，本月领用材料的计划成本为532000元，其中：生产部门领用材料396000元，车间管理部门领用材料45000元，厂部管理部门领用材料61000元，固定资产在建工程领用材料30000元。

要求：请替赵军完成东方工厂上述经济业务的下述账务处理：①根据以上经济业务编制会计分录；②计算7月的材料成本差异率，计算结转发出材料应分摊的材料成本差异。

企业存货的日常收发及结存，可以采用实际成本计价核算，也可以采用计划成本计价核算。即使在同一个企业，对于不同存货，也可以分别采用实际成本计价和计划成本计价两种计价方法进行日常核算，这都取决于企业的实际需要。

一、原材料收发按实际成本计价的核算

原材料是指在企业生产过程中将改变其形态或性质的各种原料及主要材料、辅助材料、外购半成品（外购件）、修理用备件（备品备件）、包装材料、燃料等。

原料及主要材料是指经过加工后构成产品主要实体的各种原料和材料。

辅助材料是指直接用于生产、有助于产品形成或便于生产进行，但不构成产品主要实体的各种材料。

外购半成品是指企业从外部购入的需要进行加工或装配于企业产品，构成产品主要实体的半成品及零配件。

修理用备件是指本企业机器设备和运输设备修理所专用的各种零件和部件。

燃料是指在生产过程中用于燃烧发热或者创造正常劳动条件而使用的各种燃料。

上述材料类别是按经济内容进行的分类。这种分类有助于企业掌握具有不同作用的各种材料的收、发、存情况和资金占用形态，根据生产需要进行材料采购。

企业原材料的核算，有按实际成本计价进行日常核算和按计划成本计价进行日常核算两种方法。

原材料按实际成本计价进行日常核算的特点是：从原材料收发凭证到原材料明细账和总账，全部按材料的实际成本计价。这种核算方法一般适用于规模较小、原材料品种较少、采购业务不多的企业。

1. 会计科目的设置

为了核算外购原材料的增减变动和结存情况，在原材料按实际成本计价进行核算时，企业主要应设置"原材料"和"在途物资"两个科目。另外，还应设置"应付账款""预付账款""应交税费——应交增值税（进项税额）"等科目。

（1）"原材料"科目，属于资产类科目，用于核算企业库存原材料的增减变化情况。该科目的借方登记验收入库原材料的实际成本，贷方登记发出原材料的实际成本，期末余额在借方，表示库存原材料的实际成本。该科目应按照材料类别、品种、规格及原材料的保管地点设置"原材料明细账"进行明细分类核算。

（2）"在途物资"科目，属于资产类科目，用于核算已付款或已开出承兑商业汇票，但尚未到达或尚未验收入库材料的实际成本。该科目的借方登记已支付或已开出承兑商业汇票材料的实际成本；贷方登记已验收入库材料的实际成本；期末余额在借方，反映已经付款或已经开出承兑的商业汇票，但尚未验收入库的在途物资的实际成本。该科目应按照供应单位设置明细账，进行明细分类核算。

（3）"应付账款"科目，属于负债类科目，用于核算企业购买材料、商品和接受劳务供应等应付给供应单位的款项。本科目的贷方登记企业因购入材料、商品等所欠的款项；借方登记偿还应付款项的数额；余额一般在贷方，表示尚未偿还的应付账款数额。该科目应按照供应单位设置明细账，进行明细分类核算。

2. 原材料购入的核算

企业外购材料时，由于受采购地点和采用的结算方式等因素的影响，经常会出现材料入库和付款时间不一致的情况。

（1）单货同到，即货款已经支付或已开出、承兑商业汇票，同时材料已验收入库。企业在收到发票账单、材料验收入库后，应根据结算凭证、发票账单和收料单等凭证，借记"原材料""应交税费——应交增值税（进项税额）"科目，贷记"银行存款（或其他货币资金或应付票据等）"科目。

（2）单到货未到，即货款已经支付或已开出、承兑商业汇票，材料尚未到达或尚未验收入库。这种情况是在付款或开出商业汇票时，材料尚未到达或尚未验收入库，相隔一段时间后，材料才收到并验收入库。这种业务一般是异地采购材料，且多采用"托收承付"结算方式，结算凭证与材料到达企业的时间不一致。发生此类业务时，应先通过"在途物资"科目进行核算。企业按账单付款或开出商业汇票后，应根据结算凭证、发票账单等单据，借记"在途物资""应交税费"等科目，贷记"银行存款（或其他货币资金或应付票据等）"科目；等材料物资运抵企业并验收入库后，再根据收料单，借记"原材料"科目，贷记"在途物资"科目。

（3）结算凭证已到，货款尚未支付，材料已经验收入库。企业在收到发票账单、材料验收入库后，应根据结算凭证、发票账单和收料单等凭证，借记"原材料""应交税费"等科目，贷记"应付账款"科目。

（4）货到单未到，即外购材料已经到达企业，但发票账单尚未到达，货款尚未支付。为了简化核算手续，在当月内发生此种情况的，可以暂不进行账务处理，而只将收到的材料登记明细分类账，待收到发票账单，再按实付货款登记总账。如果月末结算凭证仍未到达企业，则应先按材料的暂估价入账，借记"原材料"科目，贷记"应付账款——暂估应付账款"科目。下期初编制相反的会计分录予以冲回，以便下月付款或开出、承兑商业汇票后，按正常程序，借记"原材料""应交税费——应交增值税（进项税额）"科目，贷记"银行存款"或"应付票据"等科目。

【例3.2.1】A公司为一般纳税人，20×9年9月28日，从B公司购入甲材料一批，取得的增值税专用发票上注明的原材料价款为200 000元，增值税税额为26 000元，

A 公司按照实际成本对原材料进行日常核算。

① 假定发票等结算凭证已经收到，货款已通过银行转账支付，材料已运到并已验收入库。A 公司的账务处理如下：

借：原材料——甲材料 200 000
　　应交税费——应交增值税（进项税额） 26 000
　　　贷：银行存款 226 000

② 假定购入材料的发票等结算凭证已收到，货款已经银行转账支付，但材料尚未运到。A 公司的账务处理如下：

借：在途物资——B 公司 200 000
　　应交税费——应交增值税（进项税额） 26 000
　　　贷：银行存款 226 000

待材料运达并如数验收入库时，根据仓库转来的收料单，A 公司的账务处理如下：

借：原材料——甲材料 200 000
　　　贷：在途物资——B 公司 200 000

③ 假定购入的材料已经运到，并已验收入库，但发票等结算凭证尚未收到，货款尚未支付。9 月月末，A 公司应按暂估价将购入的材料入账，假定其暂估价为 200 000 元。月末，A 公司编制的会计分录如下：

借：原材料——甲材料 200 000
　　　贷：应付账款——暂估应付账款 200 000

下月月初，A 公司应编制相反的会计分录：

借：应付账款——暂估应付账款 200 000
　　　贷：原材料——甲材料 200 000

A 公司于 10 月 7 日收到上述购入的原材料对应的发票账单等结算凭证，增值税专用发票上记载的材料货款为 200 000 元，增值税税额为 26 000 元，价税款已承付，A 公司编制会计分录如下：

借：原材料 200 000
　　应交税费——应交增值税（进项税额） 26 000
　　　贷：银行存款 226 000

【学中做】 请为 A 公司的下述经济业务编制会计分录。

1. 20×9 年 6 月 6 日，A 公司从 B 公司购入甲材料一批，价款为 100 000 元，增值税税额为 13 000 元。甲材料已运抵企业并如数验收入库，A 公司已用银行存款支付货款。

2. 20×9 年 9 月 5 日，A 公司从 B 公司购入乙材料一批，价款为 200 000 元，增值税税额为 26 000 元。A 公司已开出并承兑商业汇票，乙材料尚未到达企业。9 月 10 日，A 公司购入的乙材料到达企业并如数验收入库。

3. 20×9 年 9 月 28 日，A 公司从 B 公司购入的一批甲材料已到货，月末账单仍未到。该批材料的计划成本为 10 000 元。10 月 6 日，发票等结算凭证到达，价款为 10 000 元，增值税税额为 1 300 元，价税款已用银行存款支付。

（5）采用预付货款方式购入材料。收到材料发票账单并将材料验收入库后，借记"原材料""应交税费——应交增值税（进项税额）"科目，贷记"预付账款"科目。

【例 3.2.2】 20×9 年 10 月 8 日，A 公司按照合同向大华公司预付甲材料部分款项 100 000 元。20×9 年 11 月 8 日，A 公司收到的发票账单上列明的材料款为 200 000 元，增值税税额为

26 000 元，运费为 5 000 元，运费的增值税税额为 450 元。材料已如数验收入库，所欠余款已经用银行存款支付。

20×9 年 10 月 8 日，A 公司根据预付货款的付款凭证，编制如下会计分录：

借：预付账款——大华公司 100 000
　　贷：银行存款 100 000

20×9 年 11 月 8 日，A 公司根据发票账单、入库单等凭证，编制如下会计分录：

借：原材料 205 000
　　应交税费——应交增值税（进项税额） 26 450
　　贷：预付账款——大华公司 231 450
借：预付账款——大华公司 131 450
　　贷：银行存款 131 450

（6）企业外购材料验收入库时，如果发现材料短缺或毁损，应先按短缺材料的金额，借记"待处理财产损溢"科目，贷记"在途物资"科目，待查明原因后区分不同情况进行处理。

1）属于供货单位造成的短缺、毁损的，若价税款尚未支付，则待收到发票账单时，按短缺、毁损材料金额及其应分担的运杂费、相应的增值税，填写拒付理由书。

2）属于供货单位责任，而且价税款已经支付的，则应向供货单位索赔，借记"应收账款"或"应付账款"科目，贷记"待处理财产损溢"科目。

3）属于运输单位责任的，则应借记"其他应收款"科目，贷记"待处理财产损溢"科目。

4）短缺或毁损材料属于运输途中合理损耗的，则按实收数量和材料实际总成本入账，不单独核算短缺或毁损部分的材料成本。实际上，这是将短缺或毁损部分的材料成本费用计入实际收到材料的采购成本，相应提高了实收材料的单位成本。

5）属于无法收回的损耗，应借记"管理费用"科目，贷记"待处理财产损溢"科目。

6）属于自然灾害等非正常原因造成的损失的，则应按扣除残料价值、过失人和保险公司赔款后的净损失，借记"营业外支出——非常损失"科目，贷记"待处理财产损溢"科目。

企业购进原材料发生溢余时，未查明原因的溢余材料一般只作为代保管物资在备查簿中登记，不作为进货业务入账核算。

【例 3.2.3】 20×9 年 9 月 15 日，A 企业从 B 公司购入乙材料一批，价款为 20 000 元，增值税税额为 2 600 元。A 企业已支付货款，乙材料尚未到达企业。支付货款时，根据发票、账单，A 企业编制的会计分录如下：

借：在途物资——B 公司 20 000
　　应交税费——应交增值税（进项税额） 2 600
　　贷：银行存款 22 600

9 月 20 日，A 企业从 B 公司购入的乙材料到达，验收时发现短少价值 1 000 元的材料，相应的增值税进项税额为 130 元，原因待查。根据验收单，A 企业编制的会计分录如下：

借：原材料——×材料 19 000
　　待处理财产损溢——待处理流动资产损溢 1 130
　　贷：在途物资——B 公司 20 000
　　　　应交税费——应交增值税（进项税额转出） 130

经查明原因，短缺的材料是运输部门的责任造成的，运输部门已同意赔款，款项尚未收到。A 企业编制的会计分录如下：

借：其他应收款——某运输部门　　　　　　　　　　　　　　　　　　　　1 130

　　贷：待处理财产损溢——待处理流动资产损溢　　　　　　　　　　　　　1 130

（7）小规模纳税人以及购入材料不能取得增值税专用发票的企业，在购入材料时，将支付或应支付的金额作为材料成本入账，不作增值税进项税额的核算。

提示： 在材料收入业务较少的企业中，材料收入的总分类核算可以根据收料凭证逐日编制记账凭证，并据以登记总分类账；在材料收入业务较多的企业中，平时一般不直接根据收料凭证编制记账凭证并登记总账，而是根据收料凭证先登记原材料明细账，对已签收和标价的收料凭证，陆续进行分类整理，定期根据已分类汇总的收料凭证编制"收料凭证汇总表"，据此编制记账凭证并登记总账，进行总分类核算。

3. 原材料发出的核算

企业发出材料时，应根据领料凭证，按材料的领用单位和用途将材料实际成本计入各有关科目的借方，同时计入"原材料"科目的贷方。

对于因生产经营领用而发出的原材料应按其实际成本结转，借记"生产成本""制造费用""管理费用"等科目，贷记"原材料"科目。

建造固定资产和职工福利部门领用原材料时，企业应按该原材料的实际成本与应转出的增值税进项税额之和，借记"在建工程"和"应付职工薪酬"科目；按原材料实际成本，贷记"原材料"科目；按应转出的增值税进项税额，贷记"应交税费——应交增值税（进项税额转出）"科目。

出售材料并结转成本时，应按照实际成本，借记"其他业务成本"科目，贷记"原材料"科目。

在实际工作中，发料频繁导致领料凭证数量较多，为了简化核算工作，一般不直接根据领料凭证编制记账凭证并登记总账，平时只根据领料凭证登记原材料明细账，对已签收和标价的领料凭证，按各类材料的用途陆续进行分类整理，定期根据已分类汇总的领料凭证编制"发料凭证汇总表"，据以编制记账凭证并登记总账，进行材料发出的总分类核算。发出材料实际成本的确定，可以从前述个别计价法、先进先出法、月末一次加权平均法、移动加权平均法等方法中选择。计价方法一经确定，不得随意变更。如有变更，应在财务报表附注中予以说明。

【例 3.2.4】 某企业于 20×9 年 9 月 30 日编制的发料凭证汇总表见表 3.1。

表 3.1　发料凭证汇总表　　　　　　　　　　　　　　（单位：元）

日期	领料单张数	领用部门和用途	贷方科目：原材料			
			甲材料	乙材料		合计
		基本车间生产产品	30 000			30 000
		基本车间一般使用	1 000			1 000
		在建工程领用（集体福利工程）	10 000			10 000
		管理部门领用		1 000		1 000
		销售部门领用		6 000		6 000
		合　计	41 000	7 000		48 000

根据发料凭证汇总表编制如下会计分录：

借：生产成本　　　　　　　　　　　　　　　　　　　　　　　　　　　30 000

　　制造费用　　　　　　　　　　　　　　　　　　　　　　　　　　　 1 000

在建工程	11 300
管理费用	1 000
销售费用	6 000
贷：原材料——甲材料	41 000
——乙材料	7 000
应交税费——应交增值税（进项税额转出）	1 300

二、原材料收发按计划成本计价的核算

原材料日常核算按计划成本计价，是指原材料的日常收、发、存核算都按预先确定的计划成本计价。这种计价方法的特点是：先制定各种材料的计划成本目录，规定材料的分类和各种材料的名称、规格、编号、计量单位、计划单位成本。计划单位成本在年度内一般不作调整。平时所有材料收发凭证，按材料的计划成本计价；总账及明细分类账，按计划成本登记；材料的实际成本与计划成本的差异，通过"材料成本差异"科目归集。对于因生产耗用和其他耗用而发出的材料平时按其计划成本结转。月份终了，按照一定的方法将归集的材料成本差异在本期发出材料与期末库存材料之间进行分配，以便将发出材料的计划成本调整为实际成本。

原材料日常核算按计划成本计价，一般适用于存货品种繁多、收发业务频繁的企业。在管理上需要分别核算原材料的计划成本和成本差异的，也可采用计划成本进行日常核算。

1. 会计科目的设置

原材料日常收发按计划成本计价核算时，企业应设置以下主要会计科目。

（1）"原材料"科目，用于核算原材料收、发、存的计划成本。该科目借方登记企业入库原材料的计划成本，贷方登记发出原材料的计划成本，期末余额在借方，表示期末结存原材料的计划成本。该科目应按照原材料类别、品种、规格及保管地点设置原材料明细账，进行明细分类核算。

原材料按计划成本核算时，仓库应按原材料的品种、规格设置一套数量金额式材料明细账或材料卡片。由于材料的收发都按计划成本计价，因而这种材料明细账或材料卡片的收入和发出栏只记数量，不记金额。结存栏分别记数量和金额，但金额栏不必逐笔计算登记，可以在月末时，根据材料的结存数量和计划单价计算登记。除仓库设置的材料卡片外，企业财会部门还应按仓库和材料类别设置只登记金额的材料明细账。该明细账根据仓库转来的材料收发凭证，按期归类汇总登记，反映各类材料的资金占用情况。它与仓库设置的材料卡片可以起到相互核对、相互控制的作用。

（2）"材料采购"科目，用于核算企业采用计划成本进行材料日常核算而购入材料的采购成本，属于资产类科目。该科目借方登记支付或承付的材料价款和运杂费等，以及结转实际成本小于计划成本的差异额（节约额）；贷方登记已验收入库材料的计划成本，以及结转实际成本大于计划成本的差异额（超支额）；期末借方余额表示企业已经收到发票账单付款或已开出、承兑商业汇票，但尚未运抵企业或尚未验收入库的在途材料的实际成本。该科目应按材料的类别或品种设置明细账，进行明细分类核算。

材料采购明细分类账用来提供外购材料的实际成本与计划成本的详细资料。该明细分类账采用横线登记法，借方金额根据付款凭证等有关单据，按实际采购成本登记；贷方金额根据计

划成本计价的收料单登记。月末，将同批次购入材料的实际成本与其计划成本的差异，一次结转到材料成本差异明细账。期末若材料采购明细账有余额，则为借方余额，反映企业在途材料的实际成本。材料采购明细账的一般格式见账簿 3.5。

账簿 3.5

材料采购明细账

甲材料

借　方							贷　方							材料成本差异
日期		供货单位	凭证号数	摘要	实际成本	其他	合计	日期		供货单位	凭证号数	摘要	计划成本	其他	合计	
月	日							月	日							
2	1			上月 |（略）| 3 270		3 270				2		3 300		3 300	-30
		（略）	1		12 075		12 075			（略）	1	（略）	12 000		12 000	75
			3		4 425		4 425									
2	28			月结	19 770		19 770					月结	15 300		15 300	45
											结转材料成本差异					45
				余额 4 425												

注：余额表示在途材料。

（3）"材料成本差异"科目，该科目是采用计划成本进行材料日常核算时设置的科目。该科目属于资产类科目，用于核算企业采用计划成本进行材料日常收发核算时，材料实际成本与计划成本之间的差额。该科目的借方登记验收入库材料的实际成本大于计划成本的超支差异和发出材料应负担的节约差异；贷方登记验收入库材料的实际成本小于计划成本的节约差异和发出材料应负担的超支差异；若期末余额在借方，反映结存材料的超支差异；若期末余额在贷方，反映结存材料的节约差异。该科目应按照材料类别或品种设置明细账，进行明细分类核算。材料成本差异明细账可以采用三栏式，也可以采用多栏式。一般格式见账簿 3.6。

账簿 3.6

材料成本差异明细账

材料类别：
材料二级科目：

年		凭证		摘要	本月收入			差异分配率	本月发出			月末结存		
月	日	字	号		计划成本	借方差异	贷方差异		计划成本	借方差异	贷方差异	计划成本	借方差异	贷方差异

2. 原材料购入的核算

原材料按计划成本计价核算时，不论材料是否已经入库，都必须先通过"材料采购"科目进行核算。材料验收入库后，再转入"原材料"科目，同时结转入库材料的材料成本差异。这是材料按计划成本进行核算的一个特点。在材料收入业务较少的企业中，材料收入的总分类核算可以根据收料凭证逐日编制记账凭证，并据以登记总分类账。一方面应根据已经付款或已开出承兑商业汇票的收料凭证，按计划成本，借记"原材料"科目，贷记"材料采购"科目。另一方面应结转入库材料的成本差异，当实际成本小于计划成本时，应按节约额，借记"材料采购"科目，贷记"材料成本差异"科目；当实际成本大于计划成本时，应按超支额，借记"材料成本差异"科目，贷记"材料采购"科目。

采用计划成本计价，外购材料的账务处理同按实际成本计价一样，应根据外购材料的采购地点和结算方式不同，分不同情况进行处理。

【例3.2.5】A企业日常对甲材料采用计划成本进行核算，甲材料计划单位成本为25元/千克。20×9年1月31日，与甲材料有关的科目的余额见表3.2。

20×9年2月发生的有关甲材料收入、发出及结存的经济业务如下。

表3.2　与甲材料有关的科目的余额

科目名称	余额方向	金额（元）
材料采购	借方	3 270
原材料	借方	14 700
材料成本差异	贷方	345

（1）采购甲材料480千克，材料验收入库，货款13 560元（其中，价款12 000元，增值税税额1 560元）以支票付讫，并以现金支付装卸费75元。

材料实际成本＝12 000＋75＝12 075（元）

材料计划成本＝480×25＝12 000（元）

当A企业支付材料价款和相关费用时，其按照实际发生的成本编制如下会计分录：

借：材料采购　　　　　　　　　　　　　　　　　12 075
　　应交税费——应交增值税（进项税额）　　　　 1 560
　　　贷：银行存款　　　　　　　　　　　　　　　13 560
　　　　　库存现金　　　　　　　　　　　　　　　　 75

同时，按照计划成本编制会计分录如下：

借：原材料　　　　　　　　　　　　　　　　　　12 000
　　　贷：材料采购　　　　　　　　　　　　　　　12 000

（2）上月已经办理结算的在途材料132千克，于本月全部到达并入库。材料的实际成本为3 270元，计划成本为3 300元（132×25）。A企业编制的会计分录如下：

借：原材料　　　　　　　　　　　　　　　　　　 3 300
　　　贷：材料采购　　　　　　　　　　　　　　　 3 300

（3）从外地采购甲材料180千克，结算凭证到达并办理付款手续。付款总额为4 984元，其中货款4 859元（价款4 300元，增值税税额559元），进货运杂费125元。材料未到。

材料实际成本＝4 300＋125＝4 425（元）

借：材料采购　　　　　　　　　　　　　　　　　 4 425
　　应交税费——应交增值税（进项税额）　　　　　 559
　　　贷：银行存款　　　　　　　　　　　　　　　 4 984

（4）本月购进的甲材料300千克已经验收入库，月末时结算凭证仍未到。先按计划成本入账，下月月初冲回。

材料计划成本＝300×25＝7 500（元）

本月月末应按照计划成本编制如下会计分录：

借：原材料　　　　　　　　　　　　　　　　　　 7 500
　　　贷：应付账款——暂估应付账款　　　　　　　 7 500

下月月初编制如下会计分录：

借：应付账款——暂估应付账款　　　　　　　　　 7 500
　　　贷：原材料　　　　　　　　　　　　　　　　 7 500

（5）月末结转已付款并验收入库的材料发生的成本差异见账簿3.5。

借：材料成本差异   45

    贷：材料采购   45

月末，"材料采购"科目的借方余额为 4 425 元，表示在途材料成本，转入下月材料采购明细账。

【学中做】 请根据下述经济业务为甲公司编制会计分录。

1. 甲公司从乙公司购入 A 材料一批，价款为 10 000 元，增值税税额为 1 300 元，包装和运杂费为 500 元，款项已用银行存款支付。A 材料已验收入库，其计划成本为 10 000 元。

2. 甲公司从乙公司购入 A 材料一批，价款为 10 000 元，增值税税额为 1 300 元，款项已用银行存款支付。A 材料尚未运达企业。这批 A 材料的计划成本 10 600 元。

学中做答案

3. 原材料发出的核算

在计划成本法下，进行发出原材料的核算时，一方面根据按计划成本计价的领料凭证，将发出原材料的计划成本，按领用部门和用途进行归类汇总结转到"生产成本""制造费用""管理费用""委托加工物资""其他业务成本"等成本费用类科目的借方。另一方面分摊结转发出材料应分摊的材料成本差异。发出材料应分摊的超支差异应结转到有关成本费用科目的借方，发出材料应分摊的节约差异应结转到有关成本费用科目的贷方。

发出材料应分摊的成本差异应当按月计算，不得在季末或年末一次计算。发出材料应分摊的成本差异，除委托外部加工发出材料可按照月初成本差异率计算外，应使用本月的实际成本差异率；月初成本差异率与本月实际成本差异率相差不大的，也可按照月初成本差异率计算。计算方法一经确定，不得随意变更。材料成本差异的计算公式如下：

本月材料成本差异率 =（月初结存材料的成本差异 + 本月收入材料的成本差异总额）

    ÷（月初结存材料的计划成本 + 本月收入材料的计划成本总额）× 100%

本月发出材料应分摊的成本差异 = 发出材料的计划成本 × 材料成本差异率

本月发出材料的实际成本 = 发出材料的计划成本 ± 发出材料应分摊的成本差异额

【例 3.2.6】 甲企业本月月初"原材料"科目的借方余额为 1 000 000 元，"材料成本差异"科目的贷方余额为 40 000 元，本月入库材料的计划成本为 1 000 000 元，本月入库材料成本差异为节约差异 20 000 元，则

本月材料成本差异率 =（-40 000 - 20 000）÷（1 000 000 + 1 000 000）× 100% = -3%

根据本月发出材料凭证汇总表，本月生产车间用于产品生产领用材料计划成本 1 000 000 元，在建工程（浴池工程）领用材料计划成本 100 000 元，车间一般耗用领用材料计划成本 50 000 元，厂部领用材料计划成本 8 000 元。

生产成本分摊的材料成本差异 = 1 000 000 ×（-3%）= -30 000（元）

在建工程分摊的材料成本差异 = 100 000 ×（-3%）= -3 000（元）

制造费用分摊的材料成本差异 = 50 000 ×（-3%）= -1 500（元）

管理费用分摊的材料成本差异 = 8 000 ×（-3%）= -240（元）

根据发出材料凭证汇总表，甲企业应编制如下会计分录。

（1）结转发出材料的计划成本：

借：生产成本   1 000 000

    在建工程   100 000

    制造费用   50 000

	管理费用	8 000
	贷：原材料	1 158 000

（2）结转本月发出材料应分摊成本差异：

借：材料成本差异   34 740

    贷：生产成本   30 000

      在建工程   3 000

      制造费用   1 500

      管理费用   240

结转发出材料应分摊的成本差异后，产品生产用料的实际成本为 970 000 元，在建工程用料的实际成本为 97 000 元，其余类推。

在建工程用料应转出相应的进项税额。甲企业应编制如下会计分录：

借：在建工程   12 610

    贷：应交税费——应交增值税（进项税额转出）   12 610

第三节　库存商品的核算

本节学习目标

知识目标：掌握库存商品的概念和内容；熟悉库存商品的会计科目及其结构；掌握商品流通企业对库存商品进行日常核算时用到的毛利率法和售价金额核算法。

技能目标：能正确填制与库存商品业务相关的各种原始凭证，并据以编制记账凭证；能登记库存商品明细账。

案例导入

20×9 年 9 月，某高等职业技术学院会计专业毕业生李军到人民百货商场进行顶岗实习。该商场为一般纳税人，对库存商品按售价金额进行计价核算。该商场 20×9 年 9 月有关资料如下。

（1）9 月 1 日，人民百货商场购入商品一批，取得的增值税专用发票上注明的价款为 10 000 元、增值税税额为 1 300 元，款项以银行存款支付。商品由百货组验收，合计零售价 12 760 元（含税）。

（2）9 月 5 日，人民百货商场从外地购进甲商品，取得的增值税专用发票上注明的价款为 30 000 元、增值税税额为 3 900 元，货款已支付，另支付进货运杂费 300 元。9 月 10 日，商品运达，交由服装组验收入库，合计售价 41 760 元（含税）。

（3）9 月 12 日，人民百货商场从外地购进商品一批，货物收到并由食品组验收。该批货物的售价为 8 120 元（含税）。收到的增值税专用发票上注明的价款为 5 000 元、增值税税额为 650 元。9 月 22 日支付全部款项。

案例解析

（4）9 月 30 日，人民百货商场计算与结转商品销售成本。20×9 年 9 月，期初库存商品的进价成本为 100 万元，售价总额为 110 万元，本月购进商品进价成本总额为 75 万元，售价总额为 90 万元，本月销售收入为 120 万元。

要求：请替李军完成人民百货商场上述经济业务的账务处理。

一、库存商品概述

库存商品，是指企业已完成全部生产过程并已验收入库，合乎标准规格和技术条件，可以按照合同规定的条件送交订货单位，或可以作为商品对外销售的产品以及外购或委托加工完成验收入库用于销售的各种商品，包括库存的外购商品、自制商品、存放在门市部准备出售的商品、发出展览的商品，以及寄存在外库或存放在仓库的商品等。

二、工业企业库存商品收发的核算

工业企业的库存商品包括用于对外销售的库存产成品和库存半成品。

1. 会计科目的设置

为了核算和监督库存商品的收发和结存情况，企业应设置"库存商品"科目。"库存商品"科目属于资产类科目，用来核算库存的各种商品的实际成本。库存商品包括库存产成品、外购商品、存放在门市部准备出售的商品、发出展览的商品以及寄存在外的商品等。接受来料加工制造的代制品和为外单位加工修理的代修品，在制造和修理完成验收入库后，视同企业的产成品，也通过本科目核算。可以降价出售的不合格品，也在本科目核算，但应与合格产品分开记账。已经完成销售手续，但购买单位在月末未提取的库存产成品，应作为代管产品处理，单独设置代管产品备查簿，不再在本科目核算。

"库存商品"科目的借方登记验收入库的库存商品的实际成本，贷方登记发出库存商品的实际成本，期末借方余额反映结存库存商品的实际成本。该科目应按库存商品种类、品种和规格等设置"库存商品明细账"，进行明细分类核算。

2. 工业企业库存商品收入的核算

工业企业的产成品，一般应按实际成本进行核算。在这种情况下，产成品的收入、发出和销售，平时库存商品明细账上只记数量不记金额。企业自制产品完工以后，由生产部门填制产品入库单，据以验收入库。月份终了，计算生产完工验收入库产成品的实际成本，填制"成本计算单"和"产品成本汇总表"。对于生产完成验收入库的产成品，按照其实际成本，借记"库存商品"科目，贷记"生产成本"科目。

【例 3.3.1】甲企业第一生产车间完工交库 A 半成品 500 件，单位成本为 200 元；第二生产车间领用 A 半成品 500 件，单位成本为 200 元。第二生产车间完工交库甲产品 300 件（单位成本为 280 元）、乙产品 100 件（单位成本为 260 元）。甲企业应编制如下会计分录。

（1）根据半成品成本计算单、入库单：

借：库存商品——A 半成品	100 000
贷：生产成本——基本生产成本——第一车间	100 000

（2）根据第二生产车间半成品领用单：

借：生产成本——基本生产成本——第二车间	100 000
贷：库存商品——A 半成品	100 000

（3）根据第二生产车间"成本计算单""产品成本汇总表""产品入库单"：

借：库存商品——甲产品	84 000
——乙产品	26 000
贷：生产成本——基本生产成本——第二车间	110 000

3. 工业企业库存商品发出的核算

工业企业库存商品的发出主要是对外销售发出，另外还有一些被在建工程或福利部门领用及对外投资、捐赠等。

企业对外销售产成品、商品时，如果已经确认了营业收入（主营业务收入），应当同时将与其相关的存货成本进行结转，确认为营业成本（主营业务成本）；如果没有确认营业收入，则不应当结转相关的成本。

对于发出和销售的产成品，可以采用先进先出法、加权平均法或个别计价法等方法计算确定应当结转的成本。计算方法一经确定，不得随意变更。如需变更，应在财务报表附注中予以说明。

仓库保管部门要依据商品出库凭证发出商品。商品出库凭证一般由销售部门或领用部门填制。商品出库凭证一式多联，一联由填制部门留存，一联作为仓库的发货凭证并登记保管账，一联送会计部门作为核算的依据。格式见凭证3.1。

为了简化核算，企业一般在月末根据仓库转来的商品出库凭证编制产成品或商品发出和销售汇总表，集中结转商品销售成本。结转对外销售产品成本时，借记"主营业务成本"科目，贷记"库存商品"科目。

凭证3.1

发 货 单

年 月 日

购货单位：   编号：

商品编号	名称规格	单位	数量	单价	金额	备注
合 计						

销售部门负责人：   发货人：   提货人：   制单：

【例3.3.2】 乙企业本月销售甲产品一批，价款为100 000元，增值税税额为13 000元，款项已存入银行。乙企业根据先进先出法确定该批产品的实际成本为70 000元。确定实现销售时，乙企业编制的会计分录如下：

借：银行存款   113 000
    贷：主营业务收入   100 000
        应交税费——应交增值税（销项税额）   13 000

结转已销甲产品的成本，编制会计分录如下：

借：主营业务成本   70 000
    贷：库存商品——甲产品   70 000

产成品种类比较多的企业，也可以按计划成本对产成品进行日常核算。对产成品按计划成本进行核算时，"库存商品"科目的借方、贷方、余额均反映库存产成品的计划成本，同时，还要设置"产品成本差异"科目，用于核算产成品实际成本与计划成本的差额。平时，对产成品的收入、发出和销售按计划成本进行核算；月度终了，应将入库产成品的成本差异额转入"产品成本差异"科目，同时，还要将产品成本差异在发出、销售及结存产成品之间进行分摊。

【例 3.3.3】 丁公司将一批 A 产品用于公司厂房建造。A 产品的成本为 80 000 元,售价为 100 000 元,适用的增值税税率为 13%。

丁公司应进行的账务处理如下:

借: 在建工程 93 000
  贷: 库存商品——A 产品 80 000
    应交税费——应交增值税(销项税额) 13 000

提示: 当企业用自产的产品对外投资或用于本企业不予抵扣的固定资产购建以及对外捐赠时,按税法规定,这类事项属于视同销售行为。因此,企业在发出商品时,应按商品售价计算增值税销项税额,但发出商品应按成本计价,并按商品的成本与按售价计算的增值税税额之和,计入发出商品的受益项目。

三、商品流通企业库存商品收发的核算

商品流通企业的库存商品可以采用毛利率法和售价金额核算法进行日常核算。

1. 毛利率法

毛利率法,是指根据本期销售净额与前期实际(或本月计划)毛利率计算本期销售毛利,并计算发出存货成本的一种方法。该方法主要适用于商业批发企业。毛利率法的计算公式如下:

毛利率 = 本期销售毛利 ÷ 本期销售净额 × 100%

销售毛利 = 销售净额 × 毛利率

销售成本 = 销售净额 − 销售毛利

期末存货成本 = 期初存货成本 + 本期购货成本 − 本期销售成本

用毛利率法计算本期销售成本和期末存货成本,在商品流通企业特别是商品批发企业中较为常见。若按每种商品计算并结转销售成本,工作量较为繁重。由于商品批发企业的同类商品毛利率大致相同,商品销售成本可按大类商品计算,在大类商品账上结转成本。用这种存货计价方法计算销售成本,手续简便,也比较接近实际。采用这种方法时,商品明细账平时只记销售数量,不记销售成本金额。在每季末的最后一个月,应按照其他计价方法(如最后进价法),先计算月末存货成本,然后倒挤该季度的销售成本,再计算第三个月结转的销售成本,从而对前两个月用毛利率法计算的成本进行调整。

【例 3.3.4】 20×9 年 1 月 1 日,A 公司的乙类商品价值 1 000 000 元,本月购进商品 500 000 元,本月销售收入 1 080 000 元,发生的销售折让 80 000 元,上月该类商品的毛利率为 18%。本月销售商品成本和月末库存商品成本的计算如下:

本月销售净额 = 1 080 000 − 80 000 = 1 000 000(元)

销售毛利 = 1 000 000 × 18% = 180 000(元)

本月销售商品成本 = 1 000 000 − 180 000 = 820 000(元)

月末库存商品成本 = 1 000 000 + 500 000 − 820 000 = 680 000(元)

或 月末库存商品成本 = 1 000 000 + 500 000 − [1 000 000 × (1 − 18%)] = 680 000(元)

2. 售价金额核算法

售价金额核算法又称售价金额核算制,是指对库存商品按售价和实物负责人进行核算和监督的一种核算方法和管理制度。

为了反映商品的采购成本以及库存商品的收入、发出和结存情况，采用售价金额核算法的商品流通企业，也应设置"在途物资""库存商品"科目。但是，售价金额核算法的"库存商品"科目一律按商品售价登记，其进销差价在"商品进销差价"科目中登记。

"商品进销差价"科目是资产类科目，属于库存商品科目的备抵科目。该科目的贷方登记购入商品时形成的商品售价大于进价的差额；借方登记月末分摊结转的已销商品实现的进销差价。该科目的期末贷方余额，反映尚未销售也尚未摊销的商品的进销差价。该科目应按照库存商品类别或实物负责人设置明细账，进行明细核算。

企业购入、加工收回以及销售退回等增加的库存商品，应按照商品售价，借记"库存商品"科目；按照商品进价，贷记"银行存款""委托加工物资"等科目；按照售价与进价之间的差额，贷记或借记"商品进销差价"科目。

对外销售商品时，应按售价结转销售成本，借记"主营业务成本"科目，贷记"库存商品"科目。月末，通过计算进销差价率的办法计算已销商品应分摊的进销差价，并据以调整本期销售成本。分摊已销商品的进销差价时，借记"商品进销差价"科目，贷记"主营业务成本"科目。

已销商品应分摊的商品进销差价，按照以下公式计算：

商品进销差价率＝（期初库存商品的进销差价＋本期购入商品的进销差价）

÷（期初库存商品的售价＋本期购入商品的售价）×100%

本期已销商品应分摊的进销差价＝本期商品销售收入×商品进销差价率

本期销售商品的成本＝本期商品销售收入－本期已销商品应分摊的进销差价

期末结存商品的成本＝期初库存商品的进价成本＋本期购进商品的进价成本

－本期销售商品的成本

由于企业的商品进销差价率各期之间是比较均衡的，因此，也可以采用上期商品进销差价率计算分摊本期的商品进销差价。年度终了，应对商品进销差价进行核实调整。从事商品零售业务的企业，由于经营的商品种类、品种、规格等繁多，而且要求按商品零售价格标价，采用其他成本计算结转方法均较困难，因此广泛采用售价金额核算法。

【例3.3.5】 B企业是一家商品流通企业，采用售价金额核算法进行库存商品的日常核算。20×9年9月1日，"库存商品"科目以售价计算的余额为100 000元，"商品进销差价"科目的贷方余额为20 000元。20×9年9月15日，B企业用银行存款购入一批商品，商品进价为500 000元，增值税税额为65 000元，售价为625 000元。20×9年9月25日，B企业销售一批商品，销售价格为600 000元，增值税税额为78 000元，货款已收到存入银行。

（1）20×9年9月15日，B企业购入商品时，应编制的会计分录如下：

借：库存商品 625 000
　　应交税费——应交增值税（进项税额） 65 000
　　　贷：银行存款 565 000
　　　　商品进销差价 125 000

（2）20×9年9月25日，B企业销售一批商品时，先按售价结转成本，应编制如下会计分录：

借：银行存款 678 000
　　　贷：主营业务收入 600 000
　　　　应交税费——应交增值税（销项税额） 78 000
借：主营业务成本 600 000
　　　贷：库存商品 600 000

（3）月末，B企业需分摊已销商品进销差价，计算过程如下：

商品进销差价率＝（20 000＋125 000）÷（100 000＋625 000）×100%＝20%

本月销售商品应分摊的商品进销差价＝600 000×20%＝120 000（元）

（4）结转已销商品分摊的商品进销差价时，B企业应编制的会计分录如下：

借：商品进销差价　　　　　　　　　　　　　　　　　　　　　　120 000

　　贷：主营业务成本　　　　　　　　　　　　　　　　　　　　　　120 000

第四节　委托加工物资的核算

本节学习目标

知识目标：准确理解委托加工物资的概念；掌握委托加工物资的成本构成；掌握委托加工物资涉及增值税和消费税时的账务处理方法。

技能目标：能够正确进行委托加工物资的账务处理。

案例导入

20×9年7月，某高等职业学院会计专业毕业生董华到甲工厂进行顶岗实习。7月，甲工厂委托乙工厂加工应税消费品A材料，收回后的A材料用于继续生产应税消费品B产品，适用的消费税税率均为10%；甲、乙两企业均为一般纳税人，适用的增值税税率均为13%。在日常核算中，甲企业对原材料按实际成本计价。有关资料如下。

（1）20×9年7月12日，甲工厂发出委托加工材料一批，实际成本为310 000元。

（2）20×9年8月20日，甲工厂以银行存款支付乙工厂加工费50 000元（不含增值税）以及相应的增值税和消费税。

（3）20×9年8月25日，甲工厂以银行存款支付往返运杂费10 000元。

（4）20×9年8月31日，A材料加工完成，甲工厂收回并验收入库。甲工厂收回的A材料用于生产合同所需的B产品。

要求：请替董华完成甲工厂上述经济业务的账务处理。

一、委托加工物资概述

<u>委托加工物资是指企业委托给外单位，由外单位将其加工成本企业可使用的商品、原材料、包装物、低值易耗品等的物资。</u>

委托加工物资在加工过程中将会改变原有的实物形态，形成一种新的物资，必须对委托加工物资重新进行计价。委托加工物资核算的关键在于确定物资加工后的实际成本。委托加工物资的实际成本包括：①加工中实际耗用物资的成本；②支付的加工费及往返运杂费；③支付的税金，包括应由委托加工物资成本负担的增值税和消费税。

委托加工物资的实际成本计算公式为

实际成本=拨付加工物资实际成本+加工费+往返运杂费+相关税金+保险费

其中，相关税金是指应计入委托加工物资成本的增值税、消费税。

政策依据

《财政部关于消费税会计处理的规定》

二、委托加工物资典型业务的核算

　　为了核算和监督企业委托外单位加工的各种物资的拨付、回收和加工费用的结算情况，计算委托加工物资的实际成本，需要设置"委托加工物资"科目。该科目属于资产类科目，借方登记拨付加工物资的实际成本、支付的加工费用、往返运杂费、保险费和相关税金；贷方登记加工完成并验收入库物资的实际成本和退回物资的实际成本；期末借方余额，反映企业委托外单位加工但尚未加工完成物资的实际成本和发出加工物资的运杂费等。企业应按加工合同和受托加工单位设置明细科目，反映加工单位名称、加工合同号数，发出加工物资的名称、数量，发生的加工费和运杂费，退回剩余物资的数量、实际成本，以及加工完成物资的实际成本等资料。明细账格式见账簿3.7。

账簿 3.7

委托加工物资明细账

加工单位：				借　方				加工合同号： 贷　方			
日期	凭证		摘要	数量	计划成本	成本差异	运杂费	加工费	数量	计划成本	实际成本	成本差异
	字	号										

　　对委托加工物资的核算一般包括以下几个步骤。

　　（1）发出委托加工物资。企业发出物资、委托外单位加工时，应按发出物资的实际成本，借记"委托加工物资"科目，贷记"原材料""库存商品"等科目。原材料、库存商品按照计划成本或售价核算的企业，应按计划成本，借记"委托加工物资"科目，贷记"原材料""库存商品"等科目，同时结转材料成本差异或商品进销差价，借记"委托加工物资"科目，贷记"商品进销差价"或"材料成本差异"科目（实际成本小于计划成本时，用红字登记）。

　　（2）支付加工费、税金和运杂费。企业支付的加工费和往返运杂费，应计入委托加工物资成本，借记"委托加工物资"科目，贷记"银行存款"等科目。企业支付的增值税，应视不同情况进行处理：凡属加工物资用于应交增值税项目并取得增值税专用发票的一般纳税人，支付的增值税不计入加工物资的成本，而作为进项税额处理，支付时，借记"应交税费——应交增值税（进项税额）"科目，贷记"银行存款"科目；凡属加工物资用于非应纳增值税项目或免征增值税项目的，以及未取得增值税专用发票的一般纳税人和小规模纳税人的加工物资，应将支付的增值税计入加工物资的成本，支付时，借记"委托加工物资"科目，贷记"银行存款"科目。

　　（3）缴纳消费税。按照消费税的有关规定，如果企业委托加工物资属于应纳消费税的应税消费品，应由受托方向企业交货时代收代缴消费税。如果收回的加工物资直接用于销售，应将委托加工物资应负担的消费税计入加工物资成本（由受托方代收代缴），支付时，借记"委托加工物资"科目，贷记"银行存款"科目；如果收回的加工物资用于连续生产应税消费品，支付的消费税不计入加工物资的成本，而应借记"应交税费——应交消费税"科目，贷记"银行存款"科目。

　　（4）加工完成收回加工物资。委托加工物资加工完毕收回时，应按加工收回物资的实际成本和剩余物资的实际成本，借记"原材料""库存商品"等科目，贷记"委托加工物资"科目。

加工完成验收入库的物资采用计划成本或售价核算的，按照计划成本或售价，借记"原材料"或"库存商品"科目；按照实际成本，贷记"委托加工物资"科目；按照实际成本与计划成本或售价之间的差额，借记或贷记"材料成本差异"科目或贷记"商品进销差价"科目。

【例3.4.1】 A企业拨付B材料委托乙公司代为加工成包装箱。B材料的计划成本为10 000元，成本差异为节约差异200元。A企业另向运输公司支付运费300元。则

委托加工发出物资的实际成本 = 10 000 - 200 + 300 = 10 100（元）

A企业应编制如下会计分录：

借：委托加工物资——乙公司　　　　　　　　　　　　　　　　　　10 100

　　材料成本差异　　　　　　　　　　　　　　　　　　　　　　　200

　　贷：原材料——B材料　　　　　　　　　　　　　　　　　　　10 000

　　　　银行存款　　　　　　　　　　　　　　　　　　　　　　　300

包装箱加工完毕，乙公司通知A企业提货并支付加工费2 000元、增值税税额为260元，款项用银行存款支付。包装箱验收入库。A企业应编制如下会计分录：

借：委托加工物资——乙公司　　　　　　　　　　　　　　　　　　2 000

　　应交税费——应交增值税（进项税额）　　　　　　　　　　　　260

　　贷：银行存款　　　　　　　　　　　　　　　　　　　　　　　2 260

借：周转材料——包装物——包装箱　　　　　　　　　　　　　　　12 100

　　贷：委托加工物资——乙公司　　　　　　　　　　　　　　　　12 100

【例3.4.2】 甲企业发出A材料一批，委托乙企业加工成B材料（属于应税消费品）。A材料的实际成本为100 000元。甲企业支付的加工费为15 000元，来回运杂费为2 000元，加工增值税税额为1 950元，消费税税额为13 000元，款项已用银行存款支付。B材料已加工完毕验收入库，用于继续生产应税消费品。甲企业应编制如下会计分录。

（1）发出委托加工材料：

借：委托加工物资——乙企业　　　　　　　　　　　　　　　　　　100 000

　　贷：原材料——A材料　　　　　　　　　　　　　　　　　　　100 000

（2）支付加工费、运杂费和税金：

借：委托加工物资——乙企业　　　　　　　　　　　　　　　　　　17 000

　　应交税费——应交增值税（进项税额）　　　　　　　　　　　　1 950

　　　　　　　——应交消费税　　　　　　　　　　　　　　　　　13 000

　　贷：银行存款　　　　　　　　　　　　　　　　　　　　　　　31 950

（3）B材料加工完毕验收入库：

借：原材料——B材料　　　　　　　　　　　　　　　　　　　　　117 000

　　贷：委托加工物资——乙企业　　　　　　　　　　　　　　　　117 000

第五节　周转材料的核算

本节学习目标

　　知识目标：理解周转材料的概念、特点和内容；掌握低值易耗品的摊销方法和账务处理要点；掌握发

出包装物时的账务处理方法。

技能目标：能够正确进行低值易耗品摊销和包装物发出时的账务处理。

案例导入

20×9年7月，某高等职业学院会计专业毕业生沈新到东方工厂进行顶岗实习。东方工厂为一般纳税人，包装物按实际成本计价核算。该企业20×9年7月发生的部分经济业务如下。

（1）向甲企业购入包装物一批，购入价为40 000元，增值税税额为5 200元。款项45 200元已用银行存款支付，包装物已验收入库。

（2）向乙企业购入包装物一批，购入价为50 000元，增值税税额为6 500元。款项56 500元已用银行存款支付，包装物尚未到达企业。

（3）基本生产车间在生产过程中领用包装物一批，实际成本为8 500元。

（4）销售部门为销售产品领用包装物一批，实际成本为2 300元。该批包装物随同产品出售但不单独计价。

（5）销售部门为销售产品领用包装物一批，实际成本为4 000元。该批包装物随同产品出售，单独计算售价为5 000元，增值税销项税额为650元。款项5 650元已收存银行。

（6）租给丁企业A包装物（新的）100个，每个实际成本为30元，出租期限为1个月，租金为每个10元。押金3 500元已收存银行。该包装物采用一次摊销法摊销。

（7）以前借给丙企业的B包装物到期收回，原出借100个，现收回80个。没收押金850元，其中增值税税额为97.19元。退回部分押金3 400元（押金共4 250元）。

案例解析

（8）以前租给丁企业的C包装物到期收回，原出租80个，现收回75个。原收取押金2 800元（每个押金35元），现抵扣租金800元（按规定应交增值税104元），同时没收押金175元，其中包括增值税税额20.13元。退回押金余额1 721元。

（9）丁企业退回的包装物中有10个报废，收回残料作价50元。

要求：请替沈新完成东方工厂上述经济业务的账务处理。

一、周转材料概述

周转材料，是指企业能够多次使用，逐渐转移其价值但仍保持原有形态，不确认为固定资产的材料。周转材料主要包括低值易耗品、包装物，以及建筑施工企业的钢模板、木模板、脚手架等。按照储存和保管地点的不同，周转材料可分为库存（在库）和使用中（在用）两大类；按其是否使用过，库存周转材料又可分为库存未用和库存已用。

企业周转材料种类繁多，分布于生产经营的各个环节，具体用途各不相同，账务处理也不尽相同。

为了核算企业周转材料的入库、领用、摊销和结存情况，需设置"周转材料"科目。本科目用于核算企业库存的周转材料的实际成本或计划成本。该科目属于资产类科目，借方登记入库周转材料的实际成本或计划成本，贷方登记领用、发出周转材料的实际成本或计划成本。本科目的期末余额，反映企业在库、出租、出借周转材料的实际成本或计划成本以及在用周转材料的摊余价值。

各种包装材料，如纸、绳、铁丝、铁皮等，应在"原材料"科目内核算；用于储存和保管产品、材料而不对外出售的包装物，应按照价值大小和使用年限长短，分别在"固定资产"科目或"周转材料"科目中核算。

包装物、低值易耗品较多的企业，也可以单独设置"包装物""低值易耗品"科目进行核算。包装物数量不多的企业，也可以不设置"周转材料"科目，而将包装物并入"原材料"科目核算。

二、低值易耗品的核算

1. 低值易耗品概述

低值易耗品，是指不能作为固定资产核算的各种用具物品，如工具、管理用具、玻璃器皿，以及在经营过程中周转使用的包装容器等。低值易耗品一般分为一般工具、专用工具、替换设备、管理用具、劳动保护用品、其他用具等几类。

提示： 低值易耗品同固定资产一样，属于劳动资料。在生产经营过程中，它可以被多次周转使用而不改变其原有的实物形态，其价值在使用过程中因磨损而逐渐转移到产品成本或期间费用中去。由于低值易耗品的品种较多，数量较大，单位价值较低，使用期限较短，需要不断地进行更换和补充，具有较强的流动性，因此低值易耗品被视同存货，作为流动资产进行核算和管理。

为了核算和监督低值易耗品的收入、发出和结存情况，企业应设置"周转材料——低值易耗品"科目。该科目的借方登记入库的低值易耗品成本；贷方登记发出的低值易耗品成本；期末借方余额，反映企业期末结存低值易耗品的成本。

2. 低值易耗品摊销的账务处理

购入、自制、委托外单位加工完成验收入库的低值易耗品，比照"原材料"科目的相关规定进行账务处理。这里主要介绍低值易耗品摊销的财务处理。

低值易耗品可以在生产经营过程中多次重复使用，而不改变其原有的实物形态，其价值是逐步损耗的。因此，在会计核算上，低值易耗品损耗的价值采取摊销的方式，计入生产成本和期间费用，其摊销方法有一次摊销法和五五摊销法两种。

（1）一次摊销法。一次摊销法，是指低值易耗品在领用时按领用部门和用途将其账面价值全部计入有关成本、费用的方法。报废时，收回残值冲减有关成本、费用。这种方法适用于价值较低或极易损坏的低值易耗品的摊销。一次领用的低值易耗品数量不多，金额不大，也可采用一次摊销法。采用一次摊销法时，按照其成本，借记"生产成本""管理费用"等科目，贷记"低值易耗品"科目。

【例 3.5.1】 某企业厂部管理部门领用办公用品一批，其计划成本为 2 000 元。当月材料成本差异率为 3%。该企业采用一次转销法，编制如下会计分录。

（1）结转领用低值易耗品的计划成本：

借：管理费用   2 000

    贷：低值易耗品   2 000

（2）结转领用低值易耗品负担的材料成本差异：

借：管理费用   60

    贷：材料成本差异——低值易耗品   60

（2）五五摊销法。五五摊销法，是指领用时先摊销账面价值的一半，报废时再摊销另一半。这种方法既适用于价值较低使用期限较短的低值易耗品，也适用于每期领用数量和报废数量大致相等的低值易耗品。采用五五摊销法，在领用低值易耗品时应按照其成本，借记"周转材料——低值易耗品（在用）科目，贷记"周转材料——低值易耗品（在库）"科目；摊销时，应按照其摊销额，借记"生产成本""管理费用""工程施工"等科目，贷记"周转材料——低值易耗品（摊销）"科目。如果低值易耗品是按计划成本核算的，则应在领用当月结转应分摊的成本差异，并在当月及以后各月摊销。

低值易耗品报废时，将其残料价值作为当月低值易耗品摊销额的减少，冲减有关的成本、费用。

低值易耗品已经发生毁损、遗失等，不能再继续使用的，应将其账面价值全部转入当期成本、费用。企业对在用低值易耗品，以及使用部门退回仓库的低值易耗品，应当加强实物管理，并在备查簿中进行登记。

【例3.5.2】A公司对某项低值易耗品采用五五摊销法核算。20×8年1月，该公司管理部门领用低值易耗品一批，实际成本为2 000元。该批低值易耗品报废时收回残值变价收入100元，已入库。

A公司应作账务处理如下。

（1）领用时，将低值易耗品由在库转为在用：

借：周转材料——低值易耗品（在用）　　　　　　　　　　　　　　2 000
　　贷：周转材料——低值易耗品（在库）　　　　　　　　　　　　　　2 000

同时或月终按原值的50%计提摊销：

借：管理费用　　　　　　　　　　　　　　　　　　　　　　　　1 000
　　贷：周转材料——低值易耗品（摊销）　　　　　　　　　　　　　　1 000

（2）报废时，根据已计提摊销额、回收残料和应补计提摊销额。

摊销其价值的另外50%：

借：管理费用　　　　　　　　　　　　　　　　　　　　　　　　1 000
　　贷：周转材料——低值易耗品（摊销）　　　　　　　　　　　　　　1000

残值变价收入100元：

借：原材料　　　　　　　　　　　　　　　　　　　　　　　　　100
　　贷：管理费用　　　　　　　　　　　　　　　　　　　　　　　　100

转销总成本：

借：周转材料——低值易耗品（摊销）　　　　　　　　　　　　　　2 000
　　贷：周转材料——低值易耗品（在用）　　　　　　　　　　　　　　2 000

三、包装物的核算

1. 包装物概述

包装物，是指企业为了包装其产品而储备的各种包装容器，如桶、箱、瓶、坛、袋等。这里的包装物包括：生产过程中用于包装产品并作为产品的组成部分的包装物；随同产品出售而不单独计价的包装物；随同产品出售，需要单独计价的包装物；出租或出借给购货单位使用的包装物。

提示：下列内容不属于包装物的核算范围：一是各种包装材料，如纸、绳、铁丝、铁皮等，应在"原材料"科目内核算；二是用于储存和保管产品、商品和材料而不对外出售的包装物，应按其价值大小和使用年限长短，分别在"固定资产"或"周转材料——低值易耗品"科目核算；三是单独列作商品产品的自制包装物，应作为库存商品进行核算和处理。

为了核算和监督包装物的收入、发出和结存情况，企业应设置"周转材料——包装物"科目，用来核算企业库存的各种包装物的实际成本或计划成本。该科目属于资产类，借方登记企业购入、自制、委托加工完成等各种途径取得的包装物的实际成本（或计划成本），贷方登记企业发出、领用、对外销售、盘亏、毁损、出租、出借等各种原因减少的包装物的实际成本（或计划成本），期末借方余额反映库存各种包装物的实际成本（或计划成本）。该科目应按包装物的品种设置明细科目，进行明细分类核算。包装物数量不多的企业，可将包装物并入"原材料"科目核算。包装物采用计划成本进行核算的企业，包装物收发等应分摊的成本差异，应通过"材料成本差异"科目核算。包装物较多的企业，可以将"包装物"科目设置为总账科目。

2. 包装物发出的账务处理

企业购入、自制、委托外单位加工完成并验收入库的包装物的核算，与原材料收入的核算基本相同。包装物的发出有以下几种情况。

（1）生产领用包装物。企业在生产过程中领用的包装物，用于包装产品后，构成产品组成部分，因此，应将这部分包装物的成本计入产品生产成本，借记"生产成本"科目，贷记"周转材料——包装物"科目。

【例3.5.3】 某企业生产部门领用包装物一批。该批包装物的实际成本为2 000元。领用时，该企业编制的会计分录如下：

借：生产成本 2 000
　　贷：包装物——在库包装物 2 000

（2）随同商品出售包装物。随同商品出售包装物应按其是否单独计价，分两种情况作不同处理：随同商品出售但不单独计价的包装物，其发出主要是为了确保销售商品的质量或提供较为良好的销售服务，因此，应将这部分包装物的成本作为企业发生的销售费用处理。对随同商品出售但不单独计价的包装物，在发出时，应按其成本，借记"销售费用"科目，贷记"包装物"科目。包装物随同商品出售并单独计价，实际上就是出售包装物，其账务处理与出售原材料相同。企业应按出售包装物时取得的收入，贷记"其他业务收入"科目；按出售包装物的成本，借记"其他业务成本"科目，贷记"包装物"科目。

【例3.5.4】 某企业在商品销售过程中领用A包装物一批。该批包装物的实际成本为5 000元。该批包装物随同商品出售，单独计算时的售价为6 000元，应收取的增值税税额为780元，款项已收到。

（1）取得出售包装物收入时，该企业编制的会计分录如下：

借：银行存款 6 780
　　贷：其他业务收入——材料销售 6 000
　　　　应交税费——应交增值税（销项税额） 780

（2）结转出售包装物成本时，该企业编制的会计分录如下：

借：其他业务成本——材料销售 5 000
　　贷：包装物——A包装物 5 000

请思考：若上述领用包装物不单独计价，则领用时应如何编制会计分录？

（3）出租、出借包装物。出租包装物是企业在销售商品时，将包装物出租给购货方暂时使用的一项业务。《企业会计准则》规定，出租包装物等周转材料取得的租金收入，作为企业的其他业务收入，与之对应的出租包装物等周转材料的摊销成本和修理费用，应作为租金收入的减项，列作企业的其他业务成本。

出借包装物是企业在销售商品时，将包装物出借给购货方使用，用后归还的一项业务。企业出借包装物的，因为不向客户收取费用，没有业务收入，所以出借包装物的成本及修理费用应作为企业的销售费用处理。

企业为了督促客户能按时归还包装物，不论采用出租还是出借方式，一般都收取包装物押金。包装物押金应通过"其他应付款"科目核算。

包装物在周转使用过程中需要采用一定的方法将其价值分摊到有关成本费用中去。包装物摊销方法有两种，即一次摊销法和五五摊销法。

【例 3.5.5】 20×8 年 10 月，A 公司出租库存未用包装物 500 件，每件实际成本 100 元，共计 50 000 元，租期 6 个月，每件月租金 20 元，共收取押金 60 000 元，采用五五摊销法摊销其成本。A 公司应编制如下会计分录。

（1）出库包装物用于出租时：

借：包装物——在用包装物　　　　　　　　　　　　　　　　　　50 000

　　贷：包装物——在库包装物　　　　　　　　　　　　　　　　　　50 000

（2）出租时摊销 50%的价值：

借：其他业务成本　　　　　　　　　　　　　　　　　　　　　　25 000

　　贷：包装物——包装物摊销　　　　　　　　　　　　　　　　　　25 000

（3）收到押金：

借：银行存款　　　　　　　　　　　　　　　　　　　　　　　　60 000

　　贷：其他应付款——包装物押金　　　　　　　　　　　　　　　　60 000

（4）每月收取租金时，由于价外没有收取增值税，所以应将租金收入作为含税收入，折算为不含税收入，即 $10\ 000 \div (1 + 13\%) \approx 8\ 849.56$（元）；销项税额为 $8\ 849.56 \times 13\% \approx 1\ 150.44$（元）。

借：银行存款　　　　　　　　　　　　　　　　　　　　　　　10 000.00

　　贷：其他业务收入　　　　　　　　　　　　　　　　　　　　8 849.56

　　　　应交税费——应交增值税（销项税额）　　　　　　　　　1 150.44

（5）6 个月后，收回包装物 500 件，退还押金 60 000 元：

借：其他应付款——包装物押金　　　　　　　　　　　　　　　　60 000

　　贷：银行存款　　　　　　　　　　　　　　　　　　　　　　　60 000

【例 3.5.6】承【例 3.5.5】，假设上述包装物于 6 个月后报废，报废时残料收入 2 000 元存入银行，摊销另外 50%的价值。A 公司应编制的会计分录如下。

（1）报废时摊销 50%的价值：

借：其他业务成本　　　　　　　　　　　　　　　　　　　　　　25 000

　　贷：包装物——包装物摊销　　　　　　　　　　　　　　　　　　25 000

（2）报废包装物的残值收入：

借：银行存款　　　　　　　　　　　　　　　　　　　　　　　　2 000

　　贷：其他业务成本　　　　　　　　　　　　　　　　　　　　　　2 000

（3）转销总成本：

借：包装物——包装物摊销　　　　　　　　　　　　　　　　　　50 000

　　贷：包装物——在用包装物　　　　　　　　　　　　　　　　　　50 000

【学中做】 A公司发出未用包装物木箱一批，出租给购货单位，实际成本为70 000元，其成本采用五五摊销法摊销。A公司收取押金68 500元，同时收取租金3 500元，存入银行。到期后，承租单位将包装物木箱如数退回。请为A公司编制相关的会计分录。

【例3.5.7】 A企业发出的一批新包装物的实际成本为10 000元，用于出租和出借的各占50%。出租包装物的期限为1个月，应收租金400元；出借包装物的期限为3个月。包装物成本采用一次摊销法摊销。出租、出借包装物押金各6 000元已收存银行。A企业应编制如下会计分录。

（1）摊销出租、出借包装物的成本时：

借：其他业务成本	5 000
销售费用	5 000
贷：包装物	10 000

（2）收到押金时：

借：银行存款	12 000
贷：其他应付款——存入保证金	12 000

（3）按期如数收回出租的包装物，在6 000元的押金中扣除应收取的租金400元和按规定应交的增值税销项税额52元后，余额5 548元通过银行转账退回。

借：其他应付款——存入保证金	6 000
贷：其他业务收入——包装物出租	400
应交税费——应交增值税（销项税额）	52
银行存款	5 548

（4）按期如数收回出借的包装物，押金6 000元通过银行转账退回。

借：其他应付款——存入保证金	6 000
贷：银行存款	6 000

对于逾期未退包装物没收的押金，应按扣除应交增值税后的差额，记入"其他业务收入"科目。对于逾期未退包装物，按没收的押金，借记"其他应付款"科目；按应交的增值税税额，贷记"应交税费——应交增值税（销项税额）"科目；按其差额，贷记"其他业务收入"科目。企业对这部分没收的押金收入应交的消费税等税费，借记"税金及附加"科目，贷记"应交税费——应交消费税"科目。

【例3.5.8】 承【例3.5.7】，假设3个月后出借的包装物只收回50%。A企业没收押金3 000元，其中应交的增值税税额为345.13［3 000÷（1＋13%）×13%］元，同时，通过银行转账退回押金3 000元。

（1）没收逾期未退包装物的押金时，A企业编制的会计分录如下：

借：其他应付款——存入保证金——某单位	3 000
贷：应交税费——应交增值税（销项税额）	345.13
其他业务收入	2 654.87

（2）结转逾期未退包装物的成本时，A企业编制的会计分录如下：

借：其他业务成本	2 500
贷：包装物	2 500

（3）退回已收回包装物的押金时，A企业编制的会计分录如下：

借：其他应付款——存入保证金	3 000
贷：银行存款	3 000

收回已使用过的出租、出借包装物，应加强实物管理，并在备查簿上进行登记。

第六节　存货清查的核算

本节学习目标

知识目标：准确理解存货清查的概念；掌握存货清查结果批准前后的账务处理方法。

技能目标：能够正确进行存货清查结果的账务处理。

案例导入

20×9年8月，某高等职业学院会计专业毕业生刘宇到乙公司进行顶岗实习。乙公司对存货进行清查，清查结果及批准处理情况如下。

（1）盘盈A低值易耗品5件，实际单位成本为300元/件。

（2）盘亏B原材料400千克，计划单位成本为100元/千克，材料成本差异率为2%，其购进时的增值税税额为5 304元。

（3）发现毁损C产成品80件，每件实际成本为350元，其应负担的增值税税额为3 640元。

（4）现已查明，A低值易耗品盘盈是收发计量差错造成的；B原材料短缺是管理制度不健全造成的；C产成品的毁损源于意外事故，其残料回收作价500元，可获保险公司赔偿18 450元。经总经理批准后，对上述清查结果作出处理。

要求：请替刘宇对以上经济业务进行账务处理。

一、存货的清查方法

存货清查是指通过对存货的实地盘点，确定存货的实有数量，并与账面结存数核对，从而保证存货实存数与账面结存数相符的一种专门方法。

由于存货种类繁多、收发频繁，在日常收发过程中可能发生计量误差、计算错误、自然损耗，还可能发生损坏变质以至贪污、盗窃等情况，形成存货的盘盈、盘亏，导致存货账实不符，因而企业应定期和不定期地进行存货清查，对盘盈、盘亏、毁损等情况进行及时处理，以保证存货账实相符。

存货清查通常采用实地盘点的方法，即通过点数、过磅计量等方法，确定实存数量。对于一些无法通过具体点数、过磅进行度量的存货，则应通过测量、估计等技术方法推算其实存数量。有些存货还要通过物理方法或化学方法来检查其质量是否合格、有无变质等。

二、存货清查的手续和处理程序

对存货应当定期盘点，每年至少盘点一次。在存货实地盘点之前，应先把有关存货的明细账登记齐全，结算出账面结存数量和金额，以备核对。盘点后，应根据盘点记录，将实存数与账面数进行核对。对于存货的盘盈、盘亏，应及时填写"存货盘点报告表"，见表3.3。

表 3.3 存货盘点报告表

存货类别	名称规格	计量单位	结存数量			盘盈		盘亏		原因
			账存	实存	单位成本（元）	数量	金额（元）	数量	金额（元）	
原材料	甲	千克	略	略	40	30	1 200			计量差错
	乙	千克	略	略	20			50	1 000	定额内损耗
	丙	吨	略	略	1 200			15	18 000	洪水冲走
库存商品	A产品	件	略	略	230			10	2 300	管理不善造成的毁损
合　计							1 200		21 300	

存货清查结果的处理分两步：

第一步，在报经有关部门批准前，根据"存货盘点报告表"，将盘盈、盘亏和毁损的存货价值先记入"待处理财产损溢——待处理流动资产损溢"科目，同时调整存货的账面记录，从而做到账实相符。

第二步，报经有关部门批准后，根据存货盘盈、盘亏和毁损的不同原因和处理结果，将待处理的财产损溢进行转销，以落实经济责任。

三、存货清查的会计处理

1. 会计科目的设置

为了及时反映在财产清查中查明的各种存货的盘盈、盘亏和毁损情况，企业应设置"待处理财产损溢"科目。该科目的借方登记存货盘亏、毁损金额以及经批准转销的盘盈金额，贷方登记存货的盘盈金额以及经批准转销的盘亏、毁损金额；在期末处理前，借方余额反映尚未处理的各种财产物资的净损失，贷方余额反映尚未处理的各种财产物资的净溢余。企业清查的各种存货损溢应在年末结账前处理完毕，处理后本科目无余额。该科目下设"待处理流动资产损溢"和"待处理非流动资产损溢"两个明细科目，进行明细核算。

存货等物资在运输途中发生的非正常短缺与损耗，也通过"待处理财产损溢"科目核算。

2. 存货盘盈的核算

企业发生存货盘盈时，应根据存货盘点报告表上所列示的盘盈数，及时办理存货入账手续，调整增加存货科目的实存数，即借记"原材料"科目，贷记"待处理财产损溢——待处理流动资产损溢"科目。查明存货盘盈原因后，若是收发、计量或核算误差造成的，在报经批准后，可冲减管理费用，借记"待处理财产损溢——待处理流动资产损溢"科目，贷记"管理费用"科目。

【例3.6.1】 A企业在年末进行存货清查时，发生甲材料盘盈，按规定计量方法确认其价值为1 200元。后经查明原因是收发计量误差所致。A企业编制如下会计分录。

（1）报经批准前编制如下会计分录：

借：原材料——甲材料　　　　　　　　　　　　　　　　　　　　　1 200

　　贷：待处理财产损溢——待处理流动资产损溢　　　　　　　　　　1 200

（2）报经批准后编制如下会计分录：

借：待处理财产损溢——待处理流动资产损溢　　　　　　　　　　　　1 200

　　贷：管理费用　　　　　　　　　　　　　　　　　　　　　　　　1 200

3. 存货盘亏、毁损的核算

存货盘亏和毁损是指各种原因造成的存货实存数小于账存数，主要包括财产清查过程中发生的存货盘亏、自然灾害和人为等原因造成的存货毁坏、存货报废以及因企业被盗造成的存货灭失等。

　　企业发生存货盘亏和毁损时，在报经批准前，应及时办理存货销账手续，调整减少存货账面数，按盘亏存货的账面价值、已计提存货跌价准备，借记"待处理财产损溢——待处理流动资产损溢""存货跌价准备"等科目；按盘亏存货的账面金额，贷记"原材料""库存商品"等科目。发生非正常损失的存货外购时支付的增值税进项税额应转出，借记"待处理财产损溢"科目，贷记"应交税费——应交增值税（进项税额转出）"科目。对存货按计划成本计价进行日常核算时，盘亏、毁损的存货应分摊成本差异。

　　造成存货盘亏和毁损的原因很多，报经批准后，应根据不同的原因分别进行处理。

　　（1）对属于自然损耗产生的定额内损耗，经批准后转作管理费用，借记"管理费用"科目。

　　（2）对于计量收发错误和管理不善造成的存货盘亏和毁损，先扣除残料价值、可以收回的保险赔款和过失人赔偿，然后将净损失计入管理费用。

　　（3）对属于自然灾害或意外事故造成的存货毁损，对于应由保险公司和过失人负责的赔款，借记"其他应收款"科目；扣除残料价值和应由保险公司、过失人赔款后的净损失，属于一般经营损失的部分，借记"管理费用"科目；属于非常损失的部分，借记"营业外支出——非常损失"科目。

　　【例 3.6.2】　某企业在年末进行存货清查，发现乙材料盘亏 1 000 元、丙材料毁损 18 000 元，适用的增值税税率为 13%；A 产品毁损 2 300 元，其应负担的增值税税额为 300 元。经查明，原因如下：乙材料盘亏是收发、计量差错造成的；丙材料毁损是自然灾害造成的，保险公司同意赔偿 15 000 元；A 产品收回残值 300 元，过失人赔偿 2 300 元（含应负担的增值税 300 元）。

　　（1）报经有关部门批准前，该企业编制如下会计分录：

借：待处理财产损溢——待处理流动资产损溢　　　　　　　　　　　　21 300
　　贷：原材料——乙材料　　　　　　　　　　　　　　　　　　　　　　1 000
　　　　　　——丙材料　　　　　　　　　　　　　　　　　　　　　18 000
　　　　库存商品——A 产品　　　　　　　　　　　　　　　　　　　　2 300

　　（2）报经有关部门批准后，该企业编制如下会计分录：

借：管理费用　　　　　　　　　　　　　　　　　　　　　　　　　　　1 130
　　贷：待处理财产损溢——待处理流动资产损溢　　　　　　　　　　　1 000
　　　　应交税费——应交增值税（进项税额转出）　　　　　　　　　　　130
借：其他应收款——保险公司　　　　　　　　　　　　　　　　　　　15 000
　　营业外支出——非常损失　　　　　　　　　　　　　　　　　　　　3 000
　　贷：待处理财产损溢——待处理流动资产损溢　　　　　　　　　　18 000
借：其他应收款——××过失人　　　　　　　　　　　　　　　　　　2 300
　　原材料　　　　　　　　　　　　　　　　　　　　　　　　　　　　300
　　贷：待处理财产损溢——待处理流动资产损溢　　　　　　　　　　　2 300
　　　　应交税费——应交增值税（进项税额转出）　　　　　　　　　　　300

　　根据有关税法的规定，因自然灾害发生损失的货物的进项税额准予抵扣，已抵扣的进项税额不必作进项税额转出处理；而因非正常损失的购进货物的进项税额和非正常损失的在产品、产成品所耗用的购进货物或应税劳务的进项税额不得从销项税额中抵扣，需作进项税额转出处理。

　　提示：企业清查的各种存货的损溢，应于年末结账前处理完毕。如果年末结账前尚未形成批准意见的，应在对外提供财务报表时先按上述规定处理，并在财务报表附注中进行说明；如果其后批准处理的金额与已处理的金额不一致的，应按其差额调整下一年度会计报表相关项目的年初数。

第七节　存货期末计价的核算

本节学习目标

知识目标：准确理解成本与可变现净值孰低法的概念；掌握可变现净值的确定方法；掌握存货跌价准备的计提方法；掌握备抵法下核算存货跌价损失的账务处理方法。

技能目标：能够正确进行存货跌价准备的账务处理。

案例导入

20×8年12月，某高等职业技术学院会计专业毕业生陈志到A股份有限公司进行顶岗实习。该公司采用备抵法核算存货跌价损失。该公司20×6—20×8年的有关资料如下。

（1）20×6年年初"存货跌价准备"科目为贷方余额4 210元，20×6年年末存货成本为863 000元，可变现净值为857 220元。

（2）20×7年年末，存货成本为629 000元，可变现净值为624 040元。

（3）20×8年7月，处理一批生产中已不再需要，并且已无使用价值和转让价值的材料，其账面价值为12 000元。

（4）20×8年年末，存货成本为736 500元，可变现净值为734 170元。

要求：请替陈志完成A股份有限公司上述经济业务的账务处理。

企业期末存货的价值通常是以成本来确定的，但是，因存货市价的下跌、存货陈旧、过时、毁损等导致存货的价值减少，采用成本计价不能真实地反映存货的价值。因此，《企业会计准则第1号——存货》中规定，资产负债表日，企业应当按照成本与可变现净值孰低法对期末存货进行计量。成本与可变现净值孰低法是对成本计价的修正，充分体现了谨慎性原则。

一、成本与可变现净值孰低法

成本与可变现净值孰低法，是指期末存货按照成本与可变现净值两者之中较低者进行计价的方法，即当成本低于可变现净值时，存货按成本计价；当可变现净值低于成本时，存货按可变现净值计价。这里的"成本"是指存货的原值，即对发出存货按个别计价法、先进先出法、加权平均法等计价后计算出的期末存货实际成本。如果企业在存货的日常核算中采用计划成本法、售价金额核算法等方法，则"成本"应为调整后的实际成本。"可变现净值"是指在日常活动中，以存货的估计售价减去至完工时估计将要发生的成本、估计销售费用及相关税费后的金额。

提示：可变现净值是会计计量属性之一。只有存货期末计量才会涉及可变现净值。企业对长期资产的期末计量一般使用可收回金额会计计量属性，遵循《企业会计准则第8号——资产减值》的规定。

资产负债表日，存货按存货的账面价值，即成本扣除存货跌价准备的金额，列示在报表上。

二、可变现净值的确定

1. 确定存货的可变现净值时应考虑的因素

企业确定存货的可变现净值，应当以取得的确凿证据为基础，并且考虑持有存货的目的、资产负债表日后事项的影响等因素。

（1）存货可变现净值的确凿证据。存货可变现净值的确凿证据，是指对确定存货的可变现净值有直接影响的客观证明，如产成品或商品的市场销售价格、与产成品或商品相同或类似商品的市场销售价格、销货方提供的有关资料和生产成本资料等。

（2）持有存货的目的。企业持有存货的目的不同，确定存货可变现净值的计算方法也不同。比如，用于出售的存货和用于继续加工的存货，其可变现净值的计算就不相同。因此，企业在确定存货的可变现净值时，应考虑持有存货的目的。

（3）资产负债表日后事项等的影响。在确定资产负债表日存货的可变现净值时，不仅要考虑资产负债表日与该存货相关的价格与成本波动，还应考虑未来的相关事项。也就是说，不仅限于财务报告批准报出日之前发生的相关价格与成本波动，还包括以后期间发生的相关事项。

2. 不同情况下存货可变现净值的确定

（1）持有产成品、商品等直接用于出售的商品存货，有销售合同约定的，其可变现净值通常应当以合同价格为基础计算。没有销售合同约定的，其可变现净值为在正常生产经营过程中，产成品或商品一般销售价格（即市场销售价格）减去估计的销售费用和相关税费后的金额。用公式表示如下：

可变现净值＝估计售价－估计的销售费用和相关税费

【例3.7.1】 20×8年10月，甲、乙两公司签订了一份不可撤销的购销合同，约定20×9年1月10日甲公司按30万元/台的价格向乙公司提供M-3型机器15台。20×8年12月31日,甲公司库存M-3型机器的数量为18台，每台成本为20万元。当时M-3型机器的市场销售价格为31万元/台。甲公司对M-3型机器期末计价如下。

根据甲、乙两公司签订的购销合同，M-3型机器应以合同价格为基础计算可变现净值。由于甲公司持有的存货数量多于销售合同订购的数量，所以，对购销合同中约定数量的存货可变现净值以合同约定价格作为计量基础，其估计售价应为450（30×15）万元；超过合同订购数量的M-3型机器可变现净值应以一般销售价格作为计量基础，其估计售价应为93（31×3）万元。

（2）持有用于出售的材料等，没有销售合同约定的，其可变现净值为市场销售价格减去估计的销售费用和相关税费等后的金额。用公式表示如下：

可变现净值＝市场价格－估计的销售费用和相关税费

【例3.7.2】 丁公司20×8年根据市场需求的变化，决定停止生产C产品。为减少不必要的损失，丁公司决定将原材料中专门用于生产C产品的外购K材料全部出售，20×8年12月31日其账面价值（成本）为200 000元，数量为10吨。据市场调查，K材料的市场销售价格为每吨10 000元，销售10吨K材料可能发生的销售费用及税金为20 000元。因此，20×8年12月31日，K材料的可变现净值为80 000（100 000－20 000）元。

（3）持有需要经过加工的材料存货的期末计量，应该与产品的可变现净值结合起来。在材料价格下降且产成品的可变现净值低于成本的情况下，材料存货应按照可变现净值计量。用公式表示如下：

可变现净值＝使用该材料存货所生产的产成品的估计售价－进一步加工的成本

－估计的销售费用和相关税费

当产品的可变现净值高于成本时，即使材料的市场价格低于材料成本，仍然按成本计量。

【例3.7.3】 20×8年12月31日，H公司库存甲材料的账面价值（成本）为250万元。市场购买价格为200万元。假设没发生其他购买费用。将价值200万元的库存甲材料用于生产M-5型机器，将价值50万元的库存甲材料准备对外销售，估计发生销售费用及税金为2万元。由于甲材料的市场销售价格下降，以甲材料为原料生产的M-5型机器的市场售价总额由500万元降为 400 万元，其生产成本仍为 300 万元。将甲材料加工成 M-5 型机器需投入的加工费用为 100 万元，估计销售费用为 10 万元。

20×8 年 12 月 31 日，H 公司对甲材料的期末价值应计量如下。

（1）计算用于生产 M-5 型机器的甲材料的可变现净值：

用于生产 M-5 型机器的甲材料的可变现净值 = 400 - 100 - 10 = 290（万元）

比较用甲材料生产的 M-5 型机器的可变现净值与成本：

甲材料的可变现净值 290 万元 > 成本 200 万元

由此可以确定，用于生产 M-5 型机器的甲材料以成本为计量基础，而不是以可变现净值为计量基础。

（2）计算准备对外销售的甲材料的可变现净值，确定其期末价值：对外销售的 50 万元甲材料，估计市场售价为 40（200÷250×50）万元，则其可变现净值为 38（40-2）万元。这部分甲材料可变现净值 38 万元低于成本 50 万元，所以，应按其可变现净值 38 万元进行期末计价。

（3）至此，可以确定甲材料的期末价值是 238（200+38）万元，在资产负债表的存货项目中应按 238 万元列示。

【例 3.7.4】 20×8 年 12 月 31 日，丁公司库存原材料 L 材料的账面价值（成本）为 1 200 000 元，市场购买总额为 1 100 000 元。假设不发生其他购买费用。由于 L 材料市场销售价格下降，市场上用 L 材料生产的 W2 型机器的市场销售价格也相应下降了 10%。由此造成该公司 W2 型机器的市场销售价格由 3 000 000 元降为 2 700 000 元，但生产成本仍为 2 800 000 元，将 L 材料加工成 W2 型机器尚需投入加工费用 1 600 000 元，估计销售费用及税金为 100 000 元。

丁公司根据上述资料，按照以下步骤确定 20×8 年 12 月 31 日 L 材料的价值。

第一步，计算用 L 原材料所生产的产成品的可变现净值：

W2 型机器的可变现净值 = W2 型机器的估计售价 - 估计销售费用及税金

= 2 700 000 - 100 000 = 2 600 000（元）

第二步，将用 L 原材料所生产的产成品的可变现净值与其成本进行比较：W2 型机器的可变现净值 2 600 000 元低于其成本 2 800 000 元，即 L 材料价格的下降表明 W2 型机器的可变现净值低于成本，因此 L 材料应当按可变现净值计量。

提示：若用 L 原材料所生产的产成品的可变现净值为 3 000 000 元，高于其成本 2 800 000 元，则表明用 L 原材料生产的最终产品此时并没有发生价值减损。因此，L 材料即使其账面价值（成本）已高于市场价格，但 20×8 年 12 月 31 日 L 材料的账面价值仍为 1 200 000 元。

第三步，计算 L 原材料的可变现净值，并确定其期末价值：

L 材料的可变现净值 = W2 型机器的售价总额 - 将 L 材料加工成 W2 型机器尚需投入的成本
- 估计销售费用及税金

= 2 700 000 - 1 600 000 - 100 000 = 1 000 000（元）

L 材料的可变现净值 1 000 000 元小于其成本 1 200 000 元，因此，L 材料的期末价值应为其可变现净值 1 000 000 元，即 L 材料应按 1 000 000 元列示在 20×8 年 12 月 31 日的资产负债表的存货项目之中。

【学中做】 下列有关确定存货可变现净值基础的表述中，正确的有（   ）。

A. 无销售合同的库存商品以该库存商品的估计售价为基础

B. 有销售合同的库存商品以该库存商品的合同价格为基础

C. 用于出售的无销售合同的材料以该材料的市场价格为基础

D. 用于生产有销售合同产品的材料以该材料的市场价格为基础

三、存货期末计价的会计处理

1. 可供选择的账务处理方法

企业在选定某种比较方法并确定了存货的期末价值后，应视具体情况进行账务处理：若存货的成本低于其可变现净值，仍按原值计价，不需要作账务处理；若存货的可变现净值低于其成本，则需对两者的差额进行账务处理。具体有以下两种方法可供选择。

（1）直接转销法，即将存货的可变现净值低于其成本的金额直接列入当期损益，并转销存货科目，使存货的账面成本调整为可变现净值。在会计核算时，借记"资产减值损失——计提的存货跌价损失"科目，贷记有关存货科目。采用这种方法，要直接冲销有关存货的账簿记录，工作量较大，而且若已调整的存货以后可变现净值又得以恢复，则再恢复有关存货的成本记录十分麻烦，因此该方法不常使用。

（2）备抵法，即对于存货可变现净值低于成本的损失不直接冲减有关存货科目，而是另设"存货跌价准备"科目，用来核算企业提取的存货跌价准备。"存货跌价准备"科目是资产类科目，是"库存商品""原材料"等存货类科目的备抵调整科目。该科目的贷方登记某期应补提的存货跌价准备；借方登记已计提跌价准备的存货价值以后又得以恢复的金额和因其他原因冲减已计提存货跌价准备的金额；期末贷方余额，反映企业已计提尚未转销的存货跌价准备。有关存货科目的期末借方余额减去"存货跌价准备"科目的期末贷方余额，即为期末存货的账面价值。

当企业存货存在下列情况之一时，应计提存货跌价准备：①市价持续下跌，并且在可预见的未来无回升的希望；②企业使用该原材料生产的产品成本大于产品的销售价格；③企业因产品更新换代，原有库存原材料已不适应新产品生产的需要，而该原材料的市场价格又低于其账面成本；④企业提供的商品或劳务过时或消费者偏好改变而使市场的需求发生变化，导致市场价格逐渐下跌；⑤其他足以证明该项存货实质上已经发生减值的情形。

当存货存在下列情况之一时，表明存货的可变现净值为零：①已霉烂变质；②已过期且无转让价值；③生产中已不再需要，并且已无使用价值和转让价值；④其他足以证明无使用价值和转让价值的情况。

企业应当在每一会计期间期末，比较期末存货的成本与可变现净值，计算出应计提的存货跌价准备，然后与"存货跌价准备"科目的余额进行比较：若应计提数大于已计提数，应予补提；若应计提数小于已计提数，应冲销多计提部分，这表明先前已计提跌价准备的存货的价值又得以恢复，应按恢复部分的数额冲销已计提数；若已计提跌价准备的存货价值以后全部恢复，则其冲减的跌价准备的金额应以"存货跌价准备"科目的余额冲减至零为限。用公式表示如下：

某期应补提或冲销的存货跌价准备 = 当期可变现净值与成本的差额

－"存货跌价准备"科目贷方余额

（计算结果若是正数则为补提数，负数为冲销数。）

备抵法弥补了直接转销法的不足。这种方法下，企业的会计人员不需要对有关存货的账目进行调整，保持了账簿记录的全貌，工作量较小。

2. 备抵法下典型业务的核算

（1）存货跌价准备的计提。企业按成本与可变现净值孰低法对存货进行期末计价时，有三种不同的计算方法可供选择：

1）单项比较法，又称逐项比较法或个别比较法，是指对每一项存货的成本与可变现净值逐项进行比较，每项存货均取较低者来确定该项存货的期末价值。

2）分类比较法，是指按存货类别比较成本与可变现净值，每类存货取其较低者来确定该类存货的期末价值。

3）总额比较法，又称综合比较法，是指按全部存货的总成本与可变现净值比较，以较低者作为全部存货的期末价值。

上述三种方法中，单项比较法的确定结果最为准确，但工作量也最大；总额比较法工作量较小，但确定结果的准确性较差；分类比较法的优缺点介于两者之间。

按照《企业会计准则》的规定，企业在采用成本与可变现净值孰低法时，应当按照单个存货项目计提存货跌价准备。对于数量繁多、单价较低的存货，可以按照存货类别计提存货跌价准备；与在同一地区生产和销售的产品系列相关，具有相同或类似最终用途，且难以与其他项目分开计量的存货，可以合并计提存货跌价准备。

企业计提的存货跌价准备，应计入当期损益（资产减值损失），借记"资产减值损失——计提的存货跌价准备"科目，贷记"存货跌价准备"科目。

【例3.7.5】 某企业按"成本与可变现净值孰低法"对期末存货进行计价，并按单个存货项目计提存货跌价准备。20×7年12月31日，A、B、C三种存货的成本分别为900万元、500万元、1 000万元，可变现净值分别为850万元、470万元、1 100万元，即C存货的成本低于可变现净值，不计提存货跌价准备；A、B两种存货应计提共80万元的存货跌价准备。该企业编制的会计分录如下：

借：资产减值损失——存货A	500 000
——存货B	300 000
贷：存货跌价准备——存货A	500 000
——存货B	300 000

提示：连续多年计提跌价准备的，要注意年度间的衔接。本期计提存货跌价准备时，要注意看本期计提存货跌价准备前，存货跌价准备已有余额为多少，用本期期末存货跌价准备应有余额减去已有余额，得到的才是本期期末应补提或转回的跌价准备。

（2）存货跌价准备的转回。当以前减记存货价值的影响因素已经消失，减记的金额应当在原已计提的存货跌价准备金额内转回（即"存货跌价准备"科目余额冲减至零为限），转回的金额计入当期损益：借记"存货跌价准备"科目，贷记"资产减值损失——计提的存货跌价准备"科目。需要注意的是，必须是"以前减记存货价值的影响因素"消失了，才能在原已计提的存货跌价准备的金额内转回。如果导致存货可变现净值高于成本的不是以前减记存货价值的影响因素的消失，而是其他因素的影响结果，则不允许将已计提的存货跌价准备恢复。

【例3.7.6】 20×8年12月31日，【例3.7.5】中的存货A、C没有发生变化，存货B自20×8年以来市场价格有所上升，存货B的成本为660万元，预计其可变现净值为650万元。存货B应计提存货跌价准备10（660−650）万元，因已计提30万元，故应冲减存货跌价准备20（30−10）万元。

借：存货跌价准备——存货B	200 000
贷：资产减值损失——存货B	200 000

（3）存货跌价准备的结转。如果企业销售了已计提存货跌价准备的部分存货，则企业在结转销售成本时，应同时结转对其已计提的存货跌价准备，借记"存货跌价准备"科目，贷记"主营业务成本""其他业务成本"等科目。对于因债务重组、非货币性资产交换而转出的存货，应同时结转的已计提存货跌价准备，不计入当期损益，而应按《企业会计准则第12号——债务重组》和《企业会计准则第7号——非货币性资产交换》的规定进行会计处理。企业在处理已无

使用价值和转让价值且已计提了存货跌价准备的存货时，应在转销存货成本的同时，转销相应数额的存货跌价准备。如果企业销售了部分计提跌价准备的存货或是按类别计提了存货跌价准备，则应按销售比例结转相应的存货跌价准备，相关计算式为

因销售、债务重组、非货币性资产交换应结转的存货跌价准备 = ［上期期末该类（项）存货计提的存货跌价准备的账面余额÷上期期末该类（项）存货的账面余额］× 因销售、债务重组、非货币性资产交换而转出的存货账面余额

【例3.7.7】 20×8年年末，D公司库存M机器10台，每台成本为8 000元，已经计提的存货跌价准备共10 000元。20×9年，D公司将库存的10台机器全部以每台10 000元的价格售出（不含增值税，适用的增值税税率为13%）。假定不考虑可能发生的销售费用及税金的影响，D公司应将这10台M机器已经计提的跌价准备在结转其销售成本的同时，全部予以结转。

根据上述资料，D公司应进行的账务处理如下。

（1）确认收入时，D公司应编制如下会计分录：

借：银行存款		113 000
贷：主营业务收入		100 000
应交税费——应交增值税（销项税额）		13 000

（2）结转成本时：

借：主营业务成本		80 000
贷：库存商品		80 000

（3）结转存货跌价准备时：

借：存货跌价准备		10 000
贷：主营业务成本		10 000

提示： 可以将（2）、（3）合并进行账务处理，编制如下会计分录：

借：主营业务成本		70 000
存货跌价准备		10 000
贷：库存商品		80 000

【本章小结】

存货，是指企业在日常生产经营过程中持有以备出售，或者仍然处在生产过程中，或者在生产或提供劳务过程中将消耗的材料或物料等。存货是企业重要的流动资产之一，包括各类材料、商品、在产品、半成品、产成品等。存货按取得时的实际成本入账。企业取得存货的途径不同，其实际成本的构成也有所不同。企业各类存货在核算中采用的计价方法可分为按实际成本计价和按计划成本计价两大类。计价方法不同，科目设置和账务处理过程也有差异。企业应选择合适的计价方法进行存货核算。企业应采用成本与可变现净值孰低法对期末存货进行计量，对可变现净值低于成本的差额计提存货跌价准备，并定期做好存货清查工作。

【综合练习】

一、单项选择题

1. 存货入账价值的基础应采用（　　）。

　　A. 可变现净值　　　　B. 重置成本　　　　C. 原值　　　　D. 计划成本或定额成本

2. 某企业采用先进先出法计算发出原材料的成本。20×8年7月1日，甲材料结存400千克，每千

克的实际成本为 600 元。7 月 7 日，购入甲材料 700 千克，每千克的实际成本为 620 元；7 月 21 日，购入甲材料 800 千克，每千克的实际成本为 580 元；7 月 28 日，发出甲材料 1 000 千克。7 月，该企业所发出的甲材料成本为（　　）元。

  A. 580 000   B. 600 000   C. 612 000   D. 620 000

  3. 某企业采用月末一次加权平均法计算发出材料成本。20×8 年 9 月 1 日，结存甲材料 400 件，单位成本为 80 元；9 月 15 日，购入甲材料 800 件，单位成本为 75 元；9 月 20 日，购入甲材料 800 件，单位成本为 76 元；当月共发出甲材料 1 000 件。9 月该企业所发出的甲材料的成本为（　　）元。

  A. 74 000   B. 74 400   C. 76 400   D. 80 000

  4. 采用（　　），在市场价格上涨或下跌时所计算出来的单位成本平均化，对存货成本的分摊较为合理。

  A. 先进先出法   B. 后进先出法   C. 加权平均法   D. 移动平均法

  5. 企业购入存货，在有购货折扣的情况下，计入存货原值的购货价格是（　　）。

  A. 扣除商业折扣但包括现金折扣的金额   B. 扣除现金折扣但包括商业折扣的金额

  C. 扣除商业折扣和现金折扣后的金额   D. 不扣除商业折扣和现金折扣的金额

  6. 某企业采用计划成本核算材料价值。月初结存材料的计划成本为 400 万元，材料成本差异为节约差异 40 万元；当月购入材料一批，实际成本为 270 万元，计划成本为 300 万元；当月领用材料的计划成本为 360 万元。当月结存材料的实际成本为（　　）万元。

  A. 306   B. 324   C. 340   D. 374

  7. 某企业材料采用计划成本核算。月初结存材料的计划成本为 260 万元，材料成本差异为节约差异 40 万元；当月购入材料一批，实际成本为 220 万元，计划成本为 240 万元；当月领用材料的计划成本为 200 万元。该企业当月领用材料的实际成本为（　　）万元。

  A. 176   B. 192   C. 200   D. 224

  8. 委托加工应纳消费税物资（非金银首饰）收回后用于连续生产应税消费品，其由受托方代收代缴的消费税，应记入的会计科目是（　　）。

  A. 管理费用   B. 应交税费——应交消费税

  C. 税金及附加   D. 委托加工物资

  9. 对于报废出租包装物的残料价值，应借记"原材料"科目，贷记（　　）科目。

  A. "主营业务收入"   B. "其他业务收入"   C. "其他业务成本"   D. "销售费用"

  10. 对于随同商品出售而不单独计价的包装物，在企业发出该包装物时，该包装物的实际成本应计入（　　）。

  A. 制造费用   B. 管理费用   C. 销售费用   D. 其他业务成本

  11. 某企业因管理不善盘亏一批材料 16 000 元。该批材料的增值税进项税额为 2 720 元。该企业收到各种赔款 1 500 元，残料入库 200 元。报经批准后，该企业应记入"管理费用"科目的金额为（　　）元。

  A. 17 020   B. 18 620   C. 14 300   D. 14 400

  12. 材料盘盈时，在报经批准前，应进行的账务处理是（　　）。

  A. 借：原材料   B. 借：原材料

    贷：待处理财产损溢   贷：营业外收入

  C. 借：待处理财产损溢   D. 借：待处理财产损溢

    贷：管理费用   贷：营业外收入

  13. 盘亏的存货如因非常灾害造成的，经批准，应计入（　　）。

  A. 经营费用   B. 管理费用   C. 其他业务支出   D. 营业外支出

  14. 某企业采用成本与可变现净值孰低法对存货进行期末计价，成本与可变现净值按单项存货进行比较。2016年12月31日，甲、乙、丙3种存货的成本与可变现净值分别为：甲存货的成本为40万元，可变现净值为32万元；乙存货的成本为48万元，可变现净值为60万元；丙存货的成本为72万元，可变现净值为60万元。甲、乙、丙3种存货此前未计提存货跌价准备。假定该企业只有这3种存货，则2016年12月31日其应计提的存货跌价准备总额为（　　）万元。

　　A. 0　　　　　B. 8　　　　　C. 20　　　　　D. 12

15. 企业外购材料验收入库时发现的短缺和毁损，如属途中合理损耗，应进行（　　）处理。

　　A. 若未付款，应拒付货款

　　B. 若已付款，应向供应单位索赔

　　C. 列入营业外支出

　　D. 相应提高入库材料的实际单位成本，不再另作账务处理

16. 某企业委托外单位加工一批属于应税消费品的材料，材料加工完成收回后直接作为商品出售。该企业对于加工单位代收代缴的消费税，应（　　）。

　　A. 借记"原材料"科目　　　　　　　B. 借记"委托加工物资"科目

　　C. 借记"应交税费——应交消费税"科目　D. 贷记"应交税费——应交消费税"科目

17. 为生产产品领用包装物的成本应计入（　　）。

　　A. 产品生产成本　　B. 制造费用　　C. 其他业务支出　　D. 销售费用

18. 随同商品出售，单独计价的包装物的收入应当记入（　　）科目。

　　A."主营业务收入"　B."其他业务收入"　C."营业外收入"　D."其他业务成本"

二、多项选择题

1. 一般纳税人的下列支出中构成存货采购成本的有（　　）。

　　A. 购货价格　　　　　B. 支付给运输部门的运费（已扣除增值税）

　　C. 支付的增值税　　　D. 支付的消费税

　　E. 入库前的挑选整理费用

2. 下列项目中，应计入材料成本的税金有（　　）。

　　A. 支付的进口材料的关税

　　B. 支付的购进材料的消费税

　　C. 材料委托加工后用于连续生产应税消费品，已由委托方代收代缴的消费税

　　D. 材料委托加工后直接出售，由受托方代收代缴的消费税

　　E. 小规模纳税人购入材料支付的增值税

3. 下列费用中，不应计入外购存货采购成本的有（　　）。

　　A. 运输机构造成的超定额损耗　　B. 运输途中的合理损耗

　　C. 采购人员的差旅费　　　　　　D. 进口关税

　　E. 未能取得增值税专用发票或完税证明所支付的增值税

4. 企业购进材料一批，已验收入库，但到月终时结算凭证仍未到，货款尚未支付。对该项业务，企业应进行（　　）处理。

　　A. 材料验收入库时即暂估入账　　B. 材料验收入库时只登记原材料明细账

　　C. 月末按暂估价入账　　　　　　D. 下月月初用蓝字转回

　　E. 待下月收到结算凭证并支付货款时入账

5. "材料成本差异"科目的贷方登记（　　）。

　　A. 收入材料转入的节约差异　　　B. 收入材料转入的超支差异

C. 发出材料负担的节约差异 D. 发出材料负担的超支差异

E. 发出商品分摊的进销差价

6. 下列税金中，应计入存货成本的有（　　）。

A. 由受托方代扣代缴的委托加工直接用于对外销售的商品负担的消费税

B. 由受托方代扣代缴的委托加工继续用于生产应纳消费税的商品负担的消费税

C. 进口原材料缴纳的进口关税

D. 一般纳税人进口原材料缴纳的增值税

7. 一般纳税人企业委托其他单位加工材料收回后直接对外销售的，其发生的下列支出中，计入委托加工物资成本的有（　　）。

A. 加工费 B. 增值税

C. 发出材料的实际成本 D. 受托方代收代缴的消费税

8. 出租、出借包装物的收入包括（　　）。

A. 出租包装物的租金收入 B. 出租包装物收到的押金

C. 出借包装物收到的押金 D. 没收逾期未还出租包装物的押金

E. 没收逾期未还出借包装物的押金

9. 工业企业下列业务中，通过"其他业务收入"科目核算的有（　　）。

A. 销售产品取得的收入 B. 销售材料取得的收入

C. 随同产品出售、单独计价的包装物取得的收入

D. 出租包装物取得的租金收入 E. 出借包装物收到的押金

10. 下列项目中，应作为销售费用处理的有（　　）。

A. 随同商品出售不单独计价的包装物的成本

B. 随同商品出售单独计价的包装物的成本

C. 出租包装物的摊销价值

D. 出借包装物的摊销价值

E. 为采购商品发生的差旅费

11. 下列各项中，关于企业存货的表述，正确的有（　　）。

A. 存货应按照成本进行初始计量

B. 存货成本包括采购成本、加工成本和其他成本

C. 存货期末计价应按照成本与可变现净值孰低计量

D. 存货采用计划成本核算的，期末应将计划成本调整为实际成本

12. 下列与存货相关的表述中，正确的有（　　）。

A. 应收保险公司存货损失赔偿款计入其他应收款

B. 资产负债表日存货应按成本与可变现净值孰低计量

C. 按管理权限报经批准的盘盈存货价值冲减管理费用

D. 结转商品销售成本的同时转销其已计提的存货跌价准备

13. 满足存货确认的条件有（　　）。

A. 存货包含的经济利益可能流入企业 B. 存货包含的经济利益很可能流入企业

C. 存货成本能够计量 D. 存货成本能够可靠计量

14. 下列各项目中，属于企业存货的有（　　）。

A. 委托外单位代销的货物

B. 接受其他单位委托代销的货物

C. 购货单位已交款并已开出提货单，而尚未提走的货物

D. 为建造固定资产等工程而储备的材料

E. 企业正在加工中的产品

15. 材料按实际成本计价进行核算，一般需设置的科目有（　　）。

    A. "材料采购"　　　　B. "材料成本差异"　　　C. "原材料"

    D. "在途物资"　　　　E. "材料进销差价"

16. 企业的原材料采用计划成本核算，应设置的科目有（　　）。

    A. "原材料"　　　　　B. "在途物资"　　　　　C. "材料采购"

    D. "材料成本差异"　E. "商品进销差价"

17. 在下列有关"商品进销差价"科目的叙述中，正确的有（　　）。

    A. 是采用售价金额核算商品售价与进价之间差额的科目

    B. 贷方登记购入商品进价与售价之间的差额

    C. 借方登记分摊的已售商品的进销差价

    D. 借方余额表示库存商品的进销差价

    E. 贷方余额表示库存商品的进销差价

18. 委托加工收回后将用于连续生产应税消费品的材料，其实际成本包括（　　）。

    A. 发出加工材料的计划成本　　　　　　　B. 发出加工材料应负担的成本差异

    C. 加工费用和往返运杂费　　　　　　　　D. 支付的增值税

    E. 支付的由受托方代收代缴的消费税

19. 下列各项中，关于周转材料会计处理表述正确的有（　　）。

    A. 多次使用的包装物应根据使用次数分次摊销

    B. 低值易耗品金额较小的可在领用时一次计入成本费用

    C. 随同商品销售出借的包装物的摊销额应计入管理费用

    D. 随同商品出售单独计价的包装物取得的收入应计入其他业务收入

20. 低值易耗品和包装物的摊销方法有（　　）。

    A. 直接转销法　　　　B. 备抵法　　　　　　C. 一次摊销法

    D. 分次摊销法　　　　E. 五五摊销法

21. 关于"成本与可变现净值孰低法"，以下表述正确的有（　　）。

    A. 其"成本"是指存货的原值

    B. 其"可变现净值"是指存货的现行售价

    C. 当成本低于可变现净值时，存货按成本计价

    D. 当可变现净值低于成本时，存货按可变现净值计价

    E. 当可变现净值高于成本时，存货按可变现净值计价

三、判断题

1. 企业采购材料，在折扣期内取得的现金折扣，应冲减材料的采购成本。　　　　　　　　（　　）

2. 商品流通企业在采购商品过程中发生的运杂费等进货费用，应当计入存货采购成本。进货费用数额较小的，也可以在发生时直接计入当期费用。　　　　　　　　　　　　　　　　　　（　　）

3. 采用加权平均法对存货计价，当物价上升时，加权平均成本将会小于现行成本；当物价下降时，加权平均成本将会大于现行成本。　　　　　　　　　　　　　　　　　　　　　　　　（　　）

4. 采用售价金额核算法核算库存商品时，期末结存商品的实际成本为本期商品销售收入乘以商品进销差价率。 （　）

5. 企业领用的低值易耗品，在领用时均应记入"管理费用"科目。 （　）

6. 存货发生毁损，可收回的责任人赔偿和保险赔款，扣除其相关税费后的净额，应当计入营业外支出或营业外收入。 （　）

7. 企业销售合同的标的物尚未生产出来，但有专门用于该标的物生产的原材料，其可变现净值应当以市场价格作为计算基础。 （　）

8. 企业在确定存货的估计售价时应当以资产负债表日为基准，如果当月存货价格变动较大，则应当以当月该存货最高售价或资产负债表日最近几次售价的平均数，作为其估计售价的基础。 （　）

9. 以前期间导致减记存货价值的影响因素在本期已经消失的，应在原已计提的存货跌价准备金额内恢复减记的金额。 （　）

10. 采购材料在运输途中发生的一切损耗，均应计入购进材料的采购成本。 （　）

11. 企业采用计划成本对材料进行日常核算，应按月分摊发出材料应负担的成本差异，不应在季末或年末一次计算分摊。 （　）

12. 委托加工的物资收回后用于连续生产的，应将受托方代收代缴的消费税计入委托加工物资的成本。 （　）

13. 随同产品出售、不单独计价包装物的成本，直接计入产品生产成本。 （　）

14. 企业清查的各种存货损溢，在年末结账前尚未经批准处理的，表现为"待处理财产损溢"科目年末结账后有余额。 （　）

15. 存货盘盈经批准后计入营业外收入。 （　）

16. 企业采用成本与可变现净值孰低法确定存货的期末价值，当存货的成本低于可变现净值时，期末存货应按其成本计价。 （　）

四、业务处理题

1. 丁公司 20×9 年 3 月 1 日结存 B 材料 3 000 千克，每千克实际成本为 10 元；3 月 5 日和 3 月 20 日分别购入该材料 9 000 千克和 6 000 千克，每千克实际成本分别为 11 元和 12 元；3 月 10 日和 3 月 25 日分别发出该材料 10 500 千克和 6 000 千克。请运用原材料明细账采用先进先出法计算发出和结存材料的成本。

2. 请根据上述丁公司 20×9 年 3 月的 B 材料的收发情况，采用月末一次加权平均法计算 B 材料本月发出和月末结存材料的成本。

3. 请根据上述丁公司 20×9 年 3 月的 B 材料的收发情况，采用移动加权平均法计算 B 材料本月发出和月末结存材料的成本。

4. 光明工厂 20×9 年 9 月月初有关账户的余额如下。

品名	数量（千克）	单价（元）	金额（元）
原材料——A 材料	1 200	8.20	9 840
——B 材料	3 000	4.55	13 650
——C 材料	1 000	3.35	3 350

应付账款——海华工厂 700 元（贷方余额）

光明工厂 9 月发生的材料收发业务如下。

（1）冲转上月月末海华工厂发票未到 C 材料 200 千克，合同价 700 元。

（2）从江海公司购入 B 材料 3 600 千克，购入价为 15 810 元，运杂费为 210 元，货款及应随同缴付的

13%增值税进项税额已承付，材料已验收入库。

（3）银行转来海华工厂的委托收款通知，本厂承付上月收到的200千克C材料款700元，以及进项税额91元。

（4）基本生产车间领用A材料600千克、B材料2 000千克、C材料400千克，投入产品生产。

（5）银行转来开元工厂的委托收款通知，本厂应承付下列材料款：A材料1 600千克，买价12 800元；B材料3 000千克，买价13 500元。另有进项税额3 419元，运杂费920元。款项均已承付，材料尚未运到（运杂费按购入材料重量比例分摊）。

（6）从开元工厂购入的A、B材料运抵光明工厂，经验收，发现A材料短缺100千克，查明系运输部门责任，让其赔付800元，A、B两种材料验收入库。

（7）从红光工厂采购C材料1 500千克，合同单价为3.30元，红光工厂要求本厂预付50%的价款，已汇出。

（8）从红光工厂采购的C材料已运抵光明工厂，验收无误，另有运杂费840元，及按13%计算的增值税进项税额。财务科开出结算凭证，将余款及运杂费、税款全数付出。

（9）从新华工厂购得B材料2 400千克，每千克的价格为4.60元，另有运费720元，现材料已运抵光明工厂，验收入库。财务科遵循合同约定，开出为期1个月的商业汇票，票面金额为10 000元，汇票已送出。余款及增值税款用银行存款支付。

（10）101号在建工程领用C材料100千克。厂部进行日常维修领用B材料50千克。

（11）收到新江工厂发来A材料500千克，合同价3 700元，验收入库，尚未收到对方单位的结算凭证。

（12）月末，按合同价对新江工厂发来的A材料进行账务处理。

（13）月末，采用加权平均法计算发出材料的单位成本、总成本并转账。

要求：①设置原材料的总分类账和明细分类账，登记期初余额；②根据以上材料收发业务，逐项编制会计分录，然后根据会计分录，登记原材料总账和明细分类账，计算期末余额，并进行核对。

5. 光明工厂20×8年9月月初有关账户的余额如下。

品名	数量（千克）	计划单价（元）	金额（元）
原材料——A材料	1 200	8.20	9 840
——B材料	3 000	4.60	13 800
——C材料	1 000	3.70	3 700

应付账款——海华工厂　700元（贷方余额）

材料成本差异　290元（借方余额）

光明工厂9月发生的材料采购及收发业务如业务处理题4的（1）～（13）及以下（14）～（16）所述。

（14）月末，集中按计划成本进行材料验收入库的账务处理。

（15）结转本月发出材料的计划成本。

（16）计算结转本月发出材料应分配的材料成本差异。

要求：①设置"原材料"总分类账和材料明细分类账，设置"材料成本差异"明细账，并登记期初余额；②根据资料编制会计分录，根据会计分录登记上述总账和明细分类账，并进行核对。

6. 三江商场20×9年6月27日各有关科目的余额如表3.4所示。

表3.4　有关科目余额表　　　　（单位：元）

营业部	库存商品	商品进销差价	主营业务收入	主营业务成本
百货部	202 000	165 000	300 000	300 000
五金部	80 000	64 000	150 000	150 000
日杂部	70 000	68 000	100 000	100 000
合 计	352 000	297 000	550 000	550 000

6月28日至6月30日，三江商场发生下列经济业务。

（1）6月28日，百货部进货一批，商品已验收入库。所取得的增值税发票上载明商品的进价为20 000元、应交增值税进项税额为2 600元。该项商品的售价为28 000元。

（2）6月28日，各营业部销货收入如下：五金部4 000元；百货部6 000元；日杂部5 000元。以上款项均已送存银行，各营业部将"现金送款簿"回单和"营业日报表"报送会计部门。

（3）6月29日，五金部从小规模纳税人处进货一批，以银行存款支付货款2 000元，商品已验收入库，该项商品售价为3 000元。

（4）6月29日，日杂部从农民个人手中购进农副产品一批，该农副产品为外销商品，已入库。以现金支付货款5 000元，该项商品售价为6 000元。

（5）6月29日，各营业部销货收入如下：五金部4 000元；百货部10 000元；日杂部6 000元。以上款项均已送存银行，各营业部将"现金送款簿"回单和"营业日报表"报送会计部门。

（6）6月30日，各营业部销售收入如下：五金部8 000元；百货部6 000元；日杂部4 000元。以上款项均已送存银行，各营业部将"现金送款簿"回单和"营业日报表"报送会计部门。

要求：①根据所给资料，编制会计分录。②按各营业部分别计算商品进销差价率，并结转已售商品进销差价。

7. 甲企业发出A材料一批，委托乙企业加工成B材料（属于应税消费品）。A材料的实际成本为100 000元，加工费为15 000元，往返运杂费为2 000元，加工增值税额为1 950元，消费税为13 000元，款项已用银行存款支付。B材料已加工完毕验收入库，用于继续生产应税消费品。请根据上述经济业务为甲企业编制会计分录。

8. 请为以下企业编制相关的会计分录（假定这些企业均单独设置"低值易耗品"科目）。

（1）A企业厂部管理部门领用办公用品一批，计划成本为2 000元。当月材料成本差异率为3%。对办公用品的成本采用一次摊销法。

（2）B企业生产车间领用刀具、量具一批，实际成本为36 000元，对刀具、量具的成本采用五五摊销法摊销。报废时收回残值变价收入100元，已入库。

9. 请为以下企业编制相关的会计分录（假定这些企业均已单独设置"包装物"科目）。

（1）A企业车间生产产品领用包装物一批，实际成本为2 000元。

（2）B企业在商品销售过程中领用包装物一批，实际成本为5 000元。该批包装物随同商品出售，单独计算的售价为6 000元，B企业应收取的增值税税额为780元，款项已收到。

（3）C企业在商品销售过程中领用不单独计价的包装物一批，计划成本为5 000元，材料成本差异率为3%。

（4）D公司出租库存未用包装物500件，每件实际成本为100元，共计50 000元，租期6个月，每月每件收取租金20元（含税），出租包装物时收取押金60 000元；6个月后，收回包装物500件，退还押金60 000元；上述包装物报废时残料收入2 000元存入银行。采用五五摊销法摊销。

（5）E公司出借库存未用包装物，实际成本为5 000元，出借期限为3个月。出借包装物的押金6 000元已收存银行。3个月后出借的包装物只收回50%，没收押金3 000元，通过银行转账退回押金3 000元。该批出借包装物采用一次摊销法。

10. 乙公司在财产清查中发现毁损L材料300千克，单位成本为100元，经查属于材料保管员过失造成，按规定由其个人赔偿20 000元，残料已办理入库手续，价值2 000元。

要求：请为乙公司的上述经济业务编制报经有关部门批准前后的会计分录。

11. 请为以下企业编制相关的会计分录。

（1）20×7年12月31日，甲公司某材料的账面成本为100 000元，由于市场价格下跌，预计可变现净值为80 000元。20×8年4月30日，该材料的账面成本为100 000元，因市场价格有所上升，该材料的预计可变现净值变为 95 000 元。

（2）20×8 年 12 月 31 日，乙公司的存货 A 的账面原值为 900 万元，销售后账面原值为 500 万元，应结转销售成本 400 万元；该部分存货已计提存货跌价准备 20 万元。

（3）20×8 年 7 月，丙公司处理一批生产中已不再需要，并且已无使用价值和转让价值的材料，其账面余额为 12 000 元。20×7 年年末，丙公司存货成本为 736 500 元，可变现净值为 734 170 元。

12. 请为一般纳税人东风工厂 20×9 年 7 月发生的下列材料收发业务编制会计分录（材料按实际成本计价核算）。

（1）1 日，将上月月末已收料尚未付款的暂估入账材料冲回，金额为 75 000 元。

（2）5 日，上月已付款的在途 A 材料已如数验收入库，A 材料成本为 50 000 元。

（3）9 日，按照合同规定，向乙企业预付购料款 80 000 元，已开出转账支票支付。

（4）11 日，向丙企业采购 B 材料，材料买价为 30 000 元，增值税税额为 3 900 元，款项 33 900 元用银行本票存款支付，材料已验收入库。

（5）12 日，向丁企业采购 A 材料 1 000 千克，买价共 120 000 元，增值税税额为 15 600 元。丁企业已代垫运杂费 2 000 元。货款共 137 600 元，已通过托收承付结算方式支付，材料尚未收到。

（6）20 日，向丁企业购买的 A 材料运达，验收入库 950 千克，短缺 50 千克，原因待查。

（7）25 日，用预付货款方式向乙企业采购的 B 材料已验收入库，有关的发票单据列明材料价款 70 000 元，增值税税额 9 100 元，当即开出一张转账支票补付货款。

（8）28 日，A 材料短缺 50 千克的原因已查明，是丁企业少发货所致，丁企业已同意退款，款项尚未收到。

（9）31 日，向甲企业购买 A 材料，材料已验收入库，结算单据等仍未到达，按暂估价 60 000 元入账。

（10）31 日，根据发料凭证汇总表，本月车间生产产品领用原材料 423 000 元，车间一般性消耗领用原材料 80 500 元，厂部管理部门领用原材料 78 600 元，固定资产工程领用原材料 50 000 元。

13. 乙企业属于商品流通企业，为一般纳税人，经营商品所适用的增值税税率为 13%，售价中不含增值税。该企业只经营甲类商品并采用毛利率法对发出商品计价，季度内各月的毛利率根据上季度实际毛利率确定。该企业 20×9 年第一季度和第二季度与甲类商品有关的资料如下。

（1）20×9 年第一季度，累计销售收入为 1 600 万元，销售成本为 1 420 万元，3 月月末结存的库存商品实际成本为 800 万元。

（2）20×9 年第二季度，购进的甲类商品的成本为 1 760 万元。

（3）20×9 年 4 月，实现商品销售收入 600 万元。

（4）20×9 年 5 月，实现商品销售收入 1 000 万元。

（5）假定 20×9 年 6 月月末按一定方法计算出结存的库存商品的实际成本为 840 万元。

要求：根据上述资料计算下列指标（金额单位用万元表示）。

（1）计算乙企业的甲类商品在 20×9 年第一季度的实际毛利率。

（2）分别计算乙企业的甲类商品在 20×9 年 4 月、5 月、6 月的销售成本。

14. 甲公司采用成本与可变现净值孰低法对 A 存货进行期末计价。20×7 年年末，A 存货的账面成本为 200 000 元，由于本年以来 A 存货的市价持续下跌，并在可预见的将来无回升的希望。资产负债表日确定的 A 存货的可变现净值为 194 000 元，"存货跌价准备"科目的余额为零。

假设 20×8 年年末，A 存货的种类和数量、账面成本和已计提的存货跌价准备均未发生变化；20×9 年年末，A 存货的可变现净值为 196 000 元，计算出应计提的存货跌价准备为 4 000（200 000 - 196 000）元。

要求：为甲公司编制 20×8 年年末和 20×9 年年末与存货跌价准备有关的会计分录。

第四章

金融资产和长期股权投资

【本章学习目标】

知识目标：了解金融资产的概念和分类；掌握各类金融资产的概念、范围以及相关会计科目和账务处理方法；掌握长期股权投资的账务处理方法。

能力目标：能进行一般企业金融资产和长期股权投资的核算。

【本章导读】

一、金融资产的内容

金融是现代经济的核心，金融市场的健康及可持续发展离不开对金融工具的广泛运用和不断创新。金融工具，是指形成一方的金融资产，并形成其他方的金融负债或权益工具的合同。因此，金融工具包括金融资产、金融负债和权益工具。

金融资产通常是指企业的库存现金、银行存款、应收账款、应收票据、贷款、其他应收款项、股权投资、债权投资和衍生金融工具形成的资产等。

在属于金融资产的项目中，库存现金、银行存款等货币资金，已在第一章"货币资金"中作了专门介绍，因此，本章及以后各章所指金融资产不包括货币资金。

二、金融资产的分类

企业应当根据其管理金融资产的业务模式和金融资产的合同现金流量特征，将取得的金融资产在初始确认时分为以摊余成本计量的金融资产、以公允价值计量且其变动计入其他综合收益的金融资产和以公允价值计量且其变动计入当期损益的金融资产三类。企业管理金融资产的业务模式，是指企业如何管理其金融资产以产生现金流量。业务模式决定了企业所管理金融资产现金流量的来源是收取合同现金流量、出售金融资产还是两者兼有。金融资产的合同现金流量特征，是指金融资产合同约定的、反映相关金融资产经济特征的现金流量属性。

（一）以摊余成本计量的金融资产

金融资产同时符合下列条件的，应当分类为以摊余成本计量的金融资产：①企业管理该金融资产的业务模式是以收取合同现金流量为目的；②该金融资产的合同条款规定，在特定日期产生的现金流量，仅为对本金和以未偿付本金金额为基础的利息的支付。

在会计处理上，以摊余成本计量的金融资产具体可以划分为债权投资和应收款项两部分。其中，债权投资应当通过"债权投资"科目进行核算；应收款项应当通过"应收票据""应收账款""其他应收款"等科目进行核算。

（二）以公允价值计量且其变动计入其他综合收益的金融资产

金融资产同时符合下列条件的，应当分类为以公允价值计量且其变动计入其他综合收益的金融资产：①企业管理该金融资产的业务模式是以收取合同现金流量，又以出售该金融资产为目的；②该金融资产的合同条款规定，在特定日期产生的现金流量，仅为对本金和以未偿付本金金额为基础的利息的支付。

企业持有的权益工具投资，因其合同现金流量特征不是对本金和以未偿付本金金额为基础的利息的支付，因而既不能分类为以摊余成本计量的金融资产，也不能分类为以公允价值计量且其变动计入其他综合收益的金融资产，只能分类为以公允价值计量且其变动计入当期损益的金融资产。但是，企业持有的非交易性权益工具投资，在初始确认时可以指定为以公允价值计量且其变动计入其他综合收益的金融资产。该指定一经做出，不得撤销。

在会计处理上，指定为以公允价值计量且其变动计入其他综合收益的金融资产，应当通过"其他债权投资"科目进行核算；指定为以公允价值计量且其变动计入其他综合收益的非交易性权益工具投资，应当通过"其他权益工具投资"科目进行核算。

（三）以公允价值计量且其变动计入当期损益的金融资产

以摊余成本计量的金融资产和以公允价值计量且其变动计入其他综合收益的金融资产之外的金融资产，应当分类为以公允价值计量且其变动计入当期损益的金融资产，主要包括交易性金融资产和指定为以公允价值计量且其变动计入当期损益的金融资产。

1. 交易性金融资产

金融资产满足下列条件之一的，表明企业持有该金融资产的目的是交易性。

（1）取得相关金融资产，主要是为了近期出售，如企业以赚取差价为目的从二级市场购入的股票、债券、基金等。通常情况下，它们是企业交易性金融资产的主要组成部分。

（2）相关金融资产在初始确认时属于集中管理的可辨认金融工具组合的一部分，且有客观证据表明近期实际存在短期获利模式。如企业基于投资策略和风险管理的需要，将某些金融资产进行组合从事短期获利活动，对于组合中的金融资产，采用公允价值计量，并将公允价值变动计入当期损益。在这种情况下，即使组合中有某个组成项目持有的期限稍长也不受影响。

（3）相关金融资产属于衍生工具。衍生金融工具形成的资产通常应划分为交易性金融资产。但符合财务担保合同定义的衍生工具以及被指定为有效套期工具的衍生工具除外。

2. 指定为以公允价值计量且其变动计入当期损益的金融资产

在初始确认时，如果能够消除或显著减少会计错配，企业可以将金融资产指定为以公允价值计量且其变动计入当期损益的金融资产。该指定一经做出，不得撤销。

在会计处理上，交易性金融资产和指定为以公允价值计量且其变动计入当期损益的金融资产，应当通过"交易性金融资产"科目进行核算。

第一节　交易性金融资产的核算

本节学习目标

知识目标：掌握交易性金融资产的确认和计量方法；掌握与核算交易性金融资产相关的会计科目和账务处理方法。

能力目标：能够正确进行交易性金融资产的账务处理。

案例导入

20×8 年 1 月，某高等职业学院会计专业毕业生赵文武到乙股份有限责任公司（以下简称"乙公司"）进行顶岗实习。20×8 年 2 月 1 日，乙公司以银行存款购入 A 公司股票 50 000 股，并准备随时变现，每股买入价为 15 元，同时支付相关税费 3 000 元。3 月 20 日，A 公司宣告发放现金股利每股 0.5 元。3 月 21 日，乙公司又购入 A 公司股票 60 000 股，并准备随时变现，每股买入价为 18.5 元（其中包含已宣告发放尚未支取的股利每股 0.5 元），同时支付相关税费 5 000 元。4 月 25 日，乙公司收到 A 公司发放的现金股利 55 000 元。6 月 30 日，A 公司股票的市价为每股 16.5 元。8 月 18 日，乙公司以每股 17.5 元的价格转让 A 公司股票 60 000 股，扣除相关税费 5 000 元后，实得金额为 1 050 000 元。12 月 31 日，A 公司股票市价为每股 18 元。

要求：请替赵文武对乙公司上述经济业务进行账务处理。

[案例解析]

一、交易性金融资产概述

1. 交易性金融资产的含义和特点

交易性金融资产主要是指企业为了近期内出售而持有的金融资产，如企业以赚取差价为目的从二级市场购入的股票、债券和基金等。

[政策依据]

《企业会计准则第22 号——金融工具确认和计量》

交易性金融资产具有以下特点。

（1）很容易变现。交易性金融资产是现金的暂时存放形式，其流动性仅次于现金，具有很强的变现能力。

（2）持有时间较短。交易性金融资产主要是企业利用暂时闲置的资金，谋求一定收益，计划在短期内出售变现的投资。

（3）不以控制被投资单位等为目的。

交易性金融资产应当符合以下两个条件：一是能够在公开市场交易并且有明确市价；二是持有投资作为剩余资金的存放形式，并保持其流动性和获利性。

对于交易性金融资产，取得时以公允价值计量，期末按照公允价值调整，公允价值与账面价值之间的差额计入损益。

2. 交易性金融资产的初始计量

交易性金融资产应当按照取得时的公允价值作为初始入账金额，相关的交易费用在发生时直接计入当期损益。其中，交易费用是指可直接归属于购买、发行或处置金融工具的增量费用，包括支付给代理机构、咨询公司、券商、证券交易所、政府有关部门等的手续费、佣金、相关税费及其他必要支出，但不包括债券溢价、折价、融资费用、内部管理成本和持有成本等与交易不直接相关的费用。

企业取得交易性金融资产所支付的价款中，如果包含已宣告但尚未发放的现金股利或已到付息期但尚未领取的债券利息，性质上属于暂付款，应当单独确认为应收项目，不计入交易性金融资产的初始入账金额。

二、交易性金融资产的账务处理

1. 需要设置的会计科目

为了核算交易性金融资产的取得、现金股利或利息的收取、处置等业务，企业应当设置"交易性金融资产""公允价值变动损益""投资收益"等科目。

（1）"交易性金融资产"科目。该科目属于资产类科目，用于核算企业为交易目的所持有的债券投资、股票投资、基金投资等交易性金融资产的公允价值。企业持有的直接指定为以公允价值计量且其变动计入当期损益的金融资产也在"交易性金融资产"科目中核算。本科目的借方登记交易性金融资产的取得成本、资产负债表日其公允价值高于账面余额的差额；贷方登记资产负债表日其公允价值低于账面余额的差额，以及企业出售交易性金融资产时结转的成本和公允价值变动额。"交易性金融资产"科目应当按照交易性金融资产的类别和品种，分别设置"成本""公允价值变动"等明细科目进行明细分类核算。其中，"成本"明细科目反映交易性金融资产的初始入账金额；"公允价值变动"明细科目反映交易性金融资产在持有期间的公允价值变动金额。

需要注意的是，企业持有的指定为以公允价值计量且其变动计入当期损益的金融资产，也通过"交易性金融资产"科目核算，不单独设置会计科目核算；划分为交易性金融资产的衍生金融资产不通过"交易性金融资产"科目核算，而应通过单独设置的"衍生工具"科目核算。因此本章有关交易性金融资产的会计处理，包括指定为以公允价值计量且其变动计入当期损益的金融资产的会计处理，但不包括衍生金融资产的会计处理。

（2）"公允价值变动损益"科目。该科目属于损益类科目，用于核算企业交易性金融资产等公允价值变动而形成的应计入当期损益的利得或损失。本科目的借方登记资产负债表日企业持有的交易性金融资产等的公允价值低于账面余额的差额；贷方登记资产负债表日企业持有的交易性金融资产等的公允价值高于账面余额的差额。期末，应将该科目的余额转入"本年利润"科目，结转后该科目无余额。

（3）"投资收益"科目。该科目属于损益类科目，用于核算企业对外投资所发生的损益。该科目的贷方登记在持有交易性金融资产等投资期间取得的投资收益，以及处置交易性金融资产等投资实现的投资收益；借方登记在持有交易性金融资产等投资期间发生的投资损失，以及企业在对外投资活动中发生的交易费用等。期末，应将该科目的余额转入"本年利润"科目，结转后该科目无余额。

2. 交易性金融资产的取得

企业取得交易性金融资产时，应按其公允价值（不含已宣告但尚未发放的现金股利或已到付息期但尚未领取的债券利息），借记"交易性金融资产——成本"科目；按已宣告但尚未发放的现金股利或已到付息期但尚未领取的债券利息，借记"应收股利（或应收利息）"科目；按支付的相关交易费用，借记"投资收益"科目；按实际支付的价款总额，贷记"其他货币资金——存出投资款"或"银行存款"等科目。

【例4.1.1】A公司于20×8年2月10日以存出投资款购入B公司股票1500股，每股买入价为5元，交易费用为75元。A公司编制如下会计分录：

初始入账金额 = 5×1500 = 7500（元）

借：交易性金融资产——B公司股票（成本）　　　　　　　　　7 500
　　投资收益　　　　　　　　　　　　　　　　　　　　　　　　75

贷：其他货币资金——存出投资款　　　　　　　　　　　　7 575

3. 交易性金融资产持有收益的确认

企业取得债券并将其分类为以公允价值计量且其变动计入当期损益的金融资产，在持有期间，应于每一资产负债表日或付息日计提债券利息，计入当期投资收益。企业取得股票并将其分类为以公允价值计量且其变动计入当期损益的金融资产，持有期间，只有在同时符合下列条件时，才能确认股利收入并计入当期投资收益：①企业收取股利的权利已经确立；②与股利相关的经济利益很可能流入企业；③股利的金额能够可靠计量。

持有交易性金融资产期间，被投资单位宣告发放的现金股利同时满足股利收入的确认条件时，投资方按应享有的份额，借记"应收股利"科目，贷记"投资收益"科目。资产负债表日或付息日，投资方按债券面值和票面利率计提利息时，借记"应收利息"科目，贷记"投资收益"科目。投资方在收到上列现金股利或债券利息时，借记"银行存款"科目，贷记"应收股利"或"应收利息"科目。

【例4.1.2】 20×8年1月5日，甲公司购入一笔乙公司发行的公司债券。该笔债券于20×4年7月1日发行，总面值为6 000万元，票面利率为5%。上年债券利息于下年年初支付。甲公司将该债券划分为交易性金融资产，支付价款7 200万元（其中包含已宣告但尚未发放的债券利息150万元），另支付交易费用160万元。20×8年2月5日，甲公司收到该笔债券的利息150万元。20×9年年初，甲公司收到债券利息300万元。甲公司编制如下会计分录。

（1）20×8年1月5日，购入乙公司的公司债券：

初始入账金额 = 7 200 - 150 = 7 050（万元）

借：交易性金融资产——乙公司债券（成本）　　　　　70 500 000
　　应收利息　　　　　　　　　　　　　　　　　　　 1 500 000
　　投资收益　　　　　　　　　　　　　　　　　　　 1 600 000
　　　贷：银行存款　　　　　　　　　　　　　　　　　　　73 600 000

（2）20×8年2月5日，收到购买价款中包含的已宣告发放的债券利息：

借：银行存款　　　　　　　　　　　　　　　　　　　 1 500 000
　　　贷：应收利息　　　　　　　　　　　　　　　　　　　 1 500 000

（3）20×8年12月31日，确认乙公司的公司债券利息收入：

借：应收利息　　　　　　　　　　　　　　　　　　　 3 000 000
　　　贷：投资收益　　　　　　　　　　　　　　　　　　　 3 000 000

（4）20×9年年初，收到持有乙公司的公司债券利息：

借：银行存款　　　　　　　　　　　　　　　　　　　 3 000 000
　　　贷：应收利息　　　　　　　　　　　　　　　　　　　 3 000 000

4. 交易性金融资产的期末计量

交易性金融资产的期末计量，是指采用一定的价值标准，对交易性金融资产的期末价值进行后续计量，并将其列示于资产负债表中的会计程序。交易性金融资产在最初取得时，是按公允价值入账的，它反映了企业取得交易性金融资产的实际成本。根据《企业会计准则》的规定，资产负债表日，交易性金融资产应按公允价值反映，公允价值的变动计入当期损益。具体的账务处理是：在资产负债表日，交易性金融资产的公允价值高于其账面余额时，应按二者之间的差额，调增交易性金融资产的账面余额，同时确认公允价值上升的收益，借记"交易性金融资

微课视频
交易性金融资产的
期末计量和处置

产——公允价值变动"科目，贷记"公允价值变动损益"科目。当交易性金融资产的公允价值低于其账面余额时，应按二者之间的差额，调减交易性金融资产的账面余额，同时确认公允价值下跌的损失，借记"公允价值变动损益"科目，贷记"交易性金融资产——公允价值变动"科目。

【例4.1.3】 承【例4.1.1】，A公司于20×8年2月10日购入的那批股票在当年2月28日的市价为每股5.5元；3月31日，其市价为每股4.90元。A公司编制如下会计分录。

（1）20×8年2月28日：

借：交易性金融资产——公允价值变动	750
贷：公允价值变动损益	750

（2）20×8年3月31日：

借：公允价值变动损益	900
贷：交易性金融资产——公允价值变动	900

5. 交易性金融资产的处置

处置交易性金融资产时，应按实际收到的处置价款，借记"银行存款"科目；按该项交易性金融资产的初始入账金额，贷记"交易性金融资产——成本"科目；按该项交易性金融资产的累计公允价值变动金额，贷记或借记"交易性金融资产——公允价值变动"科目；按已计入应收项目但尚未收回的现金股利或债券利息，贷记"应收股利"或"应收利息"科目；按上列差额，贷记或借记"投资收益"科目。同时将该交易性金融资产持有期间已确认的累计公允价值变动净损益确认为处置当期投资收益，借记或贷记"公允价值变动损益"科目，贷记或借记"投资收益"科目。

【例4.1.4】 承【例4.1.3】，A公司于20×8年4月2日出售当年2月10日购入的这批股票，每股售价为4.80元。A公司编制如下会计分录。

（1）20×8年4月2日出售：

借：银行存款	7 200
交易性金融资产——公允价值变动	150
投资收益	150
贷：交易性金融资产——成本	7 500

（2）A公司在确认处置损益的同时，应将持有期间已确认的公允价值变动净损益转为投资损益：

借：投资收益	150
贷：公允价值变动损益	150

提示：部分出售交易性金融资产时，应按比例结转相关成本。

第二节 债权投资的核算

本节学习目标

知识目标：掌握债权投资的特征；掌握债权投资初始计量和后续计量的原则；掌握债权投资账务处理的特点。

技能目标：能够正确进行债权投资的账务处理。

案例导入

20×9年3月，某高等职业技术学院会计专业毕业生赵文武到乙股份有限责任公司（以下简称"乙公司")进行顶岗实习。20×9年，乙公司发生下列相关业务。

20×9年3月1日，乙公司支付价款 1 000 000 元（含交易费用）从上海证券交易所购入一批B公司同日发行的 5 年期公司债券 12 500 份。该批债券的票面价值总额为 1 250 000 元，票面年利率为 4.72%，于每年年末支付本年度债券利息（即每年利息为 59 000 元），本金在债券到期时一次性偿还。合同约定：B公司在遇到特定情况时可以将债券赎回，且不需要为提前赎回支付额外款项。乙公司在购买该债券时，预计 B 公司不会提前赎回。实际利率为 10%。乙公司将该债券持有至到期收回债券本金和利息。

要求：请替赵文武完成乙公司上述经济业务的账务处理。

一、债权投资的初始计量

债权投资，是指企业以购买债券等方式投放资本、分期或到期一次向债务人收取利息并收回本金的一种投资方式。

债权投资应当以取得时的公允价值与相关交易费用之和作为初始入账金额。如果实际支付的价款中包含已到付息期但尚未领取的债券利息，应单独确认为应收项目，不构成债权投资的初始入账金额。

企业应当设置"债权投资"科目，核算取得的以摊余成本计量的债权投资，并按照债权投资的类别和品种，分别对"成本""利息调整""应计利息"进行明细核算。其中，"成本"明细科目反映债权投资的面值；"利息调整"明细科目反映债权投资的初始入账金额与面值的差额，以及按照实际利率法分期摊销后该差额的摊余金额；"应计利息"明细科目反映企业计提的一次还本付息债权投资应计未付的利息。

企业取得债权投资时，应按该投资的面值，借记"债权投资——成本"科目；按支付的价款中包含的已到付息期但尚未领取的利息，借记"应收利息"科目；按实际支付的金额，贷记"银行存款"科目；按其差额，借记或贷记"债权投资——利息调整"科目。收到支付的价款中包含的已到付息期但尚未领取的利息，借记"银行存款"科目，贷记"应收利息"科目。

【例 4.2.1】 A 公司于 2019 年 1 月 1 日购入 B 公司同日发行的 5 年期一次还本付息债券，债券的票面年利率为 8%，面值总额为 600 000 元。A 公司实际支付价款 650 000 元。不考虑其他相关税费。A 公司购入债券时应编制的会计分录如下：

借：债权投资——B公司债券（成本）   600 000
          ——B公司债券（利息调整）   50 000
   贷：银行存款   650 000

二、债权投资利息收入的确认

（一）确认利息收入的方法

1. 债权投资的账面余额与摊余成本

以摊余成本计量的债权投资的账面余额，是指"债权投资"科目的账面实际余额，即债权投资的初始入账金额加上（初始入账金额低于面值时）或减去（初始入账金额高于面值时）利息调整的累计摊销额后的余额，或者债权投资的面值加上（初始入账金额高于面值时）或减去（初始入账金额低于面值时）利息调整的摊余金额，用公式表示如下：

$$账面余额 = 初始入账金额 \pm 利息调整累计摊销额$$
$$= 债券投资的面值 \pm 利息调整的摊余金额$$

需要注意的是，如果债权投资为到期一次还本付息的债券，其账面余额还应当包括应计未付的债券利息；如果债权投资提前收回了部分本金，其账面余额还应当扣除已偿还的本金。

债权投资的摊余成本，是指该金融资产的初始入账金额经下列调整后的结果：①扣除已偿还的本金；②加上或减去采用实际利率将该初始确认金额与到期金额之间的差额进行摊销形成的累计摊销额（即利息调整的累计摊销额）；③扣除累计计提的损失准备。

在会计处理上，以摊余成本计量的债权投资计提的损失准备是通过专门设置的"债权投资减值准备"科目单独核算的。从会计科目之间的关系来看，债权投资的摊余成本也可用下式来表示：

$$摊余成本 = "债权投资"科目的账面余额 - "债权投资减值准备"科目的账面余额$$

因此，如果企业没有对债权投资计提损失准备，则该项债权投资的摊余成本等于其账面余额。

2. 实际利率法

实际利率法，是指以实际利率为基础计算确定金融资产的账面余额（或摊余成本）以及将利息收入分摊计入各会计期间的方法。其中，实际利率是指将金融资产在预期存续期的估计未来现金流量，折现为该金融资产账面余额所使用的利率。例如，企业购入债券作为债权投资，实际利率就是将该债券未来收回的利息和面值折算为现值恰好等于债权投资初始入账金额的折现率。

例如，20×9年1月1日，甲公司支付价款1 000万元（含交易费用）从活跃市场上购入某公司5年期债券，面值总额为1 250万元，票面利率为4.72%，按年支付利息（即每年利息为59万元），本金最后一次支付。

$$实际利率 = 59 \times (1+i)^{-1} + 59 \times (1+i)^{-2} + 59 \times (1+i)^{-3} + 59 \times (1+i)^{-4}$$
$$+ (59+1 250) \times (1+i)^{-5} = 1 000（万元）$$

由此得出 $i = 10\%$。

对于没有发生信用减值的债权投资，采用实际利率法确认利息收入并确定账面余额的程序如下：

（1）以债权投资的面值乘以票面利率计算确定应收利息；

（2）以债权投资的期初账面余额乘以实际利率计算确定利息收入（总额法）；

（3）以应收利息与利息收入的差额作为当期利息调整摊销额；

（4）以债权投资的期初账面余额加上（初始入账金额低于面值时）或减去（初始入账金额高于面值时）当期利息调整的摊销额作为期末账面余额。

企业在初始确认以摊余成本计量的金融资产时，就应当计算确定实际利率，并在相关金融资产预期存续期间或适用的更短期间内保持不变。

对于已发生信用减值的债权投资，应当以该债权投资的摊余成本乘以实际利率（或经信用调整的实际利率）计算确定其利息收入（净额法）。关于已发生信用减值的债权投资的具体会计处理，将在金融资产减值一节中作专门介绍，在此之前的内容中，只涉及没有发生信用减值的债权投资的会计处理。

（二）分期付息债券利息收入的确认

以摊余成本计量的债权投资如为分期付息、一次还本的债券，企业应当于付息日或资产负债表日计提债券利息，计提的利息通过"应收利息"科目核算，同时确认利息收入。付息日或资产负债表日，应按照以债权投资的面值和票面利率计算确定的应收利息，借记"应收利息"科目；按照以债权投资的账面余额和实际利率计算确定的利息收入，贷记"投资收益"科目，按其差额，借记或贷记"债权投资——利息调整"科目。企业在收到上列应收的利息时，借记"银行存款"科目，贷记"应收利息"科目。

企业一般应当采用实际利率计算确定利息收入，若实际利率与票面利率的差别较小，也可按票面利率计算确定利息收入，即付息日或资产负债表日，按照以债权投资的面值和票面利率计算确定的应收利息，借记"应收利息"科目；按照以债权投资的账面余额和票面利率计算确定的利息收入，贷记"投资收益"科目；按其差额，借记或贷记"债权投资——利息调整"科目。

（三）到期一次还本付息债券利息收入的确认

以摊余成本计量的债权投资如为到期一次还本付息的债券，企业应当于资产负债表日计提债券利息，计提的利息通过"债权投资——应计利息"科目核算，同时按实际利率法确定利息收入并摊销利息调整。资产负债表日，应按照以债券投资的面值和票面利率计算确定的应收利息，借记"债权投资——应计利息"科目；按照以债权投资的账面余额和实际利率计算确定的利息收入，贷记"投资收益"科目；按其差额，借记或贷记"债权投资——利息调整"科目。

【例 4.2.2】承【例 4.2.1】，A 公司购入面值总额为 600 000 元的甲公司债券，票面年利率为 8%，发行时的市场利率为 6%，每年计息一次，到期一次付息。各期溢价摊销如表 4.1 所示（计算结果保留到"元"）。

各年年末，A 公司在计算应计利息及应计投资收益时编制如下会计分录。

（1）2019 年年末：

借：债权投资——甲公司债券（应计利息）　　　　　　　48 000
　　贷：债权投资——甲公司债券（利息调整）　　　　　　9 000
　　　　投资收益　　　　　　　　　　　　　　　　　　39 000

（2）2020 年年末：

借：债权投资——甲公司债券（应计利息）　　　　　　　48 000
　　贷：债权投资——甲公司债券（利息调整）　　　　　　9 540
　　　　投资收益　　　　　　　　　　　　　　　　　　38 460

以后各年确定利息收入的会计分录，从略。

债券折价摊销的账务处理方法同上。

表 4.1　债券溢价摊销表（实际利率法摊销）　（单位：元）

年份	债券投资期初账面价值（1）	票面利息（2）=600000×8%	实际利息收入（3）=（1）×6%	利息调整摊销数（4）=（2）-（3）	债券投资期末账面价值（5）=（1）-（4）
2019	650 000	48 000	39 000	9 000	641 000
2020	641 000	48 000	38 460	9 540	631 640
2021	631 460	48 000	37 888	10 112	621 348
2022	621 348	48 000	37 281	10 719	610 629
2023	610 629	48 000	37 371*	10 629*	600 000
合计		240 000	190 000	50 000	

注："*"该数值做了尾数调整。

三、债权投资的处置

企业在处置以摊余成本计量的债权投资时，应将所取得的价款与该债权投资账面价值之间的差额计入投资收益。其中，债权投资的账面价值是指债权投资的账面余额扣除已计提的减值准备后的差额，即摊余成本。如果在处置债权投资时，已计入应收项目的债券利息尚未收回，还应从处置价款中扣除该部分债券利息之后，确认处置损益。

企业在处置债权投资时，应按实际收到的处置价款，借记"银行存款"科目；按债权投资的面值，贷记"债权投资——成本"科目；按应计未收的利息，贷记"应收利息"科目或"债权投资——应计利息"科目；按利息调整摊余金额，贷记或借记"债权投资——利息调整"科目；按上列差额，贷记或借记"投资收益"科目。

第三节　其他金融工具投资的核算

本节学习目标

知识目标： 掌握其他金融工具投资的种类、初始计量和期末计量原则；掌握各类其他金融工具投资账务处理的特点。

能力目标： 能够正确进行各类其他金融工具投资的账务处理。

案例导入

2019 年 3 月，某高等职业技术学院会计专业毕业生赵智到甲公司进行顶岗实习。2019 - 2020 年，甲公司发生下列相关经济业务。

2019 年 3 月 10 日，甲公司在二级市场以存出投资款购入乙公司的股票 50 000 股并将其指定为以公允价值计量且其变动计入其他综合收益的金融资产，其初始入账成本为 795 000 元。2019 年 6 月 30 日，甲公司持有的乙公司股票的价格涨到 16. 20 元/股；2019 年 12 月 31 日，该股票价格又变为 15.70 元/股。2020 年 9 月 8 日，公司将股票全部售出，扣除税费后取得价款 800 000 元。甲公司按 10%提取法定盈余公积。

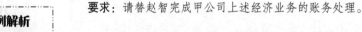

要求： 请替赵智完成甲公司上述经济业务的账务处理。

案例解析

一、其他债权投资的核算

1. 其他债权投资的初始计量

企业应当设置"其他债权投资"科目，核算持有的以公允价值计量且其变动计入其他综合收益的债权投资，并按照其他债权投资的类别和品种，分别对"成本""利息调整""应计利息""公允价值变动"等进行明细核算。其中，"成本"明细科目反映其他债权投资的面值；"利息调整"明细科目反映其他债权投资的初始入账金额与其面值的差额，以及按照实际利率法分期摊销后该差额的摊余金额；"应计利息"明细科目反映企业计提的到期一次还本付息的其他债权投资应计未付的利息；"公允价值变动"明细科目反映其他债权投资的公允价值变动金额。

其他债权投资应当以取得该金融资产的公允价值与相关交易费用之和作为初始入账金额。如果支付的价款中包含已到付息期但尚未领取的利息，应单独确认为应收项目，不构成其他债权投资的初始入账金额。

　　企业取得其他债权投资时，应按其面值，借记"其他债权投资——成本"科目；按支付的价款中包含的已到付息期但尚未领取的利息，借记"应收利息"科目；按实际支付的金额，贷记"银行存款"科目；按上列差额，借记或贷记"其他债权投资——利息调整"科目。

　　收到支付的价款中包含的已到付息期但尚未领取的利息，应借记"银行存款"科目，贷记"应收利息"科目。

　　【例4.3.1】 2019年1月1日，A公司支付价款2 870 116元购入B公司于当日发行的5年期、分期付息、一次还本的公司债券30 000张。每张债券的票面金额为100元，票面年利率为4%，实际利率为5%。A公司将该公司债券投资分类为以公允价值计量且其变动计入其他综合收益的金融资产。A公司的账务处理如下。

　　　　借：其他债权投资——B公司债券（成本）　　　　　　　　　　　3 000 000
　　　　　　贷：银行存款　　　　　　　　　　　　　　　　　　　　　　　2 870 116
　　　　　　　　其他债权投资——B公司债券（利息调整）　　　　　　　　　129 884

2. 其他债权投资利息收入的确认

　　其他债权投资在持有期间确认利息收入的方法与按摊余成本计量的债权投资相同，即采用实际利率法确认当期利息收入，计入投资收益。需要注意的是，在采用实际利率法确认其他债权投资的利息收入时，应当以不包括"公允价值变动"明细科目余额的其他债权投资账面余额和实际利率计算确定利息收入。

　　对其他债权投资如为分期付息、一次还本的债券，应于付息日或资产负债表日，按照以其他债权投资的面值和票面利率计算确定的应收利息，借记"应收利息"科目；按照以其他债权投资的账面余额（不包括"公允价值变动"明细科目的余额）和实际利率计算确定的利息收入，贷记"投资收益"科目；按其差额，借记或贷记"其他债权投资——利息调整"科目；收到上列应收利息时，借记"银行存款"科目，贷记"应收利息"科目。若其他债权投资为到期一次还本付息的债券，应于资产负债表日，按照以其他债权投资的面值和票面利率计算确定的应收利息，借记"其他债权投资——应计利息"科目；按照以其他债权投资的账面余额（不包括"公允价值变动"明细科目的余额）和实际利率计算确定的利息收入，贷记"投资收益"科目；按其差额，借记或贷记"其他债权投资——利息调整"科目。

　　【例4.3.2】 承【例4.3.1】资料。2019年12月31日，A公司确认债券利息收入时：
　　　　利息收入 = 2 870 116 × 5% = 143 505.80（元）
　　借：应收利息　　　　　　　　　　　　　　　　　　　　　　　　120 000.00
　　　　其他债权投资——B公司债券（利息调整）　　　　　　　　　　　23 505.80
　　　　　　贷：投资收益　　　　　　　　　　　　　　　　　　　　　143 505.80
　　2020年12月31日，A公司确认债券利息收入时：
　　　　利息收入 = （2 870 116 + 23 505.80）× 5% = 144 681.09（元）
　　借：应收利息　　　　　　　　　　　　　　　　　　　　　　　　120 000.00
　　　　其他债权投资——B公司债券（利息调整）　　　　　　　　　　　24 681.09
　　　　　　贷：投资收益　　　　　　　　　　　　　　　　　　　　　144 681.09

3. 其他债权投资的期末计量

其他债权投资的价值应以资产负债表日的公允价值反映，公允价值的变动应计入其他综合收益。
资产负债表日，其他债权投资的公允价值高于其账面余额时，应按二者之间的差额，调增其他债权投资的账面余额，同时将公允价值变动计入其他综合收益，借记"其他债权投资——公允价值变动"科目，贷记"其他综合收益——其他债权投资公允价值变动"科目；其他债权投资的公允价值低于其账面余额时，应按二者之间的差额，调减其他债权投资的账面余额，借记"其他综合收益——其他债权投资公允价值变动"科目，贷记"其他债权投资——公允价值变动"科目。

【例4.3.3】 承【例4.3.1】和【例4.3.2】资料。A公司持有的面值总额为3 000 000元、每年12月31日付息的B公司债券，2019年12月31日的市价（不包括应计利息）为2 950 000元，2020年12月31日的市价（不包括应计利息）为2 940 000元。

（1）2019年12月31日，确认公允价值变动：

B公司债券的账面价值=（3 000 000−129 884）+23 505.80=2 893 621.80（元）

公允价值变动=2 950 000−2 893 621.80=56 378.20（元）

借：其他债权投资——B公司债券（公允价值变动）　　　　　56 378.20

　　贷：其他综合收益——其他债权投资公允价值变动　　　　　56 378.20

调整后B公司债券账面价值=2 893 621.80+56 378.20=2 950 000（元）

（2）2020年12月31日，确认公允价值变动：

B公司债券的账面价值=2 950 000+24 681.09=2 974 681.09（元）

公允价值变动=2 940 000−2 974 681.09=−34681.09（元）

借：其他综合收益——其他债权投资公允价值变动　　　　　34 681.09

　　贷：其他债权投资——B公司债券（公允价值变动）　　　　　34 681.09

调整后B公司债券的账面价值=2 974 681.09−34 681.09=2 940 000（元）

4. 其他债权投资的处置

企业在处置其他债权投资时，应将取得的处置价款与其他债权投资账面余额之间的差额，计入投资收益。同时，该金融资产原计入其他综合收益的累计利得或损失对应处置部分的金额应当从其他综合收益中转出，计入投资收益。其中，其他债权投资的账面余额，是指出售前最后一个计量日其他债权投资的公允价值。如果在处置其他债权投资时，已计入应收项目的债券利息尚未收回，还应从处置价款中扣除该部分债券利息之后，确认处置损益。

企业在处置其他债权投资时，应按实际收到的处置价款，借记"银行存款"科目；按其他债权投资的面值，贷记"其他债权投资——成本"科目；按应收的利息，贷记"应收利息"科目或"其他债权投资——应计利息"科目；按利息调整摊余金额，贷记或借记"其他债权投资——利息调整"科目；按累计公允价值变动金额，贷记或借记"其他债权投资——公允价值变动"科目；按上列差额，贷记或借记"投资收益"科目。同时，应将原计入其他综合收益的累计利得或损失对应处置部分的金额转出，借记或贷记"其他综合收益——其他债权投资公允价值变动"科目，贷记或借记"投资收益"科目。

【例4.3.4】 承【例4.3.1】、【例4.3.2】和【例4.3.3】资料。2021年3月1日，A公司将持有的面值总额为3 000 000元、期限为5年、票面利率为4%、每年12月31日付息的B公司债券售出，实际收到出售价款3 050 000元。出售日，B公司债券的账面余额（即2020年12月31日的公允价值）为2 940 000.00元，其中，成本3 000 000元，利息调整（贷方）81 697.11（129 884−23 505.80−24 681.09）元，公允价值变动（借方）21 697.11（56 378.20−34 681.09）元。

借：银行存款　　　　　　　　　　　　　　　　　3 050 000.00

　　其他债权投资——B公司债券（利息调整）　　　　　81 697.11

贷：其他债权投资——B公司债券（成本）	3 000 000.00
——B公司债券（公允价值变动）	21 697.11
投资收益	110 000.00
借：其他综合收益——其他债权投资公允价值变动	21 697.11
贷：投资收益	21 697.11

二、其他权益工具投资的核算

1. 其他权益工具投资的初始计量

企业应当设置"其他权益工具投资"科目，用于核算持有的指定为以公允价值计量且其变动计入其他综合收益的非交易性权益工具投资，并按照其他权益工具投资的类别和品种，分别对"成本"和"公允价值变动"进行明细核算。其中，"成本"明细科目反映其他权益工具投资的初始入账金额，"公允价值变动"明细科目反映其他权益工具投资在持有期间的公允价值变动金额。

其他权益工具投资应当以取得时的公允价值和相关交易费用之和作为初始入账金额。企业支付的价款中包含的已宣告但尚未发放的现金股利，应单独确认为应收项目，不构成其他权益工具投资的初始入账金额。

企业在取得其他权益工具投资时，应按其公允价值与交易费用之和，借记"其他权益工具投资——成本"科目；按支付的价款中包含的已宣告但尚未发放的现金股利，借记"应收股利"科目；按实际支付的金额，贷记"银行存款"科目。

企业收到支付的价款中包含的已宣告但尚未发放的现金股利，应借记"银行存款"科目，贷记"应收股利"科目。

【**例4.3.5**】 2019年4月20日，A公司按每股7.60元的价格从二级市场购入B公司每股面值1元的股票100 000股并指定为以公允价值计量且其变动计入其他综合收益的金融资产，支付交易费用2 000元。股票购买价格中包含每股0.10元已宣告但尚未领取的现金股利。该现金股利于2019年5月10日发放。

（1）2019年4月20日，A公司购入B公司股票时的会计分录如下：

初始入账金额 =（7.60 − 0.10）× 100 000 + 2 000 = 752 000（元）

应收现金股利 = 0.10 × 100 000 = 10 000 （元）

借：其他权益工具投资——B公司股票（成本）	752 000
应收股利	10 000
贷：银行存款	762 000

（2）2019年5月10日，A公司收到B公司发放的现金股利时的会计分录如下：

借：银行存款	10 000
贷：应收股利	10 000

2. 其他权益工具投资持有收益的确认

企业持有其他权益工具投资期间，只有在满足股利收入的确认条件（见交易性金融资产持有收益的确认）时，才能确认股利收入并将其计入当期投资收益。

持有其他权益工具投资期间，被投资单位宣告发放的现金股利满足股利收入的确认条件时，投资方按应享有的份额，借记"应收股利"科目，贷记"投资收益"科目；收到发放的现金股利时，借记"银行存款"科目，贷记"应收股利"科目。

【例 4.3.6】 承【例 4.3.5】资料。A 公司持有 B 公司股票 100 000 股。2020 年 3 月 20 日，B 公司宣告每股分派现金股利 0.15 元（该现金股利已满足股利收入的确认条件），并于 2020 年 4 月 20 日发放。

（1）2020 年 3 月 20 日，在 B 公司宣告分派现金股利时，A 公司的会计分录如下：

应收现金股利 = 0.15 × 100 000 = 15 000（元）

借：应收股利　　　　　　　　　　　　　　　　　　　　　　　15 000

　　贷：投资收益　　　　　　　　　　　　　　　　　　　　　　　15 000

（2）2020 年 4 月 20 日，在收到 B 公司发放的现金股利时，A 公司的会计分录如下：

借：银行存款　　　　　　　　　　　　　　　　　　　　　　　15 000

　　贷：应收股利　　　　　　　　　　　　　　　　　　　　　　　15 000

3. 其他权益工具投资的期末计量

其他权益工具投资的价值应以资产负债表日的公允价值反映，公允价值的变动应计入其他综合收益。

资产负债表日，其他权益工具投资的公允价值高于其账面余额时，应按二者之间的差额，调增其他权益工具投资的账面余额，同时将公允价值变动计入其他综合收益，借记"其他权益工具投资——公允价值变动"科目，贷记"其他综合收益——其他权益工具投资公允价值变动"科目；其他权益工具投资的公允价值低于其账面余额时，应按二者之间的差额，调减其他权益工具投资的账面余额，同时按公允价值变动减计其他综合收益，借记"其他综合收益——其他权益工具投资公允价值变动"科目，贷记"其他权益工具投资——公允价值变动"科目。

【例 4.3.7】 承【例 4.3.6】资料。A 公司持有的 100 000 股 B 公司股票，2019 年 12 月 31 日的每股市价为 7.80 元，2020 年 12 月 31 日的每股市价为 7.50 元。2020 年 12 月 31 日，B 公司股票按公允价值调整前的账面余额（即初始入账金额）为 752 000 元。

（1）2019 年 12 月 31 日，调整其他权益工具投资的账面余额时，A 公司的会计分录如下：

公允价值变动 = 7.80 × 100 000 − 752 000 = 28 000（元）

借：其他权益工具投资——A 公司股票（公允价值变动）　　　　　28 000

　　贷：其他综合收益——其他权益工具投资公允价值变动　　　　　28 000

调整后 A 公司持有的 B 公司股票的账面余额 = 752 000 + 28 000 = 7.80 × 100 000 = 780 000（元）

（2）2020 年 12 月 31 日，调整其他权益工具投资的账面余额时，A 公司的会计分录如下：

公允价值变动 = 7.50 × 100 000 − 780 000 = −30 000（元）

借：其他综合收益——其他权益工具投资公允价值变动　　　　　　30 000

　　贷：其他权益工具投资——A 公司股票（公允价值变动）　　　　30 000

调整后 A 公司持有的 B 公司股票的账面余额 = 780 000 − 30 000 = 7.50 × 100 000 = 750 000（元）

4. 其他权益工具投资的处置

在处置其他权益工具投资时，应将取得的处置价款与该金融资产账面余额之间的差额，计入留存收益。同时，该金融资产原计入其他综合收益的累计利得或损失对应处置部分的金额应当从其他综合收益中转出，计入留存收益。其中，其他权益工具投资的账面余额，是指其他权益工具投资的初始入账金额加上或减去累计公允价值变动后的金额，即出售前最后一个计量日其他权益工具投资的公允价值。如果在处置其他权益工具投资时，已计入应收项目的现金股利尚未收回，还应从处置价款中扣除该部分现金股利之后，确定计入留存收益的金额。

在处置其他权益工具投资时，应按实际收到的处置价款，借记"银行存款"科目；按其他权益工具投资的初始入账金额，贷记"其他权益工具投资——成本"科目；按累计公允价值变动金额，贷记或借记"其他权益工具投资——公允价值变动"科目；按上列差额，贷记或借记"盈余公积""利润分配——未分配利润"科目；同时，将原计入其他综合收益的累计利得或损失对应处置部分的金额转出，借记或贷记"其他综合收益——其他权益工具投资公允价值变动"科目，贷记或借记"盈余公积"和"利润分配——未分配利润"科目。

【例 4.3.8】承【例 4.3.6】和【例 4.3.7】资料。2021 年 2 月 20 日，A 公司将持有的 100 000 股 B 公司股票售出，实际收到价款 760 000 元。出售日，A 公司所持有的 B 公司股票的账面余额为 750 000（752 000 + 28 000 − 30 000）元，其中，成本 752 000 元，公允价值变动（贷方）2 000（28 000 − 30 000）元。A 公司按 10% 提取法定盈余公积。

借：银行存款		760 000
其他权益工具投资——B 公司股票（公允价值变动）		2 000
贷：其他权益工具投资——B 公司股票（成本）		752 000
盈余公积——法定盈余公积		1 000
利润分配——未分配利润		9 000
借：其他综合收益——其他权益工具投资公允价值变动		2 000
贷：盈余公积		200
利润分配——未分配利润		1 800

第四节　长期股权投资的核算

本节学习目标

知识目标：掌握长期股权投资的含义和特征；掌握企业会计准则对长期股权投资账务处理的要求。

技能目标：能够正确进行长期股权投资的账务处理。

案例导入

20×5 年 1 月，某高等职业学院会计专业毕业生刘平到东山公司进行顶岗实习。20×5—20×6 年，东山公司发生下列相关业务。

（1）20×5 年 1 月 8 日，购入乙公司股票 1 160 万股，每股买入价为 8 元（含已宣告但尚未发放的现金股利 0.25 元），另外发生相关税费 14 万元，款项均以银行存款支付。东山公司购入乙公司股票后取得乙公司 25% 的表决权股份。当日，乙公司所有者权益的账面价值（与其公允价值不存在差异）为 36 000 万元。东山公司将该股票作为长期股权投资管理。

（2）20×5 年 3 月 15 日，收到乙公司宣告分派的现金股利。

（3）20×5 年度，乙公司实现净利润 6 000 万元。

（4）20×6 年 2 月 20 日，乙公司宣告分派 20×5 年度股利，每股分派现金股利 0.20 元。

（5）20×6 年 3 月 12 日，东山公司收到乙公司分派的 20×5 年度的现金股利。

（6）20×6 年 9 月 4 日，东山公司出售所持有的全部乙公司的股票，取得价款 10 400 万元。

要求：请替刘平完成与东山公司 20×5—20×6 年长期股权投资业务相关的账务处理。

案例解析

政策依据

《企业会计准则第2号——长期股权投资》

一、长期股权投资概述

长期股权投资，是指企业通过投资取得被投资单位的股权，作为被投资单位的股东、投资者，按所持股份比例享有权利并承担责任的一项非流动资产。

长期股权投资的持有期限一般较长，不准备或不能随时出售，相对于长期债券投资而言，其投资风险较大。

长期股权投资既可以通过企业合并形成，也可以通过支付现金、发行权益证券、投资者投入、非货币性资产交换、债务重组等企业合并以外的其他方式取得。

长期股权投资包括企业持有的对其子公司、合营企业及联营企业的权益性投资以及企业持有的对被投资单位不具有控制、共同控制或重大影响，且在活跃市场中没有报价、公允价值不能可靠计量的权益性投资。

《企业会计准则第2号——长期股权投资》所指的长期股权投资主要包括以下几个方面。

（1）投资企业能够对被投资单位实施控制的权益性投资，即对子公司投资。企业能够对被投资单位实施控制的，被投资单位为本企业的子公司。控制是指投资单位有权决定一个被投资单位的财务和经营政策，并能据以从该企业的经营活动中获取利益。

（2）投资企业与其他合营方一同对被投资单位实施共同控制的权益性投资，即对合营企业投资。企业与其他方对被投资单位实施共同控制的，被投资单位为本企业的合营企业。共同控制是指按照合同约定对某项经济活动所共有的控制，仅在与该项经济活动相关的重要财务和经营决策需要分享控制权的投资方一致同意时存在。

（3）投资企业对被投资单位具有重大影响的权益性投资，即对联营企业投资。企业能够对被投资单位施加重大影响的，被投资单位为本企业的联营企业。重大影响是指对一个企业的财务或经营政策有参与决策的权力，但并不能够控制或者与其他方一起共同控制这些政策的制定。投资企业直接或通过子公司间接拥有被投资单位20%以上但低于50%的表决权股份时，一般认为对被投资单位具有重大影响。

提示： 除上述情况以外，企业持有的其他权益性投资，应当按照《企业会计准则第22号——金融工具确认和计量》的规定处理。

二、长期股权投资的初始计量

《企业会计准则》规定，长期股权投资在取得时，应按初始投资成本入账。通过不同途径取得的长期股权投资，其初始投资成本的确定方法有所不同。《企业会计准则》对企业合并和非企业合并两种途径取得的长期股权投资的初始投资成本作了不同的规定。

（一）企业合并形成的长期股权投资

根据《企业会计准则第2号——长期股权投资》第五条，企业合并形成的长期股权投资，应当按照以下规定确定其初始投资成本。

1. 同一控制下企业合并形成的长期股权投资

合并方以支付现金、转让非现金资产或承担债务方式作为合并对价的，应当在合并日以取得被合并方所有者权益账面价值的份额所对应的权益作为长期股权投资的初始投资成本；合并方应按照长期股权投资初始投资成本与支付的现金、转让的非现金资产以及所承担债务账面价值之间的差额，调整资本公积（资本溢价或股本溢价）；资本公积（资本溢价或股本溢价）不足冲减的，调整留存收益。合并方以发行权益性证券作为合并对价的，应当在合并日以取得被合并方所有者权益账面价值的份额所对应的权益作为长期股权投资的初始投资成本，以发行股份的面值总额作为股本；合并方应按照长期股权投资初始投资成本与所发行股份面值总额之间的差额，调整资本公积（资本溢价或股本溢价）；资本公积（资本溢价或股本溢价）不足冲减的，调整留存收益。

值得注意的是，按照合并日应享有被合并方账面所有者权益的份额确定长期股权投资的初始投资成本的前提是合并前合并方与被合并方采用的会计政策应当一致。

2. 非同一控制下企业合并形成的长期股权投资

非同一控制下的企业合并中，购买方在购买日应当将按照《企业会计准则第 20 号——企业合并》确定的合并成本作为长期股权投资的初始投资成本。企业合并成本包括购买方付出的资产、发生或承担的负债、发行的权益性证券的公允价值以及为进行企业合并发生的各项直接相关费用之和。

（二）企业合并以外其他方式取得的长期股权投资

根据《企业会计准则第 2 号——长期股权投资》第六条的规定，除企业合并形成的长期股权投资以外，其他方式取得的长期股权投资，应当按照下列规定确定其初始投资成本。

（1）以支付现金取得的长期股权投资，应当以实际支付的购买价款作为其初始投资成本，包括购买过程中支付的与取得长期股权投资直接相关的手续费、税金及其他必要支出，但支付价款中所包含的被投资单位已宣告但尚未发放的现金股利或利润应作为应收项目核算，不构成取得长期股权投资的成本。

（2）以发行权益性证券方式取得的长期股权投资，应当以发行权益性证券的公允价值作为初始投资成本，但不包括应自被投资单位收取的已宣告但尚未发放的现金股利或利润。为发行权益性证券支付给有关证券承销机构等的手续费、佣金等与权益性证券发行直接相关的费用，不构成取得长期股权投资的成本。该部分费用应自权益性证券的溢价发行收入中扣除，权益性证券的溢价收入不足冲减的，应依次冲减盈余公积和未分配利润。

（3）投资者投入的长期股权投资，应当按照投资合同或协议约定的价值作为初始投资成本，但合同或协议约定价值不公允的除外。

（4）以债务重组、非货币性资产交换等方式取得的长期股权投资，其初始投资成本应按照《企业会计准则第 12 号——债务重组》《企业会计准则第 7 号——非货币性资产交换》的相关规定确定。

三、长期股权投资的后续计量

《企业会计准则第 2 号——长期股权投资》规定，在持有长期股权投资期间，投资企业应当根据自身对被投资单位的影响程度及是否存在活跃市场、公允价值能否可靠取得等对长期股权投资进行划分，分别采用成本法和权益法对其进行核算。

（一）成本法下长期股权投资的核算

（1）**成本法**，是指长期股权投资按投资成本计价核算的方法。在成本法下，投资企业在取得长期股权投资时，按其初始投资成本计价，在持有期间，除了投资企业追加投资或收回投资外，长期股权投资的账面价值一般应当保持不变，即长期股权投资的价值一经入账，无论被投资单位的生产经营情况如何，是赢利还是亏损，净资产是增加还是减少，投资企业均不改变其长期股权投资的账面价值，仍以初始投资成本反映企业的长期股权投资。

（2）成本法的适用范围。按照《企业会计准则第2号——长期股权投资》的规定，应当采用成本法核算的长期股权投资主要包括企业持有的对子公司的投资。

（3）成本法下核算的科目设置。对采用成本法核算的长期股权投资，企业应设置"长期股权投资""应收股利""投资收益""长期股权投资减值准备"等科目。"长期股权投资"科目属于资产类。该科目可按被投资单位进行明细核算。在成本法核算的情况下，该科目借方登记长期股权投资取得时的成本；贷方登记收回长期股权投资的成本；期末借方余额，反映企业持有的长期股权投资的成本。

（4）成本法下长期股权投资的账务处理。采用成本法核算的长期股权投资，初始投资或追加投资时，按照初始投资或追加投资的成本增加长期股权投资的账面价值。投资以后被投资单位宣告分派的现金股利或利润应当确认为当期投资收益。

【例4.4.1】 20×7年1月7日，A公司以银行存款购入C公司60%的股份，并准备长期持有，实际投资成本为8 000 000元。C公司于20×7年4月18日宣告分派20×6年度的现金股利500 000元。20×8年4月25日，C公司宣告分派现金股利600 000元。

A公司的账务处理如下。

（1）20×7年1月7日，购入C公司股票时：

借：长期股权投资——C公司　　　　　　　　　　　　　　　　　　　8 000 000
　　贷：银行存款　　　　　　　　　　　　　　　　　　　　　　　　　　8 000 000

（2）20×7年4月18日，C公司宣告分派现金股利时：

借：应收股利——C公司　　　　　　　　　　　　　　　　　　　　　　300 000
　　贷：投资收益　　　　　　　　　　　　　　　　　　　　　　　　　　　300 000

（3）20×8年4月25日，C公司宣告分派现金股利时：

借：应收股利——C公司　　　　　　　　　　　　　　　　　　　　　　360 000
　　贷：投资收益　　　　　　　　　　　　　　　　　　　　　　　　　　　360 000

（二）权益法下长期股权投资的核算

长期股权投资的**权益法**是指企业取得投资时以初始投资成本计价后，在持有期间根据所享有的被投资单位所有者权益份额的变动（包括被投资单位实现净利润或发生净亏损及其他所有者权益项目的变动）对长期股权投资的账面价值进行调整的一种核算方法。在权益法下，长期股权投资的账面价值反映的不是企业的初始投资成本，而是企业占被投资单位所有者权益的份额变动情况。

1. 权益法的适用范围

《企业会计准则第2号——长期股权投资》规定，投资企业对被投资单位具有共同控制或重大影响的长期股权投资，应当采用权益法核算，包括以下两类：一是对合营公司投资，二是对联营企业投资。一般而言，企业对其他单位的投资占该公司有表决权资本总额的20%或20%以上但在50%以下，或虽投资不足20%但有重大影响时，应采用权益法核算。

2. 权益法下核算的科目设置

针对采用权益法核算的长期股权投资，企业的科目设置与成本法下的科目设置相类似，也应设置"长期股权投资""应收股利""投资收益""长期股权投资减值准备"等科目。但与成本法不同的是，采用权益法核算时，"长期股权投资"科目下还应设置"投资成本""损益调整""其他权益变动""其他综合收益"等明细科目。其中，"投资成本"明细科目反映购入股权时应享有被投资单位可辨认净资产公允价值的份额；"损益调整"明细科目反映购入股权以后随着被投资单位留存收益的增减变动而享有份额的调整数；"其他综合收益"明细科目反映购入股权以后随着被投资单位其他综合收益的增减变动而享有份额的调整数；"其他权益变动"明细科目反映购入股权以后随着被投资单位资本公积的增减变动而享有份额的调整数。

3. 权益法下长期股权投资的账务处理

（1）长期股权投资的取得。企业取得长期股权投资时，其初始投资成本大于投资时应享有被投资单位可辨认净资产公允价值份额的，不需要进行调整，直接借记"长期股权投资——成本"科目，贷记"银行存款"科目；长期股权投资的初始投资成本小于投资时应享有被投资单位可辨认净资产公允价值份额的，借记"长期股权投资——成本"科目，贷记"银行存款"科目，同时按其差额，贷记"营业外收入"科目。

【例4.4.2】　20×6年7月1日，A公司以银行存款850万元投资于B公司，拥有B公司30%的有表决权股份，采用权益法核算。当日，B公司可辨认净资产的公允价值为4 000万元。假定两个公司不属于同一母公司控制，且不考虑其他因素，则A公司应编制的会计分录如下。

借：长期股权投资——成本　　　　　　　　　　　　　　　　　　　　12 000 000
　　贷：银行存款　　　　　　　　　　　　　　　　　　　　　　　　8 500 000
　　　　营业外收入　　　　　　　　　　　　　　　　　　　　　　　3 500 000

（2）持有长期股权投资期间，被投资单位实现净利润的，投资企业应按照持股比例计算应享有净利润的份额，借记"长期股权投资——损益调整"科目，贷记"投资收益"科目；根据被投资单位发生的净亏损计算应承担的亏损额，编制相反的会计分录。

（3）被投资单位宣告分派现金股利或利润时的处理。被投资单位宣告分派现金股利或利润时，投资企业按持股比例计算应分得的利润或现金股利，通过长期股权投资的"损益调整"明细科目，冲减长期股权投资的账面价值。

提示：收到被投资单位宣告发放的股票股利时，投资企业不进行账务处理，但应在备查簿中登记。

如果在持有投资期间投资（持股）比例发生变动，投资企业应根据投资持有期间加权平均计算投资企业享有被投资单位损益的份额。具体方法是：应分别按年初持股比例和年末持股比例分段计算所持股份期间应享有的投资收益。

【例4.4.3】　20×6年1月10日，A公司在公开交易的证券市场上购买B公司30%的有表决权股份，作为长期投资。A公司实际支付银行存款1 500 000元。20×6年1月10日，B公司的所有者权益总额为5 000 000元。20×6年度，B公司实现净利润800 000元。20×7年5月2日，B公司宣告分派20×6年度股利500 000元。20×7年度，B公司发生净损失6 000 000元；20×8年度，B公司实现净利润1 000 000元。A公司和B公司适用的所得税税率均为25%。假定20×6年1月10日B公司可辨认净资产的公允价值等于其账面价值，除长期股权投资外，A公司在B公司中没有其他长期权益。A公司编制如下会计分录。

（1）20×6年1月10日，购入B公司的股票时：

借：长期股权投资——投资成本   1 500 000

  贷：银行存款   1 500 000

（2）20×6年度，确认B公司实现利润800 000元：

借：长期股权投资——损益调整   240 000

  贷：投资收益——股权投资收益   240 000

其中，实现的投资收益为240 000（800 000×30%）元，此后，"长期股权投资"科目的余额为1 740 000（1 500 000+240 000）元。

（3）20×7年5月2日，B公司宣告分派现金股利500 000元时：

借：应收股利——B公司   150 000

  贷：长期股权投资——损益调整   150 000

其中，应收股利金额150 000（500 000×30%）元，此后，"长期股权投资"科目的余额为1 590 000（1 740 000−150 000）元。

（4）20×7年度，B公司发生亏损6 000 000元：

借：投资收益——股权投资损失   1 590 000

  贷：长期股权投资——损益调整   1 590 000

其中，A公司应负担的亏损金额为1 800 000（6 000 000×30%）元，记账的亏损负担金额为1 590 000（将"长期股权投资"科目的余额减记至零为限）元，未记账的亏损负担金额为210 000（1 800 000−1 590 000）元，在备查簿中记录未确认投资损失210 000元。

（5）20×8年，确认B公司实现利润1 000 000元：

借：长期股权投资——损益调整   90 000

  贷：投资收益——股权投资收益   90 000

其中，实现的股权投资收益金额为300 000（1 000 000×30%）元。弥补未确认投资损失210 000元，可恢复长期股权投资账面价值为90 000（300 000−210 000）元。

（4）持有期间被投资单位实现的其他综合收益。对于被投资单位实现的其他综合收益，在持股比例不变的情况下，投资企业按照持股比例计算应享有或承担的部分，调整长期股权投资的账面价值，借记或贷记"长期股权投资——其他综合收益"科目，贷记或借记"其他综合收益"科目。

（5）持有期间被投资单位除净损益、其他综合收益和利润分配以外所有者权益的其他变动。对于被投资单位除净损益、其他综合收益和利润分配以外所有者权益的其他变动，在持股比例不变的情况下，投资企业按照持股比例计算应享有或承担的部分，调整长期股权投资的账面价值，借记或贷记"长期股权投资——其他权益变动"科目，同时计入所有者权益，贷记或借记"资本公积——其他资本公积"科目。

【例4.4.4】20×8年1月7日，甲公司支付价款8 000万元，取得H公司25%的股权。甲公司取得该项股权后，能对H公司的生产经营决策施加重大影响。甲公司对该项投资采用权益法核算（假设投资日应享有的H公司可辨认净资产公允价值份额与初始投资成本一致）。20×8年，H公司实现净利润2 000万元。该年度中，H公司因其他权益工具投资公允价值上升而增加其他综合收益300万元。另外，H公司除净损益、其他综合收益和利润分配之外的所有者权益增加了800万元。假定除此之外，H公司的所有者权益没有变化，甲公司的持股比例也没有变化。H公司资产的账面价值与公允价值一致。不考虑其他因素。

甲公司的账务处理如下。

（1）20×8 年 1 月 7 日，甲公司取得长期股权投资时：

借：长期股权投资——H 公司（投资成本）　　　　　　　　　80 000 000

　　贷：银行存款　　　　　　　　　　　　　　　　　　　　　　80 000 000

（2）确认 20×8 年投资收益和其他综合收益变动时：

借：长期股权投资——H 公司（损益调整）　　　　　　　　　　5 000 000

　　　　　　　　——H 公司（其他综合收益）　　　　　　　　750 000

　　　　　　　　——H 公司（其他权益变动）　　　　　　　2 000 000

　　贷：投资收益　　　　　　　　　　　　　　　　　　　　　　5 000 000

　　　其他综合收益　　　　　　　　　　　　　　　　　　　　750 000

　　　资本公积——其他资本公积　　　　　　　　　　　　　2 000 000

【学中做】 采用权益法核算时，下列选项中会引起长期股权投资的账面价值变动的有（　　　）。

A. 被投资单位实现净利润　　　　　　　　B. 被投资单位购入土地使用权

C. 被投资单位计提长期股权投资减值准备　　D. 被投资单位进行增资扩股

四、长期股权投资的处置

企业在持有长期股权投资期间，由于各方面的考虑，决定将所持有的对被投资单位的股权全部或部分对外出售时，应相应结转与所售股权相对应的长期股权投资的账面价值，并将出售所得价款与处置的长期股权投资账面价值之间的差额确认为处置损益。

企业处置长期股权投资时，按实际取得的价款，借记"银行存款"科目；按已计提的减值准备，借记"长期股权投资减值准备"科目；按照长期股权投资的账面余额，贷记"长期股权投资"科目；按尚未领取的现金股利或利润，贷记"应收股利"科目；按其差额，借记或贷记"投资收益"科目。

提示： 处置长期股权投资时还应同时结转原计入其他综合收益、资本公积的金额，借记或贷记"其他综合收益"科目，借记或贷记"资本公积——其他资本公积"科目，贷记或借记"投资收益"科目。部分处置某项长期股权投资时，应按该项投资的总平均成本确定其处置部分的成本，并按相应比例结转其他综合收益、已计提的减值准备和资本公积准备。

【例 4.4.5】 承【例 4.4.4】，20×9 年 6 月 12 日，甲公司将所持有的 H 公司股份全部出售，取得价款 90 000 000 元。

甲公司的账务处理如下：

借：银行存款　　　　　　　　　　　　　　　　　　　　　　90 000 000

　　贷：长期股权投资——H 公司（投资成本）　　　　　　　　80 000 000

　　　　　　　　　　——H 公司（损益调整）　　　　　　　　5 000 000

　　　　　　　　　　——H 公司（其他综合收益）　　　　　　750 000

　　　投资收益——H 公司（其他权益变动）　　　　　　　　2 000 000

　　　投资收益——长期股权投资处理损益　　　　　　　　　　225 000

同时，

借：其他综合收益　　　　　　　　　　　　　　　　　　　　　750 000

　　资本公积——其他资本公积　　　　　　　　　　　　　　2 000 000

　　贷：投资收益　　　　　　　　　　　　　　　　　　　　　　2 750 000

五、长期股权投资的损失

《企业会计准则第8号——资产减值》规定：企业应当在资产负债表日判断资产是否存在可能发生减值的迹象。资产存在减值迹象的，应当估计其可收回金额。可收回金额的计量结果表明，资产的可收回金额低于其账面价值的，应当将资产的账面价值减记至可收回金额，并将减记的金额确认为资产减值损失，计入当期损益，同时计提相应的资产减值准备。

在按照规定确定长期股权投资账面价值的基础上，如果资产负债表日长期股权投资存在减值迹象，应当按照《企业会计准则第8号——资产减值》的规定计提减值准备。其中，对于子公司、联营企业及合营的投资，企业应当将其可收回金额低于账面价值的差额确认为减值损失，计提减值准备。长期股权投资减值准备一经提取，在以后会计期间不得转回。

为了核算和监督长期股权投资减值准备的计提与转销等业务，企业应设置"长期股权投资减值准备"科目。该科目是"长期股权投资"科目的备抵科目，贷方登记资产负债表日计提的长期股权投资减值准备；借方登记转销的长期股权投资减值准备；期末贷方余额反映企业已计提但尚未转销的长期股权投资减值准备。该科目按被投资单位设置明细科目进行明细核算。

企业计提长期股权投资减值准备时，应按长期股权投资可收回金额小于长期股权投资账面价值的差额，借记"资产减值损失——计提的长期股权投资减值准备"科目，贷记"长期股权投资减值准备"科目。

【例4.4.6】甲公司持有乙公司的股权。账面价值为205万元，甲公司以其作为长期股权投资并采用权益法进行核算。由于乙公司经营不善，资金周转出现困难，20×7年12月31日，甲公司持有的乙公司的股票的市价跌至180万元，短期内难以恢复。假定甲公司本年度首次对该项长期股权投资计提减值准备。

甲公司的账务处理如下：

借：资产减值损失——计提的长期股权投资减值准备   250 000
    贷：长期股权投资减值准备——乙公司   250 000

【本章小结】

交易性金融资产主要是指企业为了近期内出售而持有的金融资产，应当以取得时的公允价值作为其初始入账金额，发生的相关交易费用直接计入当期损益。资产负债表日，交易性金融资产应按公允价值反映，公允价值的变动计入当期损益。债权投资是指企业以购买债券等方式投放资本、分期或到期一次向债务人收取利息并收回本金的一种投资方式，应当以取得时的公允价值与相关交易费用之和作为其初始入账金额。其他权益工具投资是指定为以公允价值计量且其变动计入其他综合收益的非交易性权益工具投资，应当以取得时的公允价值与相关交易费用之和作为其初始入账金额。其他权益工具投资在资产负债表日按公允价值反映，公允价值的变动应计入其他综合收益。

长期股权投资是指企业通过投资取得被投资单位的股权，作为被投资单位的股东、投资者，按所持股份比例享有权利并承担责任的一项非流动资产。在取得长期股权投资时，企业应按其初始投资成本入账。不同途径取得的长期股权投资，其初始投资成本的确定方法有所不同。在持有长期股权投资期间，企业应当根据投资企业对被投资单位的影响程度及是否存在活跃市场、公允价值能否可靠取得等，分别采用成本法和权益法对其进行核算。

【综合练习】

一、单项选择题

1. 甲公司出售了其持有的交易性金融资产，售价为 2 500 万元，出售时"交易性金融资产——成本"科目的借方余额为 2 400 万元，"交易性金融资产——公允价值变动"科目的借方余额为 5 万元，则因出售而影响的利润额为（　　）万元。

    A．100　　　　　　　B．95　　　　　　　C．75　　　　　　　D．85

2. A 公司于 20×4 年 12 月 10 日购入 B 公司 15 万股股票作为交易性金融资产，每股价格为 6 元。20×4 年 12 月 31 日，该股票的市价为每股 7 元。20×5 年 3 月 1 日，B 公司宣告发放现金股利。3 月 15 日，A 公司收到 B 公司分派的现金股利 3 万元。20×5 年 6 月 30 日，该股票的市价为每股 6.5 元。至 20×5 年 6 月 30，A 公司累计确认的投资收益为（　　）万元。

    A．10.5　　　　　　B．7.5　　　　　　C．3　　　　　　　D．0

3. A 公司于 20×3 年 3 月 30 日以每股 12 元的价格购入 5 000 股某上市公司的股票。实际支付价款 60 000 元，其中包含已经宣告的每股 0.5 元的现金股利。另支付相关费用 600 元，均以银行存款支付。A 公司将所购入的股票作为交易性金融资产核算。该交易性金融资产的入账价值为（　　）元。

    A．55 000　　　　　B．57 500　　　　　C．58 100　　　　　D．60 600

4. 某股份有限公司于 20×5 年 1 月 1 日将其债权投资转让，转让价款 1 560 万元已收存银行。该债券系 20×3 年 1 月 1 日购进，面值总额为 1 500 万元，票面年利率为 5%，到期一次还本付息，期限 3 年。转让该项债券时，应计利息明细科目的余额为 150 万元，尚未摊销的利息调整贷方余额为 24 万元；该项债券已计提的减值准备余额为 30 万元。该公司转让该项债权投资实现的投资收益为（　　）万元。

    A．-36　　　　　　B．-66　　　　　　C．-90　　　　　　D．114

5. 下列关于其他金融工具投资会计处理的表述中，不正确的是（　　）。

    A．其他金融工具投资发生的减值损失应计入当期损益

    B．其他金融工具投资持有期间取得的现金股利，不应冲减资产成本

    C．其他金融工具投资期末应按摊余成本计量

    D．出售其他金融工具投资时，应将持有期间确认的其他综合收益转入投资收益

6. 长期股权投资采用成本法核算时，下列各种情况下，投资企业应相应调减"长期股权投资"账面价值的是（　　）。

    A．被投资单位当年实现净利润时　　　　　　B．被投资单位当年实现净亏损时

    C．被投资单位所有者权益的其他变动时　　　D．投资企业对持有的长期股权投资计提减值时

7. A 公司于 20×5 年 7 月 1 日以银行存款 3 000 万元取得 B 公司 50%的股权，对 B 公司能够实施控制，另发生交易费用 10 万元。A 公司的下列账务处理，做法错误的是（　　）。

    A．A 公司将该项投资划分为长期股权投资

    B．该项投资的初始入账价值为 3 010 万元

    C．该项投资的初始入账价值为 3 000 万元

    D．A 公司将该项投资采用成本法进行后续计量

8. 20×3 年 2 月 1 日，H 公司以银行存款购入乙公司 60%的股份，并准备长期持有，采用成本法核算。乙公司于 20×3 年 3 月 2 日宣告分派 20×2 年度的现金股利 100 000 元。20×4 年，乙公司实现净利润 400 000 元。20×5 年 4 月 1 日，乙公司宣告分派 20×4 年度现金股利 300 000 元。甲公司 20×4 年确

认应收股利时应确认的投资收益为（　　　）元。

  A. 60 000　　　　　　B. 240 000　　　　　　C. 180 000　　　　　　D. 100 000

 9. 下列情况下，长期股权投资应当采用权益法核算的是（　　　）。

  A. 短期持有被投资单位的股权

  B. 长期持有被投资单位的股权，但被投资单位受所在国外汇管制

  C. 与其他企业共同控制被投资单位

  D. 长期持有被投资单位的股权，但对被投资单位无重大影响

 10. 根据《企业会计准则第 2 号——长期股权投资》的规定，长期股权投资采用权益法核算时，下列各项不会引起长期股权投资账面价值减少的是（　　　）。

  A. 期末被投资单位对外捐赠　　　　　　　　B. 被投资单位发生净亏损

  C. 被投资单位计提盈余公积　　　　　　　　D. 被投资单位宣告发放现金股利

 11. A 公司以 2 000 万元取得 B 公司 30%的股权。A 公司取得投资时，B 公司的可辨认净资产的公允价值为 6 000 万元。如果 A 公司能够对 B 公司施加重大影响，则 A 公司计入长期股权投资的金额为（　　　）万元。

  A. 2 000　　　　　　B. 1 800　　　　　　C. 6 000　　　　　　D. 4 000

 12. 20×4 年年初，甲公司购入乙公司 55%的股权，成本为 100 万元。20×4 年年末，该项长期股权投资的可收回金额为 80 万元，故甲公司计提了长期股权投资减值准备 20 万元。若 20×5 年年末该项长期股权投资的可收回金额为 90 万元，则 20×5 年年末甲公司应恢复长期股权投资减值准备（　　　）万元。

  A. 30　　　　　　　　B. 20　　　　　　　　C. 10　　　　　　　　D. 0

 13. 我国企业会计准则规定，公司的交易性金融资产在资产负债表日计量时，应采用（　　　）计量属性。

  A. 原值　　　　　　B. 公允价值　　　　　　C. 成本与市价孰低法　　　D. 可变现净值法

 14. A 公司购入 W 上市公司的股票 180 万股，并将其划分为交易性金融资产，共支付款项 2 830 万元，已宣告但尚未发放的现金股利 126 万元，另外支付相关交易费用 4 万元。该项交易性金融资产的入账价值为（　　　）万元。

  A. 2 700　　　　　　B. 2 704　　　　　　C. 2 830　　　　　　D. 2 834

 15. "债权投资"科目用于核算企业持有至到期投资的（　　　）。

  A. 摊余成本　　　　B. 原值　　　　　　C. 现值　　　　　　D. 完全成本

 16. 资产负债表日，债权投资在持有期间应当按照（　　　）计算确认利息收入，作为投资收益进行会计处理。

  A. 摊余成本和实际利率　　　　　　　　　　B. 面值和实际利率

  C. 摊余成本和票面利率　　　　　　　　　　D. 面值和票面利率

 17. A 公司于某年 1 月 11 日从证券市场上购入 B 公司发行在外的股票 100 万股，并将其作为其他权益工具投资，每股支付价款 6 元（含已宣告但尚未发放的现金股利每股 0.5 元），另支付相关费用 12 万元，不考虑其他因素，则 A 公司其他权益工具投资取得时的入账价值为（　　　）万元。

  A. 600　　　　　　　B. 612　　　　　　　C. 550　　　　　　　D. 562

 18. 下列金融资产中，一般应作为其他权益工具投资核算的是（　　　）。

  A. 企业从二级市场购入准备随时出售套利的股票

  B. 企业购入有意图和有能力持有至到期的公司债券

  C. 企业购入没有公开报价且不准备随时变现的 A 公司 1%的股权

  D. 企业购入有公开报价但不准备随时变现的 A 公司 1%的流通股票

19. 采用成本法核算长期股权投资的情况下，被投资单位发生亏损时，投资企业应当（   ）。

　　A. 借记"投资收益"科目　　　　　　B. 借记"资本公积"科目

　　C. 贷记"长期股权投资"科目　　　　D. 不作处理

20. 若采用权益法核算长期股权投资，当被投资单位发生亏损时，投资企业应当（   ）。

　　A. 借记"投资收益"科目　　　　　　B. 借记"资本公积"科目

　　C. 借记"长期股权投资"科目　　　　D. 不作处理

二、多项选择题

1. 下列各项中，在购入交易性金融资产时不应计入其入账价值的有（   ）。

　　A. 买入价　　　　　　　　　　　　B. 支付的手续费

　　C. 支付的印花税　　　　　　　　　D. 已宣告但尚未发放的现金股利

2. 下列各项中，会引起交易性金融资产的账面价值发生变化的有（   ）。

　　A. 交易性金融资产账面价值与公允价值的差额

　　B. 出售部分交易性金融资产

　　C. 确认分期付息债券利息

　　D. 被投资单位宣告的现金股利

3. 下列金融资产发生的相关交易费用计入初始入账金额的有（   ）。

　　A. 交易性金融资产　　　　　　　　B. 债权投资

　　C. 贷款和应收款项　　　　　　　　D. 其他权益工具投资

4. 采用成本法核算长期股权投资，下列各项中不会导致长期股权投资账面价值发生增减变动的有（   ）。

　　A. 长期股权投资发生减值损失

　　B. 持有长期股权投资期间被投资单位实现净利润

　　C. 收到取得投资时被投资单位已宣告但未派发的现金股利

　　D. 持有期间被投资单位宣告发放的现金股利

5. 权益法下，长期股权投资的初始投资成本包括（   ）。

　　A. 购入时实际支付的价款

　　B. 支付的价款中包含的被投资单位已宣告但尚未发放的现金股利

　　C. 支付的印花税

　　D. 为取得长期股权投资发生的相关手续费

6. 下列表述正确的有（   ）。

　　A. 交易性金融资产按照公允价值计量，发生的相关交易费用直接计入当期损益

　　B. 其他债权投资初始计量时按照公允价值和发生的相关交易费用确认初始入账金额

　　C. 债权投资初始计量时按照公允价值计量，发生的相关交易费用计入投资收益

　　D. 交易性金融资产和其他权益工具投资按照公允价值进行后续计量

7. 下列各项中，关于被投资单位宣告发放现金股利或分配利润时，正确的账务处理有（   ）。

　　A. 交易性金融资产持有期间，被投资单位宣告发放现金股利或利润时确认投资收益

　　B. 长期股权投资采用成本法核算时，被投资单位宣告发放现金股利或利润时确认投资收益

　　C. 长期股权投资采用权益法核算时，被投资单位宣告发放现金股利或利润时确认投资收益

　　D. 长期股权投资采用权益法核算时，被投资单位宣告发放现金股利或利润时冲减其账面价值

8. 下列各项中，应当确认为投资收益的有（   ）。

　　A. 支付与取得交易性金融资产直接相关的费用

B. 支付与取得长期股权投资直接相关的费用

C. 期末交易性金融资产公允价值变动的金额

D. 处置长期股权投资净损益

9. 企业确认和收到交易性金融资产的现金股利时，可能涉及的会计科目有（　　）。

A. "投资收益"   B. "交易性金融资产"

C. "应收股利"   D. "银行存款"

10. 下列关于交易性金融资产的说法中正确的有（　　）。

A. 购入的交易性金融资产实际支付的价款中包含的已宣告但尚未领取的现金股利或已到付息期但尚未领取的债券利息，应单独核算，不构成交易性金融资产的成本

B. 为购入交易性金融资产所支付的相关交易费用，不计入该资产的成本

C. 为购入交易性金融资产所支付的相关交易费用，应计入该资产的成本

D. 交易性金融资产在持有期间取得的现金股利，应确认为投资收益

11. 下列选项中，构成债权投资初始入账成本的有（　　）。

A. 投资时支付的不含应收利息的价款   B. 投资时支付的手续费

C. 投资时支付的税金   D. 价款中所含的已到期尚未发放的利息

12. 下列关于其他权益工具投资的表述中，不正确的有（　　）。

A. 其他权益工具投资发生的减值损失应计入管理费用

B. 其他权益工具投资在资产负债表日的公允价值变动应计入当期损益

C. 取得其他权益工具投资时，发生的交易费用应计入当期损益

D. 处置其他权益工具投资时，以前期间因公允价值变动计入其他综合收益的金额应转入当期损益

13. 下列关于长期股权投资账务处理的表述中，正确的有（　　）。

A. 对合营企业的长期股权投资应采用权益法核算

B. 长期股权投资减值准备一经确认，在以后会计期间不得转回

C. 权益法下，按被投资单位宣告发放现金股利应享有的份额确认投资收益

D. 权益法下，按被投资单位实现净利润应享有的份额确认投资收益

14. 成本法下，企业处置长期股权投资时，可能涉及的会计科目有（　　）。

A. "长期股权投资减值准备"   B. "资本公积"

C. "投资收益"   D. "应收股利"

15. 下列各项中，能引起权益法核算的长期股权投资账面价值发生变动的有（　　）。

A. 被投资单位实现净利润   B. 被投资单位宣告发放股票股利

C. 被投资单位宣告发放现金股利 D. 被投资单位除净损益外的其他所有者权益变动

三、判断题

1. 出售交易性金融资产时，应将原计入公允价值变动损益的公允价值变动金额转入营业外收支。（　　）

2. 处置债权投资时，应将取得的价款与账面价值之间的差额计入资本公积。（　　）

3. 企业持有的其他金融工具投资公允价值发生的增减变动额应当确认为直接计入所有者权益的利得和损失。（　　）

4. 采用成本法核算长期股权投资的情况下，被投资单位发生亏损时，投资企业应当贷记"长期股权投资"科目。（　　）

5. 在权益法下，长期股权投资的初始投资成本小于投资时应享有被投资单位可辨认净资产公允价值份额的，应按其差额调整长期股权投资的初始投资成本，并计入投资收益。（　　）

6. 现金股利和股票股利都是被投资单位给投资企业的报酬，因此，投资企业均应确认收益。(　　)

7. 在持股比例不变的情况下，对于被投资单位除净损益以外所有者权益的其他变动，企业按持股比例计算应享有的份额，借记"长期股权投资——其他权益变动"科目，贷记"资本公积——其他资本公积"科目。　　　　　　　　　　　　　　　　　　　　　　　　　　　　　　　　　　(　　)

8. 企业对长期股权投资计提的减值准备，在该长期股权投资价值回升期间应当转回，但转回的金额不应超过原计提的减值准备。　　　　　　　　　　　　　　　　　　　　　　(　　)

9. 处置长期股权投资时，不同时结转已计提的长期股权投资减值准备，待期末一并调整。(　　)

10. 资产负债表日，交易性金融资产应该按照公允价值计量，公允价值与账面价值的差额应该计入当期利润。　　　　　　　　　　　　　　　　　　　　　　　　　　　　　　　　　　　(　　)

11. "交易性金融资产"科目核算企业为交易目的所持有的债券投资、股票投资、基金投资等交易性金融资产的公允价值。　　　　　　　　　　　　　　　　　　　　　　　　　　　　　(　　)

12. 购入的股权投资因其没有固定的到期日，不符合债权投资的条件，不能划分为债权投资。(　　)

13. 企业在持有债权投资的会计期间，应当按照公允价值对债权投资进行计量。　　(　　)

14. 企业出售其他权益工具投资，应当将取得的价款与账面余额之间的差额作为投资损益进行会计处理。同时将原计入该金融资产的公允价值变动转出，由资本公积转为投资收益。如果对其他权益工具投资计提了减值准备，还应当同时结转减值准备。　　　　　　　　　　　　　　　　　(　　)

15. 在成本法下，当被投资单位发生盈亏时，投资企业并不进行账务处理；当被投资单位宣告分配现金股利时，投资方应将分得的现金股利确认为投资收益。　　　　　　　　　(　　)

四、业务处理题

1. A公司于20×7年1月5日购入股票2 250股，并将其作为交易性金融资产。当时每股市价为4.80元，交易费用为1125元；1月31日，每股市价为5元；3月31日，每股市价为4.70元；4月21日，A公司出售此股票，售价为每股4.90元。

要求：根据上述业务编制有关会计分录。

2. 甲公司于20×5年1月1日支付价款1 000万元（含交易费用）从活跃市场上购入B公司发行的5年期债券。该批债券的面值总额为1 250万元，票面利率为4.72%，按年支付利息，本金到期一次支付。甲公司在购买该债券时，预计发行方不会提前赎回。不考虑其他相关因素。

要求：计算实际利率，为甲公司作相关账务处理，填入表4.2中。

表4.2　采用实际利率和摊余成本计算确定利息收入表　　　　　　（单位：万元）

年份	期初摊余成本（A）	实际利息（B）（按%计算）	应收利息（C）	利息调整摊销（D）	期末摊余成本（E）

3. 承接业务处理题2，假如20×8年8月20日，甲公司将债权投资（B公司债券）全部出售，取得价款1 200万元。

要求：为甲公司进行相关账务处理。

4. 甲公司于20×8年4月5日从证券市场购入乙公司发行的股票500万股，共支付价款900万元，其中包括交易费用4万元。购入时，乙公司已宣告但尚未发放的现金股利为每股0.16元。甲公司将该项投资作为其他权益工具投资核算。6月10日，甲公司收到现金股利。6月30日，该股票的市价为920万元。20×8年12月20日，甲公司出售该金融资产，收到价款960万元。

要求：进行买入股票、收到现金股利、期末计量和处置等环节的账务处理。

5. 20×7—20×9年，甲公司长期股权投资业务的有关资料如下。

（1）20×7年1月1日，甲公司以银行存款6 000万元，购入乙股份有限公司（以下简称"乙公司"）股票，占乙公司有表决权股份的25%，采用权益法进行核算，不考虑相关费用。20×7年1月1日，乙公司的可辨认净资产总额为24 200万元。

（2）20×8年5月2日，乙公司宣告发放20×8年度的现金股利600万元，并于20×8年5月26日实际发放。

（3）20×8年度，乙公司实现净利润3 800万元。

（4）20×9年度，乙公司发生净亏损1 900万元。

（5）20×9年5月，乙公司获得其债权人豁免其债务并进行账务处理后，增加资本公积1 000万元。

（6）20×9年9月3日，甲公司与丙股份有限公司（以下简称"丙公司"）签订协议，将其所持有乙公司的25%的股权全部转让给丙公司。股权转让价款总额为6 000万元，股权转让的过户手续办理完毕，款项已收回。

要求：请完成甲公司的上述长期股权投资业务的账务处理。（要求写出"长期股权投资"科目的明细科目；答案中的金额单位为万元。）

6. 20×8年1月5日，甲公司购入乙公司发行的公司债券。该债券于20×7年7月1日发行，面值为3 000万元，票面利率为5%。上年债券利息于下年年初支付。甲公司将该项投资划分为交易性金融资产，支付价款3 600万元（其中包含已宣告发放的债券利息75万元），另支付交易费用80万元。20×8年2月5日，甲公司收到该笔债券利息75万元。

20×8年6月30日，甲公司购买的该笔债券的市价为3 600万元；20×8年12月31日，甲公司购买的该笔债券的市价为3 500万元。

20×9年1月5日，甲公司收到乙公司债券20×8年利息150万元。

20×9年1月15日，甲公司出售了所持有的乙公司债券，收到价款3 550万元。

要求：请为甲公司的上述经济业务编制会计分录。

7. 20×8年1月1日，甲公司自证券市场购入面值总额为2 000万元的债券。购入时，甲公司实际支付价款2 078.98万元，另支付交易费用10万元。该债券发行日为20×8年1月1日，期限为5年，票面年利率为5%，年实际利率为4%，次年1月10日支付上年利息。甲公司将该债券投资划分为以摊余成本计量的债权投资。

要求：用实际利率法计算债券溢价摊销额，并进行20×8年买入债券及确认收益等环节的账务处理。

8. A公司于某年3月10日购入B公司股票100 000股，每股购入价格10.5元，其中包括已经宣告发放但尚未支取的股利每股0.5元，另外支付佣金等费用10 000元。A公司将其划分为其他权益工具投资。当年4月10日，收到购入股票时尚未支取的股利50 000元，本年10月15日，A公司将其中的5 000股出售，售价为每股11元。

要求：请为A公司的上述经济业务编制会计分录。

9. B公司于20×1年年初购入乙公司普通股股票4 000股，并将其作为长期股权投资。乙公司股票每股面值200元，共发行普通股10 000股，按平价发行。20×1年，乙公司实现净利润40万元，该年按每股面值的10%发放现金股利，甲公司收到股利。20×2年，乙公司发生亏损10万元。

要求：根据上述经济业务为B公司编制会计分录；计算20×2年年末"长期股权投资"科目的账面余额。

10. 20×8年8月14日，甲公司处置部分长期股权投资，出售价款为150 000元，另支付相关税费1 000元，款项已由银行收妥。与该长期股权投资的处置部分相对应的账面价值为140 000元。

要求：根据甲公司的上述经济业务编制有关会计分录。

第五章

固定资产

【本章学习目标】

知识目标：能正确解释固定资产的概念，列举固定资产的类别；理解固定资产的确认条件及固定资产初始计量的要求；掌握固定资产的折旧范围及折旧方法；能列举固定资产后续支出的内容；知道固定资产处置和清查的核算要求。

能力目标：能进行固定资产增加、折旧和处置业务的账务处理；能熟练地用年限平均法计提折旧。

【本章导读】

一、固定资产的概念和特征

《企业会计准则第 4 号——固定资产》指出，固定资产是指同时具有以下两个特征的有形资产：①为生产商品、提供劳务、出租或经营管理而持有；②使用寿命超过一个会计期间。

使用寿命是指企业使用固定资产的预计期间，或者该固定资产所能生产产品或提供劳务的数量。

从固定资产的概念看，固定资产具有以下特征。

第一，企业持有固定资产，是为了满足生产商品、提供劳务、出租或经营管理的需要，而不像商品一样是为了对外出售。这一特征是固定资产区别于商品等流动资产的重要标志。

第二，固定资产的使用期限较长，使用寿命一般超过一个会计年度，能在一年以上的时间里为企业创造经济利益。这一特征表明固定资产属于非流动资产，随着使用和磨损，其价值会逐渐减少。

第三，固定资产具有实物特征，这一特征将固定资产与无形资产区别开来。

二、固定资产的确认条件

固定资产的确认是指企业在什么时候和以多少金额将固定资产作为企业所拥有或控制的资源进行反映。《企业会计准则第 4 号——固定资产》规定，某一资产项目如果作为固定资产加以确认，除需要符合固定资产的定义以外，还必须同时满足以下条件。

1. 与该固定资产有关的经济利益很可能流入企业

资产最主要的特征是预期能给企业带来经济利益。如果某一项资产预期不能给企业带来经济利益，就不能确认为企业的资产。企业在确认固定资产时，需要判断该项固定资产所包含的经济利益是否很可能流入企业。

在实务中,判断与固定资产有关的经济利益是否很可能流入企业,主要依据是与该固定资产所有权相关的风险和报酬是否转移到了企业。与固定资产所有权相关的风险是指由于经营情况变化造成的相关收益的变动,以及由于资产闲置、技术陈旧等原因造成的损失;与固定资产相关的报酬,是指在固定资产使用寿命内使用该资产获得的收入,以及处置该资产所实现的利得等。

通常,取得固定资产的所有权是判断与固定资产所有权相关的风险和报酬转移到企业的一个重要标志。凡是所有权已属于企业的固定资产,不论企业是否收到或持有该项固定资产,均可作为企业的固定资产;反之,如果没有取得所有权,即使存放在企业,也不能作为企业的固定资产。所有权是否转移,不是判断与固定资产所有权相关的风险和报酬是否转移到企业的唯一标志。有时某项固定资产的所有权虽然不属于企业,但是企业能够控制该项固定资产并使该项固定资产所包含的经济利益流入企业。在这种情况下,可以认为与固定资产所有权相关的风险和报酬实质上已转移给企业,相关固定资产也可以作为企业的固定资产加以确认。例如,融资租入的固定资产,企业虽然不拥有固定资产的所有权,但与固定资产所有权相关的风险和报酬实质上已转移到企业(承租方)。此时,企业能够控制该固定资产所包含的经济利益,满足固定资产确认的第一个条件。

企业在对固定资产进行确认时,应当按照固定资产的定义和确认条件,考虑企业的具体情形并加以判断。有些设备,如企业购置的环保设备和安全设备等,虽然不能直接为企业带来经济利益,却有助于企业从相关资产获得经济利益,如果没有这些设施,其他设备就可能无法使用。因此,企业应将这些设施确认为固定资产。

2. 该固定资产的成本能够可靠地计量

成本能够可靠地计量是资产确认的一项基本条件。固定资产作为企业资产的重要组成部分,要予以确认,为取得该固定资产而发生的支出也必须能够可靠地计量。企业在确定固定资产成本时必须取得确凿证据,但是,有时需要根据所获得的最新资料,对固定资产的成本进行合理的估计。例如,对于已达到预定可使用状态但尚未办理竣工决算的固定资产,需要根据工程预算、工程造价或者工程实际发生的成本等资料,按估计价值确定其成本,办理竣工决算后,再按照实际成本调整原来的暂估价值。

在会计实务中,对于固定资产进行确认时,还需要注意以下两个问题:一是固定资产的各组成部分具有不同使用寿命或者以不同方式为企业提供经济利益,适用不同折旧率或折旧方法的,应当分别将各组成部分确认为单项固定资产。二是与固定资产有关的后续支出,满足固定资产确认条件的,应当计入固定资产成本;不满足固定资产确认条件的,应在发生时计入当期损益。

三、固定资产的分类

企业的固定资产种类繁多、规格不一,为加强管理,便于组织会计核算,有必要对其进行科学、合理的分类。根据不同的管理需要和核算要求以及不同的分类标准,可以对固定资产进行不同的分类,主要有以下两种分类方法。

1. 固定资产按经济用途分类

固定资产按经济用途分类,可以分为生产经营用固定资产和非生产经营用固定资产。

生产经营用固定资产,是指直接服务于企业生产、经营过程的各种固定资产,如生产经营用的房屋、建筑物、机器设备、仓库、销售场所、运输车辆、器具、工具等。

非生产经营用固定资产，是指不直接服务于生产经营过程，而是为了满足职工物质文化、生活福利需要的固定资产，如职工宿舍、食堂、托儿所、浴室、理发室、医务室、图书馆以及科研等其他方面使用的房屋、设备和其他固定资产等。

按照固定资产的经济用途分类，可以归类反映和监督企业生产经营用固定资产和非生产经营用固定资产之间，以及生产经营用各类固定资产之间的组成和变化情况，借以考核和分析企业固定资产的利用情况，促使企业合理地配备固定资产，提高固定资产的使用效率，充分发挥其效用。

2. 固定资产按经济用途和使用情况综合分类

在实际工作中，按经济用途和使用情况的不同，并考虑提供某些特殊资料的要求，可将固定资产分为以下七大类。

（1）生产经营用固定资产。

（2）非生产经营用固定资产。

（3）租出固定资产，是指在经营性租赁方式下，租给其他单位并收取租金的固定资产。

（4）不需用固定资产，是指不适应企业生产经营需要的、等待处理的固定资产。

（5）未使用固定资产，是指已完工或已购入但尚未交付使用或尚待安装的新增加的固定资产、因改扩建等原因暂停使用的固定资产、经批准停止使用的固定资产。

（6）土地，是指过去已估价入账的土地。因征地而支付的补偿费，应计入与土地有关的房屋、建筑物的价值内，不单独作为土地价值入账。企业取得的土地使用权，应作为无形资产，而不作为固定资产。

（7）融资租入固定资产，是指企业按合同或协议以融资租赁方式租入的固定资产。在租赁期间，融资租入的固定资产应视同企业自有固定资产进行管理与核算。

由于企业的经营性质不同，经营规模各异，对固定资产的分类不可能完全一致。在实际工作中，企业大多采用综合分类的方法编制固定资产目录，作为进行固定资产核算的依据。

第一节 购建固定资产的核算

本节学习目标

知识目标：了解固定资产取得的不同渠道；熟悉固定资产、在建工程科目的设置及内容、结构；掌握外购固定资产和在建工程的核算方法。

技能目标：能正确进行与购建固定资产有关的典型经济业务的账务处理。

案例导入

20×9年7月，某高等职业学院会计专业毕业生王平到丙股份有限责任公司（以下简称"丙公司"）进行顶岗实习。丙公司属于一般纳税人。丙公司20×9年以自营方式建造一条C989生产线。20×9年7—12月，丙公司发生的有关经济业务如下。

（1）7月10日，为建造生产线购入工程物资一批，取得的增值税专用发票上注明的价款为2 000 000元、增值税税额为260 000元，取得的货物运输业增值税专用发票上注明的运费为20 000元，增值税税额为1 800元。款项已通过银行转账支付。

（2）7月20日，建造生产线领用工程物资2 000 000元。

（3）12月31日，建造生产线的工程人员职工薪酬合计为1 000 000元。

（4）12月31日，结转工程建设期间辅助生产车间为建造生产线提供的劳务支出350 000元。

（5）12月31日，工程完工后对工程物资进行清查，发现工程物资盘亏20 000元，经调查属保管员过失造成被盗丢失。根据丙公司的管理规定，保管员应赔偿5 000元。丙公司尚未收到赔偿款。剩余工程物资转用于丙公司正在建造的一栋职工宿舍。

（6）12月31日，生产线工程达到预定可使用状态并交付使用。

要求： 请替王平对丙公司上述与固定资产相关的业务进行账务处理。

一、固定资产的计价

1. 固定资产的计价方法

《企业会计准则第4号——固定资产》规定："固定资产应当按照成本进行初始计量。"这里的"成本"是指原始价值（简称"原值"）。考虑到固定资产价值较大，其价值会随着固定资产的使用而逐渐减少，还需要揭示固定资产净值。因此，固定资产的计价方法主要有以下三种。

（1）原值。原值又称实际成本、历史成本等，是指企业购建某项固定资产达到可使用状态前所发生的一切合理的、必要的支出。一般包括买价、相关税费、运输费、装卸费、安装费和专业人员服务费、资本化的借款费用等。

（2）固定资产净值。固定资产净值又称折余价值，是指固定资产原值减去已计提折旧后的余额。通过固定资产净值和原值的比较可以了解固定资产的新旧程度，以便于企业及时对固定资产进行更新改造。

（3）重置价值。重置价值又称重置完全价值，是指在目前的市场条件下，重新购置某项固定资产所需的全部支出。在实际工作中，企业对取得的无法确定原值的固定资产通常采用这种计价方法，如盘盈固定资产。

2. 固定资产的初始计量

固定资产的初始计量是指企业最初取得固定资产时对其入账价值的确定。

固定资产取得方式的不同决定了其入账价值所包含的经济内容不同，相应的财务处理程序也不同。本章主要介绍企业通过外购、自行建造等途径取得的固定资产的入账价值的确定方法和账务处理程序。

二、固定资产取得核算的科目设置

固定资产取得核算需要设置的会计科目主要有以下几个。

（1）"固定资产"科目。本科目属于资产类科目，用于核算企业持有的固定资产的原值。建造承包商的临时设施，以及企业购置计算机硬件所附带的、未单独计价的软件，也在该科目核算。借方登记增加固定资产的原值，贷方登记减少固定资产的原值，期末借方余额，反映企业现有固定资产的原值。

（2）"在建工程"科目。本科目属于资产类科目，用于核算企业基建、更新改造等在建工程发生的支出。该科目的借方登记企业各项在建工程的实际支出，贷方登记工程完工交付使用而结转的工程实际成本，期末借方余额，反映企业各项尚未完工工程的实际成本。该科目应按"建筑工程""安装工程""在安装设备""待摊支出"以及单项工程等进行明细核算。

（3）"工程物资"科目。本科目属于资产类科目，用于核算企业为在建工程而准备的各种物资的实际成本，包括工程用材料、尚未安装的设备以及为生产准备的工器具等。该科目借方登记企业购入工程物资的实际成本，贷方登记工程领用、工程完工后剩余结转等原因减少的工程物资的实际成本，期末借方余额，反映企业为在建工程准备的尚未使用的各种库存物资的成本。该科目可按"专用材料""专用设备""工器具"等进行明细核算。

三、外购固定资产的核算

企业外购固定资产的成本包括实际支付的买价、进口关税和其他税费，以及使固定资产达到预定可使用状态前所发生的可归属于该项资产的费用，如场地整理费、运输费、装卸费、保险费、安装费和专业人员服务费等。

购买价款，是指企业为购买固定资产所支付的直接对价物。如果以一笔款项购入多项没有单独标价的固定资产，应按各项固定资产公允价值的比例对总成本进行分配，以分别确定各项固定资产的入账价值。

相关税费，包括企业为购买固定资产而缴纳的税金、行政事业性收费等，如购买车辆而支付的车辆购置税、签订购买合同而缴纳的印花税等，但不包括按照税法规定可以抵扣的增值税进项税额。

企业是一般纳税人的，购进（包括接收捐赠和固定资产实物投资）或者自制（包括改扩建、安装）固定资产发生的进项税额，可根据有关规定从销项税额中抵扣，不计入固定资产的成本。按照税法规定，自2019年4月1日起，纳税人取得不动产或者不动产在建工程的进项税额不再分2年抵扣。企业购买的不动产如果属于企业职工集体福利设施，进项税额不能抵扣，应计入不动产成本。

相关的其他支出，是指使固定资产达到预定可使用状态前所发生的可直接归属于该项资产的其他支出，如购买固定资产过程中发生的相关运输费、装卸费、安装费、专业人员服务费等。

企业购置固定资产，按是否需要安装分为不需要安装的固定资产和需要安装的固定资产两种情况。购入不需要安装的固定资产、达到预定可使用状态的，按确认的入账价值直接增加企业的固定资产；购入需要安装的固定资产的，先通过"在建工程"科目归集工程成本，待固定资产达到预定可使用状态时，再转入"固定资产"科目。

1. 购入不需要安装的固定资产

购入不需要安装的固定资产时，应以实际支付的全部价款扣除可以予以抵扣的增值税进项税额作为其入账价值。

对于购进固定资产发生的进项税额，一般纳税人可凭增值税专用发票、海关进口增值税专用缴款书和货物运输业增值税发票从销项税额中抵扣，借记"应交税费——应交增值税（进项税额）"科目；按照实际支付的全部价款扣除允许抵扣的增值税进项税额计入固定资产价值的金额，借记"固定资产"科目；按照实际支付或应付的金额，贷记"银行存款""应付账款""应付票据""长期应付款"等科目。

【例5.1.1】 20×9年8月20日，A公司以银行存款购入不需要安装的设备一台，价款为10 000元，支付增值税税额1 300元，另支付包装费300元。请为A公司编制相关的会计分录。

分析：

（1）计算设备的购置成本：

设备的购置成本=10 000+300=10 300（元）

（2）计算为购入设备而支付的全部价款：

设备的全部价款=10 300+1 300=11 600（元）

（3）编制会计分录：

借：固定资产——设备 10 300

应交税费——应交增值税（进项税额） 1 300

贷：银行存款 11 600

【例 5.1.2】 2018 年 9 月 10 日，A 公司从 B 公司购入 2018 年 4 月 30 日前建造的厂房一栋，增值税专用发票上注明的价款为 30 000 000 元，应交增值税税额为 1 500 000 元，款项 31 500 000 元已通过银行存款支付。

此例中，B 公司出售 2018 年 4 月 30 日前建造的不动产，选择简易计税方法，按 5%计算得出应交增值税税额为 1 500 000 元；A 公司当期应抵扣进项税额 900 000（1 500 000×60%）元，待抵扣进项税额 600 000（1 500 000×40%）元。

借：固定资产 30 000 000

应交税费——应交增值税（进项税额） 900 000

——待抵扣进项税额 600 000

贷：银行存款 31 500 000

若 B 公司出售的不动产为 2018 年 5 月 1 日后建造且选择一般计税方法的，应交增值税按10%的税率进行计算（2019 年 4 月 1 日起改按 9%的税率计算）。

企业基于产品价格等因素的考虑，可能一次以一笔款项购入多项没有单独标价的固定资产。在这种情况下，企业支付的是捆绑在一起的各项资产的总成本，而单项固定资产并没有标价。但是在会计核算中，由于各项固定资产的作用、价值额以及后续计量问题的会计处理方法不同，因此需要对每一项资产的价值分别加以衡量。采用的方法是：将购买的总成本按每项资产的公允价值占各项资产公允价值总和的比例进行分配，以确定各项资产的入账价值。

【例 5.1.3】 20×9 年 8 月 20 日，乙公司为降低采购成本，向 A 公司一次购进了三套不同型号且具有不同生产能力的设备 A、B 和 C。乙公司为该批设备支付货款 15 600 000 元、增值税进项税额2 028 000 元、包装费 84 000 元，全部以银行存款支付。假定设备 A、B 和 C 分别满足固定资产的定义及其确认条件，公允价值分别为 5 852 000 元、7 189 600 元、3 678 400 元。不考虑其他相关税费。

分析：

（1）确定固定资产成本总额。

固定资产成本总额 = 15 600 000 + 84 000 = 15 684 000（元）

（2）确定设备 A、B 和 C 的价值分配比例。

A 设备应分配的固定资产价值比例 = 5 852 000 ÷（5 852 000 + 7 189 600 + 3 678 400）× 100% = 35%

B 设备应分配的固定资产价值比例 = 7 189 600 ÷（5 852 000 + 7 189 600 + 3 678 400）× 100% = 43%

C 设备应分配的固定资产价值比例 = 3 678 400 ÷（5 852 000 + 7 189 600 + 3 678 400）× 100% = 22%

（3）确定设备 A、B 和 C 各自的入账价值。

A 设备的入账价值 = 15 684 000 × 35% = 5 489 400（元）

B 设备的入账价值 = 15 684 000 × 43% = 6 744 120（元）

C 设备的入账价值 = 15 684 000 × 22% = 3 450 480（元）

（4）编制会计分录：

借：固定资产——A 5 489 400

```
        ——B                                              6 744 120
        ——C                                              3 450 480
    应交税费——应交增值税（进项税额）                      2 028 000
  贷：银行存款                                            17 712 000
```

【学中做】甲公司购入一台不需要安装即可投入使用的设备，取得的增值税专用发票上注明的设备价款为 50 000 元，增值税税额为 6 500 元，另支付包装费 200 元，款项以银行存款支付。

要求：①计算固定资产的购置成本；②编制购入固定资产时的会计分录。

2. 购入需要安装的固定资产

企业购入需要安装的固定资产时，按照实际支付的全部价款扣除可以抵扣的增值税进项税额，借记"在建工程"科目；按照允许抵扣的增值税进项税额，借记"应交税费——应交增值税（进项税额）"科目；按照实际支付的全部价款，贷记"银行存款"科目；按照发生的安装费用，借记"在建工程"科目，贷记"银行存款"科目；安装完毕且达到预定可使用状态时，按安装后的实际成本，借记"固定资产"科目，贷记"在建工程"科目。

微课视频
购入需要安装
的固定资产

【例 5.1.4】 B 公司以银行存款购入一台需要安装的设备，买价为 50 000 元，支付的增值税税额为 6 500 元。该设备由供货商负责安装，以银行存款支付安装费 2 000 元。设备安装完毕交付验收使用。B 公司应编制如下会计分录。

（1）B 公司支付设备价、税款时，编制如下会计分录：

```
借：在建工程——安装工程（×设备）                          50 000
    应交税费——应交增值税（进项税额）                       6 500
  贷：银行存款                                            56 500
```

（2）B 公司支付安装费时，应编制如下会计分录：

```
借：在建工程——安装工程（×设备）                           2 000
  贷：银行存款                                             2 000
```

（3）计算设备安装后的实际成本：

设备安装后的实际成本=50 000+2 000=52 000（元）

设备安装完毕交付验收使用时，应将安装后的实际成本作为原值，编制会计分录如下：

```
借：固定资产——×设备                                      52 000
  贷：在建工程——安装工程（×设备）                          52 000
```

【学中做】某企业购入一台需要安装的设备，取得的增值税专用发票上注明的设备买价为 60 000 元，增值税税额为 7 800 元，支付的运输费为 120 元。安装设备时，相关人员领用工程用材料物资价值 2 000 元，而该企业购进该批材料物资时支付的增值税税额为 260 元，设备安装时支付有关人员薪酬 2 500 元。

要求：编制购入需要安装的固定资产时的会计分录。

四、自行建造固定资产的核算

企业可根据生产经营的特殊需要利用自有的人力、物力条件自行建造固定资产，即自制、自建固定资产。自制固定资产，是指企业自己制造生产经营所需的机器设备等，如自制特殊需要的车床等；自建固定资产，是指企业自行建造房屋、建筑物、各种设施以及进行大型机器设备安装工程等，又称为在建工程，包括固定资产新建工程、改扩建工程、大修理工程等。

企业自行建造的固定资产，应以建造该项固定资产达到预定可使用状态前所发生的全部支出作为其入账价值，包括建造固定资产所需的材料费、人工费、管理费、缴纳的相关税费、应予资本化的借款费用等。只要是为建造固定资产所发生的，与固定资产的形成具有直接关系的支出，都应作为固定资产成本的组成部分。此外，企业在建工程在试运转过程中形成的产品、副产品或试车收入应冲减在建工程成本。

在建工程发生减值的，可以单独设置"在建工程减值准备"科目进行核算。

企业自行建造的固定资产，按营建方式的不同，可分为自营工程和出包工程。采用的营建方式不同，对应的会计处理方法也不同。

1. 自营工程

自营工程是指企业自行组织工程物资采购、自行组织施工人员施工的固定资产建造工程。较为常见的是企业通过这种方式自制一些专用设备。

企业通过自营方式建造的固定资产，其入账价值应当按照该项资产达到预定可使用状态前所发生的必要支出确定，包括工程用物资成本、人工成本、缴纳的相关税费、应予资本化的借款费用以及应分摊的间接费用等。

在确定自营工程成本时还需要注意以下几个方面的问题。

（1）自营工程购入的工程物资如果被用于生产经营所用设备的建造，则企业不应将所支付的增值税税额计入工程成本，而应作为进项税额单独列示，从销项税额中抵扣；如果被用于厂房、建筑物等不动产建筑工程，则企业支付的增值税税额当期可抵扣的部分按60%计算，其余40%为待抵扣进项税额；如果被用于企业职工集体福利设施工程，则企业支付的增值税税额不得抵扣，而应计入工程成本。

（2）对于自营工程领用的外购存货，企业应将其成本转出，并计入工程成本。如果自营工程领用的外购存货被用于企业职工集体福利设施工程，则企业支付的增值税进项税额不能从销项税额中抵扣，而应转出计入工程成本。

（3）对于自营工程领用的自制半成品和产成品，企业应将其生产成本计入自营工程成本。若自营工程属于企业职工集体福利设施工程，则该自营工程领用的自制半成品、产成品，应视同企业销售货物按适用税率计算增值税销项税额，并计入自营工程成本。

（4）在建工程进行负荷联合试车发生的费用，计入工程成本（待摊支出）；试车期间形成的产品或副产品对外销售或转为库存商品时，应借记"银行存款""库存商品"等科目，贷记"在建工程"科目（待摊支出）。

企业因采用自营方式建造固定资产而购入工程物资时，借记"工程物资""应交税费——应交增值税（进项税额）（属于可以抵扣的固定资产）""应交税费——待抵扣进项税额（属于待抵扣的不动产）"等科目，贷记"银行存款"科目。在建工程领用工程物资时，借记"在建工程"科目，贷记"工程物资"科目。在建工程领用本企业外购原材料时，借记"在建工程"科目，贷记"原材料""应交税费——应交增值税（进项税额转出）（属于不可以抵扣的固定资产）"等科目。在建工程领用本企业生产的商品时，借记"在建工程"科目，贷记"库存商品""应交税费——应交增值税（销项税额）"等科目。

对于在建工程应负担的职工薪酬，借记"在建工程"科目，贷记"应付职工薪酬"科目。结转辅助生产部门为工程提供的水、电、设备安装、修理、运输等劳务时，借记"在建工程"

科目，贷记"生产成本——辅助生产成本"科目。在建工程发生的借款费用满足借款费用资本化条件的，借记"在建工程"科目，贷记"长期借款""应付利息"等科目。工程完工达到预定可使用状态时，按完工成本，借记"固定资产"科目，贷记"在建工程"科目。

【例5.1.5】C公司自行建造生产车间一幢，购入为工程准备的各种专用材料和专用设备，其中，专用材料价款为600 000元，增值税税额为78 000元；专用设备价款为400 000元，增值税税额为52 000元。基建工程领用了全部专用设备和专用材料。工程结束时，剩余20 000元的专用材料转作企业存货。另外，基建工程还领用了生产用的50 000元的原材料，其进项税额为8 000元；支付基建工程人员工资100 000元；企业供水车间为基建工程提供劳务支出15 000元；基建工程完工验收并交付使用。

C公司随着工程的进行，应陆续编制如下会计分录。

（1）购入为工程准备的专用材料、专用设备时：

借：工程物资——专用材料 600 000
　　　　　　——专用设备 400 000
　　应交税费——应交增值税（进项税额） 130 000
　　贷：银行存款 1 130 000

（2）基建工程领用专用材料、专用设备时：

借：在建工程——建筑工程（生产车间工程） 1 000 000
　　贷：工程物资——专用材料 600 000
　　　　　　　　——专用设备 400 000

（3）基建工程领用生产用的原材料时：

借：在建工程——建筑工程（生产车间工程） 50 000
　　贷：原材料——×材料 50 000

（4）基建工程支付工程人员工资时：

借：在建工程——建筑工程（生产车间工程） 100 000
　　贷：银行存款 100 000

（5）基建工程承担供水车间劳务费用：

借：在建工程——建筑工程（生产车间工程） 15 000
　　贷：生产成本——辅助生产成本（供水车间） 15 000

（6）剩余专用材料转作企业存货：

剩余专用材料的不含税成本=20 000÷（1+13%）≈17 699.12（元）

剩余专用材料中含增值税税额=17 699.12×13%=2 300.88（元）

借：原材料——×材料 17 699.12
　　应交税费——应交增值税（进项税额） 2 300.88
　　贷：在建工程——建筑工程（生产车间工程） 20 000

（7）基建工程完工验收并交付使用：

建造完工的生产车间的建造成本=1 000 000+50 000+100 000+15 000-20 000=1 145 000（元）

借：固定资产——生产经营用固定资产（生产车间） 1 145 000
　　贷：在建工程——建筑工程（生产车间工程） 1 145 000

盘盈、盘亏、报废、毁损的工程物资的账面价值减去保险公司、过失人赔偿部分后的余额，工程项目尚未完工的，计入或冲减所建工程项目的成本；工程已经完工的，计入当期营业外收支。

在建工程发生的单项或单位工程报废或毁损，减去残料价值和过失人或保险公司等赔款后的净损失，工程项目尚未达到预定可使用状态的，计入继续施工的工程成本；工程项目已达到预定可使用状态的，属于筹建期间的，计入管理费用，不属于筹建期间的，计入营业外支出。如为非常原因造成的报废或毁损，或在建工程项目全部报废或毁损，则应将其净损失直接计入当期营业外支出。

所建造的固定资产已达到预定可使用状态，但尚未办理竣工决算的，应当自达到预定可使用状态之日起，根据工程预算、造价或者工程实际成本等，按估计价值转入固定资产，并按有关规定，计提固定资产折旧，待办理了竣工决算手续后再进行调整。

2. 出包工程

出包工程是指企业通过招标等方式将工程项目发包给建造承包商，由建造承包商（即施工企业）组织施工的固定资产建造工程。出包工程多用于企业的房屋、建筑物的新建、改建及扩建工程等。

企业以出包方式建造固定资产，其成本由建造该项固定资产达到预定可使用状态前所发生的必要支出构成，包括发生的建筑工程支出、安装工程支出以及需分摊计入各固定资产价值的待摊支出。对于发包企业而言，建筑工程支出、安装工程支出是构成在建工程成本的重要内容。发包企业按照合同规定的结算方式和工程进度定期与建造承包商办理工程价款结算，并将结算的工程价款计入在建工程成本。而工程的具体支出，如人工费、材料费、机械使用费等由建造承包商核算，与发包企业没有关系。至于在安装设备工程，一般情况下，由发包企业购买设备，全部的设备安装业务出包给外单位，由此支付的安装费计入固定资产的原值。待摊支出，是指在建设期间发生的，不能直接计入某项固定资产价值，而应由所建造固定资产共同负担的相关费用，包括为建造工程发生的管理费、可行性研究费、征地费、临时设施费、公证费、监理费、应负担的税费、符合资本化条件的借款费用、建设期间发生的工程物资盘亏、报废和毁损净损失，以及负荷联合试车费等。其中，征地费是指企业通过划拨方式取得建设用地发生的青苗补偿费、地上建筑物及附着物补偿费等。企业为建造固定资产通过出让方式取得土地使用权而支付的土地出让金不计入在建工程成本，应确认为无形资产（土地使用权）。

出包方式下，企业在预付建造承包商工程款时，借记"预付账款"科目，贷记"银行存款"科目；企业按合理估计的工程进度和合同规定支付结算的进度款，借记"在建工程——建造工程（××工程）""在建工程——安装工程（××工程）"等科目，贷记"银行存款""预付账款"等科目。工程完成时，按合同规定补付的工程款，借记"在建工程"科目，贷记"银行存款""预付账款"等科目。企业将需安装的设备运抵现场交付建造承包商建造安装时，借记"在建工程——在安装设备（××设备）"科目，贷记"工程物资——××设备"科目；企业在建工程发生的管理费、征地费、可行性研究费、临时设施费、公证费、监理费及应负担的税费等待摊支出，借记"在建工程——待摊支出"科目，贷记"银行存款""应付职工薪酬""长期借款"等科目。

在建工程达到预定可使用状态时，借记"固定资产"科目，贷记"在建工程——建造工程（××工程）""在建工程——安装工程（××工程）""在建工程——待摊支出"等科目。

【例5.1.6】丙公司将一幢新建厂房的工程出包给甲公司承建，按规定先向承包单位预付工程款1 000 000元。工程完工后，丙公司收到承包单位的有关工程结算单据，补付工程款800 000元，工程完工经验收后交付使用。

丙公司的账务处理如下。

（1）预付工程价款时：

借：预付账款——甲公司		1 000 000
贷：银行存款		1 000 000

（2）结算工程款时：

借：在建工程——建筑工程（厂房）		1 800 000
贷：预付账款——甲公司		1 000 000
银行存款		800 000

（3）工程交付使用时：

借：固定资产		1 800 000
贷：在建工程——建筑工程（厂房）		1 800 000

第二节　固定资产折旧与后续支出的核算

本节学习目标

知识目标：掌握固定资产折旧的概念与范围；理解影响固定资产折旧的因素；掌握固定资产折旧的四种计算方法；掌握固定资产折旧和固定资产后续支出的账务处理的要点。

技能目标：能正确进行固定资产折旧和固定资产后续支出的账务处理。

案例导入

20×7 年 1 月，某高等职业学院会计专业毕业生刘平到丁股份有限责任公司（以下简称"丁公司"）进行顶岗实习。丁公司财务部门实习指导老师要求刘平对丁公司下述固定资产折旧进行计算。

（1）丁公司一台大型设备的原值为 500 000 元，预计净残值率为 2%，为简化计算，假设折旧年限为 5 年。请按年限平均法计算该设备的年折旧额。

（2）丁公司有一台设备，账面原值为 360 000 元，规定的预计净残值率为 5%，预计工作总量为 200 000 小时，该月实际完成工时 190 小时。请按工作量法计算该设备的本月折旧额。

（3）承接（1）的资料，请用双倍余额递减法计算每年应计提折旧额，将计算过程和结果填入表 5.1 中。

（4）承接（1）的资料，请用年数总和法计算每年应计提折旧额，将计算过程和结果填入表 5.2 中。

案例解析

表 5.1　双倍余额递减法下固定资产折旧计算表

年份	折旧率	折旧额	账面净值
第 1 年			
第 2 年			
第 3 年			
第 4 年			
第 5 年			

表 5.2　年数总和法下固定资产折旧计算表

年份	折旧率	折旧额	账面净值
第 1 年			
第 2 年			
第 3 年			
第 4 年			
第 5 年			

要求：请替刘平对丁公司上述固定资产折旧进行计算。

一、固定资产折旧的核算

固定资产折旧，是指在固定资产使用寿命内，按照确定的方法对应计折旧额进行的系统分摊。使用寿命，是指固定资产预期使用的期限。应计折旧额，是指应当计提折旧的固定资产的原价（成本）扣除其预计净残值后的金额。

固定资产在使用过程中由于磨损和其他经济原因而逐渐转移价值。这部分转移的价值以折旧费用的形式被计入成本费用中，并从企业营业收入中得到补偿。折旧的实质在于将固定资产的成本以一定的方式分配于由此资产获取效益的各期，以便使费用与收入配比。

（一）影响固定资产折旧的因素

（1）原值。原值是指固定资产的实际取得成本，就折旧计算而言，又称为折旧基数。

（2）预计净残值。预计净残值是指假定固定资产预计使用寿命已满并处于使用寿命终了的预期状态时，企业从该项资产处置中获得的扣除预计处置费用后的净额。固定资产原值减去预计净残值后的数额即为固定资产应计提折旧总额。

（3）预计使用寿命。固定资产的预计使用寿命是指固定资产的经济使用寿命，即折旧年限。企业在确定固定资产的使用寿命时，主要应当考虑以下三个因素：①该资产的预计生产能力或实物产量；②该资产的预计有形损耗和无形损耗；③法律或类似规定对该资产使用年限的限制。

企业应当根据固定资产的性质和使用情况，合理确定固定资产的使用寿命和预计净残值。固定资产的使用寿命、预计净残值一经确定，不得随意变更。

在相同的环境条件下，对于同样的固定资产，其预计的使用寿命应当具有相同的预期。具体进行会计处理时，企业在根据实际情况合理估计的前提下，可以直接以企业所得税法规定的折旧最低年限作为相关固定资产的折旧年限。

为避免国家税收利益受到影响，除另有特殊规定外，国家对固定资产计算折旧的最低年限作了规定，具体如下：房屋、建筑物，为20年；飞机、火车、轮船、机器、机械和其他生产设备，为10年；与生产经营活动有关的器具、工具、家具等，为5年；飞机、火车、轮船以外的运输工具，为4年；电子设备，为3年。

（4）固定资产减值准备。固定资产减值准备是指固定资产已计提的减值准备的累计金额。固定资产计提减值准备后，应在剩余的使用寿命内根据调整后的固定资产的账面价值（固定资产原值扣减累计折旧和累计减值准备后的金额）和预计净残值重新计算并确定折旧率和折旧额。

（二）固定资产折旧的范围

企业应当对所有固定资产计提折旧，但以下两种情况除外。

（1）已提足折旧仍继续使用的固定资产。所谓提足折旧，是指已经提足该项固定资产的应计折旧额。固定资产提足折旧后，不论能否继续使用，均不再计提折旧。提前报废的固定资产也不再补提折旧。

（2）按照规定单独估价作为固定资产入账的土地。

在确定固定资产折旧的范围时，还应注意以下几点。

（1）不需用的固定资产、因修理停用的固定资产、季节性停用的固定资产，应当照提折旧。

（2）已达到预定可使用状态但尚未办理竣工决算的固定资产，无论是否交付使用，尚未办理竣工决算的，都应当按照估计价值确认固定资产成本，并计提折旧；待办理竣工决算后，再按实际成本调整原来的暂估价值，但不需要调整原已计提的折旧额。

（3）以融资租赁方式租入的固定资产和以经营租赁方式租出的固定资产，应当计提折旧；以融资租赁方式租出的固定资产和以经营租赁方式租入的固定资产，不应当计提折旧。

融资租入的固定资产，应当采用与自有应计提折旧资产相一致的折旧政策。确定租赁资产的折旧期间应依租赁合同而定。能够合理确定租赁期届满时取得租赁资产所有权的，应以租赁期开始日租赁资产的使用寿命作为折旧期间；无法合理确定租赁期届满后承租人是否能够取得租赁资产所有权的，应当以租赁期与租赁资产使用寿命两者中较短者作为折旧期间。

（4）处于更新改造过程中停止使用的固定资产，应将其账面价值转入在建工程，不再计提折旧。更新改造项目达到预定可使用状态，在转为固定资产后，再按照重新确定的折旧方法和该固定资产尚可使用寿命计提折旧。

企业固定资产应当按月计提折旧，当月增加的固定资产，当月不计提折旧，从下月起计提折旧；当月减少的固定资产，当月仍计提折旧，从下月起不计提折旧。用公式表示如下：

$$当月固定资产折旧额＝上月固定资产折旧额＋上月增加固定资产折旧额$$
$$－上月减少固定资产折旧额$$

企业应合理地确定固定资产预计使用年限和预计净残值，并选择合理的折旧方法，经股东大会、董事会、经理（厂长）会议或类似机构批准，作为计提折旧的依据。上述方法一经确定，不得随意变更。此外，企业至少应当于每年年度终了，对固定资产的使用寿命、预计净残值和折旧方法进行复核。如果固定资产使用过程中所处环境、使用情况等发生重大变化，导致其折旧方法、使用寿命或者预计净残值确需变更的，应当作为会计估计变更处理。

（三）固定资产折旧方法

固定资产由于磨损和其他经济原因而转移到产品成本或期间费用中去的价值，很难用技术的方法正确测定。企业应当根据与固定资产有关的经济利益的预期实现方式，合理选择固定资产折旧方法。可选用的固定资产折旧方法包括年限平均法、工作量法、双倍余额递减法和年数总和法等。

1. 年限平均法

年限平均法又称直线法，是指将固定资产的应计折旧额均衡地分摊到固定资产预计使用寿命内的一种方法。这种方法的最大特点是：每期计算的折旧额是相等的、不变的。年限平均法的理论计算公式为

$$年折旧额＝（固定资产原值－预计净残值）÷预计使用年限$$

或　　　　　　　　$$＝固定资产原值×（1－预计净残值率）÷预计使用年限$$

其中，　预计净残值率＝（预计净残值额÷固定资产原值）×100%

在实际工作中，采用年限平均法计提折旧时，折旧额是根据固定资产原值乘以折旧率计算的。固定资产年折旧率，是指固定资产年折旧额与固定资产原值的比率，即

$$年折旧率＝年折旧额÷固定资产原值×100\%$$

企业也可不在计算固定资产年折旧额基础上计算年折旧率，而按下列公式直接求得年折旧

率，进而求得固定资产月折旧额。因此，实际工作中年限平均法采用的计算公式如下：

年折旧率=（1-预计净残值率）÷预计使用寿命（年）×100%

月折旧率=年折旧率÷12

月折旧额=固定资产原值×月折旧率

【例5.2.1】 A公司有一仓库，原值为800 000元，预计可使用20年，预计净残值率为4%。该仓库的年折旧率、年折旧额、月折旧率、月折旧额的计算如下：

年折旧率=（1-4%）÷20×100%=4.8%

年折旧额=800 000×4.8%=38 400（元）

月折旧率=4.8%÷12=0.4%

月折旧额=800 000×0.4%=3 200（元）

在年限平均法下，每年计提的折旧额是相等的。因此，它体现了固定资产的有效使用损耗相当均衡，而技术陈旧因素基本上可以不予考虑。典型的例子是铺筑的道路、输送管道、储存罐、栅栏等，一般的房屋也可以认为是这样的固定资产。

2. 工作量法

工作量法，是根据固定资产在规定的折旧年限内可以完成的工作量（如汽车的行驶里程、机器设备的工作小时等）的比例计算折旧额的一种方法。按照这种方法可以正确地为各月使用程度变化相对较大的固定资产计提折旧。工作量法计算折旧的过程分两个步骤来完成，首先要计算固定资产单位工作量的折旧额，在此基础上再根据每期实际工作量的多少计算当期的折旧额，其计算公式为

单位工作量折旧额=固定资产原价×（1-预计净残值率）÷预计总工作量

某项固定资产月折旧额=该项固定资产当月工作量×单位工作量折旧额

【例5.2.2】 丙公司有一台设备，其账面原值为360 000元，预计净残值率为5%，预计工作总量为200 000小时，该月实际完成工时190小时。

单位工作小时折旧额=360 000×（1-5%）÷200 000=1.71（元）

本月折旧额=190×1.71=324.90（元）

工作量法适用于各期间使用情况很不均衡，使用的季节性较为明显的大型机器设备、大型施工机械以及运输单位或其他企业专业车队的客、货运汽车等固定资产折旧的计算。

3. 双倍余额递减法

双倍余额递减法，是指在不考虑固定资产预计净残值的情况下，根据每期期初固定资产的账面净值和双倍的年限平均法折旧率计算固定资产折旧的一种方法。计算公式如下：

年折旧率=2÷预计的折旧年限×100%

月折旧率=年折旧率÷12

月折旧额=每月月初固定资产的账面净值×月折旧率

由于双倍余额递减法开始计提折旧时不考虑固定资产的净残值，因此，企业在应用这种方法时必须注意：不能把固定资产净值降低到它的预计净残值以下。采用双倍余额递减法计提折旧时，应当在其折旧年限到期的前两年内，将固定资产账面净值扣除预计净残值后的余额平均摊销。

【例5.2.3】 H公司现有生产用电子设备一台，原值为50 000元，预计可使用5年，预计净残值为1 000元。经批准采用双倍余额递减法计提折旧。H公司该电子设备各年折旧额见表5.3。

年折旧率＝2÷5×100%＝40%

第1年应计提的折旧额＝50 000×40%＝20 000（元）

第2年应计提的折旧额＝（50 000－20 000）

　　　　　　　　　　×40%＝12 000（元）

第3年应计提的折旧额＝（50 000－20 000

　　　　　　　　　　－12 000）×40%

　　　　　　　　　　＝7 200（元）

从第4年起改用年限平均法计提折旧。

第4年、第5年的每年折旧额为（50 000－

20 000－12 000－7 200－1 000）÷2＝4 900（元）。

表5.3　双倍余额递减法折旧计算表（金额单位：元）

使用年限	年初固定资产净值	年折旧率	年折旧额	累计折旧额	年末固定资产净值
1	50 000	40%	20 000	20 000	30 000
2	30 000	40%	12 000	32 000	18 000
3	18 000	40%	7 200	39 200	10 800
4	10 800	—	4 900	44 100	5 900
5	5 900	—	4 900	49 000	1 000
合计			49 000		

为了简化计算，每年各月折旧额可根据年折旧额除以12来计算。

4．年数总和法

年数总和法又称年限合计法，是指将固定资产的原价减去预计净残值后的净额，乘以一个以固定资产尚可使用年数为分子、预计使用寿命逐年数字之和为分母的逐年递减的分数计算每年的折旧额的一种方法。计算公式如下：

　　　　年折旧率＝尚可使用年限÷预计使用寿命的年数总和×100%

或者　　年折旧率＝（预计折旧年限－已折旧年限）÷[预计折旧年限×（预计折旧年限＋1）÷2]×100%

　　　　月折旧率＝年折旧率÷12

　　　　月折旧额＝（固定资产原价－预计净残值）×月折旧率

【例5.2.4】K公司现有一台生产用电子设备，原值为48 000元，预计可使用5年，预计净残值为1 440元。经批准，K公司对该设备采用年数总和法计提每月折旧。K公司该电子设备各月折旧额见表5.4。

表5.4　年数总和法折旧计算表　　　　　　　　　　　　（金额单位：元）

使用年限	固定折旧基数	尚可使用年限	年数总和	年折旧率	年折旧额	累计折旧额	期末折余价值	月折旧额 年折旧额÷12
0							48 000	
1	46 560	5	15	5/15	15 520	15 520	32 480	1 293.33
2	46 560	4	15	4/15	12 416	27 936	20 064	1 034.67
3	46 560	3	15	3/15	9 312	37 248	10 752	776.00
4	46 560	2	15	2/15	6 208	43 456	4 544	517.33
5	46 560	1	15	1/15	3 104	46 560	1 440	258.67
合　计					46 560			

双倍余额递减法和年数总和法都是加速折旧法，其特点是在固定资产使用的早期多提折旧，后期少提折旧，从而相对加快折旧速度，目的是使固定资产成本在估计使用寿命内加快得到补偿。

企业选用不同的固定资产折旧方法，将影响固定资产使用寿命期间内不同时期的折旧费用。因此，固定资产的折旧方法一经确定，不得随意变更。

政策依据
固定资产加速折旧

（四）固定资产折旧的账务处理

企业需设置"累计折旧"科目，用于核算企业固定资产的累计折旧额。本科目属于资产类科目，贷方登记提取的折旧，借方登记减少固定资产转出的折旧，期末贷方余额，反映企业现有固定资产累计折旧额。

企业计提的固定资产折旧应当记入"累计折旧"科目的贷方，并根据固定资产使用地点和用途的不同，计入相关资产成本或者当期损益，借记有关成本费用科目。

（1）生产部门正常使用的固定资产，计提的折旧应计入制造费用，借记"制造费用"科目。

（2）行政管理部门正常使用的固定资产，计提的折旧应计入管理费用，借记"管理费用"科目。

（3）销售部门正常使用的固定资产，计提的折旧应计入销售费用，借记"销售费用"科目。

（4）经营租赁租出的固定资产，计提的折旧应计入其他业务成本，借记"其他业务成本"科目。

（5）企业自行建造固定资产过程中使用的固定资产，计提的折旧应计入在建工程成本，借记"在建工程"科目。

（6）对未使用不需用固定资产计提的折旧，应借记"管理费用"科目；修理、季节性停用的固定资产，计提的折旧记入原成本费用科目。

在我国会计实务中，各月固定资产折旧的计提工作一般是通过按月编制"固定资产折旧计算表"进行的。"固定资产折旧计算表"的计算方法可用公式表示为

$$本月应计提折旧额 = 上月计提折旧额 + 上月增加固定资产应计提折旧额$$
$$- 上月减少固定资产应计提折旧额$$

"固定资产折旧计算表"的格式见表 5.5。

表 5.5   固定资产折旧计算表 （单位：元）

使用部门		上月计提折旧额	上月增加固定资产应计折旧额	上月减少固定资产应计折旧额	本月应计提折旧额
生产部门	生产用	238 000	3 000	5 000	236 000
	管理用	29 000	4 000		33 000
	合 计	267 000	7 000	5 000	269 000
行政管理部门		65 000		3 000	62 000
出 租		5 000			5 000
总 计		337 000	7 000	8 000	336 000

【例 5.2.5】 根据表 5.5，编制会计分录如下：

借：制造费用   269 000

     管理费用   62 000

     其他业务成本   5 000

    贷：累计折旧   336 000

二、固定资产后续支出的核算

固定资产后续支出，是指固定资产使用过程中发生的更新改造支出、修理费用等。

固定资产后续支出分为符合固定资产确认条件的后续支出和不符合固定资产确认条件的后续支出两类。

后续支出的处理原则为：符合固定资产确认条件的，应当计入固定资产成本，同时将被替换部分的账面价值扣除；不符合固定资产确认条件的，应当计入当期损益。

1. 日常修理支出

固定资产投入使用之后，为了保持固定资产的正常运转和使用，使它一直处于良好的工作状态，企业必须对固定资产进行必要的维护和修理，从而会发生一些日常修理费用。

固定资产的修理按其修理范围的大小、费用支出的多少、修理间隔的长短等，分为日常修理和大修理两种。固定资产日常修理是为保持和恢复固定资产正常工作状态所进行的经常性修理，其特点是修理范围小、费用支出少、修理间隔短。固定资产大修理是为保持和恢复固定资产正常工作状态所进行的定期修理和局部更新，其特点是修理范围大、费用支出多、修理次数少、修理间隔长。固定资产日常修理和大修理，不符合固定资产的确认条件，因此，一般情况下对固定资产修理期间所发生的日常修理和大修理费用，在发生的当期，应按照固定资产的用途和部门的不同计入当期损益。具体进行账务处理时，企业按照生产车间（部门）和行政管理部门等发生的固定资产修理费用等后续支出，借记"管理费用"科目，贷记"银行存款"科目；专设销售机构发生的固定资产修理费用等后续支出，借记"销售费用"科目，贷记"银行存款"科目。如果企业对固定资产定期检查发生的大修理费用，有确凿的证据表明其符合固定资产确认的条件，可以计入固定资产的成本，即可以将支出资本化。

【例5.2.6】 A企业对生产车间的一台生产设备进行日常维修，维修过程中发生内部人工费用5 000元；委托企业外部工程技术人员对厂部各科室的打印机进行日常维修，发生材料和人工费用共1 000元。A企业以银行存款支付相关款项。A企业的会计分录如下：

借：管理费用　　　　　　　　　　　　　　　　　　　　　　　　　6 000
　　贷：应付职工薪酬　　　　　　　　　　　　　　　　　　　　　　5 000
　　　　银行存款　　　　　　　　　　　　　　　　　　　　　　　　1 000

2. 更新改造支出

固定资产的更新改造等后续支出，满足固定资产确认条件的，应当计入固定资产成本，如有被替换的部分，应同时将被替换部分的账面价值从该固定资产的原账面价值中扣除。

固定资产发生的可资本化的后续支出，通过"在建工程"科目核算。固定资产发生可资本化的后续支出时，应将该固定资产的原价、已计提的累计折旧和减值准备转销，将固定资产的账面价值转入"在建工程"科目，并停止计提折旧。改扩建完成办理竣工决算时，再从在建工程转为固定资产，并按重新确定的使用寿命、预计净残值和折旧方法计提折旧。改扩建活动延长固定资产使用寿命的，应适当延长该固定资产的折旧年限。

在固定资产发生的后续支出完工并达到预定可使用状态时，应在后续支出资本化的固定资产账面价值不超过其可收回金额的范围内，借记"固定资产"科目，贷记"在建工程"科目。超过其可收回金额的部分则计入管理费用。

【例5.2.7】 某企业拥有一座生产厂房，原值为10 000 000元，累计已提折旧3 000 000元，账面净值为7 000 000元。由于产品适销对路，现有生产能力不足以满足市场需要，该企业决定对该厂房进行改扩建，以提高生产能力。3个月后，该企业完成了对生产厂房的改扩建工程，使之达到了预定可使用状态。改扩建工程共发生支出5 000 000元，全部以银行存款支付。不考虑其他相关税费，该企业应编制会计分录如下。

（1）固定资产转入改扩建时：

借：在建工程　　　　　　　　　　　　　　　　　　　　　　　　7 000 000
　　累计折旧　　　　　　　　　　　　　　　　　　　　　　　　3 000 000

贷：固定资产	10 000 000

（2）改扩建生产厂房发生支出时：

借：在建工程	5 000 000
贷：银行存款	5 000 000

（3）工程完工时：

借：固定资产	12 000 000
贷：在建工程	12 000 000

　　如果不能区分是固定资产修理还是固定资产改良，或固定资产修理和固定资产改良结合在一起，则企业应当判断与固定资产有关的后续支出是否满足固定资产的确认条件。如果满足固定资产的确认条件，后续支出计入固定资产的账面价值；否则，应当将其确认为当期费用。

　　固定资产的装修费用，满足固定资产确认条件的，应当计入固定资产的账面价值，并在"固定资产"科目下单设"固定资产装修"明细科目进行核算，在两次装修间隔期间与固定资产尚可使用年限两者中较短的期间内，采用合理的方法单独计提折旧。如果在下次装修时，与该项固定资产相关的"固定资产装修"明细科目仍有账面价值，应将该账面价值一次性全部计入当期营业外支出。

　　融资租入固定资产发生的固定资产后续支出比照上述原则处理。发生的固定资产装修费用等，满足固定资产确认条件的，应在两次装修间隔期间、剩余租赁期与固定资产尚可使用年限三者中较短的期间内，采用合理的方法单独计提折旧。

　　【例5.2.8】 20×1年1月25日，丙公司对所属一家商场进行装修，发生以下相关支出：领用生产用原材料40 000元，购进该批原材料时支付的增值税进项税额为6 800元；辅助生产车间为商场装修工程提供的劳务支出为14 660元；发生有关人员薪酬29 640元。20×1年12月26日，商场装修完工，达到预定可使用状态并交付使用。丙公司预计下次装修时间为11年后的12月。20×4年12月31日，丙公司决定对该商场重新进行装修。假定该商场的装修支出符合固定资产确认条件，该商场预计尚可使用年限为6年，装修形成的固定资产预计净残值为1 100元，采用年限平均法计提折旧，不考虑其他因素。

　　丙公司的账务处理如下。

（1）装修领用原材料时：

借：在建工程	46 800
贷：原材料	40 000
应交税费——应交增值税（进项税额转出）	6 800

（2）结转辅助生产车间为装修工程提供的劳务成本：

借：在建工程	14 660
贷：生产成本——辅助生产成本	14 660

（3）结转发生的工程人员薪酬：

借：在建工程	29 640
贷：应付职工薪酬	29 640

（4）装修工程达到预定可使用状态交付使用：

借：固定资产——固定资产装修	91 100
贷：在建工程	91 100

（5）20×2年计提装修形成的固定资产折旧：

　　分析：因下次装修时间为11年后的12月，大于固定资产预计尚可使用年限6年，因此，应按固定资产预计尚可使用年限 6 年计提折旧。

年折旧额＝（91 100－1 100）÷6＝15 000（元）

借：管理费用 15 000

　　贷：累计折旧 15 000

20×3 年、20×4 年计提装修形成的固定资产折旧同 20×2 年。

（6）20×4 年 12 月 31 日，重新装修时：

借：营业外支出 46 100

　　累计折旧 45 000

　　贷：固定资产——固定资产装修 91 100

3. 与固定资产后续支出有关的长期待摊费用

长期待摊费用是指企业已经发生但应由本期和以后各期负担的分摊期限在一年以上的各项费用。企业发生的长期待摊费用应借记"长期待摊费用"科目。

长期待摊费用应当在其摊销期限内采用年限平均法进行摊销，根据其受益对象计入相关资产的成本或者管理费用，并冲减长期待摊费用。企业按月摊销长期待摊费用时，借记"制造费用""管理费用"等科目，贷记"长期待摊费用"科目。长期待摊费用的摊销主要有以下几种情况。

（1）已提足折旧固定资产的改建支出。已提足折旧的固定资产，账面价值仅剩净残值。此时，该固定资产的价值形式已经消失，后续支出也已失去了可以附着的载体。所以，这时候在这些资产上发生的改建支出，是不能将其计入固定资产成本的，只能通过长期待摊费用科目核算，并在固定资产预计尚可使用年限分期摊销。

【例 5.2.9】 20×1 年年底，B 企业购入一台生产用设备，作为固定资产核算。该设备的使用寿命为 7 年。20×8 年 12 月 31 日，该设备仍然运转良好，并且用其生产的产品适销对路。B 企业决定从 20×9 年 1 月 1 日开始对该设备进行改造，改造期间职工薪酬支出为 240 000 元，发生用银行存款支付的其他相关支出 120 000 元。该改造工程于 20×9 年 3 月 31 日完工。预计改造后的固定资产还可以使用 3 年，企业采用年限平均法对改造支出进行摊销。B 企业的账务处理如下。

（1）20×9 年 1 月 1 日，对该固定资产进行改造，改造期间发生费用时：

借：长期待摊费用 360 000

　　贷：应付职工薪酬 240 000

　　　　银行存款 120 000

（2）20×9 年 4 月开始对改造支出进行摊销，当月摊销额为 10 000 元：

借：制造费用 10 000

　　贷：长期待摊费用 10 000

（2）经营租入固定资产的改扩建支出。以经营租赁方式租入的固定资产的改扩建支出，是指改变房屋或者建筑物结构、延长使用年限等发生的支出。由于与经营租入固定资产相关的风险和报酬并没有转移给承租方，资产的所有权仍属于出租方而不属于承租方，承租方只在协议规定的期限内拥有对该资产的使用权，因而对以经营租赁方式租入的固定资产发生的改建支出，不能计入固定资产成本，只能计入长期待摊费用，其受益期为合同约定的剩余租赁期，因此，其改扩建支出也只能在合同约定的剩余租赁期限内分期摊销。

【例 5.2.10】 20×8 年 12 月 31 日，A 企业经营租入一条生产线用于生产 A 产品，租期为 3 年，从 20×9 年开始，每年年末支付租金 30 000 元。为了提高生产效率，A 企业在 20×8 年

12 月 31 日生产线运抵企业进行安装时即进行改造。相关支出为：工程领用生产用原材料价值 11 600 元（含税 1 600 元）；辅助生产车间为生产线改良提供的劳务支出为 3 300 元；有关人员薪酬支出为 3 100 元。该改造工程当日安装完毕，于次日投产运行。A 企业于 20×8 年 12 月 31 日租入该生产线时，不进行会计处理，但是对该生产线进行备查登记。A 企业的账务处理如下。

（1）改良工程领用原材料：

借：在建工程	11 600	
贷：原材料		10 000
应交税费——应交增值税（进项税额转出）		1 600

（2）结转辅助生产车间为改良工程提供的劳务成本：

借：在建工程	3 300	
贷：生产成本——辅助生产成本		3 300

（3）结转发生的工程人员薪酬：

借：在建工程	3 100	
贷：应付职工薪酬		3 100

（4）改良工程达到预定可使用状态并交付使用：

借：长期待摊费用	18 000	
贷：在建工程		18 000

（5）在租赁期内按月进行摊销：

借：制造费用	500	
贷：长期待摊费用		500

第三节　固定资产减值和清查的核算

本节学习目标

知识目标：掌握固定资产减值的概念及其认定条件；掌握与固定资产减值和清查相关的账务处理方法。

技能目标：能正确进行固定资产减值和清查业务的账务处理。

案例导入

20×7 年 1 月，某高等职业技术学院会计专业毕业生张华到 A 股份有限责任公司（以下简称"A 公司"）进行顶岗实习。

A 公司于 20×4 年 9 月 5 日对一生产线进行改扩建。改扩建前，该生产线的原价为 900 万元，已计提折旧 200 万元，已计提减值准备 50 万元。在改扩建过程中领用工程物资 300 万元，领用生产用原材料 50 万元，该原材料的进项税额为 8.5 万元；发生改扩建人员工资 80 万元，用银行存款支付其他费用 61.5 万元。该生产线于 20×4 年 12 月 20 日达到预定可使用状态。该企业对改扩建后的固定资产采用年限平均法计提折旧，预计尚可使用年限为 10 年，预计净残值为 50 万元。20×6 年 12 月 31 日，该生产线的公允价值减去处置费用后的净额为 690 万元，预计未来现金流量现值为 670 万元。假定固定资产按年计提折旧，固定资产计提减值准备不影响固定资产的预计使用年限和预计净残值。

A公司财务部门实习指导老师要求张华对上述固定资产业务重新进行核算。要求包括：

（1）进行上述与固定资产改扩建有关业务的账务处理；

（2）计算改扩建后的生产线20×5年和20×6年每年应计提的折旧额；

（3）计算20×6年12月31日该生产线是否应计提减值准备，若计提减值准备，编制相关会计分录；

（4）计算该生产线20×7年应计提的折旧额（金额单位为"万元"）。

要求： 请替张华完成A公司财务部门实习指导老师提出的上述任务。

一、固定资产减值的核算

1. 固定资产减值的认定

固定资产减值是指由于固定资产损坏、技术陈旧或其他经济原因所导致的固定资产的可收回金额低于其账面价值的情况。企业应当在每月月末或者至少在每年年度终了，对固定资产逐项进行检查，如发现存在下列情况，应当计算固定资产的可收回金额，以确定固定资产是否已经发生减值。

（1）固定资产市价大幅度下跌，其跌价幅度大大高于因时间推移或正常使用而预计的下跌，并且预计在近期内不可能恢复；

（2）企业经营所处的经济、技术或者法律环境及资产所处的市场在当期或者将在近期发生重大变化，并对企业产生不利影响；

（3）市场利率或者其他市场投资报酬率在当期已经提高，从而影响企业计算固定资产预计未来现金流量现值的折现率，导致固定资产可收回金额大幅度降低；

（4）有证据表明固定资产已经陈旧过时或者其实体已经损坏；

（5）固定资产预计使用方式发生重大不利变化，如企业计划终止使用、提前处置资产等情形，从而对企业产生负面影响；

（6）其他有可能表明资产已发生减值的情况。

2. 固定资产减值的账务处理

如果固定资产在资产负债表日的可收回金额低于其账面价值，则企业应当将固定资产的账面价值减记至可收回金额，并将减记的金额确认为资产减值损失，计入当期损益，同时按可收回金额低于账面价值的数额计提减值准备。为此，企业应当设置"固定资产减值准备"科目，用来核算企业提取的固定资产减值准备。

"固定资产减值准备"科目属于资产类科目，贷方登记计提的固定资产减值准备，借方登记处置固定资产时结转的减值准备，期末贷方余额，反映已提取尚未结转的固定资产减值准备。

固定资产减值准备应按单项资产计提，计提时，借记"资产减值损失——计提的固定资产减值准备"科目，贷记"固定资产减值准备"科目。

【例5.3.1】 某企业有一台机器设备，账面原值为300 000元，累计已计提折旧180 000元，经检查该设备的性能已经陈旧，预计可收回金额为80 000元。

（1）比较可收回金额与账面价值，计算应计提的减值准备：

账面价值 = 300 000−180 000 = 120 000（元）

预计可收回金额（80 000元）＜账面价值（120 000元）

应计提减值准备 = 120 000−80 000 = 40 000（元）

（2）编制会计分录如下：

借：资产减值损失——计提的固定资产减值准备 40 000

贷：固定资产减值准备 40 000

企业在计提固定资产减值准备时，应注意以下几个问题。

（1）企业在对固定资产进行检查时，如果发现某项固定资产存在以下几种情况中的一种，应按该项固定资产的账面价值全额提取减值准备，已全额计提减值准备的固定资产，不再计提折旧：①长期闲置不用、在可预见的未来不会再使用，且已无转让价值；②由于技术进步等原因，已不可使用；③虽尚可使用，但使用后会严重影响产品的质量及实质上已经不能再给企业带来经济利益等。

（2）如果有迹象表明以前期间据以计提固定资产减值的各种因素发生变化，使得固定资产的可收回金额大于其账面价值，前期已计提的减值准备不得转回，即固定资产减值损失一经确认，在以后会计期间不得转回。

（3）当企业遇到固定资产处置、出售、对外投资、以非货币性资产交换方式换出、在债务重组中抵偿债务等情况，同时符合资产终止确认条件的，企业应当将相关固定资产减值准备予以转销。

（4）已计提减值准备的固定资产，应当按照该固定资产的账面价值以及尚可使用寿命重新计算确定折旧率和折旧额，因固定资产减值准备而调整固定资产折旧额时，对此前已计提的累计折旧不作调整。

（5）企业应当在资产负债表日判断企业的工程物资、在建工程等资产是否存在可能发生减值的迹象，比照固定资产减值准备业务进行处理。当发生减值时，借记"资产减值损失——计提的工程物资减值准备""资产减值损失——计提的在建工程减值准备"等科目，贷记"在建工程减值准备""工程物资减值准备"等科目。

二、固定资产清查的核算

企业对固定资产应当定期或者至少每年清查、盘点一次，以保证固定资产核算的真实性和完整性，充分挖掘企业现有固定资产的潜力。在固定资产清查过程中，对于盘盈、盘亏或毁损的固定资产，应填制固定资产盘盈、盘亏报告表，及时查明原因，写出书面报告，并根据企业的管理权限，经股东大会、董事会，经理（厂长）会议或类似机构批准后，在期末结账前处理完毕。

1. 盘盈固定资产的核算

根据《企业会计准则第28号——会计政策、会计估计变更和差错更正》的规定，企业在财产清查中盘盈的固定资产，应作为前期差错进行处理。盘盈的固定资产，在按管理权限报经批准前应先通过"以前年度损益调整"科目核算，按同类或类似固定资产的市场价格减去按该项资产新旧程度估计的价值损耗后的余额，或在同类、类似固定资产不存在活跃市场时，以该项固定资产的预计未来现金流量现值作为盘盈固定资产的入账价值。

【例5.3.2】某公司在财产清查中，发现多出机器设备一台，其公允价值为400 000元。该公司适用的所得税税率为25%，提取法定盈余公积的比例为10%。该公司的账务处理如下：

借：固定资产 400 000

贷：以前年度损益调整 400 000

借：以前年度损益调整 100 000

　　贷：应交税费——应交所得税 100 000
借：以前年度损益调整 300 000
　　贷：盈余公积——法定盈余公积 30 000
　　　　利润分配——未分配利润 270 000

　　提示： 以前年度损益调整结转后，不需要调整以前年度的会计报表，仅调整本年度会计报表相关项目的年初数，但对外提供比较会计报表时，应当调整会计报表相关项目的年初数和上年同期数。

　　2. 盘亏固定资产的核算

　　企业发生固定资产盘亏时，按盘亏固定资产的账面价值，借记"待处理财产损溢——待处理非流动资产损溢"科目；按已计提的累计折旧，借记"累计折旧"科目；按已计提的减值准备，借记"固定资产减值准备"科目；按固定资产的原价，贷记"固定资产"科目；按规定结转不能抵扣的增值税进项税额，贷记"应交税费——应交增值税（进项税额转出）"科目。按管理权限报经批准后处理时，按收回的残料价值，借记"原材料"科目；按可收回的保险赔偿或过失人赔偿，借记"其他应收款"科目；按应计入营业外支出的金额，借记"营业外支出——盘亏损失"科目，贷记"待处理财产损溢——待处理非流动资产损溢"科目。

　　【例 5.3.3】 乙公司在年底财产清查时盘亏一台设备。该设备的原价为 100 000 元，已提折旧 60 000 元，经查未果。乙公司应编制如下会计分录。

　　（1）盘亏固定资产时：
　　借：待处理财产损溢——待处理非流动资产损溢 40 000
　　　　累计折旧 60 000
　　　　贷：固定资产 100 000
　　（2）报经批准转销时：
　　借：营业外支出——盘亏损失 40 000
　　　　贷：待处理财产损溢——待处理非流动资产损溢 40 000

第四节 固定资产处置的核算

本节学习目标

　　知识目标： 掌握固定资产处置的概念及固定资产终止确认的条件；掌握固定资产清理科目的核算内容和结构；掌握固定资产出售、报废或毁损业务核算的步骤和方法。

　　技能目标： 能正确进行固定资产出售、报废或毁损业务的账务处理。

案例导入

　　20×6 年 12 月 1 日，某高等职业学院会计专业毕业生李军到 B 股份有限责任公司（以下简称"B 公司"）进行顶岗实习。B 公司发生的与固定资产相关的业务如下。

　　（1）20×6 年 12 月 31 日，通过对固定资产进行逐项检查，发现 4 种固定资产的可收回金额低于其账面价值（见表 5.6），对其计提固定资产减值准备。假设"固定资产减值准备"科目此前没有余额。

表5.6　固定资产检查情况表　　　　　　　　　（单位：元）

固定资产名称	原价	月折旧额	已计提折旧	账面净值	可收回金额	减值金额	备注
A设备	200 000	2 080	22 880	177 120	165 000	12 120	在用
B设备	150 000	1 250	32 500	117 500	83 000	34 500	在用
C设备	280 000	1 940	116 400	163 600	143 000	20 600	不需用
D设备	362 000	3 120	224 640	137 360	88 400	48 960	在用
合计	992 000		396 420	595 580	479 400	116 180	

（2）20×7年3月22日，将C设备出售给甲单位，出售价款为140 000元，适用的增值税税率为5%。价税款已收到并存入银行。出售完毕结转净损益。

案例解析

（3）20×7年6月20日，因发生火灾，烧毁D设备，将D设备进行报废清理，用银行存款支付清理费用3 100元，D设备残值变价收入8 000元，应收保险公司赔偿款30 000元。清理完毕结转净损益。

B公司财务部门实习指导老师要求李军对上述固定资产业务进行核算。

要求：请替李军完成B公司财务部门实习指导老师提出的上述任务。

一、固定资产处置概述

固定资产处置是指由于各种原因，企业固定资产退出生产经营过程所做的处理活动。在企业固定资产的使用过程中，有时会出现固定资产退出生产经营过程的情况，如固定资产的出售、转为待售、转让、报废、毁损、对外投资、非货币性资产交换、债务重组等。

1. 固定资产终止确认的条件

固定资产处置涉及固定资产的终止确认问题。按照《企业会计准则第4号——固定资产》的规定，满足下列条件之一的，固定资产应当予以终止确认。

一是固定资产处于处置状态。处于处置状态的固定资产不再用于生产商品、提供劳务、出租或经营管理，因此不再符合固定资产的定义，应予终止确认。

二是该固定资产预期通过使用或处置不能产生未来经济利益。固定资产的确认条件之一是"与该固定资产有关的经济利益很可能流入企业"，如果一项固定资产预期通过使用或处置不能产生经济利益，就不再符合固定资产的定义和确认条件，应予终止确认。

在大多数情况下，出售的固定资产一般是企业多余闲置的固定资产，或者是不适合企业产品生产需要的固定资产，如果不出售的话，会造成企业资源的浪费，增加额外的管理成本。因此，企业在生产经营过程中，对那些不适用或不需用的固定资产，可以对外出售转让。

固定资产报废、毁损的原因一般有这样几个方面：第一，固定资产的预计使用年限已满，其物质磨损程度已达到极限，不宜继续使用，应按期报废；第二，由于科学技术水平的提高，企业拥有的某项固定资产继续使用在经济上已不合算，必须将其淘汰，提前报废；第三，自然灾害（如火灾、水灾）事故的发生或管理不善等原因造成的固定资产毁损。对那些由于使用而不断磨损直至最终报废，或由于技术进步等原因发生提前报废，或由于遭受自然灾害等非常损失发生毁损的固定资产应及时进行清理。对于上述事项在进行会计核算时，应按规定程序办理有关手续，结转固定资产账面价值，确认和计量有关的清理收入、清理费用及残料价值等。

2. 会计科目设置

固定资产在处置过程中会发生收益或损失，称为处置损益。它以处置固定资产所取得的各项收入与固定资产的账面价值、发生的清理费用等之间的差额来确定。其中，处置固定资产的收入包括出售价款、残料变价收入、保险及过失人赔款等项收入；清理费用包括处置固定资产时发生的拆卸、搬运、整理等项费用。

如果企业的固定资产未被划分为持有待售类别而被出售、转让，以及因报废或毁损而处置的固定资产，发生的处置损益通过"固定资产清理"科目进行核算。该科目借方登记转入清理的固定资产的账面价值、发生的清理费用和应交税费等；贷方登记清理固定资产的变价收入和应由保险公司或过失人承担的损失等；期末余额反映尚未清理完毕的固定资产的价值或清理净损溢。清理完毕后，企业应将清理净损益结转至"资产处置损益"科目，结转后"固定资产清理"科目无余额。"固定资产清理"科目应按照被清理的固定资产项目设置明细账，进行明细分类核算。

提示：固定资产的账面价值，是指固定资产原价（成本）扣减累计折旧、固定资产减值准备后的金额。

二、固定资产出售、报废或毁损的核算

1. 固定资产出售

出售固定资产的损益是指出售固定资产取得的价款与固定资产的账面价值、发生的清理费用之间的差额。通过"固定资产清理"科目归集的出售固定资产损益期末应转入"资产处置损益"科目。"资产处置损益"科目核算企业出售划分为持有待售的非流动资产（金融工具、长期股权投资和投资性房地产除外）或处置组（子公司和业务除外）时确认的处置利得或损失，以及处置未划分为持有待售的固定资产、在建工程、生产性生物资产及无形资产而产生的处置利得或损失。

【**例 5.4.1**】A 公司将一座 2016 年 4 月 30 日前自建的建筑物出售。该建筑物原值 3 000 000 元，已计提折旧 1 000 000 元，实际出售价格为 4 000 000 元，价款已收存银行。上述出售交易适用的增值税税率为 5%。A 公司应编制如下会计分录。

（1）固定资产转入清理：

转入清理的建筑物的账面价值＝3 000 000－1 000 000＝2 000 000（元）

借：固定资产清理		2 000 000
累计折旧		1 000 000
贷：固定资产——×建筑物		3 000 000

（2）出售固定资产的价款存入银行：

借：银行存款		4 000 000
贷：固定资产清理		4 000 000

（3）计算出售建筑物应交纳的增值税销项税额：

应交纳增值税销项税额＝4 000 000×5%＝200 000（元）

借：固定资产清理		200 000
贷：应交税费——应交增值税（销项税额）		200 000

（4）交纳出售建筑物应交纳的增值税销项税额：

借：应交税费——应交增值税（销项税额）		200 000
贷：银行存款		200 000

（5）结转出售固定资产实现的净收益：

出售固定资产实现的净收益＝4 000 000－2 000 000－200 000＝1 800 000（元）

| 借：固定资产清理 | 1 800 000 |
| 贷：资产处置损益 | 1 800 000 |

2. 固定资产报废

企业固定资产报废或毁损存在正常到期、到期之前和超龄使用后报废或毁损三种情况。造成固定资产报废或毁损的原因有许多，比如固定资产丧失使用功能、遭遇自然灾害等。因固定资产报废或毁损终止确认时，通过"固定资产清理"科目归集的损益，若属于丧失使用功能正常报废产生的利得或损失，作为非流动资产报废损失，结转时借记或贷记"营业外支出——非流动资产报废"科目，贷记或借记"固定资产清理"科目；若属于自然灾害等非正常原因产生的利得或损失，则作为非常损失，结转时借记或贷记"营业外支出——非常损失"科目，贷记或借记"固定资产清理"科目。

【例5.4.2】 某公司将一台被新技术淘汰的A设备提前报废。该设备的账面原值为400 000元，已计提折旧300 000元，已计提减值准备50 000元。报废时，该公司将残料变价收入15 000元收存银行，另以银行存款支付报废清理费用4 000元。

（1）将报废设备转入清理：

借：固定资产清理	50 000
累计折旧	300 000
固定资产减值准备	50 000
贷：固定资产——A设备	400 000

（2）收回残料变价收入款：

| 借：银行存款 | 15 000 |
| 贷：固定资产清理 | 15 000 |

（3）支付清理费用：

| 借：固定资产清理 | 4 000 |
| 贷：银行存款 | 4 000 |

（4）结转报废固定资产发生的净损失：

| 借：营业外支出——非流动资产报废 | 39 000 |
| 贷：固定资产清理 | 39 000 |

【例5.4.3】 C公司有一简易仓库因遭遇洪水而毁损，原值为150 000元，已计提折旧60 000元，已入库的残料变价收入估价为11 000元，用银行存款支付清理费用3 000元，经保险公司核定应赔偿的损失额为58 000元，赔款尚未收到。假定不考虑相关税费影响。C公司应编制如下会计分录。

（1）将毁损的仓库转入清理：

借：固定资产清理	90 000
累计折旧	60 000
贷：固定资产——仓库	150 000

（2）残料估价入库：

| 借：原材料 | 11 000 |
| 贷：固定资产清理 | 11 000 |

（3）支付清理费用：

| 借：固定资产清理 | 3 000 |

　　　　贷：银行存款　　　　　　　　　　　　　　　　　　　　　　　　　3 000

（4）应收保险公司的赔偿款：

借：其他应收款　　　　　　　　　　　　　　　　　　　　　58 000

　　贷：固定资产清理　　　　　　　　　　　　　　　　　　　　　　58 000

（5）结转仓库毁损的净损失：

借：营业外支出——非常损失　　　　　　　　　　　　　　　24 000

　　贷：固定资产清理　　　　　　　　　　　　　　　　　　　　　　24 000

【本章小结】

　　固定资产，是指为生产商品、提供劳务、出租或经营管理而持有的，使用寿命超过一个会计年度的有形资产。固定资产应当按照成本进行初始计量。固定资产折旧，是指企业在固定资产使用寿命内，按照确定的方法对应计折旧额进行的系统分摊。可选用的固定资产折旧方法包括年限平均法、工作量法、双倍余额递减法和年数总和法等。固定资产的后续支出，分为符合固定资产确认条件的后续支出和不符合固定资产确认条件的后续支出两类。固定资产因出售、报废、毁损等原因减少时应按规定的会计处理方法进行处理，期末还应按固定资产可收回金额低于账面价值的差额计提固定资产减值准备。

【综合练习】

一、单项选择题

1. 对于建造固定资产的借款利息，在固定资产达到预定可使用状态之前发生的，应借记（　　）科目。

    A. "管理费用"　　　　　　B. "财务费用"　　　　　　C. "在建工程"　　　　D. "固定资产"

2. 对于一般纳税人而言，不构成外购固定资产成本的是（　　）。

    A. 购买价款　　　　　　　B. 相关的运输费、装卸费

    C. 相关的安装费　　　　　D. 按照税法规定可以抵扣的增值税额

3. 下列关于自行建造固定资产会计处理的表述中，正确的是（　　）。

    A. 为建造固定资产支付的职工薪酬计入当期损益

    B. 固定资产的建造成本不包括工程完工前盘亏的工程物资净损失

    C. 工程完工前因正常原因造成的单项工程报废净损失计入营业外支出

    D. 已达到预定可使用状态但未办理竣工决算的固定资产按暂估价值入账

4. 企业的下列固定资产中，不计提折旧的是（　　）。

    A. 闲置的房屋　　　　　　B. 融资租入的设备

    C. 临时出租的设备　　　　D. 已提足折旧仍继续使用的设备

5. 某固定资产使用年限为5年，在采用年数总和法计提折旧的情况下，第1年的年折旧率为（　　）。

    A. 20%　　　　　　　B. 33%　　　　　　　C. 40%　　　　　　　D. 50%

6. 某设备的账面价值为800万元，预计使用年限为5年，预计净残值为20万元，采用双倍余额递减法计提折旧。该设备在第2年应计提的折旧额为（　　）万元。

    A. 195.2　　　　　　B. 192　　　　　　　C. 187.2　　　　　　D. 124.8

7. 下列说法中，正确的是（　　）。

    A. 固定资产改良支出，应当计入固定资产账面价值，其增计后的金额不应超过该固定资产的可

收回金额；超过部分直接计入当期管理费用

    B. 固定资产修理费用，应当计入在建工程

    C. 与固定资产有关的后续支出，如果不可能使流入企业的经济利益超过原先的估计，则应在发生时确认为费用

    D. 经营租赁方式租入的固定资产视同自有资产处理，并按照一定的方法计提折旧

8. 按《企业会计准则》的规定，企业对固定资产计提减值准备，应（　　　）。

    A. 按单项资产计提　　　　　　　　　　B. 按资产类别计提

    C. 按全部资产计提　　　　　　　　　　D. 企业根据实际情况自行决定

9. 在建工程项目中非常原因造成报废或毁损的，应将其发生的净损失计入当期（　　　）。

    A. 营业外支出　　　B. 在建工程　　　C. 管理费用　　　D. 固定资产

10. 新华公司于某年3月月初向欣欣公司购入一台设备，实际支付价款50万元、增值税税额8.5万元、运杂费1.5万元、途中保险费5万元。该设备预计可使用4年，无残值。该企业对固定资产采用年数总和法计提新旧。由于操作不当，该设备于该年年末报废。新华公司责成有关人员赔偿3万元，收回变价收入2万元，则该设备的报废净损失为（　　　）万元。

    A. 34.55　　　B. 40.5　　　C. 39　　　D. 42.5

11. 某企业购入机器一台，实际支付价款80 000元、增值税进项税额10 400元，支付运杂费400元、安装费1 000元。该设备入账的原值为（　　　）元。

    A. 93 600　　　B. 80 000　　　C. 81 400　　　D. 95 000

12. 企业一次购入多项没有单独标价的固定资产，如果它们符合固定资产的定义，并满足固定资产的确认条件，则应将各项资产单独确认为固定资产，并按（　　　）分别确定各项固定资产的成本。

    A. 各项固定资产的重置价值

    B. 各项固定资产公允价值的比例对总成本进行分配

    C. 各项同类固定资产的原值

    D. 各项同类固定资产的净值

13. 企业购入需要安装的固定资产时发生的安装费用应计入（　　　）。

    A. 固定资产　　　B. 在建工程　　　C. 管理费用　　　D. 营业外支出

14. 企业购入需要安装的固定资产，不论采用何种安装方式，固定资产的全部安装成本（包括固定资产买价、包装运杂费和安装费）均应通过（　　　）科目进行核算。

    A. "固定资产"　　　B. "在建工程"　　　C. "工程物资"　　　D. "长期投资"

15. 下列固定资产中，应计提折旧的固定资产是（　　　）。

    A. 经营租赁方式租入的固定资产　　　B. 季节性停用的固定资产

    C. 正在改扩建的固定资产　　　　　　D. 融资租出的固定资产

16. 某项固定资产的原值为600 000元，预计可使用年限为5年，预计净残值为50 000元。企业对该项固定资产采用年限平均法计提折旧，则每年对该项固定资产计提的折旧额为（　　　）元。

    A. 110 000　　　B. 120 000　　　C. 125 000　　　D. 60 000

17. 与年限平均法相比，采用年数总和法对固定资产计提折旧将使（　　　）。

    A. 计提折旧的初期，企业利润减少，固定资产净值减少

    B. 计提折旧的初期，企业利润减少，固定资产原值减少

    C. 计提折旧的后期，企业利润减少，固定资产净值减少

    D. 计提折旧的后期，企业利润减少，固定资产原值减少

18. 计提固定资产折旧时，可以先不考虑固定资产残值的方法是（   ）。

    A. 平均年限法   B. 工作量法   C. 双倍余额递减法   D. 年数总和法

19. 企业盘盈的固定资产应在报告批准前，转入（   ）科目。

    A. "其他业务收入"   B. "以前年度损益调整"

    C. "资本公积"   D. "营业外收入"

20. 生产经营期间因固定资产报废清理而发生的净损失应计入（   ）。

    A. 营业外支出   B. 管理费用   C. 资本公积   D. 长期待摊费用

二、多项选择题

1. 在采用自营方式建造固定资产的情况下，下列项目中应计入固定资产取得成本的有（   ）。

    A. 工程项目耗用的工程物资

    B. 在建工程人员工资

    C. 生产车间为工程提供的水、电等费用

    D. 企业行政管理部门为组织和管理生产经营活动而发生的费用

2. 下列有关税金中，应该计入固定资产入账价值的有（   ）。

    A. 支付的增值税   B. 支付的耕地占用税   C. 进口设备的关税

    D. 支付的契税   E. 支付的消费税

3. 下列选项中，不能在"固定资产"科目核算的有（   ）。

    A. 购入后正在安装的设备   B. 经营性租入的设备

    C. 融资租入的不需安装的设备   D. 购入的不需安装的设备

    E. 经营性租出的设备

4. 下列项目中，需要记入"在建工程"科目的有（   ）。

    A. 购入不需安装的固定资产   B. 购入需要安装的固定资产

    C. 固定资产的改扩建   D. 固定资产的大修理

    E. 固定资产的日常修理

5. 下列需要计提折旧的固定资产有（   ）。

    A. 已提足折旧仍然使用的固定资产

    B. 经营租出的固定资产

    C. 未提足折旧，提前报废的设备

    D. 达到预定可使用状态的在建工程转入固定资产后的第2个月

6. 企业至少应当于每年年度终了，对固定资产的使用寿命、预计净残值和折旧方法进行复核。下列选项中表述正确的有（   ）。

    A. 使用寿命预计数与原先估计数有差异的，应当调整固定资产使用寿命

    B. 预计净残值预计数与原先估计数有差异的，应当调整预计净残值

    C. 与固定资产有关的经济利益预期实现方式有重大改变的，应当改变固定资产折旧方法

    D. 固定资产使用寿命、预计净残值和折旧方法的改变应当作为会计估计变更

7. 下列各项中，属于固定资产折旧方法中加速折旧方法的有（   ）。

    A. 年限平均法   B. 工作量法   C. 双倍余额递减法

    D. 年数总和法   E. 一次摊销法

8. 按照《企业会计准则》的规定，固定资产在出现（   ）情况时，可全额计提减值准备。

    A. 长期闲置不用，在可预见的未来不会再使用，且已无转让价值的固定资产

B. 由于技术进步等原因，已不可使用的固定资产

C. 虽然固定资产尚可使用，但使用后产生大量不合格品的固定资产

D. 已遭毁损，以至于不再具有使用价值和转让价值的固定资产

E. 其他原因造成给企业带来经济利益具有不确定性的固定资产

9. 下列各项中，影响固定资产清理净损益的有（　　　）。

A. 清理固定资产发生的税费　　　　B. 清理固定资产的变价收入

C. 清理固定资产的账面价值　　　　D. 清理固定资产耗用的材料成本

10. 下列各项中，引起固定资产账面价值发生增减变化的有（　　　）。

A. 购买固定资产时所支付的有关契税、耕地占用税

B. 发生固定资产日常修理支出

C. 发生固定资产改良支出

D. 对固定资产计提折旧

E. 发生固定资产大修理支出

11. 下列有关固定资产的说法中，正确的有（　　　）。

A. 固定资产的各组成部分具有不同使用寿命或者以不同方式为企业提供经济利益，适用不同折旧率或折旧方法的，应当分别将各组成部分确认为单项固定资产

B. 与固定资产有关的后续支出均应当在发生时计入当期损益

C. 购买固定资产的价款超过正常信用条件延期支付，实质上具有融资性质，固定资产的成本以购买价款的现值为基础确定

D. 自行建造固定资产的成本，由建造该项资产办理竣工决算手续前所发生的必要支出构成

12. 购入设备类固定资产的入账价值包括（　　　）。

A. 买价　　　　　　　　B. 运输费　　　　　　　　C. 包装费

D. 增值税　　　　　　　E. 安装费

13. 下列各项中，应计入房屋类固定资产成本的有（　　　）。

A. 固定资产进行日常修理发生的人工费用

B. 固定资产安装过程中领用原材料所负担的增值税

C. 固定资产达到预定可使用状态后发生的专门借款利息

D. 固定资产达到预定可使用状态前发生的工程物资盘亏净损失

14. 采用自营方式建造不动产的情况下，下列项目中，应计入不动产取得成本的有（　　　）。

A. 工程领用本企业所生产商品的实际成本

B. 生产车间为工程提供的水电等费用

C. 工程在达到预定可使用状态后进行试运转时发生的支出

D. 工程耗用原材料购进时发生的增值税

E. 工程人员的工资

15. 下列项目中，应计提折旧的固定资产有（　　　）。

A. 因季节性或大修理等原因而暂停使用的固定资产　　　B. 尚未投入使用的固定资产

C. 企业临时性出租给其他企业使用的固定资产　　　　　D. 处置当月的固定资产

16. 影响固定资产折旧的因素主要有（　　　）。

A. 固定资产原价　　　　　　　　　　　　　　　B. 预计净残值

C. 固定资产减值准备　　　　　　　　　　　　　D. 固定资产的使用寿命

17. 企业下列固定资产不提折旧的有（　　　）。
    A. 已全额计提减值准备的固定资产
    B. 大修理停用的固定资产
    C. 已提足折旧继续使用的固定资产
    D. 当月增加的固定资产
    E. 当月减少的原在用固定资产

18. 下列各项中，关于企业资产减值的表述正确的有（　　　）。
    A. 应收款项期末计价应按照账面价值与其未来现金流量的现值孰低计量
    B. 存货期末计价应按照成本与可变现净值孰低计量
    C. 固定资产期末计价应按照账面价值与可收回金额孰低计量
    D. 无形资产期末计价应按照账面价值与可收回金额孰低计量

三、判断题

1. 企业通过"固定资产"科目核算的固定资产，其所有权均属于本企业。　　　　　　（　　）

2. 固定资产的各组成部分具有不同使用寿命或者以不同方式为企业提供经济利益，适用不同折旧率或折旧方法的，此时仍然应该将该资产作为一个整体考虑。　　　　　　　　　　　　（　　）

3. 对于固定资产工程借款发生的利息支出，在竣工决算前发生的，应予资本化，将其计入固定资产的建造成本；在竣工决算后发生的，则应作为当期费用处理。　　　　　　　　　　（　　）

4. 固定资产不同的折旧方法会改变固定资产使用寿命内应计提的折旧总额。　　　　　（　　）

5. 固定资产的大修理费用和日常修理费用，应当采用预提或待摊方式处理。　　　　　（　　）

6. 融资租入的固定资产，在租赁费付清之前，所有权不属于企业，所以不计提折旧。　（　　）

7. 《企业会计准则》规定，已全额计提减值准备的固定资产不再计提折旧。　　　　　（　　）

8. 企业一般应当按月提取折旧，当月增加的固定资产，当月计提折旧；当月减少的固定资产，当月不提折旧。　　　　　　　　　　　　　　　　　　　　　　　　　　　　　　　　（　　）

9. 《企业会计准则》规定，企业的固定资产应当在期末时按照账面价值与可收回金额孰低计量。（　　）

10. 固定资产出售、报废以及由于各种不可抗拒的自然灾害而产生的毁损，均应通过"固定资产清理"科目核算，计算处置固定资产的净损益。　　　　　　　　　　　　　　　　　　　　（　　）

11. 已达到预定可使用状态尚未办理竣工决算的固定资产，应当按照估计价值确定其成本，并计提折旧，待办理竣工决算后，再按实际成本调整原来的暂估价值，同时需要调整原已计提的折旧额。　　（　　）

12. 在建工程项目达到预定可使用状态前，应按试生产产品对外出售取得的收入冲减工程成本。（　　）

13. 企业生产车间发生的固定资产修理费用应记入"固定资产"科目。　　　　　　　　（　　）

14. 企业对经营租入的固定资产和融资租入的固定资产均应按照自有资产对其计提折旧。（　　）

15. 固定资产提足折旧后，不论能否继续使用，均不再计提折旧；提前报废的固定资产，也不再补提折旧。　　　　　　　　　　　　　　　　　　　　　　　　　　　　　　　　　　（　　）

16. 企业应当对所有固定资产计提折旧。　　　　　　　　　　　　　　　　　　　　（　　）

17. 工作量法计提折旧的特点是每年提取的折旧额相等。　　　　　　　　　　　　　（　　）

18. 固定资产折旧方法一经确定不得变更。　　　　　　　　　　　　　　　　　　　（　　）

19. 按照会计准则的规定，对于计提的固定资产减值准备，在以后期间价值得以恢复时，不转回任何原已计提的减值准备金额。　　　　　　　　　　　　　　　　　　　　　　　　　（　　）

20. 企业因出售已使用过的固定资产而取得的收入，应当作为其他业务收入处理。　　（　　）

四、业务处理题

1. 某企业自行建造仓库一座，购入为工程准备的各种物资 400 000 元，支付的增值税进项税额为 52 000 元。建造过程中领用工程物资 400 000 元，同时还领用生产用的原材料一批，实际成本为 10 000 元，应转出的增值税进项税额为 1 600 元；应支付工程人员工资 100 000 元，计提工程人员的职工福利费 14 000 元。目前，工程完工并交付使用。

要求：根据上述有关业务，编制该企业的会计分录。

2. 某企业某年5月计提固定资产折旧共 78 000 元，6月发生的与固定资产增减相关的业务如下。

（1）6月12日，购入一台不需安装的A设备。该设备的原价为 220 000 元，预计使用 10 年，预计净残值率为4%。

（2）6月25日，投资者投资转入一台B设备。双方确认该设备的入账价值为 100 000 元，预计使用5年，预计净残值率为4%。

（3）6月28日，一台经营性租出的C设备因租赁期满按期收回，转为不需用固定资产。该设备在用时每月计提折旧 2 560 元。

要求：①对A、B设备分别计算其每月应计提折旧额（采用年限平均法）；②计算7月应计提的固定资产折旧额；③假设在用的固定资产中，生产车间使用的部分占70%，厂部管理部门使用的部分占25%，经营性出租的部分占5%，按此比例编制与计提7月折旧有关的会计分录。

3. 某航空公司于 20×6 年 12 月购入一架飞机，总计花费 8 000 万元（含发动机），其中，发动机当时的购价为 500 万元。该公司未将发动机作为一项单独的固定资产进行核算。20×8 年年初，该公司开辟新航线，航程增加。为延长飞机的空中飞行时间，该公司决定更换一部性能更为先进的发动机。新发动机的购价为 700 万元。另外，该公司须支付安装费用 51 000 元。为简化计算，不考虑预计净残值和相关税费的影响，公司按年度计提固定资产折旧，飞机年折旧率为6%。请为该航空公司完成相关账务处理。

4. 丙公司一项生产用固定资产的原价为 7 500 000 元，预计使用 10 年，预计净残值为0，采用年限平均法计提折旧，已提折旧2年，累计折旧为 1 500 000 元。第3年年末估计可收回金额为 4 750 000 元，预计尚可使用年限为5年。请为丙公司完成第3年计提折旧和固定资产减值准备、第4年计提折旧的账务处理。

5. 某企业一项固定资产的原值为 400 000 元，预计使用年限为5年，预计净残值率为3%。

要求：采用年限平均法、双倍余额递减法和年数总和法分别计算该企业第1年和第5年的折旧额。

6. 某企业有一条生产线，原价为 1 400 000 元，预计使用年限为6年，预计净残值为0，采用年限平均法计提折旧。该生产线已使用3年，已计提折旧 700 000 元。20×7 年 12 月，该企业对该生产线进行更新改造，以银行存款支付改良支出 300 000 元。改造后的生产线预计还可使用5年，预计净残值为0。

要求：根据上述资料，为该企业编制相关会计分录。

7. 20×7 年 8 月 20 日，甲公司对采用经营租赁方式租入的一条生产线进行改良，发生如下有关支出：领用生产用原材料 24 000 元，购进该批原材料时支付的增值税进项税额为 4 080 元；辅助生产车间为生产线改良提供的劳务支出为 2 560 元；发生有关人员薪酬 54 720 元。20×7 年 12 月 31 日，生产线改良工程完工，达到预定可使用状态并交付使用。假定该生产线预计尚可使用年限为6年，剩余租赁期为5年；采用年限平均法进行摊销；不考虑其他因素。

要求：根据上述经济业务进行相应的账务处理。

8. 丙公司在年末财产清查中，发现一台未入账的设备，按同类商品市场价格减去按其新旧程度估计的价值损耗后的余额为 100 000 元（假定与其计税基础不存在差异）。按照规定，丙公司将该盘盈的固定资产作为前期差错进行处理。假定丙公司适用的所得税税率为25%，按净利润的10%计提法定盈余公积。请为丙公司完成相关账务处理。

9. A企业出售房屋一幢，账面原价为 500 000 元，已计提折旧 140 000 元。出售时，A企业以银行存款支付清理费用 600 元。出售价款为 700 000 元，出售房屋适用的增值税税率为10%。

要求：为A企业编制与出售厂房相关的会计分录。

第六章

无形资产和投资性房地产

【本章学习目标】

　　知识目标：能正确地解释无形资产和投资性房地产的概念；能列举无形资产和投资性房地产的内容；明确无形资产和投资性房地产的确认条件和初始计量的原则。

　　能力目标：能正确进行无形资产和投资性房地产取得、摊销、减值和处置业务的账务处理；能进行投资性房地产后续计量模式转换的账务处理。

【本章导读】

一、无形资产的含义和特征

　　无形资产，是指企业拥有或者控制的没有实物形态的可辨认非货币性资产。

　　无形资产具有以下基本特征。

　　1. 不具有实物形态

　　无形资产通常表现为某种权利、某项技术或是某种获取超额利润的综合能力。例如，土地使用权、非专利技术等。它们没有实物形态，不像固定资产、存货等有形资产具有实物形体，却有价值，能提高企业的经济效益，或使企业获取超额收益。

　　需要指出的是，某些无形资产的存在有赖于实物载体。例如，计算机软件需要存储在介质中，但这并不改变无形资产本身不具有实物形态的特性。

　　2. 具有可辨认性

　　无形资产属于可辨认非货币性资产。一般来说，满足下列条件之一的资产，可被认为符合无形资产定义中的可辨认性标准。

　　（1）能够从企业中分离或者划分出来，并能单独或者与相关合同、资产或负债一起，用于出售、转让、授予许可、租赁或者交换。

　　（2）产生于合同性权利或其他法定权利，无论这些权利是否可以从企业或其他权利或义务中转移或者分离。例如，一方通过与另一方签订特许权合同而获得的特许使用权，又如通过法律程序申请获得的商标权、专利权等。

　　商誉的存在无法与企业自身分离，不具有可辨认性，不在本书讨论的无形资产的范围内。

　　如果企业有权获得一项无形资产产生的未来经济利益，并能约束其他方获取这些利益，则表明企业控制了该项无形资产。例如，若企业所拥有的会产生经济利益的技术受到著作权、贸易协议约束（如果允许）等法定权利或雇员保密法定职责的保护，那么就说明该企业控制了相关利益。

客户关系、人力资源等，由于企业无法控制其带来的未来经济利益，不符合无形资产的定义，因而不应将其确认为无形资产。

3. 属于非货币性资产

非货币性资产是指企业持有的货币资金和将以固定或可确定的金额收取的货币性资产以外的其他资产。无形资产由于没有发达的交易市场，一般不容易转化成现金，未来在持有过程中能为企业带来的经济利益具有不确定性，不属于以固定或可确定的金额收取的资产，而属于非货币性资产。

4. 无形资产是为企业使用而非出售的资产

企业持有无形资产不是为了出售而是为了生产经营，即利用无形资产来提供商品、提供劳务、出租给他人或为企业经营管理服务。软件公司开发的、用于对外销售的计算机软件，对于购买方而言属于无形资产，对于软件公司而言却是存货。

5. 无形资产在创造经济利益方面存在较大的不确定性

无形资产创造经济利益的能力还较多地受外界因素的影响。比如，相关新技术更新换代的速度，以及利用无形资产所生产产品的市场接受程度等。因此，无形资产在创造经济利益方面存在较大的不确定性。企业在对无形资产进行核算时应持更为谨慎的态度。

二、投资性房地产的含义和内容

投资性房地产，是指为赚取租金或资本增值，或两者兼有而持有的房地产。投资性房地产应当能够单独计量和出售。

房地产是土地和房屋及其权属的总称。在我国，土地归国家或集体所有，企业只能取得土地使用权。因此，房地产中的土地，是指土地使用权；房屋，是指土地上的房屋等建筑物及构筑物。

企业持有的房地产除了用作自身管理、生产经营活动场所和对外销售之外，也用于赚取租金或增值收益的活动。个别企业将赚取租金或增值收益作为其主营业务。就这些企业而言，对投资性房地产的经营属于日常经常性活动，由此形成的租金收入或转让增值收益应被确认为企业的主营业务收入。对于其他大部分企业而言，对投资性房地产的经营则是与经营性活动相关的其他经营活动，形成的租金收入或转让增值收益构成这类企业的其他业务收入。根据税法的规定，企业房地产出租、国有土地使用权增值后转让均属于经营活动，由此产生的房地产租金收入或国有土地使用权转让收益应当缴纳增值税等。这就需要企业将投资性房地产单独作为一项资产核算和反映，即将其与自用的厂房、办公楼等房地产和作为存货的房地产（已建完工商品房）加以区别，从而更加清晰地反映企业所持有房地产的构成情况和赢利能力。

第一节　无形资产的核算

本节学习目标

知识目标：了解无形资产的确认条件和内容；掌握无形资产取得、摊销、减值和处置业务的核算方法。

技能目标：能正确进行无形资产取得、摊销、减值和处置业务的账务处理。

案例导入

20×8年12月，某高校会计专业毕业生刘和平到甲股份有限责任公司（以下简称"甲公司"）进行顶岗实习。甲公司属于一般纳税人。甲公司20×1—20×8年与一项无形资产有关的业务资料如下。

（1）20×1年11月12日，以银行存款购入无形资产一项，增值税发票上注明的价款为900万元、增值税税额为153万元。该无形资产于当日达到预定用途并交付企业管理部门使用。该无形资产的预计使用年限为10年，净残值为0，采用年限平均法摊销。

（2）20×3年12月31日，预计该无形资产的可收回金额为410万元。该无形资产发生减值后，原摊销方法、预计使用年限不变。

（3）20×5年12月31日，预计该无形资产的可收回金额为200万元，计提无形资产减值准备后，原摊销方法不变，预计尚可使用年限为5年。

（4）20×8年7月1日，丁公司出售该项无形资产，收到价款300万元，应交增值税18万元。

要求：请替刘和平完成与甲公司上述无形资产业务相关的账务处理（假定按年计提无形资产的摊销额。）

案例解析

一、无形资产概述

无形资产不具有实物形态，但它具有一种综合能力，通过与其他资产相结合能超过一个经营周期为企业创造经济利益，这种能力存在较大的不确定性。因此，无形资产的核算与其他资产有所不同。

1. 无形资产的确认

政策依据
《企业会计准则第6号——无形资产》

无形资产的确认是一个判断过程，它是对符合无形资产定义的各种资产，在满足一定条件的情况下将其确认入账。《企业会计准则第6号——无形资产》规定，某一资产项目只有既符合无形资产的定义，同时又满足无形资产的如下两个确认条件，才能予以确认。

（1）与该资产有关的经济利益很可能流入企业。资产最基本的特征是产生的经济利益预期很可能流入企业。对无形资产的确认而言，如果某一无形资产的经济利益预期不能流入企业，就不能确认为企业的无形资产；如果某一无形资产的经济利益预期很可能流入企业，并同时满足无形资产确认的其他条件，则企业应将其确认为无形资产。通常情况下，无形资产产生的未来经济利益很可能包括在销售商品、提供劳务的收入中，或者企业使用该项无形资产而减少或节约的成本中，或体现在获得的其他利益中。在会计实务工作中，相关人员要确定无形资产创造的经济利益是否很可能流入企业，就需要实施职业判断。在实施这种判断时，相关人员需要对无形资产在预计使用寿命内可能存在的各种经济因素作出合理估计，并且应当有确凿的证据支持；企业管理当局应对在无形资产的预计使用寿命内存在的各种因素作出最稳健的估计。

（2）该无形资产的成本能够可靠地计量。成本能够可靠地计量是资产确认的一个基本条件。对于无形资产来说，这个条件更为重要。例如，企业自创商誉及内部产生的品牌、报刊名等，因其成本无法可靠地计量，因此不作为无形资产确认。

2. 无形资产的种类

无形资产主要包括专利权、非专利技术、商标权、著作权、土地使用权、特许权等。

（1）专利权。专利权是指国家专利主管机关依法授予发明创造专利申请人，对其发明创造在法定期限内所享有的专有权利，包括发明专利权、外观设计专利权及实用新型专利权。专利权作为一种无形财产权，它具有专有性（即只有专利权人才有权制造其发明创造的专利产品或使用专利方法）、地域性（即专利权人的发明创造只在该国法律管辖范围内受到法律保护）、时间性（即专利权在法律规定的有效期限届满后，效力自行终止）等特征。根据我国《专利法》的规定，自申请日起计算，发明专利权的期限为 20 年，实用新型及外观设计专利权的期限为 10 年。发明者在取得专利权后，在有效期内享有专利的独占权。

提示：专利权是允许其持有者独家使用或控制的特权，但它并不保证一定能给持有者带来经济效益，如有的专利可能会被另外更有经济价值的专利所淘汰等。因此，企业不应将其所拥有的一切专利权都予以资本化，即不是所有专利都可作为无形资产管理和核算。一般而言，只有从外单位购入的专利或者自行开发并按法律程序申请取得的专利，才能作为无形资产管理和核算。这种专利可以降低成本，或者提高产品质量，或者将其转让出去获得转让收入。

企业从外单位购入的专利权，应按实际支付的价款作为专利权的成本。企业自行开发并按法律程序申请取得的专利权，应将按照《企业会计准则第 6 号——无形资产》确定的金额作为成本。

（2）非专利技术。非专利技术又称专有技术，或技术秘密、技术诀窍，是指不为外界所知、在生产经营活动中已采用的、不享有法律保护的、可以带来经济效益的各种技术和诀窍。非专利技术并不是专利法的保护对象。它的所有人依靠自我保密的方式来维持其独占权，可以用于转让和投资。非专利技术作为一种不受法律保护的无形财产权，具有经济性、机密性、动态性的特征。企业从外部购入的非专利技术可予以资本化，并享有转让权等。

（3）商标权。商标是用来辨认特定的商品或劳务的标记，代表着企业的一种信誉，从而具有相应的经济价值。我国《商标法》明确规定，经商标局核准注册的商标为注册商标，商标注册人享有商标专用权，受法律的保护。商标权即商标专用权，是指专门在某类指定的商品或产品上使用特定的名称或图案的权利，包括文字商标权、图形商标权、记号商标权、组合商标权等。商标权作为一种无形财产权，亦具有垄断性（即商标权所有人对其注册商标享有独占使用权）、地域性、时间性（即商标权在有效期满而未续展的，商标权自行终止）的特征。根据我国《商标法》，注册商标的有效期限为 10 年，期满可依法延长。企业依法取得的并予以资本化的商标权不仅受商标法的保护，而且还享有使用权、禁止权、转让权和许可使用权。

企业自创的商标并将其注册登记，所花费用一般不大，是否将其资本化并不重要。能够给拥有者带来获利能力的商标，往往是通过多年的广告宣传和其他传播商标名称的手段，以及客户的信赖等树立起来的。广告费一般不作为商标权的成本，而是在发生时直接计入当期损益。

按照我国《商标法》的规定，商标可以转让，但受让人应保证使用该注册商标的产品质量。如果企业购买他人的商标，一次性支出费用较大的，可以将其资本化，作为无形资产管理。这时，应以购入商标的价款、支付的手续费及有关费用之和作为商标的成本。

（4）著作权。著作权又称版权，是指作者对其创作的文学、科学和艺术作品依法享有的某些特殊权利。著作权包括两方面的权利，即精神权利（人身权利）和经济权利（财产权利）。前者指作品署名权、发表作品、确认作者身份、保护作品完整性、修改已经发表的作品等各项权利；后者指以出版、表演、广播、展览、录制唱片、摄制影片等方式使用作品以及因授权他人使用作品而获得经济利益的权利。

著作权作为一种无形财产权，也具有专有性、地域性和时间性的特征。企业依法取得的，并予以资本化的著作权不仅受著作权法的保护，而且还享有发表权、署名权、修改权、保护作品完整权、使用和获得报酬权。

（5）土地使用权。土地使用权是指国家准许某一企业或单位在一定期间内对国有土地所享有的使用权，包括开发权、利用权和经营权。根据我国《土地管理法》的规定，我国土地实行公有制，任何单位和个人不得侵占、买卖或者以其他形式非法转让。国家和集体可以依照法定程序对土地使用权实行有偿出让，企业也可以依照法定程序取得土地使用权，或将已取得的土地使用权依法转让。企业取得土地使用权的方式大致有三种：行政划拨取得、外购取得及投资者投资投入。

土地使用权作为一种无形财产权，首先必须是有偿取得才可以资本化确认为无形资产，也才可以在使用期限内转让、出租、抵押或用于其他经营活动。若是通过行政划拨方式取得的，土地使用权不仅不能资本化，也不能转让、出租、抵押、作价入股、对外投资。

（6）特许权。特许权又称特许经营权、专营权，是指企业在某一地区经营或销售某种特定商品的权利，或是一家企业经另一家企业许可使用其商标、商号、秘密技术等权利。前者一般是指由政府机构授权准许企业使用或在一定地区享有经营某种业务的特权，如水、电、邮电通信等特许经营权、烟草专卖权等；后者是指企业间依照签订的合同，有期限或无期限使用另一家企业的某些权利，如连锁店分店使用总店的名称等。

二、无形资产典型业务的核算

（一）无形资产的取得

企业无形资产一般应按取得时的实际成本计量，即以取得无形资产发生的全部支出作为无形资产的成本。但是，不同方式下取得的无形资产的成本也不尽相同。本书主要介绍企业通过购置、投资者投入、自行研发等途径取得的无形资产的会计处理。

1. 科目设置

为进行无形资产取得业务的核算，企业一般需要设置"无形资产""研发支出"等科目。

（1）"无形资产"科目，属于资产类科目，用来核算企业持有的无形资产的成本。该科目的借方登记企业购入、自行创造并按法律程序申请取得的、投资者投入的以及捐赠的各种无形资产的成本；贷方登记企业向外单位投资转出、出售无形资产的成本；期末借方余额反映企业已入账的无形资产的成本。该科目应按无形资产的类别设置明细科目进行明细核算。

（2）"研发支出"科目，属于成本类科目，用来核算企业进行研究与开发无形资产过程中发生的各项支出。该科目的结构类似于固定资产中的"在建工程"科目。该科目可按研发项目，按"费用化支出""资本化支出"设置明细科目进行明细核算。"研发支出"科目期末借方余额，反映企业正在进行无形资产研发项目满足资本化条件的支出，列入资产负债表中"开发支出"项目。

2. 外购的无形资产

企业从外部购入的无形资产的成本，包括购买价款、进口关税和其他税费以及直接归属于使该项资产达到预定用途所发生的其他支出。其中，相关税费是指在购买无形资产的过程中发生的直接相关的税费，如外购土地使用权时缴纳的契税、商标权的注册费等。相关的其他支出，包括购买无形资产过程中发生的专业测试费、使用借款购买无形资产应负担的借款费用。

企业从外部取得的无形资产若属于增值税应税项目，无论通过何种途径，只要取得符合抵扣条件的发票，都可以进行抵扣。购买无形资产的价款超过正常信用条件延期支付的，无形资产的成本为其等值现金价格。实际支付的价款与确认的成本之间的差额，除按照《企业会计准则第17号——借款费用》的规定应予资本化的以外，应当在信用期间内确认为利息费用。但是，为引入新产品进行宣传发生的广告费、管理费用及其他间接费用以及已经达到无形资产预定用途以后发生的费用不包括在无形资产的初始成本中。

企业购入的无形资产属于增值税应税项目时，应借记"无形资产""应交税费——应交增值税（进项税额）"等科目，贷记"银行存款"科目。

【例6.1.1】 丁公司购入一项专利权，增值税发票上注明的价款为2 000 000元、增值税税额为200 000元。全部款项以银行存款支付。

丁公司的账务处理如下：

借：无形资产——专利权   2 000 000
　　应交税费——应交增值税（进项税额）   200 000
　　贷：银行存款   2 200 000

外购房产所支付的价款中包括土地使用权和建筑物的价值的，所支付的价款应当在建筑物与土地使用权之间按照合理的方法进行分配，其中属于土地使用权的部分，借记"无形资产"等科目，贷记"银行存款"科目。

【例6.1.2】 为了拓展新业务，某企业购入一栋房产（包括占用的土地使用权），共支付价款5 000 000元、增值税税额500 000元。全部款项以银行存款支付。经相关机构评估，该项建筑物与占用的土地使用权价值相对比例为3：2。该企业应编制的会计分录如下：

借：固定资产——建筑物   3 000 000
　　无形资产——土地使用权   2 000 000
　　应交税费——应交增值税（进项税额）   500 000
　　贷：银行存款   5 500 000

3. 投资者投入的无形资产

投资者投入的无形资产的成本，应当按照投资合同或协议约定的价值确定，但合同或协议约定价值不公允的除外。根据《中华人民共和国公司法》（以下简称《公司法》）的规定，投资者既可以用货币出资，也可以用实物、知识产权、土地使用权出资，并且应当评估作价，不得高估或者低估作价。其中，知识产权和土地使用权构成了接受投资方的无形资产。如果涉及相关税费，还应按照税法规定进行相应的会计处理。企业接受投资者投入的无形资产时，按照评估价值和相关税费，借记"无形资产"等科目，贷记"实收资本"科目。

【例6.1.3】 A企业接受投资者土地使用权投资，经资产评估机构评估，土地使用权作价6 000 000元，增值税税额为600 000元。根据以上资料，A企业编制的会计分录如下：

借：无形资产——土地使用权   6 000 000
　　应交税费——应交增值税（进项税额）   600 000
　　贷：实收资本   6 600 000

微课视频
内部研发形成的
无形资产

【学中做】 根据下述经济业务编制有关会计分录。

（1）从技术市场购入一项专利权，购入价为300 000元，增值税税额为30 000元，注册费、律师费等费用合计12 000元。价款均以银行存款支付。该项专利权购入后立即投入使用。

（2）接受甲公司以某项商标权向本企业投资，双方协商确认价值150 000元，增值税税额为15 000元。该项商标权正式投入使用。

4. 内部研发形成的无形资产

内部研发形成的无形资产的成本，由可直接归属于该资产的创造、生产并使该资产能够以管理层预定的方式运作的所有必要支出构成。

企业内部研发项目所发生的支出可分为研究阶段支出和开发阶段支出。

内部研发项目的研究阶段，是指为获取新的科学或技术知识并理解它们而进行的独创性的有计划调查。考虑到研究阶段的探索性及其成果的不确定性，企业无法证明其能够带来未来经济利益的无形资产的存在。因此，对于企业内部研发项目研究阶段的有关支出，应当在发生时全部费用化，计入当期损益（管理费用）。

企业研究阶段发生的研发支出，应借记"研发支出——费用化支出"科目，贷记"原材料""银行存款""应付职工薪酬"等科目。期（月）末，应将"研发支出——费用化支出"科目归集的费用化支出金额转入"管理费用"科目，借记"管理费用"科目，贷记"研发支出——费用化支出"科目。

内部研发项目的开发阶段，是指在进行商业性生产或使用前，将研究成果或其他知识应用于某项计划或设计，以生产出新的或具有实质性改进的材料、装置、产品等。相对于研究阶段而言，开发阶段完成的应当是研究阶段之后的工作。在这个阶段，企业在很大程度上具备了形成一项新产品或新技术的基本条件。

开发形成的无形资产，其成本由可直接属于该资产的创造、生产并使该资产能够以管理层预定的方式运作的所有必要支出总额组成，包括开发该资产时耗费的材料、劳务成本、注册费、使用其他专利权和特许权的摊销费、符合规定的资本化利息支出以及为使该资产达到预定用途前所发生的其他费用。在开发无形资产过程中发生的，除上述可直接归属于无形资产开发活动之外的其他销售费用、管理费用等间接费用，无形资产达到预定用途前发生的可辨认的无效和初始运作损失，以及为运行该无形资产发生的培训支出等不构成无形资产的开发成本。

企业在开发阶段符合资本化条件的研发支出，应借记"研发支出——资本化支出"科目，贷记"原材料""银行存款""应付职工薪酬"等科目。研发项目达到预定用途形成无形资产的，应按"研发支出——资本化支出"科目的余额，借记"无形资产"科目，贷记"研发支出——资本化支出"科目。对企业在开发阶段不符合资本化条件的研发支出，应比照研究阶段的支出进行账务处理。

提示： 企业在无法区分研究阶段和开发阶段的支出时，应当在发生支出时将支出作为管理费用，全部计入当期损益。

【学中做】下列关于企业内部研发项目支出的说法中，正确的有（　　　）。

A. 企业内部研发项目的支出，应当区分研究阶段支出与开发阶段支出

B. 企业内部研发项目研究阶段的支出，应当于发生时计入当期损益

C. 企业内部研发项目开发阶段的支出，应当确认为无形资产

D. 企业内部研发项目开发阶段的支出，既可能资本化，也可能费用化

【例6.1.4】 B企业自行研发一项技术，截至20×6年12月31日，发生研究支出合计120万元，以银行存款支付。经测试，该项研发活动完成了研究阶段，从20×7年1月1日开始进入开发阶段。20×7年，B企业为开展该项研发活动共支出80万元，均以银行存款支付，符合开发支出的资本化条件。到20×7年6月30日，该项研发活动结束，最终开发出一项非专利技术。B企业编制的会计分录如下。

（1）20×6年，发生研发支出时：

借：研发支出——费用化支出　　　　　　　　　　　　　　　　　　　　1 200 000
　　贷：银行存款　　　　　　　　　　　　　　　　　　　　　　　　　　　　1 200 000

（2）20×6年12月31日，将发生的研究阶段支出全部转入当期损益：

借：管理费用   1 200 000

    贷：研发支出——费用化支出   1 200 000

（3）20×7年，发生满足资本化确认条件的开发支出时：

借：研发支出——资本化支出   800 000

    贷：银行存款   800 000

（4）20×7年6月30日，该项技术研发完成并形成无形资产：

借：无形资产   800 000

    贷：研发支出——资本化支出   800 000

无形资产在确认后发生的支出，应在发生时确认为当期费用，不能计入已入账的无形资产价值。

【学中做】 A公司自20×6年年初开始自行研发一项新产品专利技术。20×7年5月31日，专利技术获得成功，达到预定用途。在20×6年的研发过程中，A公司发生材料费160万元、技术人员工资120万元，并用银行存款支付其他费用20万元，共计300万元。其中，符合资本化条件的支出为260万元。20×7年，A公司在研发过程中发生材料费90万元、技术人员工资50万元，以及其他费用10万元，共计150万元。其中，符合资本化条件的支出为110万元。

要求： 为A公司编制20×6年度和20×7年度与研发专利权相关的会计分录。

（二）无形资产的摊销

《企业会计准则》规定，企业应当在取得无形资产时分析判断其使用寿命，且应将无形资产区分为使用寿命有限的无形资产和使用寿命不确定的无形资产。

1. 使用寿命有限的无形资产的摊销

使用寿命有限的无形资产所具有价值的权利或特权总会终结或消失，因此，企业应对已入账的使用寿命有限的无形资产应摊销金额在使用寿命内系统、合理地摊销。应摊销金额，是指无形资产的成本扣除残值后的金额。已计提减值准备的无形资产，还应扣除已计提的无形资产减值准备累计金额。

提示： 除非有第三方承诺在无形资产使用寿命结束时购买该无形资产或者可以根据活跃市场得到残值信息，并且该市场在无形资产使用寿命结束时很可能存在的情况下，使用寿命有限的无形资产的残值应当视为零。

（1）摊销期限和摊销方法。使用寿命有限的无形资产的摊销期限为自无形资产可供使用时起，至不再作为无形资产确认时止。有关法律规定或合同约定了使用年限的，可以按照规定或约定的使用年限分期摊销。在会计实务上的处理是：当月增加的无形资产，当月开始摊销；当月减少的无形资产，当月不再摊销。

企业选择的无形资产摊销方法，应当反映与该项无形资产有关的经济利益的预期实现方式，并一致地运用于不同会计期间。具体摊销方法有多种，包括年限平均法、产量法等。例如，受技术陈旧因素影响较大的专利权和非专利技术等无形资产，可采用类似固定资产加速折旧的方法进行摊销；有特定产量限制的特许权或专利权，应采用产量法进行摊销；无法可靠确定经济利益预期实现方式的无形资产，应当采用年限平均法进行摊销。

企业应当至少于每年年度终了，对使用寿命有限的无形资产的使用寿命及未来经济利益实现方式进行复核。无形资产的预计使用寿命及未来经济利益的预期实现方式与以前估计不同的，应当改变摊销期限和摊销方法。

（2）无形资产摊销业务的核算。使用寿命有限的无形资产应当在其使用寿命内，根据其受益对象将其摊销价值计入相关资产成本或者当期损益（管理费用）。

企业自用的无形资产，其摊销额计入管理费用；出租的无形资产，其摊销额计入其他业务成本；某项无形资产包含的经济利益通过所生产的产品或其他资产实现的，其摊销金额应当计入相关资产成本；如果用于开发某项新技术，则其摊销额应计入该新技术的开发支出；如果用于建造某项固定资产，则其摊销额应计入该固定资产的在建工程成本。

为了核算和监督企业对使用寿命有限的无形资产计提的累计摊销情况，企业应设置"累计摊销"科目。该科目属于资产类科目，其贷方登记企业计提的无形资产摊销，借方登记处置无形资产时转出的累计摊销，期末贷方余额反映企业现有无形资产的累计摊销额。

【例6.1.5】　H企业购买了一项专利使用权，成本为240 000元，合同规定受益年限为10年，H企业每月应摊销2 000（240 000÷10÷12）元。每月月末摊销时，H企业应编制会计分录如下：

借：管理费用　　　　　　　　　　　　　　　　　　　　　　　　　　2 000
　　贷：累计摊销　　　　　　　　　　　　　　　　　　　　　　　　　　　　2 000

【例6.1.6】　H企业将其非专利技术出租给乙公司。该非专利技术的成本为600 000元。双方约定的租赁期限为10年。H企业每月应摊销5 000（600 000÷10÷12）元。H企业每月应编制的会计分录如下：

借：其他业务成本　　　　　　　　　　　　　　　　　　　　　　　　5 000
　　贷：累计摊销　　　　　　　　　　　　　　　　　　　　　　　　　　　　5 000

2. 使用寿命不确定的无形资产的减值测试

《企业会计准则》规定，对于无法合理估计其使用寿命的无形资产，企业应将其作为使用寿命不确定的无形资产进行核算。对于使用寿命不确定的无形资产不应摊销，但需要至少于每一会计期末进行减值测试。按照《企业会计准则》的规定，需要计提减值准备的，应计提有关无形资产的减值准备。

（三）无形资产的减值

《企业会计准则》规定，企业在资产负债表日应当判断使用寿命有限和使用寿命不确定的无形资产是否存在可能发生减值的迹象，同固定资产的判断标准相同。按照《企业会计准则第8号——资产减值》的有关规定，无形资产减值准备应按单项资产计提。如果无形资产存在减值迹象，则应当进行减值测试，估计无形资产的可收回金额。无形资产可收回金额低于其账面价值的，应当将无形资产的账面价值减记至可收回金额，减记的金额确认为无形资产减值损失，计入当期损益，同时计提相应的无形资产减值准备。

无形资产减值损失确认后，减值无形资产的待摊销成本应当在未来期间作相应调整，以便在该无形资产剩余使用寿命内，系统地分摊调整后的无形资产账面价值。

无形资产减值损失一经确认，在以后会计期间不得转回。但是，遇到无形资产处置、出售、对外投资、以非货币性资产交换方式换出、在债务重组中抵偿债务等情况，同时符合资产终止确认条件的，企业应当将相关无形资产减值准备予以转销。

为了核算和监督无形资产减值准备的计提和转销情况，企业应设置属于资产类的"无形资产减值准备"科目。它是无形资产的备抵科目。该科目的贷方登记无形资产减值准备的计提数，借方登记无形资产减值准备的转销数，期末贷方余额反映企业已计提的无形资产减值准备。该科目可按无形资产项目进行明细核算。

期末，企业计提无形资产减值准备时，应按无形资产的账面价值超过其可收回金额的部分，借记"资产减值损失——无形资产减值损失"科目，贷记"无形资产减值准备"科目。

【学中做】

学中做答案

1. 20×8年1月1日，A公司自行研发的某项非专利技术已经达到预定可使用状态，累计研究支出为500 000元，累计开发支出为1 500 000元（其中，符合资本化条件的支出为1 000 000元）。有关调查表明，根据产品生命周期、市场竞争等方面情况的综合判断，该非专利技术将在不确定的期间内为企业带来经济利益。请为A公司编制相关的会计分录。

2. 20×8年年底，A公司对上述非专利技术按照资产减值的原则进行减值测试，经测试表明其已发生减值。20×8年年底，该非专利技术的可收回金额为800 000元。请为A公司编制相关的会计分录。

（四）无形资产的处置

无形资产的处置，主要是指无形资产出售、对外出租、对外捐赠，或者是无法为企业带来未来经济利益时应予终止确认并转销等原因造成无形资产减少的情形。

处置无形资产时，所得到的处置收入扣除其账面价值、相关税费等后的净额，应当计入资产处置损益。其中，无形资产的账面价值，是指无形资产的成本扣减累计摊销和减值准备后的金额。

1. 无形资产的出售

企业将无形资产出售，表明企业放弃对无形资产的所有权。企业应将因出售无形资产而获得的收入以净额反映，即将所得价款与该无形资产的账面价值之间的差额计入当期损益。但是，值得注意的是，企业出售无形资产确认其利得的时点，应按照收入确认中的相关原则进行确定。

企业出售无形资产时，应按实际取得的转让收入，借记"银行存款"科目；按该项无形资产已计提的累计摊销额和已计提的减值准备，借记"累计摊销""无形资产减值准备"等科目；按无形资产的账面余额，贷记"无形资产"科目；按应支付的相关税费，贷记"银行存款""应交税费"等科目；按其差额，贷记或借记"资产处置损益"科目。

【例6.1.7】 20×9年1月1日，G公司将自行开发研制的某专利权以100 000元价格出售给B公司，价款已收存银行。为出售该专利权，G公司以银行存款支付有关费用4 000元，还应缴纳增值税6 000元。该专利权的成本为120 000元，已摊销50 000元，已计提减值准备10 000元。G公司应编制的会计分录如下：

借：银行存款 100 000
　　累计摊销 50 000
　　无形资产减值准备 10 000
　　贷：无形资产——专利权 120 000
　　　　银行存款 4 000
　　　　应交税费——应交增值税（销项税额） 6 000
　　　　资产处置损益 30 000

2. 无形资产的出租

无形资产的出租,是指企业将所拥有的无形资产的使用权让渡给他人,并收取租金。这类交易属于企业让渡资产使用权,因而相关所得作为收入核算。

让渡无形资产使用权取得的租金收入,应借记"银行存款"科目,贷记"其他业务收入"科目;摊销出租无形资产的成本,以及发生与转让使用权有关的各种费用支出时,应借记"其他业务成本"科目,贷记"累计摊销""银行存款"等科目。

【例 6.1.8】 20×9 年 1 月 1 日,丁公司将某商标权出租给 A 公司使用,租期为 4 年,每年年初收取租金,本年的租金及增值税合计 169 600 元(其中,增值税税额为 9 600 元)。丁公司在出租期间内不再使用该商标权。该商标权系丁公司 20×8 年 1 月 1 日购入,初始入账价值为 1 500 000元,预计使用年限为 15 年,采用年限平均法摊销。

丁公司的账务处理如下。

(1)每年取得租金时:

借:银行存款   169 600
　　贷:其他业务收入   160 000
　　　　应交税费——应交增值税(销项税额)   9 600

(2)按年对该项商标权进行摊销时:

借:其他业务成本   100 000
　　贷:累计摊销   100 000

3. 无形资产的报废

《企业会计准则》规定,当无形资产预期不能为企业带来经济利益时,例如该无形资产已被其他新技术所替代或超过法律保护期,则不再符合无形资产的定义,企业应将其报废并予以转销。无形资产报废转销时,应按已计提的累计摊销,借记"累计摊销"科目;按其账面余额,贷记"无形资产"科目;按其差额,借记"营业外支出"科目。已计提减值准备的,还应同时结转减值准备。

【例 6.1.9】 M 公司拥有的一项专利技术预期不能为企业带来经济利益。M 公司决定将该专利技术转销。该专利技术的账面余额为 500 000 元,累计摊销 300 000 元,已计提减值准备80 000 元。假定不考虑其他相关因素,则 M 公司应编制的会计分录如下:

借:营业外支出——处置非流动资产损失   120 000
　　累计摊销   300 000
　　无形资产减值准备   80 000
　　贷:无形资产   500 000

第二节 投资性房地产的核算

本节学习目标

知识目标:了解投资性房地产的确认条件和内容;掌握投资性房地产初始计量和后续计量的原则;掌握投资性房地产折旧、摊销或计提减值准备、投资性房地产后续计量模式变更的核算方法。

技能目标：能正确进行投资性房地产确认、折旧、摊销或计提减值准备、投资性房地产后续计量模式变更以及投资性房地产出售的账务处理。

案例导入

20×9 年 1 月，某高校会计专业毕业生李平到甲股份有限责任公司（以下简称"甲公司"）进行顶岗实习。甲公司 20×7－20×8 年发生的与投资性房地产有关的业务资料如下。

20×7 年 1 月，甲公司从其他单位购入一块土地的使用权，并在这块土地上自行建造两栋厂房。甲公司预计厂房将于 20×7 年 12 月完工，并与乙公司签订了经营租赁合同，将其中的一栋厂房租赁给乙公司使用。租赁合同约定，该厂房于完工（达到预定可使用状态）时开始起租。20×7 年 12 月 1 日，两栋厂房同时完工（达到预定可使用状态）。该块土地使用权的成本为 12 000 000 元；两栋厂房的实际造价为 36 000 000 元，能够单独出售。假设甲公司采用成本模式进行投资性房地产的后续计量，按照年限平均法计提折旧，使用寿命为 30 年，预计净残值为 0。按照经营租赁合同，乙公司每月支付甲公司租金 132 000 元（内含增值税 12 000 元）。20×8 年 12 月 31 日，这栋办公楼发生减值迹象，经减值测试，其可收回金额为 31 800 000 元。此时办公楼的账面价值为 34 800 000 元，以前未计提减值准备，预计使用寿命和净残值不变。

要求：请替李平完成对甲公司上述投资性房地产业务的账务处理。

案例解析

一、投资性房地产概述

（一）投资性房地产的确认

1. 投资性房地产的确认条件

投资性房地产只有在符合定义的前提下，同时满足下列条件的，才能予以确认：一是与该投资性房地产有关的经济利益很可能流入企业；二是该投资性房地产的成本能够可靠地计量。对已出租的土地使用权、已出租的建筑物，其作为投资性房地产的确认时间一般为租赁期开始日，即土地使用权、建筑物进入出租状态，开始赚取租金的日期。对持有并准备增值后转让的土地使用权，其作为投资性房地产的确认时间为企业将自用土地使用权停止自用，准备增值后转让的日期。

政策依据
《企业会计准则第3号——投资性房地产》

2. 属于投资性房地产的项目

（1）已出租的土地使用权，是指企业通过出让或转让方式取得的，以经营租赁方式出租的土地使用权。例如，A 公司与 B 公司签署了土地使用权租赁协议，A 公司以年租金 8 000 000 元租赁使用 B 公司拥有的 800 000 平方米土地使用权，那么，自租赁协议约定的租赁期开始日起，这项土地使用权属于 B 公司的投资性房地产。

（2）持有并准备增值后转让的土地使用权，是指企业取得的，准备增值后转让的土地使用权。例如，公司发生转产或厂址搬迁，部分土地使用权停止自用，管理层决定继续持有这部分土地使用权，待其增值后转让以赚取增值收益。

（3）已出租的建筑物，是指企业拥有产权的，以经营租赁方式出租的建筑物，包括自行建造开发活动完成后用于出租的建筑物。例如，甲公司将其拥有的某栋厂房整体出租给乙公司，租赁期为两年。自租赁期开始日期起，这栋厂房属于甲公司的投资性房地产。企业新购入、自行建造或开发完工但尚未使用的建筑物，以及不再用于日常生产经营活动且经整理后达到可出租状态的空置建筑物属于投资性房地产。企业将建筑物出租，按租赁协议向承租人提供的相关辅助服务在整个协议中不重大的，应当将该建筑物确认为投资性房地产。

【学中做】 下列各项中，属于投资性房地产的有（　　　）。

A. 企业拥有并自行经营的饭店　　　B. 企业以经营租赁方式租出的写字楼

C. 房地产开发企业正在开发的商品房　　D. 企业持有的拟增值后转让的土地使用权

（二）投资性房地产的计量

企业应当对投资性房地产按照成本进行初始计量。至于投资性房地产的后续计量，通常企业应当采用成本模式，具备《企业会计准则》规定的条件，也可以采用公允价值模式。但是，同一企业只能采用一种模式对所有投资性房地产进行后续计量，不得同时采用两种计量模式。

提示： 为保证会计信息的可比性，企业对投资性房地产的后续计量模式一经确定，不得任意变更。成本模式转为公允价值模式的，企业应当将其作为会计政策变更在会计报告中进行披露，并按照计量模式变更时公允价值与账面价值的差额，调整期初留存收益。已采用公允价值模式进行后续计量的投资性房地产，不得从公允价值模式转为成本模式。

二、投资性房地产典型业务的核算

（一）科目设置

为了核算和监督投资性房地产的取得、后续计量和处置等情况，企业应当设置"投资性房地产""投资性房地产累计折旧（摊销）""公允价值变动损益""其他业务收入""其他业务成本"等科目。投资性房地产作为企业主营业务的，应当设置"主营业务收入"和"主营业务成本"等科目，用于核算相关的损益。

企业采用成本模式计量的投资性房地产发生减值的，还应当设置"投资性房地产减值准备"科目进行核算。

"投资性房地产"科目属于资产类科目，借方登记投资性房地产的取得成本；贷方登记企业减少投资性房地产时结转的成本；期末借方余额反映企业现有投资性房地产的成本。该科目应按投资性房地产类别和项目进行明细核算。

（二）投资性房地产的初始计量

投资性房地产应当按照成本进行初始计量。投资性房地产可以通过外购、自行建造、所有者投入、债务重组等方式取得，初始计量的方法也不尽相同。下面主要介绍外购和自行建造方式取得的投资性房地产业务的核算方法。

1. 外购的投资性房地产

企业外购的房地产只有在购入的同时开始出租或用于资本增值，才能作为投资性房地产加以确认。外购的投资性房地产的成本包括购买价款、相关税费和可直接归属于该资产的其他支出。

企业购入房地产，自用一段时间之后再改为出租或用于资本增值的，应当先将外购的房地产确认为固定资产或无形资产，自租赁期开始日或用于资本增值之日开始，才能从固定资产或无形资产转换为投资性房地产。

企业应当按照外购投资性房地产发生的实际成本，借记"投资性房地产"科目，贷记"银行存款"科目。

【例 6.2.1】 20×6 年 11 月 15 日，C 公司与 D 公司签订了经营租赁合同，约定自写字楼购买之日起将这栋写字楼出租给 D 公司，为期 5 年。12 月 5 日，C 公司实际购入写字楼，支付价款共计 30 000 000 元。假设不考虑其他因素，且 C 公司采用成本模式进行后续计量。

C 公司的账务处理如下：

借：投资性房地产——写字楼	30 000 000	
贷：银行存款		30 000 000

2. 自行建造的投资性房地产

企业自行建造（或开发，下同）的房地产，只有在自行建造或开发活动完成（即达到预定可使用状态）的同时开始对外出租或用于资本增值，才能将自行建造的房地产确认为投资性房地产。自行建造的投资性房地产的成本由建造该项房地产达到预定可使用状态前发生的必要支出构成，包括土地开发费、建筑成本、安装成本、应予以资本化的借款费用、支付的其他费用和分摊的间接费用等。建造过程中发生的非正常性损失，直接计入当期损益，不计入建造成本。

企业自行建造房地产达到预定可使用状态，过了一段时间后才对外出租或用于资本增值的，应当先将自行建造的房地产确认为固定资产或无形资产，自租赁期开始日或用于资本增值之日开始，从固定资产或无形资产转换为投资性房地产。

在符合上述内容的前提下，企业应当按照发生的实际成本，借记"投资性房地产"科目，贷记"在建工程"科目。

3. 内部转换形成的投资性房地产

房地产的转换实质上是因房地产用途发生改变而对房地产进行的重新分类。一般情况下，大多数企业是将原有的房屋、建筑物、土地使用权作为固定资产、无形资产来核算，在经营过程中将其出租，转换为投资性房地产。

非投资性房地产转换为投资性房地产，通常将租赁期开始日作为转换日；投资性房地产转换为非投资性房地产，通常在租赁期结束时作相关的转换处理。

企业将作为存货的房地产或将自用的建筑物等转换为投资性房地产的，应当将该项存货或建筑物等在转换日的账面价值或公允价值作为投资性房地产在转换日的成本；转换日存货或自用建筑物等的账面价值高于公允价值的差额应计入公允价值变动损益；转换日存货或自用建筑物等的账面价值低于公允价值的差额计入其他综合收益。

【例 6.2.2】 甲公司拥有 A 写字楼一栋，用于本公司总部办公。20×6 年 10 月 10 日，甲公司与乙公司签订了经营租赁协议，将这栋写字楼整体出租给乙公司使用，租赁期开始日为 20×6 年 11 月 15 日，为期 5 年。20×6 年 11 月 15 日，这栋写字楼的账面价值为 300 000 000 元。已提折旧 40 000 000 元。甲公司所在城市没有活跃的房地产交易市场。

甲公司的账务处理如下：

借：投资性房地产——A 写字楼	300 000 000	
累计折旧	40 000 000	
贷：固定资产		300 000 000
投资性房地产累计折旧		40 000 000

【例 6.2.3】 20×6 年 6 月，丁公司打算搬迁至新建办公楼，由于原办公楼处于商业繁华地段，丁公司准备将其出租，以赚取租金收入。20×6 年 10 月，丁公司完成了搬迁工作，原办公

楼停止自用。20×6年12月，丁公司与B公司签订了租赁协议，将其原办公楼租赁给B公司使用，租赁期开始日为20×7年1月1日，租赁期限为3年。由于该办公楼处于商业区，房地产交易活跃，丁公司能够从市场上取得同类或类似房地产的市场价格及其他相关信息，所以丁公司决定对出租的办公楼采用公允价值模式进行后续计量。20×7年1月1日，丁公司办公楼的公允价值为500 000 000元，其原价为350 000 000元，已提折旧150 000 000元。

20×7年1月1日，丁公司的账务处理如下：

借：投资性房地产——办公楼（成本）　　　　　　　　　　　500 000 000
　　累计折旧　　　　　　　　　　　　　　　　　　　　　　150 000 000
　　贷：固定资产　　　　　　　　　　　　　　　　　　　　　350 000 000
　　　　其他综合收益　　　　　　　　　　　　　　　　　　　300 000 000

提示：20×7年1月1日，办公楼的账面价值＝350 000 000－150 000 000＝200 000 000（元），公允价值为500 000 000元，公允价值与账面价值的差额300 000 000元应计入其他综合收益。

若转换日丁公司的办公楼的公允价值为180 000 000元，公允价值与账面价值的差额20 000 000元计入公允价值变动损益。丁公司的账务处理如下：

借：投资性房地产——办公楼（成本）　　　　　　　　　　　180 000 000
　　累计折旧　　　　　　　　　　　　　　　　　　　　　　150 000 000
　　公允价值变动损益　　　　　　　　　　　　　　　　　　　20 000 000
　　贷：固定资产　　　　　　　　　　　　　　　　　　　　　350 000 000

【学中做】　20×7年2月1日，丁公司将出租在外的厂房收回，开始用于本企业生产商品。该项房地产的账面价值为3 165万元，原价为5 000万元，已提折旧1 235万元。假设丁公司对投资性房地产的后续计量采用成本模式。请问，丁公司该如何进行账务处理呢？

（三）投资性房地产的后续计量

1. **采用成本模式进行后续计量的投资性房地产**

（1）投资性房地产计提折旧或摊销业务的核算。对于采用成本模式进行后续计量的投资性房地产，应当按照固定资产或无形资产的有关规定，按期（月）计提折旧或进行摊销，借记"其他业务成本"科目，贷记"投资性房地产累计折旧（摊销）"科目。取得的租金收入，应借记"银行存款"科目，贷记"其他业务收入""应交税费——应交增值税（销项税额）"等科目。

（2）投资性房地产减值业务的账务处理。投资性房地产存在减值迹象的，企业应当根据《企业会计准则第8号——资产减值》的有关规定进行减值测试，确定发生减值的，应当计提减值准备，借记"资产减值损失"科目，贷记"投资性房地产减值准备"科目。

提示：投资性房地产减值损失一经确认，在以后会计期间不得转回，但遇到出售、对外投资、抵偿债务等处置时，"投资性房地产减值准备"科目的余额应予以转销。

2. **采用公允价值模式进行后续计量的投资性房地产**

（1）采用公允价值模式的前提条件。企业只有存在确凿证据表明其投资性房地产的公允价值能够持续、可靠取得时，才可以对投资性房地产采用公允价值模式进行后续计量。具体来说，采用公允价值模式计量的投资性房地产，应当同时满足两个条件：①投资性房地产所在地有活跃的房地产交易市场。所在地，通常指投资性房地产所在的城市。对于大中型城市，应当为投资性房地产所在的城区。②企业能够从活跃的房地产交易市场上取得同类或类似房地产的市场价格及其他相关信息，从而对投资性房地产的公允价值作出合理的估计。

（2）采用公允价值模式进行后续计量的账务处理。企业采用公允价值模式进行后续计量的，不对投资性房地产计提折旧或进行摊销，而应当以资产负债表日投资性房地产的公允价值为基础调整其账面价值，企业应对"投资性房地产"科目分别设置"成本""公允价值变动"明细科目，以进行明细核算。公允价值与原账面价值之间的差额应计入当期损益（公允价值变动损益）。资产负债表日，应按投资性房地产的公允价值高于其账面价值的差额，借记"投资性房地产——公允价值变动"科目，贷记"公允价值变动损益"科目；公允价值低于其账面余额的，应作相反的账务处理。

【例 6.2.4】 20×5 年 8 月，甲房地产开发公司（以下简称"甲公司"）与乙公司签订租赁协议，约定将甲公司开发的一栋精装修的 A 写字楼于开发完成的同时开始租赁给乙公司使用，租赁期为 10 年。当年 10 月 1 日，该写字楼开发完成并开始出租，写字楼的造价为 8 100 万元。由于该栋写字楼地处商业繁华区，所在城区有活跃的房地产交易市场，而且能够从房地产交易市场上取得同类房地产的市场报价，故甲公司决定采用公允价值模式对该项出租的房地产进行后续计量。20×5 年 12 月 31 日，该写字楼的公允价值为 82 500 000 元。20×6 年 12 月 31 日，该写字楼的公允价值为 83 700 000 元。

甲公司的账务处理如下。

（1）20×5 年 10 月 1 日，甲公司开发完成写字楼并出租时：

借：投资性房地产——A 写字楼（成本）   81 000 000

　　贷：开发产品   81 000 000

提示："开发产品"科目相当于房地产企业的存货类科目。

（2）20×5 年 12 月 31 日，以资产负债表日投资性房地产的公允价值为基础调整其账面价值，公允价值与原账面价值之间的差额计入当期损益时：

借：投资性房地产——A 写字楼（公允价值变动）   1 500 000

　　贷：公允价值变动损益   1 500 000

（3）20×6 年 12 月 31 日，公允价值变动时：

借：投资性房地产——A 写字楼（公允价值变动）   1 200 000

　　贷：公允价值变动损益   1 200 000

【学中做】关于投资性房地产的后续计量，下列说法中正确的有（　　　　）。

A. 采用公允价值模式计量的，不对投资性房产计提折旧

B. 采用公允价值模式计量的，应对投资性房产计提折旧

C. 已采用公允价值模式计量的投资性房地产，不得从公允价值模式转为成本模式

D. 已采用成本模式计量的投资性房地产，不得从成本模式转为公允价值模式

3. 投资性房地产后续计量模式的变更

【例 6.2.5】 甲公司将其 A 写字楼租赁给乙公司使用，并一直采用成本模式进行后续计量。20×5 年 12 月 1 日，甲公司认为出租给乙公司使用的写字楼所在地的房地产交易市场已经成熟，具备了采用公允价值模式计量的条件，决定对该项投资性房地产的后续计量从成本模式转换为公允价值模式。甲公司按净利润的 10% 计提盈余公积。该写字楼的原造价为 88 000 000 元，已提折旧 10 000 000 元，账面价值为 78 000 000 元。20×5 年 12 月 1 日，该写字楼的公允价值为 85 000 000 元。

20×5 年 12 月 1 日，甲公司的账务处理如下：

借：投资性房地产——A 写字楼（成本）   85 000 000

投资性房地产累计折旧　　　　　　　　　　　　　　　10 000 000
　贷：投资性房地产——A写字楼　　　　　　　　　　　88 000 000
　　　利润分配——未分配利润　　　　　　　　　　　　6 300 000
　　　盈余公积　　　　　　　　　　　　　　　　　　　700 000

（四）投资性房地产的处置

当投资性房地产被处置，或者永久退出使用且预计不能从其处置中取得经济利益时，企业应当终止确认该项投资性房地产。

企业出售、转让、报废投资性房地产或者发生投资性房地产毁损时，应当将处置收入扣除其账面价值和相关税费后的金额计入当期损益（将实际收到的处置收入计入其他业务收入，所处置投资性房地产的账面价值计入其他业务成本）。

1. 采用成本模式计量的投资性房地产的处置

企业在处置此类投资性房地产时，应按实际收到的金额，借记"银行存款"科目，贷记"其他业务收入""应交税费——应交增值税（销项税额）"等科目。同时，应按该项投资性房地产的累计折旧或累计摊销，借记"投资性房地产累计折旧（摊销）"科目；按该项投资性房地产的账面余额，贷记"投资性房地产"科目；按其差额，借记"其他业务成本"科目；已计提减值准备的，借记"投资性房地产减值准备"科目。

2. 采用公允价值模式计量的投资性房地产的处置

企业在处置此类投资性房地产时，应按实际收到的金额，借记"银行存款"科目，贷记"其他业务收入""应交税费——应交增值税（销项税额）"等科目。同时，应按该项投资性房地产的账面余额，借记"其他业务成本"科目，贷记"投资性房地产（成本）"科目、贷记或借记"投资性房地产（公允价值变动）"科目；按该项投资性房地产的公允价值变动余额，借记或贷记"公允价值变动损益"科目，贷记或借记"其他业务收入"科目。该项投资性房地产在转换日计入其他综合收益的金额，也一并结转，借记"其他业务成本"科目，贷记"其他综合收益"科目。

【例6.2.6】甲公司将其出租的一栋C写字楼确认为投资性房地产。租赁期满后，甲公司将该栋写字楼出售给乙公司，合同价款为160 000 000元（不含增值税），适用的增值税税率为9%，乙公司已用银行存款付清。该栋写字楼原采用公允价值模式计量。出售时，该栋写字楼的成本为114 000 000元，公允价值变动为借方余额32 000 000元。

甲公司出售写字楼的账务处理如下：
借：银行存款　　　　　　　　　　　　　　　　　　　174 400 000
　贷：其他业务收入　　　　　　　　　　　　　　　　160 000 000
　　　应交税费——应交增值税（销项税额）　　　　　　14 400 000
借：其他业务成本　　　　　　　　　　　　　　　　　146 000 000
　贷：投资性房地产——C写字楼（成本）　　　　　　　114 000 000
　　　　　　　　　——C写字楼（公允价值变动）　　　32 000 000
同时，将投资性房地产累计公允价值变动转入其他业务收入：
借：公允价值变动损益　　　　　　　　　　　　　　　　32 000 000
　贷：其他业务收入　　　　　　　　　　　　　　　　　32 000 000

【学中做】假设【例6.2.6】中的C写字楼原采用成本模式计量，出售时，该栋写字楼的成本为 150 000 000 元，已提折旧 16 000 000 元，甲公司应如何进行账务处理呢？

【本章小结】

无形资产是指企业拥有或控制的没有实物形态的可辨认非货币性资产，主要包括专利权、非专利技术、商标权、著作权、土地使用权、特许权等。在理解无形资产概念、特征、内容、分类等基本理论的基础上，读者要着重掌握无形资产入账价值和摊销期限的确定，以及无形资产取得、摊销、减值、处置等业务的账务处理。

投资性房地产是指为赚取租金或资本增值，或者两者兼有而持有的房地产。在理解投资性房地产的确认条件和内容、投资性房地产初始计量和后续计量的原则等基本理论的基础上，要着重掌握投资性房地产摊销或计提减值准备、投资性房地产后续计量模式变更以及投资性房地产出售等业务的账务处理。

【综合练习】

一、单项选择题

1. A公司自 20×6 年 3 月开始研发一项新技术，20×7 年 4 月月初研发成功。A公司申请了专利技术，其在研究阶段，发生相关费用 10 万元；在开发阶段，发生工资费用 30 万元、材料费用 55 万元、其他相关费用 5 万元（假定均为资本化支出）；申请专利时，发生注册费等相关费用 10 万元。该项专利权的入账价值为（　　）万元。

    A. 10　　　　　　　B. 90　　　　　　　C. 110　　　　　　D. 100

2. 企业购入或支付土地出让金取得的土地使用权，在土地上已经开发或建造自用项目的，通常通过（　　）科目核算。

    A. "固定资产"　　B. "在建工程"　　C. "无形资产"　　D. "长期待摊费用"

3. "无形资产"科目的期末借方余额，反映企业无形资产的（　　）。

    A. 摊余价值　　　B. 账面价值　　　C. 可收回金额　　D. 成本

4. A公司出售所拥有的专利权一项，取得收入 300 万元，适用的增值税税率为 6%。该专利权取得时实际成本为 400 万元，已摊销 170 万元。A公司出售该项专利权应计入当期损益的金额为（　　）万元。

    A. −100　　　　　B. 70　　　　　　C. 5　　　　　　　D. 52

5. 某企业出售一项 3 年前取得的专利权，该专利权取得权的成本为 20 万元，按 10 年摊销，出售时取得收入 20 万元，适用的增值税税率为 6%。不考虑其他税费，则出售该项专利时影响的当期损益为（　　）万元。

    A. 4.8　　　　　　B. 6　　　　　　　C. 15　　　　　　D. 16

6. 对出租无形资产进行摊销时，其摊销的价值应计入（　　）。

    A. 管理费用　　　B. 营业外支出　　C. 其他业务成本　D. 长期待摊费用

7. 下列各项关于无形资产会计处理的表述中，正确的是（　　）。

    A. 内部产生的商誉应确认为无形资产

    B. 计提的无形资产减值准备在该资产价值恢复时应予转回

    C. 使用寿命不确定的无形资产账面价值均应按 10 年平均摊销

    D. 以支付土地出让金方式取得的自用土地使用权应单独确认为无形资产

8. 企业取得的房地产租金属于（　　）。

    A. 房地产投资收益　　　　　　　　　　B. 让渡资产使用权取得的使用费收入

    C. 销售商品收入　　　　　　　　　　　D. 营业外收入

9. 投资性房地产应当按照（　　）进行初始计量。

    A. 公允价值　　　　　　B. 未来现金流量现值　　C. 成本　　　　　　D. 可变现净值

10. 甲公司将一栋写字楼转换为采用公允价值模式计量的投资性房地产。该写字楼的账面原值为 2 500 万元，已计提的累计折旧为 50 万元，已计提的固定资产减值准备为 150 万元，转换日的公允价值为 3 000 万元。若不考虑其他因素，则甲公司在转换日应记入"投资性房地产"科目的金额是（　　）万元。

    A. 3 000　　　　　　　B. 2 300　　　　　　　C. 2 500　　　　　　D. 2 800

11. 下列应列为无形资产的是（　　）。

    A. 企业自创商品品牌　　　　　　　　　　B. 行政划拨的土地使用权

    C. 企业自行研发非专利技术发生的支出　　D. 外购专利权

12. 下列各项中，企业应作为无形资产入账的是（　　）。

    A. 为获得土地使用权支付的土地出让金　　B. 为销售商品支付的广告费

    C. 开办费　　　　　　　　　　　　　　　D. 为开发新技术发生的项目研究费

13. 由投资者投资转入的无形资产，应按合同或协议约定的价值（假定该价值是公允价值）；借记"无形资产"科目；按其在注册资本中所占的份额，贷记"实收资本"科目，借贷方的差额应记入的科目是（　　）。

    A. "资本公积——资本（或股本）溢价"　　B. "营业外收入"

    C. "资本公积——股权投资准备"　　　　　D. "最低租赁付款额"

14. 企业有偿取得土地使用权，在土地上建造自用房屋建筑物时，应将其账面价值（　　）。

    A. 继续进行摊销　　　　　　　　　　　　B. 全部转入管理费用

    C. 转入长期待摊费用　　　　　　　　　　D. 全部转入在建工程成本

15. 关于无形资产的后续计量，下列说法中正确的是（　　）。

    A. 使用寿命不确定的无形资产应该按系统、合理的方法摊销

    B. 使用寿命不确定的无形资产，其应摊销金额应按 10 年摊销

    C. 企业无形资产的摊销方法应反映与该项无形资产有关的经济利益的预期实现方式

    D. 无形资产的摊销方法只有年限平均法

16. 企业出租无形资产取得的收入，应计入（　　）。

    A. 主营业务收入　　　B. 其他业务收入　　　　C. 营业外收入　　　　D. 投资收益

17. 企业确认的无形资产减值，应计入（　　）。

    A. 资产减值损失　　　B. 管理费用　　　　　　C. 坏账准备　　　　　D. 其他业务成本

18. 投资性房地产是指（　　）而持有的房地产。

    A. 为赚取租金或资本增值　　　　　　　　B. 为赚取租金

    C. 为资本增值　　　　　　　　　　　　　D. 为赚取租金或资本增值，或者两者兼有

19. 持有并准备增值后转让的土地使用权，目的是增值后转让以赚取增值收益，（　　）。

    A. 赚取的增值收益属于利得

    B. 转让行为属于企业为完成其经营目标所从事的经营性活动以及与之相关的其他活动

    C. 转让收益属于企业主营业务收入

    D. 转让收益属于企业营业外收入

20. 甲公司对投资性房地产采用成本模式进行后续计量，采用年限平均法进行折旧或摊销。20×5 年 5 月，甲公司外购一项土地使用权，支付购买价款 3 000 万元，另支付相关手续费 60 万元，相关款项已全部支付。对于该土地使用权，甲公司准备增值后转让。该项土地使用权的预计使用寿命为 20 年，预计净残值为 0。20×5 年 12 月 31 日，经减值测试，该项房地产的可收回金额为 2 800 万元。假设不考虑其他

因素，则20×5年12月31日该项房地产的账面价值为（　　）万元。

　　A. 3 060　　　　　　　B. 2 958　　　　　　　C. 2 800　　　　　　　D. 2 970.75

二、多项选择题

1. 关于使用寿命有限的无形资产，下列说法中正确的有（　　）。

　　A. 其应摊销金额应当在使用寿命内系统、合理摊销

　　B. 其摊销期限应当自无形资产可供使用时起至不再作为无形资产确认时止

　　C. 其摊销期限应当自无形资产可供使用的下个月时起至不再作为无形资产确认时止

　　D. 无形资产可能有残值

2. 下列选项中，可能影响当期利润表中营业利润的有（　　）。

　　A. 计提无形资产减值准备　　　　　　　B. 新技术项目研究过程中发生的人工费用

　　C. 出租无形资产取得的租金收入　　　　D. 接受其他单位捐赠的专利权

3. 下列关于无形资产处置的说法，正确的有（　　）。

　　A. 无形资产预期不能为企业带来经济利益的，应将该无形资产的账面价值予以转销

　　B. 企业出售无形资产的，应将所取得的价款与该无形资产的账面价值的差额计入当期损益

　　C. 企业出租无形资产获得的租金收入，应通过其他业务收入科目来核算

　　D. 企业出售无形资产发生的净损益，通过其他业务收入或其他业务成本科目来核算

　　E. 企业出售无形资产发生的净损益，通过资产处置损益科目来核算

4. 下列有关无形资产的会计处理，不正确的有（　　）。

　　A. 将自创商誉确认为无形资产

　　B. 将转让使用权的无形资产的摊销价值计入营业外支出

　　C. 将转让所有权的无形资产的账面价值计入其他业务成本

　　D. 将预期不能为企业带来经济利益的无形资产的账面价值转销

5. 按企业会计准则的规定，下列表述中，不正确的有（　　）。

　　A. 无形资产的出租收入应当确认为企业的收入

　　B. 无形资产的成本应自可供使用时起按年限平均法摊销

　　C. 无形资产的后续支出应在发生时予以资本化

　　D. 无形资产的研究与开发费用应在发生时计入当期损益

6. 采用成本模式进行后续计量的，应按照确定的自行建造投资性房地产成本，（　　）。

　　A. 借记"投资性房地产"科目

　　B. 贷记"在建工程"或"开发产品"科目

　　C. 借记"开发产品"科目，贷记"在建工程"科目

　　D. 借记"在建工程"科目，贷记"投资性房地产"科目

7. 中信公司采用成本模式对投资性房地产进行核算。20×5年11月30日，中信公司将一栋办公楼出租给悦达公司。办公楼的成本为1 800万元，采用年限平均法计提折旧，预计使用寿命为20年，预计净残值为0。经营租赁合同约定，悦达公司每月支付中信公司租金8万元。当年12月31日，这栋办公楼发生减值迹象，经减值测试，其可收回金额为1 200万元。此时办公楼的账面价值为1 500万元，以前未计提减值准备。对于上述事项，说法正确的有（　　）。

　　A. 中信公司每月计提折旧的金额为7.5万元

　　B. 中信公司计提减值准备的金额为300万元

　　C. 中信公司确认其他业务收入的金额为8万元

    D. 该投资性房地产影响中信公司营业利润的金额为 299.5 万元

8. 投资性房地产取得的租金收入，应（   ）。

    A. 借记"银行存款"科目   B. 贷记"其他业务收入"科目

    C. 贷记"应交税费"科目   D. 贷记"营业外收入"科目

9. 以下各项内容，可直接记入"无形资产"科目借方的有（   ）。

    A. 购入某项专利技术的支出额

    B. 开发新产品期间发生的材料费、人工费

    C. 自行开发某项非专利技术并按法律程序取得无形资产的支出额

    D. 自行创建良好的商誉所耗的费用

    E. 研究阶段发生的人工费

10. 下列关于无形资产研发支出的说法中，正确的有（   ）。

    A. 企业内部研发项目研究阶段的支出，应计入无形资产的成本

    B. 企业内部研发项目研究阶段的支出，应先记入"研发支出"科目，期末转入"管理费用"科目

    C. 企业内部研发项目开发阶段的支出，符合资本化条件时可以资本化

    D. 企业内部研发项目开发阶段的支出，在期末转入当期损益

    E. 企业内部研发项目开发阶段的支出，发生时计入当期损益

11. 企业按期（月）计提无形资产的摊销，借方科目有可能为（   ）。

    A "管理费用"   B."其他业务成本"   C."销售费用"   D."制造费用"

12. 下列可以确定为无形资产减值情况的有（   ）。

    A. 该项无形资产已超过法律保护期限，但仍然具有部分使用价值

    B. 该项无形资产的市价在当期大幅度下跌，在剩余年限内预期不会恢复

    C. 该项无形资产不再受法律保护，且不能给企业带来经济利益

    D. 该项无形资产已被其他新技术所替代，且不能给企业带来经济利益

    E. 该项无形资产已被其他新技术所替代，使其为企业创造经济利益的能力受到重大影响

13. 投资性房地产的确认条件有（   ）。

    A. 符合投资性房地产的定义

    B. 与该投资性房地产有关的经济利益很可能流入企业

    C. 该投资性房地产的成本能够可靠地计量

    D. 该投资性房地产的收入能够可靠地计量

14. 自行建造投资性房地产，其成本包括（   ）。

    A. 土地开发费   B. 建筑成本、安装成本

    C. 应予资本化的借款费用   D. 支付的其他费用和分摊的间接费用等

15. 下列关于投资性房地产中已出租建筑物的说法中，正确的有（   ）。

    A. 用于出租的建筑物是指企业拥有产权的建筑物

    B. 已出租的建筑物是企业已经与其他方签订了租赁协议，约定以经营租赁方式出租的建筑物

    C. 企业将建筑物出租，按租赁协议向承租人提供的相关辅助服务在整个协议中不重大的，应当将该建筑物确认为投资性房地产

    D. 一般应自租赁协议规定的租赁期开始日起，经营租出的建筑物才属于已出租的建筑物

三、判断题

1. 无形资产的取得成本应能够可靠地计量。凡是取得成本不能可靠地计量的无形资产，不能作为无

形资产入账。 （　　）

2. "研发支出"科目，属于成本类科目，应按照研发项目，分别对"费用化支出""资本化支出"进行明细核算。 （　　）

3. 当无形资产预期不能为企业带来经济利益时，应将该项无形资产的账面摊余价值予以转销，计入报废当月的管理费用。 （　　）

4. 出售无形资产属于企业的日常活动，出售无形资产所取得的收入应通过"其他业务收入"科目核算；而出租无形资产属于企业的非日常活动，出租取得的收入通过营业外收支核算。 （　　）

5. 企业外购的房地产，只有在购入的同时开始对外出租或用于资本增值，才能作为投资性房地产加以确认。 （　　）

6. 已出租的土地使用权是指企业计划通过出让或转让方式取得并以经营租赁方式出租的土地使用权。 （　　）

7. 已出租的建筑物是企业已经与其他方签订了租赁协议，约定以经营租赁方式出租的建筑物。一般应自租赁协议签订日起，经营租出的建筑物才属于已出租的建筑物。 （　　）

8. 企业购入房地产，自用一段时间之后再改为出租或用于资本增值的，应当先将外购的房地产确认为固定资产或无形资产，自租赁期开始日或用于资本增值之日起，才能从固定资产或无形资产转换为投资性房地产。 （　　）

9. 无形资产是指企业拥有或控制的没有实物形态的非货币性资产，包括可辨认非货币性无形资产和商誉。 （　　）

10. 企业自行研发非专利技术时发生的有关研究阶段费用，应列作当期费用，而不应作为无形资产核算。 （　　）

11. 企业所拥有的所有土地使用权，都应作为无形资产入账核算。 （　　）

12. 对于使用寿命不确定的无形资产，如果有证据表明其使用寿命是有限的，则企业应按会计政策变更处理，对以前未摊销的年限追溯调整。 （　　）

13. 企业自行建造的房地产，只有在自行建造活动完成（即达到预定可使用状态）的同时开始对外出租或用于资本增值，才能将自行建造的房地产确认为投资性房地产。 （　　）

14. 已对外经营出租但仍由本企业提供日常维护的建筑物，不属于投资性房地产。 （　　）

15. 企业将某项房地产部分用于出租，部分自用，如果出租部分能单独计量和出售的，企业应将该项房地产整体确认为投资性房地产。 （　　）

四、业务处理题

1. A公司发生的与无形资产有关的经济事项如下。

（1）A公司从B公司购买一项商标权，价款为800万元。在购买过程中，A公司共支付手续费用等相关费用10 000元，均以银行存款支付。该商标权的使用寿命为10年，不考虑残值的因素。

（2）A公司将其某产品的商标权转让给光明公司使用，每月收取使用费15 000元，应交增值税900元。

（3）A公司将拥有的一项专利权出售，取得收入80万元，应缴纳的增值税税额为4.8万元。该专利权的账面成本为70万元，累计摊销额为15万元。

要求：编制以上经济业务的会计分录。

2. 甲股份有限公司购入一块土地的使用权，以银行存款转账支付100 000 000元，并在该土地上自行建造厂房等工程，发生材料费用50 000 000元、工资费用10 000 000元、其他相关费用40 000 000元等。该工程已经完工并达到预定可使用状态。假定土地使用权的使用年限为50年，该厂房的使用年限为20年，两者都没有净残值，都采用年限平均法进行摊销和计提折旧。为简化核算，不考虑其他相关税费。

要求：（1）对购入的土地使用权进行账务处理；

（2）对自行建造厂房进行账务处理；

（3）在厂房达到预定可使用状态时进行账务处理；

（4）对每年分期摊销土地使用权和厂房计提折旧进行账务处理。

3. 某企业发生的与无形资产相关的经济业务如下。

（1）两年前购入一项土地使用权，支付价款200 000元，已按规定摊销30 000元，本月将该项土地用于自用房屋建设。

（2）将拥有的一项专利权出售，将取得的收入560 000元存入银行，应交增值税税额为33 600元。该项专利权的账面成本为600 000元，摊余价值为460 000元，已计提减值准备40 000元。

（3）经核查发现，专利权H由于科技进步等原因，已丧失使用价值，预期不能为企业带来经济利益。该专利权的账面余额为150 000元，已累计摊销60 000元，以前年度已计提减值准备12 000元。

要求：根据上述经济业务编制有关会计分录。

4. A公司为一般纳税人，房地产出租适用的增值税税率为9%。不考虑除增值税以外的其他税费。A公司对投资性房地产采用公允价值模式进行后续计量。A公司发生的与房地产相关的业务如下。

（1）20×1年1月，A公司自行建造办公大楼。在建设期间，A公司购进为工程准备的物资一批，价款为2 800万元，增值税税额为476万元。该批物资已验收入库，款项以银行存款支付。该批物资全部用于办公楼工程项目。A公司为建造该工程，领用本公司生产的库存商品一批，成本为320万元，计税价格为400万元，另支付在建工程人员薪酬724万元。

（2）20×1年8月，该办公楼的建设达到了预定可使用状态并投入使用。该办公楼预计使用寿命为20年，预计净残值为188万元，采用年限平均法计提折旧。

（3）20×2年12月，A公司与B公司签订了租赁协议，将该办公大楼经营租赁给B公司，租赁期为10年，年租金为480万元（不含税），租金于每年年末结清。租赁期开始日为20×3年1月1日。

（4）与该办公大楼同类的房地产在20×3年年末的公允价值为4 400万元，20×4年年末的公允价值为4 800万元。

（5）20×5年1月，A公司与B公司达成协议并办理过户手续，以5 000万元的价格将该项办公大楼转让给B公司，全部款项已收到并存入银行。

要求：（1）编制与A公司自行建造办公大楼有关的会计分录；

（2）计算A公司该办公大楼20×2年年末累计折旧的金额；

（3）编制A公司将该办公大楼停止自用改为出租时的会计分录；

（4）为A公司编制与该办公大楼20×3年租金收入有关的会计分录；

（5）为A公司编制与该办公大楼20×3年年末后续计量有关的会计分录；

（6）编制A公司20×5年处置该办公大楼时的会计分录。

（答案中的金额单位为万元）

5. 某企业发生的与无形资产相关的经济业务如下。

（1）该企业自行研制专利并取得成功，已申请取得专利权。本月发生开发费用共计760 000元，其中，领用库存原材料500 000元，应付人员工资100 000元，以存款支付其他相关费用100 000元。专利登记费20 000元，律师费40 000元，以银行存款支付。该项专利已投入使用。

（2）该企业出租商标权取得收入40 000元并存入银行，以银行存款支付出租无形资产的相关费用10 000元，按6%的增值税税率计算并结转应交增值税。

要求：根据上述经济业务编制有关会计分录。

第七章

负　债

【本章学习目标】

知识目标：熟悉短期借款、应付票据、应付账款、预收账款、应付职工薪酬、应交税费等流动负债的概念、核算内容、相关的会计科目以及账务处理方法；熟悉长期借款、应付债券和长期应付款等非流动负债的概念、核算内容、相关的会计科目以及账务处理方法。

能力目标：能正确进行短期借款、应付票据、应付账款、预收账款、应付职工薪酬、应交税费等流动负债的账务处理；能正确进行长期借款、应付债券、长期应付款等非流动负债的账务处理。

【本章导读】

一、负债的定义及确认条件

（一）负债的定义

《企业会计准则——基本准则》（2014）中指出，<u>负债是指企业过去的交易或者事项形成的，预期会导致经济利益流出企业的现时义务</u>。根据负债的定义，负债主要具备以下三个特征。

1. **负债是企业承担的现时义务**

现时义务是负债最本质的特征。义务是指企业要以一定方式履行的责任，而现时义务则是企业在现行条件下已经承担的义务。企业尚未发生的交易或者事项形成的义务，不属于现时义务，不构成负债。这里的义务，既包括法定义务，也包括推定义务。其中，法定义务是指由具有约束力的合同或者法律法规产生的义务。企业对承担的法定义务必须依法执行。比如，企业通过商业信用购买商品形成的应付账款、取得银行贷款产生的银行借款和应付利息、按照税法规定应缴纳的税金等均属于法定义务。推定义务是指根据企业在实务中形成的惯例、公开作出的承诺或者公开宣布的政策而导致企业承担的责任，有关各方都对企业履行该义务形成了合理预期，也构成企业的一项义务，比如公司董事会对外宣告要支付的现金股利、企业重组过程中产生的义务等。

2. **负债预期会导致经济利益流出企业**

企业在履行现时义务时，会导致经济利益流出企业。经济利益流出企业的方式主要包括支付现金、转移非现金资产或提供劳务等形式。如果企业在履行义务时，不导致经济利益的流出，比如企业可以选择以发行普通股的方式来履行义务，就不构成负债。

3. **负债是由过去的交易或者事项形成的**

负债应当由过去的交易或者事项所形成。换句话说，只有过去发生的交易或者事项才能形成负债，比如企业将在未来发生的承诺、在未来将签订的购货合同等，均不构成负债。

（二）金融负债

金融负债是金融工具的一部分，是企业承担的一种合同义务，履行该义务会导致企业向其他方交付现金或者其他金融资产，或者在潜在不利条件下与其他方交换金融资产或金融负债。企业的很多负债项目都属于金融负债，比如企业在购买材料过程中形成的应付账款、企业发行债券形成的应付债券等。但也有部分负债项目不属于金融负债，比如企业预收的商品或劳务价款、企业对客户提供的产品质量保证等。这些负债形成的现时义务不是通过支付现金或其他金融资产来清偿，而是通过销售产品或者提供劳务等方式来履行义务。

（三）负债的确认条件

确认负债意味着企业将在资产负债表中反映该负债。企业要确认负债，除了要符合负债的定义之外，还应当同时满足以下两个条件。

1. 与该义务有关的经济利益很可能流出企业

经济义务存在不确定性，导致企业在履行经济义务时流出的经济利益有时需要估计，特别是由于推定义务而产生的负债。比如，企业因销售产品而承担的产品质量保证义务所发生的支出金额就存在很大的不确定性。如果有证据表明，与现时义务有关的经济利益很可能流出企业，则企业就应当将其确认为负债；反之，对于预期流出经济利益可能性较小或不复存在的现时义务，不应将其确认为一项负债。

2. 未来流出经济利益的金额能够可靠地计量

企业要确认负债，必须能够可靠地计量负债的金额，即能够可靠地计量未来经济利益流出的金额。企业因法定义务而预期发生的经济利益流出金额，通常可以根据法律或合同的规定予以确定。比如，企业应交税费的金额可以根据相关税法的规定计算确定。而企业因推定义务产生的未来经济利益的流出金额，则往往需要根据合理的估计才能确定履行相关义务所需支出的金额。如果未来期间较长，还需要考虑货币时间价值的影响。

二、负债的分类

在资产负债表中，应根据流动性大小将负债项目分为流动负债和非流动负债进行分类列报。

1. 流动负债

流动负债，是指满足下列情形之一的负债。

（1）预计在一个正常营业周期内清偿的负债，比如企业采用商业信用方式购买货物或接受劳务形成的应付账款和应付票据；

（2）主要为交易目的而持有的负债，比如银行发行的打算近期回购的短期票据；

（3）自资产负债表日起一年内（含一年）到期应予以清偿的负债，比如企业以前期间发行的将在资产负债表日起一年内到期偿还的债券；

（4）企业无权自主地将清偿期限推迟至资产负债表日后一年以上的负债，比如企业从银行借入的无权自主延长偿还期限的贷款。

流动负债主要包括短期借款、交易性金融负债、应付票据、应付账款、预收账款、应付职工薪酬、应交税费、其他应付款等。

2．非流动负债

非流动负债，是指流动负债以外的负债。非流动负债主要是企业为购建长期资产而筹集所需资金时发生的负债。比如，企业为购买设备或建造厂房从银行借入的中长期贷款等。非流动负债主要包括长期借款、应付债券、长期应付款等。

第一节　短期借款的核算

本节学习目标

知识目标：了解短期借款的内容；熟悉与短期借款相关的会计科目；掌握短期借款的核算要点。

技能目标：能正确进行短期借款的账务处理。

案例导入

20×8年9月，某高等职业技术学院会计专业毕业生刘艳到A公司进行顶岗实习。该公司20×8年9月发生的部分交易或事项如下：

案例解析

（1）A公司于20×8年7月1日从某银行借入400 000元、年利率为6%、期限为6个月的临时借款，利息于每月月末支付，期满一次归还本金。

（2）假定A公司与银行签订的借款合同为按季支付利息，到期归还本金。

要求：请根据上述不同条件，替刘艳为A公司编制与短期借款借入、计息和归还等经济业务相关的会计分录。

一、短期借款及其种类

短期借款，是指企业从银行或者其他金融机构借入的期限在一年以内（含一年）的各种借款。

企业短期借款的种类主要有生产经营周转借款、临时借款、票据贴现借款等。生产经营周转借款，是指企业为了满足本身生产经营对流动资金的需要而向银行或其他金融机构等借入的款项；临时借款，是指企业为了满足季节性等生产经营的流动资金需要而临时向银行或其他金融机构等借入的款项；票据贴现借款，是指企业在流动资金周转发生困难时，将持有的商业承兑汇票或银行承兑汇票向银行申请票据贴现的借款。

二、短期借款利息的计算和结算

企业各种短期借款，均应按期结算或支付利息。由于短期借款期限在一年以内，且数额不大，所以其利息一般采取单利计算，计算公式为

借款利息=借款本金×借款利率×借款期限

企业短期借款的利息有三种结算支付办法：①按月计算，通过预提方式计入当期损益，按季度与银行办理结算；②按月计算并支付；③利息在借款到期时连同本金一起归还。

三、短期借款的账务处理

为了核算和监督短期借款的取得和偿还情况，企业应设置"短期借款"科目。该科目属负债类科目，贷方登记企业取得的借款本金，借方登记企业偿还的借款本金，期末贷方余额反映企业尚未偿还的借款本金。该科目应按贷款人设置明细科目，并按借款种类和币种进行明细分类核算。

对于短期借款利息，企业应设置"财务费用"科目。该科目的借方登记利息费用的发生额，贷方登记期末结转至"本年利润"科目的金额。

短期借款的账务处理主要包括借入本金的核算、借款利息的核算、借款本息归还的核算。

企业向银行借入短期借款时，应按实际收到的款项，借记"银行存款"科目；按借款本金，贷记"短期借款"科目。企业归还短期借款时，应按归还的借款本金，借记"短期借款"科目；按计算的利息金额，借记"财务费用"科目；按实际归还的款项，贷记"银行存款"科目。

短期借款利息的账务处理有两种情况。

（1）借款利息按月支付，或利息是在借款到期时连同本金一起归还且数额不大的，可在支付时，将利息直接计入当期损益，借记"财务费用"科目，贷记"银行存款"科目。

（2）借款利息按季支付，或者利息是在借款到期时连同本金一起归还，并且数额较大的，应采取预提办法，设置"应付利息"科目，按月预提计入财务费用。在资产负债表日，应按计算确定的短期借款利息费用，借记"财务费用"科目，贷记"应付利息"科目。

"应付利息"科目用于核算企业按照合同约定应支付的利息，包括吸收存款、分期付息到期还本的长期借款、企业债券等应支付的利息。在资产负债表日，企业应将应付利息费用记入本科目贷方，实际支付时记入借方。本科目期末贷方余额反映企业应付未付的利息。本科目应按贷款人或债权人进行明细核算。

第二节 应付及预收款项的核算

本节学习目标

知识目标： 熟悉应付及预收款项的内容；能够确定应付票据和应付账款的入账价值；掌握有现金折扣情况下的应付账款的不同账务处理方法。

技能目标： 能正确编制应付票据、应付账款及预收款项业务的会计分录。

案例导入

20×9 年 5 月，某高等职业技术学院会计专业毕业生陈平到甲公司资金结算岗位进行顶岗实习。甲公司为一般纳税人，其 20×9 年发生的部分经济业务如下。

（1）20×9 年 5 月 15 日，从乙公司采购一批商品，不含税价款为 1 000 000 元，适用的增值税税率为 13%。商品已如数验收入库，甲公司签发一张期限为 3 个月的商业承兑汇票，面值为 1 130 000 元。当年 8 月 15 日，甲公司以银行存款支付上述商业承兑汇票票款 1 130 000 元。

（2）20×9 年 5 月 20 日，甲公司从丙公司购入一批原材料，材料价款为 1 000 000 元，增值税税额为 130 000 元。材料已经验收入库。甲公司开出一张期限为 6 个月的银行承兑汇票，付给建设银行承兑手续费 580 元；当年 11 月 20 日，票据到期，甲公司如期支付票据款。

（3）20×9 年 6 月 14 日，甲公司从丁公司采购一批商品，不含税价款为 150 000 元，增值税税额为 19 500 元，商品已验收入库，货款尚未支付。为了使买方尽快还款，丁公司规定的现金折扣条件为"2/10，n/30"（现金折扣不包括增值税）。假设甲公司在 10 日内付款，对应付账款采用总价法进行账务处理。

（4）20×9 年 6 月 14 日，甲公司从丁公司采购一批商品，不含税价款为 150 000 元，增值税税额为 19 500 元。为了使买方尽快还款，丁公司规定的现金折扣条件为"2/10，n/30"（现金折扣不包括增值税）。假设甲公司在 20×9 年 6 月 30 日付款，对应付账款采用净价法进行账务处理。

案例解析

（5）20×9 年 7 月 10 日，甲公司向 N 公司销售材料 1 000 吨，单价为 50 元/吨，不含税的货款总额为 50 000 元，按照合同规定向 N 公司预收货款 25 000 元。20×9 年 8 月 10 日，甲公司向 N 公司发出 1 000 吨材料，增值税专用发票记载的货款为 50 000 元、增值税税额为 6 500 元；N 公司以银行存款补付所欠款项 31 500 元。

要求：请替陈平为甲公司上述经济业务编制会计分录。

一、应付票据的核算

应付票据，是指企业采用商业汇票结算方式时，因购买商品和接受劳务等而开出、承兑的商业汇票。商业汇票根据承兑人的不同，可以分为银行承兑汇票和商业承兑汇票。应付票据根据是否带息分为带息应付票据和不带息应付票据。

1. 应付票据的入账价值

按现行制度规定，企业开出、承兑的商业汇票，无论是否带息，均按应付票据的面值入账。带息应付票据应于期末（一般为月末）按票据的面值和确定的利率计提利息，计入应付利息，并同时计入当期损益，增加财务费用。

2. 科目设置

为了反映和监督应付票据的发生和偿付业务，企业应设置"应付票据"科目，用于核算应付票据的增减变动及期末结存情况。该科目是负债类科目。企业在开出承兑商业汇票或以承兑的商业汇票抵付应付账款时，借记"在途物资（或材料采购）""库存商品""应交税费——应交增值税（进项税额）""应付账款"等科目，贷记"应付票据"科目。应付票据到期，企业支付票款时，应借记"应付票据"科目，贷记"银行存款"科目。商业承兑汇票到期，企业无力支付票款的，应按照商业汇票票面金额，借记"应付票据"科目，贷记"应付账款"科目，待协商后再行处理。如果签发新的票据以清偿原应付票据的，再从"应付账款"科目转入"应付票据"科目。

企业除应设置"应付票据"科目外，还应当设置"应付票据备查簿"，详细登记每一应付票据的种类、号数、签发日期、到期日、票面金额、票面利率、交易合同、收款人姓名（或单位名称）以及付款日期和金额等资料。应付票据到期结清时，应当在备查簿内予以逐笔注销。

3. 商业承兑汇票的核算

【例 7.2.1】 20×9 年 9 月 1 日，甲公司向乙公司购买 A 商品一批，乙公司开具的增值税专用发票上注明的价款为 100 000 元，增值税税额为 13 000 元，共计 113 000 元。甲公司开出为期 3 个月的商业汇票一张，用于抵付货款。甲公司已将商品验收入库。

根据上述经济业务，甲公司应编制如下会计分录。

（1）购买商品，签发、承兑票据：

```
借：库存商品                                           100 000
    应交税费——应交增值税（进项税额）                 13 000
    贷：应付票据——乙公司                                    113 000
```

（2）票据到期付款：

```
借：应付票据——乙公司                                 113 000
    贷：银行存款                                            113 000
```

（3）票据到期，若甲公司未能付款：

```
借：应付票据——乙公司                                 113 000
    贷：应付账款——乙公司                                    113 000
```

4. 银行承兑汇票的核算

企业支付给银行承兑汇票的手续费，应借记"财务费用"科目，贷记"银行存款"科目。

银行承兑汇票到期，企业无力支付票款的，应按照银行承兑汇票的票面金额，借记"应付票据"科目，贷记"短期借款"科目，对计收的利息，按短期借款利息办法处理。

【例 7.2.2】A 公司于 20×9 年 9 月 1 日向 B 公司购买商品一批，B 公司开具的增值税专用发票上注明的价款为 200 000 元、增值税税额为 26 000 元，共计 226 000 元。A 公司开出一张为期 3 个月的银行承兑汇票，用于抵付货款，并以银行存款支付承兑手续费 113 元。A 公司已将商品验收入库。在银行承兑汇票到期时，A 公司无力支付票款，并接到银行转来的"××号汇票无款支付转入逾期贷款户"等有关凭证。

根据上述经济业务，A 公司应编制如下会计分录。

（1）支付承兑手续费：

```
借：财务费用                                             113
    贷：银行存款                                              113
```

（2）签发、交付银行承兑汇票，购进商品：

```
借：库存商品                                           200 000
    应交税费——应交增值税（进项税额）                 26 000
    贷：应付票据——B 公司                                    226 000
```

（3）到期无力支付票据：

```
借：应付票据——B 公司                                 226 000
    贷：短期借款                                            226 000
```

二、应付账款的核算

应付账款，是指企业因购买商品和接受劳务供应等经营活动而应支付给供货商的款项。

1. 应付账款的入账时间

应付账款的入账时间应为所购货物的所有权发生转移或接受的劳务供应已经完成的时间。也就是说，企业应在取得所购材料、商品等的所有权和已接受劳务供应时确认应付账款。

在会计实务中，现行企业会计制度对应付账款的入账时间作了以下两种情况的规定：

（1）在所购材料、商品等和发票账单同时到达的情况下，应付账款通常是待材料、商品等验收入库后，按发票账单所记载的实际价款编制记账凭证入账。

（2）在所购材料、商品等已经收到，但尚未收到发票账单的情况下，企业因无法知晓确定的应付账款金额而无法入账，只能在收到发票账单后按第一种情况处理；如果在月份终了仍未收到已入库材料、商品等的发票账单，则企业应在月末按应付给供应单位价款的暂估价入账，以便在月末编报的资产负债表中客观地反映企业所拥有的资产和所承担的债务。

2. 应付账款的入账价值

应付账款通常是购销活动中取得物资与支付货款的时间不一致造成的，往往在短期就需付款，因此，应付账款的入账价值一般不包含时间价值，应按未来应付的金额确定，而不按到期应付金额的现值入账。

3. 会计科目设置

为了反映企业因购买商品和接受劳务等而应付给供应单位的款项，企业应设置"应付账款"科目。该科目是负债类科目，贷方登记因采购商品或接受劳务而应向供货方支付的款项，借方登记企业已向供货方支付的款项，期末余额一般在贷方，反映企业尚未支付的账款。该科目按供应单位设置明细账，进行明细分类核算。

购货方企业开出、承兑商业汇票抵付应付账款时，借记"应付账款"科目，贷记"应付票据"科目。

企业无法支付的应付款项，经确认后，应列入营业外收入。

4. 没有现金折扣的情况下对应付账款的核算

【例7.2.3】20×9年9月1日，甲企业向乙企业购入A商品一批，乙企业开具的增值税专用发票上注明的价款为20 000元，增值税税额为2 600元。甲企业购入的A商品验收入库，但货款尚未支付。20×9年9月15日，甲企业支付上述货款22 600元。

根据上述经济业务，甲企业应编制的会计分录如下。

（1）商品验收入库时：

借：库存商品——A产品 20 000
  应交税费——应交增值税（进项税额） 2 600
  贷：应付账款——乙企业 22 600

（2）支付所欠货款时：

借：应付账款——乙企业 22 600
  贷：银行存款 22 600

5. 有现金折扣的情况下对应付账款的核算

微课视频
有现金折扣的情况下对应付账款的核算

如果销货方在销售商品或提供劳务时为了尽快回笼资金给购货方开出现金折扣条件，则购货方应当按照发票上应付金额的总价（不考虑现金折扣条件）确定应付账款的入账价值，在获得现金折扣时冲减当期的财务费用。

【例7.2.4】乙公司从甲公司购入一批商品，价款为50 000元，增值税税额为6 500元，乙公司收到商品验收入库，货款未付。该项交易附有现金折扣条件：2/10，n/30。现金折扣不包括增值税。乙公司按总价法应编制如下会计分录。

（1）乙公司在购进商品时确认的应付账款总额为56 500元：

借：库存商品 50 000
  应交税费——应交增值税（进项税额） 6 500
  贷：应付账款——甲公司 56 500

（2）乙公司在 10 天内付款，可少付 1 000（50 000×2%）元：

借：应付账款——甲公司   56 500

 贷：财务费用   1 000

  银行存款   55 500

（3）如果乙公司付款时间超过了现金折扣的最后期限，则应按全额付款：

借：应付账款——甲公司   56 500

 贷：银行存款   56 500

三、预收账款的核算

预收账款，是指企业按照合同规定从购货方或接受劳务方预先收取款项而形成的一项负债。这项负债需要企业以后用商品或者劳务进行偿付。如果企业到期无法履行合同上的承诺，就必须如数退回预收的款项。

为反映预收账款的发生和清结等情况，企业应设置"预收账款"科目。该科目属于负债类科目。企业向购货单位预收款项时，借记"银行存款"科目，贷记"预收账款"科目。企业在销售时，应按实现的销售收入和应交增值税销项税额，借记"预收账款"科目；按实现的销售收入贷记"主营业务收入"科目；按专用发票上注明的增值税税额，贷记"应交税费——应交增值税（销项税额）"科目。在收到购货单位补付的款项时，应借记"银行存款"科目，贷记"预收账款"科目；退回购货单位多付的款项时，应作相反的会计处理。"预收账款"科目应按购货单位设置明细科目，进行明细核算。

预收账款不多的企业，也可以不设置"预收账款"科目，而将预收的款项直接记入"应收账款"科目的贷方。但在期末编制会计报表时，需要对"应收账款"科目的明细账进行分析，分别填列到"应收账款"和"预收款项"项目。

【例 7.2.5】 乙公司向甲公司销售商品一批，价款为 200 万元，增值税税额为 26 万元。按照合同规定，甲公司预付 50% 的价款，收到商品后补付余下的货款。销货方乙公司应编制如下会计分录。

（1）预收货款时：

借：银行存款   1 130 000

 贷：预收账款——甲公司   1 130 000

（2）发出货物确认销售收入时：

借：预收账款——甲公司   2 260 000

 贷：主营业务收入   2 000 000

  应交税费——应交增值税（销项税额） 260 000

（3）收到甲公司补付货款时：

借：银行存款   1 130 000

 贷：预收账款——甲公司   1 130 000

四、应付利息的核算

（一）应付利息的核算内容

应付利息，是指企业按照合同约定应当定期支付的利息。企业在取得银行借款或发行债券时，按照合同规定一般应定期支付利息，在资产负债表日确认当期利息费用时，应将当期应付未付的利息通过"应付利息"科目单独核算。

（二）应付利息的账务处理

1. 资产负债表日计算确认利息费用的账务处理

资产负债表日，企业应当采用实际利率法按照银行借款或应付债券的摊余成本和实际利率计算确定当期的利息费用，属于筹建期间的，借记"管理费用"科目；属于生产经营期间且符合资本化条件的，借记"在建工程"科目；属于生产经营期间但不符合资本化条件的，借记"财务费用"科目；按照银行借款或应付债券本金和票面利率计算确定的当期应付未付的利息，贷记"应付利息"科目；同时将借贷方的差额记入"长期借款——利息调整""应付债券——利息调整"等科目。具体的计算方法将在非流动负债中详细介绍。

2. 实际支付利息的账务处理

在按照合同规定的付息日，企业应当按照实际支付的利息额，借记"应付利息"科目，贷记"银行存款"科目。

资产负债表日，"应付利息"科目的期末余额应当在资产负债表流动负债中的"其他应付款"项目下与"其他应付款"和"应付股利"科目的余额合并列报。

五、应付股利的核算

（一）应付股利的核算内容

应付股利，是指企业根据股东大会或类似机构审议批准的利润分配方案确定应分配而尚未发放给投资者的现金股利或利润，在企业对外宣告但尚未支付前构成企业的一项负债。企业对外宣告的股票股利不属于一项现时义务，因而不能确认为负债。需要注意的是，利润分配预案，尚未构成企业的现时义务，不能作为确认负债的依据，而只能在财务报表附注中予以披露。

（二）应付股利的账务处理

当企业股东大会或类似机构审议批准利润分配方案时，按照应支付的现金股利或利润金额，借记"利润分配——应付现金股利或利润"科目，贷记"应付股利"科目；实际支付现金股利或利润时，借记"应付股利"科目，贷记"银行存款"科目。

【例7.2.6】20×9年4月4日，A股份有限公司（以下简称"A公司"）宣告20×8年度利润分配方案的具体内容为以公司现有总股本1 000 000股为基数，每10股派发现金4元（不考虑相关税费），剩余未分配利润结转以后年度分配。同时，A公司宣告本次股利分配的股权登记日为20×9年4月9日，除权除息日和股利发放日为20×9年4月10日。

分析：本例中，A公司对外宣告分配现金股利，形成一项现时义务，应当通过"应付股利"科目记录应付未付的股利。

A公司应付股利的总额 = 1 000 000 × 4 ÷ 10 = 400 000（元）

20×9年4月4日，A公司宣告分配现金股利时：

借：利润分配——应付现金股利　　　　　　　　　　　　　400 000
　　贷：应付股利　　　　　　　　　　　　　　　　　　　　　　400 000
20×9年4月10日，A公司实际支付现金股利时：
借：应付股利　　　　　　　　　　　　　　　　　　　　400 000
　　贷：银行存款　　　　　　　　　　　　　　　　　　　　　　400 000

资产负债表日，"应付股利"科目的期末余额应当在资产负债表流动负债中的"其他应付款"项目下与"其他应付款"和"应付利息"科目的余额合并列报。

六、其他应付款的核算

1. 其他应付款的核算内容

其他应付款，是指除应付票据、应付账款、预收账款、应付职工薪酬、应付利息、应付股利、应交税费、长期应付款等以外的其他经营活动产生的各项应付、暂收的款项，其核算内容主要包括：①企业应付租入包装物的租金；②企业发生的存入保证金；③企业代职工缴纳的社会保险费和住房公积金等。

2. 其他应付款的账务处理

企业发生的各种应付、暂收款项，应借记"管理费用""银行存款"等科目，贷记"其他应付款"科目；实际支付其他各种应付、暂收款项时，应借记"其他应付款"科目，贷记"银行存款"科目。

需要注意的是，"其他应付款"科目与资产负债表中"其他应付款"项目并不完全等同。资产负债表日，"其他应付款"科目的期末余额应当在资产负债表流动负债中的"其他应付款"项目下与"应付利息"和"应付股利"科目的余额合并列报。

第三节　应付职工薪酬的核算

本节学习目标

知识目标：了解职工薪酬的内容；熟悉应付职工薪酬核算会计科目的设置；掌握短期薪酬的内容及核算要点。

技能目标：能正确进行货币性职工薪酬和非货币性福利的账务处理。

案例导入

20×9年9月，某高等职业技术学院会计专业毕业生陈平到A公司工资核算岗位进行顶岗实习。该公司为一般纳税人，所生产的产品适用的增值税税率为13%。20×9年9月，该公司发生的部分交易或事项如下。

（1）对行政管理部门使用的设备进行日常维修，应付企业内部维修人员工资0.6万元。

（2）为公司总部下属25位部门的经理每人配备一辆免费使用的汽车，假定每辆汽车每月计提折旧0.4万元。

（3）月末，分配职工工资790万元，其中包括：直接从事产品生产的人员工资625万元，车间管理人员工资15万元，企业行政管理人员工资100万元，专设销售机构人员工资50万元。

（4）将本公司生产的液晶电视机作为福利发放给职工，其中，生产工人100名，行政、管理人员20名，销售人员50名。每台电视机的市场销售价格为1万元，实际成本为0.7万元。

（5）按规定计算代扣代缴职工个人所得税4万元。

（6）以现金支付职工王某生活困难补助0.5万元。

（7）从应付李经理的工资中，扣回上月代垫的应由其本人负担的医疗费4万元。

公司财务经理要求陈平编制A公司20×9年9月上述经济业务的会计分录。

要求：请替陈平对上述经济业务进行账务处理，写出会计分录。（"应交税费"科目要求写出明细科目和专栏名称，会计分录中的金额单位为万元。）

一、职工薪酬和应付职工薪酬的概念

1. 职工薪酬的概念

《企业会计准则第9号——职工薪酬》指出，职工薪酬是指企业为获得职工提供的服务或解除劳动关系而给予的各种形式的报酬或补偿。企业提供给职工配偶、子女、受赡养人、已故员工遗属及其他受益人等的福利，也属于职工薪酬。

职工薪酬中所指的职工，涵盖的范围非常广泛，具体包括以下三类人员。

（1）与企业订立劳动合同的所有人员，含全职、兼职和临时职工；

（2）虽未与企业订立劳动合同但由企业正式任命的人员，比如公司的董事会成员和监事会成员；

（3）虽未与企业订立劳动合同或未由其正式任命，但向企业所提供服务与职工所提供服务类似的人员，比如劳务用工合同人员。

2. 应付职工薪酬的概念

应付职工薪酬是指企业因获得职工提供的服务而应给予职工的各种形式的报酬以及因解聘职工而给予的补偿等其他相关支出。企业与职工之间因职工提供服务形成的关系，大多数构成企业的现时义务，将导致企业未来经济利益的流出，从而形成企业的一项负债。

按我国有关法律的规定，用工企业和单位对劳动者的薪酬一般要"按月支付"。在会计实务中，企业按规定对职工薪酬实行定期结算并支付，由于是结算在前、支付在后，两者存在一定的时间差，所以应付而未付的职工薪酬就构成企业的一项流动负债。

二、职工薪酬的构成

《企业会计准则第9号——职工薪酬》指出，职工薪酬包括短期薪酬、离职后福利、辞退福利和其他长期职工福利。

1. 短期薪酬

短期薪酬，是指企业在职工提供相关服务的年度报告期间结束后12个月内需要全部予以支付的职工薪酬，因解除与职工的劳动关系给予的补偿除外。短期薪酬具体包括以下内容。

（1）职工工资、奖金、津贴和补贴。这是指按照国家有关规定构成工资总额的计时工资、计件工资、各种因职工超额劳动报酬和增收节支而支付的奖金、为补偿职工特殊贡献或额外劳动而支付的津贴、支付给职工的交通补贴和通信补贴等各种补贴。

（2）职工福利费。这是指职工因工负伤赴外地就医路费、职工生活困难补助、未实行医疗统筹企业的职工医疗费用，以及按规定发生的其他职工福利支出。

（3）社会保险费。这是指企业按照国家规定的基准和比例计算的，并向社会保障经办机构缴纳的医疗保险费、工伤保险费和生育保险费等社会保险。

（4）住房公积金。这是指企业按照国家规定的基准和比例计算的，并向住房公积金管理机构缴存的用于购买商品房、支付住房租金的长期储金。住房公积金实行专款专用，一般由企业按照一定标准按月支付给住房公积金管理机构。

（5）工会经费和职工教育经费。这是指为改善职工文化生活、为职工学习先进技术和提高文化水平和业务素质，用于单位开展工会活动和职工教育及职业技能培训等活动的相关支出经费。

（6）非货币性福利。这是指企业以自产产品或外购商品等非货币性资产发放给职工作为福利、将自己拥有的资产或租赁的资产无偿提供给职工使用（如提供给企业高级管理人员的汽车、住房等）、为职工无偿提供医疗保健服务，或者向职工提供企业支付了一定补贴的商品或服务等职工福利。

（7）短期带薪缺勤。这是指企业支付工资或提供补偿的职工缺勤，包括年休假、病假、短期伤残、婚假、产假、丧假、探亲假等。职工在带薪缺勤期间，按照规定可以获得全部或部分工资。

（8）短期利润分享计划。这是指企业因职工提供服务而与职工达成的基于利润或其他经营成果为标准计算并提供薪酬的协议。比如，企业对部分职工按照当期实现的净利润超过目标金额部分的 10% 予以奖励。

提示：长期带薪缺勤属于其他长期职工福利。长期利润分享计划属于其他长期职工薪酬。

2. 离职后福利

离职后福利，是指企业为获得职工提供的服务而在职工退休或与企业解除劳动关系后，提供的各种形式的报酬和福利。离职后福利计划包括设定提存计划和设定受益计划。

设定提存计划，是指向独立的基金缴存固定费用后，企业不再承担进一步支付义务的离职后福利计划。企业应当在职工为其提供服务的会计期间，将根据设定提存计划确定的应缴存金额确认为负债，并计入当期损益或相关资产成本。

设定收益计划，是指除设定提存计划以外的离职后福利计划。企业应当采用预期累计福利单位法和适当的精算假设，确认和计量设定受益计划所产生的义务，并计入当期损益或其他综合收益。

3. 辞退福利

辞退福利，是指在职工劳动合同尚未到期前与职工解除劳动关系而给予的补偿。辞退福利包括以下两方面的内容。

（1）职工没有选择权的辞退福利。这是指在职工劳动合同尚未到期前，不论职工本人是否愿意，企业都决定解除与职工的劳动关系而给予的补偿。

（2）职工有选择权的辞退福利。这是指在职工劳动合同尚未到期前，企业为鼓励职工自愿接受裁减而给予的补偿，职工有权选择继续在职或接受补偿离职。

4. 其他长期职工福利

其他长期职工福利，是指除短期薪酬、离职后福利、辞退福利之外所有的职工薪酬，包括长期带薪缺勤、长期残疾福利、长期利润分享计划等。

三、短期薪酬的确认与计量

（一）短期薪酬的确认

企业应当在职工提供服务的会计期间，将短期薪酬确认为一项流动负债，记入"应付职工薪酬"科目，并根据职工所在部门、提供服务的性质和受益对象等情况，将短期薪酬计入当期损益或资产成本，具体分为以下三种情况。

（1）应由企业生产的产品或提供的劳务负担的短期薪酬，计入相关产品成本或劳务成本，借记"生产成本""劳务成本""制造费用"等科目，贷记"应付职工薪酬"科目。

（2）符合资本化条件且应当计入固定资产、无形资产等初始成本的工程部门、研发部门的短期薪酬，借记"固定资产""在建工程""研发支出——资本化支出"等科目，贷记"应付职工薪酬"科目。不符合资本化条件的研发部门职工的短期薪酬，应当计入当期损益，借记"研发支出——费用化支出"科目，贷记"应付职工薪酬"科目。

（3）公司管理部门的管理人员、董事会成员、监事会成员、财务人员，以及销售部门的销售人员等的短期薪酬，在发生时直接计入当期损益，借记"管理费用""销售费用"等科目，贷记"应付职工薪酬"科目。

（二）短期薪酬的计量

1. 货币性职工薪酬的计量

货币性职工薪酬，包括企业以货币形式支付给职工以及为职工支付的工资、职工福利、各种社会保险、住房公积金、工会经费以及职工教育经费等。职工工资应当按照劳动合同规定的计时工资、计件工资、奖金、津贴和补贴等计算确定。职工福利、社会保险、住房公积金、工会经费以及职工教育经费等，应当按照国家及地方有关规定确定的计提基础和计提比例计算确定。国家没有规定计提基础和计提比例的，企业应当自行规定或参考历史经验数据和实际情况，合理计算和预计当期金额。

企业一般应于每期期末，按照货币性职工薪酬的应付金额，借记"生产成本""管理费用""销售费用"等科目，贷记"应付职工薪酬"科目。

【例 7.3.1】甲公司本月应付工资总额为 700 000 元。工资费用分配汇总表中列示的工资薪酬情况如下：生产部门直接从事生产人员的工资为 400 000 元，车间生产管理人员的工资为 50 000 元，行政管理部门人员的工资为 100 000 元，专设研究机构为试制专利产品发生的工资为 150 000 元。根据所在地政府的规定，甲公司分别按照职工工资总额的 8%、20%、2% 和 10% 计提公司负担的医疗保险费、基本养老保险费、失业保险费和住房公积金，缴存当地社会保险经办机构和住房公积金管理机构。公司实际发生的职工福利费为 30 000 元，其中，生产部门直接生产人员发生 20 000 元，生产部门管理人员发生 5 000 元，公司行政管理人员发生 3 000 元，专设研究机构人员发生 2 000 元。甲公司分别按照职工工资总额的 2% 和 1.5% 计提工会经费和职工教育经费。

应计入生产成本的职工薪酬金额 = 400 000 + 400 000 × (8% + 20% + 2% + 10% + 2% + 1.5%)

+ 20 000 = 594 000（元）

应计入制造费用的职工薪酬金额 = 50 000 + 50 000 × (8% + 20% + 2% + 10% + 2% + 1.5%)

$$+5\,000 = 76\,750\,（元）$$

应计入管理费用的职工薪酬金额 $= 100\,000 + 100\,000 \times (8\% + 20\% + 2\% + 10\% + 2\% + 1.5\%)$
$$+3\,000 = 146\,500\,（元）$$

应计入研发支出的职工薪酬金额 $= 150\,000 + 150\,000 \times (8\% + 20\% + 2\% + 10\% + 2\% + 1.5\%)$
$$+2\,000 = 217\,250\,（元）$$

社会保险费（医疗保险费）$= 700\,000 \times 8\% = 56\,000\,（元）$

设定提存计划（基本养老保险费）$= 700\,000 \times 20\% = 140\,000\,（元）$

设定提存计划（失业保险费）$= 700\,000 \times 2\% = 14\,000\,（元）$

住房公积金 $= 700\,000 \times 10\% = 70\,000\,（元）$

工会经费 $= 700\,000 \times 2\% = 14\,000\,（元）$

职工教育经费 $= 700\,000 \times 1.5\% = 10\,500\,（元）$

甲公司在分配工资、职工福利费、各种社会保险费、住房公积金、工会经费和职工教育经费等职工薪酬时，编制的会计分录如下。

借：生产成本——基本生产成本		594 000
制造费用		76 750
管理费用		146 500
研发支出		217 250
贷：应付职工薪酬——工资、奖金、津贴和补贴		700 000
——职工福利费		30 000
——社会保险费（医疗保险费）		56 000
——设定提存计划（基本养老保险费）		140 000
——设定提存计划（失业保险费）		14 000
——住房公积金		70 000
——工会经费		14 000
——职工教育经费		10 500

企业在实际支付货币性职工薪酬时，还需要为职工代扣代缴个人所得税、社会保险费、住房公积金等。因此，企业应当按照实际应支付给职工的金额，借记"应付职工薪酬"科目；按照实际支付薪酬的总额，贷记"银行存款"科目；将职工个人负担企业代扣代缴的职工个人所得税，贷记"应交税费——应交个人所得税"科目；将职工个人负担企业代扣代缴的医疗保险费、住房公积金等支出，贷记"其他应付款"科目。

【例 7.3.2】承【例 7.3.1】。甲公司根据"职工薪酬结算汇总表"结算本月应付职工工资总额 700 000 元，扣除企业垫付的职工房租 30 000 元，企业代垫职工家属医药费 3 000 元，代扣代缴个人所得税 30 000 元，代扣代缴职工个人负担的社会保险费 70 000 元及住房公积金 70 000 元，以库存现金支付实发工资。

$$实发工资 = 700\,000 - 30\,000 - 3\,000 - 30\,000 - 70\,000 - 70\,000 = 497\,000\,（元）$$

甲公司的账务处理如下。

（1）向银行提取现金时：

借：库存现金		497 000
贷：银行存款		497 000

（2）支付职工个人负担的社会保险费和住房公积金时：

```
借：应付职工薪酬——工资、奖金、津贴和补贴                    140 000
    贷：银行存款                                              140 000
```
（3）发放工资、扣取垫付款项和个人所得税时：
```
借：应付职工薪酬——工资、奖金、津贴和补贴                    560 000
    贷：其他应收款——职工房租                                 30 000
                 ——代垫医药费                                 3 000
        应交税费——应交个人所得税                              30 000
        库存现金                                              497 000
```

【例7.3.3】 承【例7.3.1】。甲公司开具转账支票，将工会经费拨给工会部门，以银行存款缴纳企业负担的社会保险费和住房公积金，以银行存款支付给职工食堂伙食补贴12 000元。

甲公司的账务处理如下：
```
借：应付职工薪酬——工会经费                                  14 000
              ——社会保险费（医疗保险费）                     56 000
              ——设定提存计划（基本养老保险费）              140 000
              ——设定提存计划（失业保险费）                   14 000
              ——住房公积金                                   70 000
              ——职工福利费                                   12 000
    贷：银行存款                                              306 000
```

2. 非货币性职工薪酬的计量

企业向职工提供的非货币性职工薪酬，应当分别按照以下情况处理。

（1）将自产产品或外购商品发放给职工作为福利。企业将自产产品作为非货币性福利发放给职工时，应当按照该产品的公允价值和相关税费计量，并在产品发出时确认销售收入，根据职工提供服务的性质确认当期损益或资产成本，同时结转销售成本。企业将外购商品作为非货币性福利发放给职工时，应当按照该商品的公允价值和相关税费计量，计入当期损益或资产成本。

（2）企业将拥有的住房或租赁的住房等无偿提供给职工作为非货币性福利。企业将拥有的住房等固定资产无偿提供给职工作为非货币性福利时，应当按照企业对该固定资产每期计提的折旧来计量应付职工薪酬，同时根据职工提供服务的性质计入当期损益或资产成本。企业将租赁的住房无偿提供给职工作为非货币性福利时，应当按照企业每期支付的租金来计量应付职工薪酬，同时根据职工提供服务的性质计入当期损益或资产成本。

【例7.3.4】 乙公司是一家电视机生产企业，共有职工400人，其中，生产人员350人，管理人员50人，本月以其生产的成本为3 800元/台的某型号电视机作为福利发放给公司每名职工。该型号电视机的售价为5 000元/台，适用的增值税税率为13%。

乙公司的账务处理如下。

（1）发放电视机作为福利时：
```
借：应付职工薪酬——非货币性福利                           2 260 000
    贷：主营业务收入                                       2 000 000
        应交税费——应交增值税（销项税额）                   260 000
```

（2）结转电视机成本时：

借：主营业务成本　　　　　　　　　　　　　　　　1 520 000

　　贷：库存商品　　　　　　　　　　　　　　　　　　1 520 000

（3）月末将发放的电视机计入成本或费用中时：

借：生产成本　　　　　　　　　　　　　　　　　　1 977 500

　　管理费用　　　　　　　　　　　　　　　　　　　282 500

　　贷：应付职工薪酬——非货币性福利　　　　　　　　2 260 000

提示： 如乙公司将上述型号的两台电视机放置于职工食堂作为集体福利，则其账务处理如下。

借：应付职工薪酬——非货币性福利　　　　　　　　　8 900

　　贷：库存商品　　　　　　　　　　　　　　　　　　7 600

　　　　应交税费——应交增值税（销项税额）　　　　　1 300

月末将发放的电视机计入成本或费用中时：

借：管理费用　　　　　　　　　　　　　　　　　　　8 900

　　贷：应付职工薪酬——非货币性福利　　　　　　　　8 900

【例 7.3.5】 丙公司决定为每位部门经理免费提供轿车，同时免费为每位副总裁租赁一套住房。丙公司部门经理共有 10 名，副总裁共有 3 名。假定每辆轿车的月折旧额为 800 元，每套住房的月租金为 2 000 元。

丙公司的账务处理如下。

（1）计提轿车折旧时：

借：管理费用　　　　　　　　　　　　　　　　　　　8 000

　　贷：应付职工薪酬——非货币性福利　　　　　　　　8 000

借：应付职工薪酬——非货币性福利　　　　　　　　　8 000

　　贷：累计折旧　　　　　　　　　　　　　　　　　　8 000

（2）确认住房租金费用时：

借：管理费用　　　　　　　　　　　　　　　　　　　6 000

　　贷：应付职工薪酬——非货币性福利　　　　　　　　6 000

借：应付职工薪酬——非货币性福利　　　　　　　　　6 000

　　贷：银行存款　　　　　　　　　　　　　　　　　　6 000

3. 带薪缺勤的计量

带薪缺勤根据带薪的权利是否可以累积分为累积带薪缺勤和非累积带薪缺勤两种形式。

累积带薪缺勤，是指带薪缺勤权利可以结转至下期的带薪缺勤，本期尚未用完的带薪缺勤权利可以在未来一定期间继续使用。企业应当在职工提供服务从而增加了其未来享有的带薪缺勤权利时，确认与累积带薪缺勤相关的职工薪酬，并以累积未行使权利而增加的预期支付金额进行计量。在实务中，职工享有的带薪休假可以采用累积带薪缺勤的方式。

非累积带薪缺勤，是指带薪缺勤权利不能结转至下期的带薪缺勤，本期尚未用完的带薪缺勤权利将予以取消，并且职工离开企业时也无权获得现金支付。企业职工享有的婚假、产假、丧假、探亲假、病假期间的带薪缺勤通常属于非累积带薪缺勤。对于非累积带薪缺勤，由于职工本期未使用的缺勤天数不会产生一种权利，因而企业不会产生额外的义务。

【例 7.3.6】 甲公司从 20×9 年起开始实行累积带薪缺勤制度。公司财务部门的一名出纳每个工作日的标准工资为200元。根据公司的相关制度，该出纳每年有5天的带薪休假，当年未使用的休假可以无限期向后结转，而且在其离开公司时以现金结算。20×9年，该出纳实际休假3天。

应付该出纳未使用的累积带薪缺勤 =（5-3）×200 = 400（元）

20×9年12月31日，甲公司确认该出纳累积带薪缺勤时应当编制的会计分录如下：

借：管理费用　　　　　　　　　　　　　　　　　　　　　　　　　400

　　贷：应付职工薪酬——累积带薪缺勤　　　　　　　　　　　　　　　　400

四、辞退福利的确认与计量

1. 辞退福利的确认

企业应当在同时满足以下两个条件时将辞退福利确认为一项应付职工薪酬。

（1）企业已制订正式的解除劳动关系计划或提出自愿裁减建议，并即将实施。正式的辞退福利计划或建议，应当经过董事会或类似权力机构的批准。

（2）企业不能单方面撤回解除劳动关系计划或自愿裁减建议。

与其他形式的职工薪酬不同的是，由于被辞退的职工不再为企业提供服务，所以不论被辞退的职工原先的工作性质如何，企业都应将本期确认的辞退福利全部借记"管理费用"科目，贷记"应付职工薪酬——辞退福利"科目。

2. 辞退福利的计量

辞退福利的计量需要考虑职工是否具有选择权，具体计算方法如下。

（1）对于职工没有选择权的辞退计划，企业应当根据辞退计划规定的拟辞退的职工数量、每一职位的辞退补偿计提辞退福利。

（2）对于自愿接受裁减的辞退建议，企业应当按照《企业会计准则第13号——或有事项》的规定预计将接受裁减建议的职工数量，并根据预计自愿辞退的职工数量和每一职位的辞退补偿等计提辞退福利。

第四节　应交税费的核算

本节学习目标

知识目标：了解应交税费核算的内容；熟悉与应交税费相关的会计科目的设置方法；掌握应交增值税、应交消费税等主要应交税费项目的会计核算方法。

技能目标：能正确进行应交增值税、应交消费税等主要应交税费项目的账务处理。

案例导入

何兰于20×9年9月5日到晨光公司应聘一个会计岗位的工作。该公司财务经理询问了她一些会计方面的问题，并将公司20×9年8月与税金有关的资料交给了她。

晨光公司为一般纳税人，所经营的产品适用的增值税税率为13%，材料采用实际成本进行日常核算。20×9年7月31日，该公司的"应交税费——应交增值税"科目的借方余额为20 000元，可用于下月的销项税额抵扣。8月，该公司发生如下涉及增值税的经济业务。

（1）公司福利部门领用生产用原材料一批，实际成本为 4 000 元，原增值税进项税额为 640 元。

（2）在建工程领用生产用原材料一批，实际成本为 5 000 元，原增值税进项税额为 650 元。

（3）原材料发生非常损失，其实际成本为 7 000 元，原增值税进项税额为 910 元。

（4）公司库存商品发生非常损失，实际成本为 37 000 元，其所消耗的原材料的成本为 20 000 元。

（5）公司以原材料对 B 公司投资，该批材料账面实际成本为 300 000 元，计税价格为 300 000 元。

（6）公司将库存商品（应税消费品）捐赠给东方公司，账面实际成本为 18 000 元，计税价格为 20 000 元，适用的消费税税率为 10%。

（7）公司将自己生产的产品（应税消费品）用于在建工程，产品成本为 57 000 元，计税价格为 60 000 元，适用的消费税税率为 10%。

（8）公司将自己生产的产品（应税消费品）提供给福利部门用于集体活动，产品成本为 50 000 元，计税价格为 60 000 元，适用的消费税税率为 10%。

（9）销售产品一批，销售价格为 500 000 元（不含增值税），款项尚未收到。

（10）购买原材料一批，增值税专用发票上注明的价款为 600 000 元、增值税税额为 78 000 元，公司已开出承兑的商业汇票，原材料已验收入库。

案例解析

（11）缴纳本月增值税税额 40 000 元。

（12）计算本月应交增值税。

要求：（1）请替何兰回答财务经理提出的如下问题：企业除了增值税外，还需要缴纳哪些税金？在缴纳税金前，为什么要在账上予以反映？

（2）请替何兰为晨光公司 20×9 年 8 月的上述业务编制会计分录。

一、应交税费概述

应交税费是指企业按照税法和相关法规计算应缴纳的各种税费。企业按照规定应缴纳的税费主要包括增值税、消费税、城市维护建设税、资源税、所得税、土地增值税、房产税、车船税、城镇土地使用税、教育费附加、矿产资源补偿费等。上述企业应交的各项税费在缴纳之前构成企业的一项现时义务，应当确认为负债。

为了核算各种应交税费的发生和缴纳情况，企业应当设置"应交税费"科目。"应交税费"科目属于负债类科目。该科目的借方登记企业实际缴纳的各种税费，贷方登记企业应缴纳的各种税费，以及出口退税、税务机关退还多交的税金等。该科目期末余额一般在贷方，反映企业尚未缴纳的各种税费；期末余额如在借方，反映企业多交或尚未抵扣的税费。"应交税费"科目应按照应交的税费项目设置明细账，进行明细分类核算。

提示：企业缴纳的印花税、耕地占用税、契税、排污费等不需要预计应交数的税金，不通过"应交税费"科目核算。

二、应交增值税的核算

增值税是对在我国境内销售货物、无形资产或者不动产，提供服务，以及进口货物的单位和个人的增值额征收的一种流转税。增值税是我国目前的第一大税种。我国于 2016 年 5 月 1 日起全面推开营改增试点，将建筑业、房地产业、金融业、生活服务业等纳入试点范围。根据应税销售额的水平，增值税的纳税人分为一般纳税人和小规模纳税人。年应税销售额超过财政部和国家税务总局规定标准的纳税人为一般纳税人，未超过规定标准的纳税人为小规模纳税人。

（一）一般纳税人应交增值税的核算

增值税实行比例税率，2018年5月1日至2019年3月31日，一般纳税人的税率具体规定如下。

（1）销售或者进口除基本生活必需品之外的货物，提供加工、修理修配或有形资产租赁服

知识拓展
《增值税会计处理规定》

务，适用的增值税税率为16%。

（2）销售或者进口基本生活必需品，包括农产品（含粮食）、食用植物油、自来水、天然气、书刊、农药、化肥、电子出版物、音像制品、食用盐等商品，适用的增值税税率为10%。

（3）提供交通运输、邮政、基础电信、建筑、不动产租赁服务，销售不动产，转让土地使用权，适用的增值税税率为10%。

（4）提供金融服务、研发和技术服务、信息技术服务、文化创意服务、物流辅助服务、鉴证咨询服务等，适用的增值税税率为6%。

（5）零税率，即税率为零，仅适用于法律不限制或不禁止的报关出口货物，以及输往保税区、保税工厂、保税仓库的货物。零税率不但不需要缴税，还可以退还以前纳税环节所缴纳的增值税，因而零税率意味着退税。

2019年3月20日发布的《财政部 税务总局 海关总署 关于深化增值税改革有关政策的公告（财政部 税务总局 海关总署公告2019年第39号）》规定自2019年4月1日起：①一般纳税人发生增值税应税销售行为或者进口货物，原适用16%税率的，税率调整为13%；原适用10%税率的，税率调整为9%。②一般纳税人购进农产品，原适用10%扣除率的，扣除率调整为9%。一般纳税人购进用于生产或者委托加工13%税率货物的农产品，按照10%的扣除率计算进项税额。

一般纳税人应纳增值税额采用扣税法计算，计算公式为

应纳增值税额＝当期销项税额－当期进项税额

知识拓展
《财政部 税务总局 海关总署 关于深化增值税改革有关政策的公告》

1. 增值税销项税额的核算

当期销项税额，是指纳税人发生应税行为按照销售额和增值税税率计算并收取的增值税额。一般纳税人发生应税行为时，应向购买方开出增值税专用发票，按照应税行为的计税价格（不含税价格）和适用税率，计算应交增值税的销项税额，贷记"应交税费——应交增值税（销项税额）"科目。

【例7.4.1】20×9年6月1日，甲公司销售给乙公司一批日用工业品。销售合同中注明的合同价款为1 000 000元（不含税），适用的增值税税率为13%，货款已收到并存入银行。

20×9年6月1日，甲公司销售商品时应编制的会计分录如下：

借：银行存款   1 130 000
  贷：主营业务收入   1 000 000
      应交税费——应交增值税（销项税额）   130 000

【例7.4.2】20×9年4月1日，甲律师事务所和乙公司签订合同，为乙公司提供法律咨询服务，期限为3个月，总价为106 000元（含税），适用的增值税税率为6%。20×9年6月30

日，甲律师事务所按时完成该服务合同，款项尚未收到。

$$不含税的收入金额 = 106\ 000 \div (1 + 6\%) = 100\ 000（元）$$

$$应交增值税销项税额 = 100\ 000 \times 6\% = 6\ 000（元）$$

20×9 年 6 月 30 日，甲律师事务所确认服务收入时应编制的会计分录如下：

借：应收账款　　　　　　　　　　　　　　　　　　　　　　　　106 000

　　贷：主营业务收入　　　　　　　　　　　　　　　　　　　　　　100 000

　　　　应交税费——应交增值税（销项税额）　　　　　　　　　　　　6 000

企业的有些行为，虽然从会计角度看没有取得销售收入，但按照税法的规定应将其视同销售行为，也应当计算缴纳增值税。常见的视同销售行为包括企业将自产、委托加工或购买的货物分配给股东，将自产、委托加工的货物用于集体福利或个人消费，无偿转让无形资产或不动产等行为，但用于公益事业或者以社会公众为对象的除外。

企业在发生税法上规定视同销售的行为时，应当按照企业会计准则相关规定进行相应的会计处理，并按照现行增值税制度规定计算的销项税额，借记"长期股权投资""营业外支出"等科目，贷记"应交税费——应交增值税（销项税额）"科目。

【例 7.4.3】　A 公司为一般纳税人，以自产产品对 B 公司投资。双方协议按成本对该批产品作价。该批产品的成本为 200 万元，计税价格为 240 万元。同时，A 公司还将一批自制产品无偿赠送给温州大发公司。该批产品的成本价为 20 000 元，计税价格为 24 000 元。上述产品适用的增值税税率均为 13%。

A 公司的账务处理如下。

（1）以产品对外投资：

$$销项税额 = 2\ 400\ 000 \times 13\% = 312\ 000（元）$$

借：长期股权投资　　　　　　　　　　　　　　　　　　　　　　2 312 000

　　贷：库存商品　　　　　　　　　　　　　　　　　　　　　　　2 000 000

　　　　应交税费——应交增值税（销项税额）　　　　　　　　　　　312 000

（2）将产品无偿赠送：

$$销项税额 = 24\ 000 \times 13\% = 3\ 120（元）$$

借：营业外支出　　　　　　　　　　　　　　　　　　　　　　　　23 120

　　贷：库存商品——×商品　　　　　　　　　　　　　　　　　　　20 000

　　　　应交税费——应交增值税（销项税额）　　　　　　　　　　　　3 120

2. 增值税进项税额的核算

当期进项税额，是指纳税人当期购入货物或接受应税劳务时缴纳的增值税税额。进项税额可从销项税额中抵扣。根据《中华人民共和国增值税暂行条例》的规定，允许从当期销项税额中抵扣进项税额的情形如下：①从销售方取得的增值税专用发票上注明的增值税税额；②从海关取得的海关进口增值税专用缴款书上注明的增值税税额；③购进农产品，除取得增值税专用发票或者海关进口增值税专用缴款书外，按照农产品收购发票或销售发票上注明的农产品买价和 9% 的扣除率计算的进项税额；④从境外单位或者个人购进服务、无形资产或者不动产，自税务机关或者扣缴义务人取得的解缴税款的完税凭证上注明的增值税税额。在上述四种情形下，企业可以将增值税的进项税额，借记"应交税费——应交增值税（进项税额）"科目，从而从当期的销项税额中抵扣。

【例 7.4.4】　20×9 年 6 月 1 日，作为一般纳税人，B 企业购买了 A 企业的一批农产品，实际支付价款 100 000 元。农产品已经验收入库，货款也已经支付（规定的增值税扣除率为 9%）。
根据上述经济业务，B 企业的账务处理如下：

可抵扣的进项税额 = 100 000 × 9% = 9 000（元）

农产品的购买成本 = 100 000 − 9 000 = 91 000（元）

借：库存商品   91 000

  应交税费——应交增值税（进项税额）   9 000

   贷：银行存款   100 000

税法规定，以下几种情况企业发生的进项税额不得从销项税额中抵扣：①加工修理修配劳务、服务、无形资产或不动产，适用于简易计税方法计税项目、免征增值税项目、用于集体福利或个人消费的购进货物；②非正常损失的购进货物，以及相关的加工修理修配劳务和交通运输服务；③非正常损失的在产品、产成品所耗用的购进货物（不包括固定资产）以及相关的加工修理修配劳务和交通运输服务；④非正常损失的不动产，以及该不动产所耗用的购进货物、设计服务和建筑服务；⑤非正常损失的不动产在建工程所耗用的购进货物、设计服务和建筑服务；⑥购进的贷款服务、餐饮服务、居民日常服务和娱乐服务。

在上述情形下，已经发生的增值税进项税额应予转出，贷记"应交税费——应交增值税（进项税额转出）"科目，不得从当期销项税额中抵扣。

【例 7.4.5】 因暴雨受灾，D 公司存放材料的仓库遭受雨水侵蚀，损失了一批生产用材料。这些材料的实际成本为 100 000 元，原增值税进项税额为 13 000 元。根据上述经济业务，D 公司的账务处理如下：

借：待处理财产损溢   113 000

   贷：原材料   100 000

     应交税费——应交增值税（进项税额转出） 13 000

如果企业将购进时已全额抵扣的货物或服务改变用途，用于房屋等不动产建造的，其已抵扣的进项税额的 40% 部分应当转出，留到以后期间再予以抵扣，借记"应交税费——待抵扣进项税额"科目，贷记"应交税费——应交增值税（进项税额转出）"科目。尚未抵扣的进项税额待以后期间允许抵扣时，按允许抵扣的金额，借记"应交税费——应交增值税（进项税额）"科目，贷记"应交税费——待抵扣进项税额"科目。

【例 7.4.6】 20×9 年 4 月 10 日，A 公司购买一批螺纹钢，增值税专用发票上注明的价款（不含税）为 100 000 元、增值税税额为 13 000 元。材料已验收入库，款项已经支付。20×9 年 6 月 20 日，A 公司将该批材料全部用于建造一栋办公楼。根据上述经济业务，A 公司的账务处理如下。

（1）20×9 年 4 月 10 日，购入原材料时：

借：原材料   100 000

  应交税费——应交增值税（进项税额）   13 000

   贷：银行存款   113 000

（2）20×9 年 6 月 20 日，建造不动产领用原材料时：

借：在建工程   100 000

   贷：原材料   100 000

借：应交税费——待抵扣进项税额   13 000

   贷：应交税费——应交增值税（进项税额转出） 13 000

（3）按税法规定，抵扣 60% 的增值税税额时：

借：应交税费——应交增值税（进项税额）　　　　　　　　　　　　7 800
　　贷：应交税费——待抵扣进项税额　　　　　　　　　　　　　　　　7 800

3. 缴纳增值税和期末结转的核算

企业在向税务部门实际缴纳本期的增值税时，按照实际缴纳的增值税税额，借记"应交税费——应交增值税（已交税金）"科目，贷记"银行存款"科目。

企业在缴纳以前期间未交的增值税时，应借记"应交税费——未交增值税"科目，贷记"银行存款"科目。

【例 7.4.7】 20×9 年 2 月，C 企业用银行存款缴纳本月增值税税额 100 000 元。

根据上述经济业务，C 企业的账务处理如下：

借：应交税费——应交增值税（已交税金）　　　　　　　　　　　100 000
　　贷：银行存款　　　　　　　　　　　　　　　　　　　　　　　100 000

期末，对于企业当期应交未交的增值税，应借记"应交税费——应交增值税（转出未交增值税）"科目，贷记"应交税费——未交增值税"科目；对于当期多交的增值税，应借记"应交税费——未交增值税"科目，贷记"应交税费——应交增值税（转出多交增值税）"科目。

（二）小规模纳税人应交增值税的核算

1. 小规模纳税人应交增值税核算的特点

小规模纳税人是指年销售额在规定标准以下，并且会计核算不健全的纳税人。所谓会计核算不健全，是指不能正确核算增值税的销项税额、进项税额和应纳税额。小规模纳税人增值税核算的主要特点如下。

（1）小规模纳税人购买货物或接受劳务时，无论是否取得增值税专用发票，其支付的增值税均不计入进项税额，而应计入购买货物或接受劳务的成本。

（2）小规模纳税人向客户开具普通发票，销售额包含增值税。

（3）小规模纳税人应交增值税税额，采用简易办法计算，按照不含税销售额和征收率确定。小规模纳税人的增值税征收率一般为 3%。应交增值税的计算公式为

不含税销售额 = 含税销售额 ÷（1 + 3%）
应交增值税额 = 不含税销售额 × 3%

2. 小规模纳税人增值税核算的科目设置

小规模纳税企业只需在"应交税费"科目下设置"应交增值税"明细科目。该科目贷方登记应缴纳的增值税，借方登记已缴纳的增值税，期末贷方余额反映尚未缴纳的增值税，借方余额表示多缴纳的增值税。

【例 7.4.8】 某小规模纳税企业于 20×8 年 7 月购进原材料一批，增值税专用发票上注明的价款为 50 000 元、增值税税额为 8 000 元。款项用银行存款支付，材料尚未到达（该企业原材料按实际成本计价核算）。该企业 7 月销售产品一批，所开出的普通发票中注明的含税价款为 103 000 元，增值税征收率为 3%，货款尚未收到。7 月实际缴纳增值税税额为 3 000 元。

该企业的账务处理如下。

（1）购进原材料时：

原材料成本 = 50 000 + 8 000 = 58 000（元）

借：在途物资　　　　　　　　　　　　　　　　　　　　　　　　58 000

　　　　　　　贷：银行存款　　　　　　　　　　　　　　　　　　　　　　58 000
　　（2）销售产品时：
　　　　　不含税销售额＝103 000÷（1＋3%）＝100 000（元）
　　　　　应交增值税额＝100 000×3%＝3 000（元）
　　　借：应收账款　　　　　　　　　　　　　　　　　　　　　　　　　103 000
　　　　　贷：主营业务收入　　　　　　　　　　　　　　　　　　　　　100 000
　　　　　　　应交税费——应交增值税　　　　　　　　　　　　　　　　　3 000
　　（3）实际缴纳本月增值税时：
　　　借：应交税费——应交增值税　　　　　　　　　　　　　　　　　　　3 000
　　　　　贷：银行存款　　　　　　　　　　　　　　　　　　　　　　　　3 000

三、应交消费税的核算

（一）消费税概述

1. 消费税的征收范围

　　消费税，是以特定消费品的流转额为计税依据而征收的一种商品税。消费税是世界各国普遍开征的一种流转税。在我国，消费税是国家为了正确引导消费方向，对在我国境内生产、委托加工和进口应税消费品的单位和个人，就其销售额或销售数量在特定环节征收的一种税。

　　我国实行的是选择性的特种消费税，只在特定商品中征收消费税，目前征收消费税的商品主要包括以下四大类。

　　（1）过度消费会对人类健康、社会秩序和生态环境造成危害的特殊消费品，包括烟酒及酒精、鞭炮与烟火、木质一次性筷子、实木地板、电池、涂料等。

　　（2）奢侈品、非生活必需品，包括贵重首饰及珠宝宝石、化妆品、高尔夫球及球具、高档手表、游艇等。

　　（3）高能耗消费品，包括小汽车、摩托车等。

　　（4）使用和消耗不可再生和替代的稀缺资源的消费品，包括汽油、柴油等各种成品油等。

2. 消费税的计算方法

　　消费税应纳税额的计算方法有从价定率计征法、从量定额计征法以及从价定率和从量定额复合计征法三种。

　　（1）从价定率计征法。这种方法以销售额为基数，乘以适用的比率税率来计算应交消费税的金额。其中，销售额不包括向购货方收取的增值税。计算公式如下：
　　　　　应纳消费税税额＝销售额×比率税率
应税消费品的销售额中未扣除增值税税额，或者因不能开具增值税专用发票而实行价款和增值税税款合并收取的，在计算消费税时，按公式"应税消费品的销售额=含增值税的销售额÷（1+增值税税率或征收率）"换算为不含增值税税款的销售额。

　　（2）从量定额计征法。这种方法以应税消费品的销售数量为基数，乘以适用的定额税率来计算应交消费税的金额。计算公式如下：
　　　　　应纳消费税税额＝销售数量×定额税率
其中，属于销售应税消费品的，为应税消费品的销售数量；属于自产自用应税消费品的，为应税消费品的移送使用数量；属于委托加工应税消费品的，为纳税人收回的应税消费品数量；进口的应税消费品，为海关核定的应税消费品进口征税数量。

（3）复合计征法。这种方法既规定了比例税率，又规定了定额税率，其应纳税额实行从价定率和从量定额相结合。复合计征法目前只适用于卷烟和白酒应交消费税的计算。计算公式如下：

应纳消费税额=销售额×比率税率＋销售数量×定额税率

（二）应交消费税业务核算的科目设置

为了正确核算应交消费税的发生和缴纳情况，企业应在"应交税费"科目下设置"应交消费税"明细科目。"应交消费税"明细科目的借方登记企业实际缴纳的消费税和待扣的消费税，贷方登记企业按规定应缴纳的消费税；期末贷方余额反映企业尚未缴纳的消费税，期末借方余额反映企业多交或待扣的消费税。

（三）应交消费税业务的核算

1. 销售应税消费品的账务处理

企业将生产的应税消费品对外销售时，应按照税法规定计算应交消费税的金额，将其确认为一项负债，并直接计入当期损益，借记"税金及附加"科目，贷记"应交税费——应交消费税"科目。

【例7.4.9】 20×9年5月，甲企业作为一般纳税人，和乙企业签订协议，向乙企业销售一批高档化妆品。这些化妆品属于应纳税消费品，价格为900 000元，成本为400 000元，适用的增值税税率为13%，增值税税额为117 000元，消费税税率为15%，消费税税额为135 000元。化妆品已经发出，符合收入确认条件，但是货款尚未收到。

根据上述经济业务，甲企业的账务处理如下：

借：应收账款——乙企业 1 017 000
    贷：主营业务收入 900 000
        应交税费——应交增值税（销项税额） 117 000
借：税金及附加 135 000
    贷：应交税费——应交消费税 135 000
借：主营业务成本 400 000
    贷：库存商品 400 000

2. 自产自用应税消费品的账务处理

企业将自产的应税消费品用于对外投资，或用于在建工程、职工集体福利等，按规定应视同销售，缴纳的消费税应计入有关的成本，借记"长期股权投资""在建工程""应付职工薪酬——职工福利"或者"营业外支出"等科目，贷记"应交税费——应交消费税"科目。

【例7.4.10】 20×9年7月，乙企业作为一般纳税人，将自己生产的一批产品用于在建工程。按照相关规定，这批产品属于应税消费品。这批产品的计税价格为40 000元（不含增值税），生产成本为15 000元，适用的增值税税率为13%，增值税税额为5 200元，消费税税率为15%，消费税税额为6 000元。

根据上述经济业务，乙企业的账务处理如下：

借：在建工程 26 200

	贷：库存商品	15 000
	应交税费——应交增值税（销项税额）	5 200
	——应交消费税	6 000

3. 委托加工应税消费品的账务处理

按照税法规定，企业委托加工应税消费品时，除受托方为个人之外，应由受托方在向委托方交货时代扣代缴消费税（受托加工或翻新改制金银首饰按规定由受托方缴纳消费税除外）。销售额按受托方同类消费品的销售价格计算；没有同类消费品销售价格的，按组成计税价格计算。组成计税价格的计算公式如下：

$$组成计税价格 = （材料成本 + 加工费）÷ （1 - 消费税税率）$$

作为受托方的企业按照应交税款金额，借记"应收账款""银行存款"等科目，贷记"应交税费——应交消费税"科目。

委托方企业缴纳的消费税，应区别不同情况进行会计核算。委托方委托加工的应税消费品收回后用于连续生产应税消费品的，按照税法规定所纳税款准予抵扣，销售时再缴纳消费税。委托方应按缴纳的消费税，借记"应交税费——应交消费税"科目，贷记"应付账款""银行存款"等科目。

委托方将收回的应税消费品，以不高于受托方的计税价格出售的，为直接出售，不再缴纳消费税。作为委托方的企业应将缴纳的消费税计入委托加工的应税消费品成本，借记"委托加工物资""生产成本"等科目，贷记"应付账款""银行存款"等科目。委托方以高于受托方的计税价格出售的，不属于直接出售，须按照规定申报缴纳消费税，在计税时准予扣除受托方已代收代缴的消费税。

【例 7.4.11】 宏达摩托车厂委托大华橡胶厂加工摩托车轮胎 1 000 套。宏达摩托车厂提供橡胶 10 000 千克，单位成本为 12 元。大华橡胶厂加工一套轮胎耗料 10 千克，收取加工费 10 元，代垫辅料费 10 元，轮胎加工消费税税率为 5%。宏达摩托车厂收回轮胎后直接对外销售（售价不高于受托方的计税价格）。

宏达摩托车厂的账务处理如下。

$$宏达摩托车厂委托加工摩托车轮胎时应纳消费税 = 1\,000 × [(10 × 12 + 10 + 10) ÷ (1 - 5\%)] × 5\%$$
$$≈ 7\,368.42（元）$$

$$宏达摩托车厂委托加工摩托车轮胎应纳增值税 = （10 + 10）× 1\,000 × 13\% = 2\,600（元）$$

（1）发出原材料时：

借：委托加工物资	120 000
贷：原材料——橡胶	120 000

（2）支付加工费与增值税时：

借：委托加工物资	20 000
应交税费——应交增值税（进项税额）	2 600
贷：银行存款	22 600

（3）支付受托方代收代缴的消费税时：

借：委托加工物资	7 368.42
贷：银行存款	7 368.42

（4）收回轮胎入库时：

借：原材料——轮胎	147 368.42
贷：委托加工物资	147 368.42

（5）将轮胎全部对外销售时：

除了作收入的账务处理外，同时结转成本。

借：其他业务成本　　　　　　　　　　　　　　　147 368.42

　　贷：原材料——轮胎　　　　　　　　　　　　　　　147 368.42

4. 进口应税消费品的账务处理

企业进口应税消费品在进口环节应交的消费税，由海关代征，于报关时纳税。企业应当将进口应税消费品的消费税直接计入存货的成本，借记"材料采购"或"在途物资""库存商品""固定资产"等科目，贷记"银行存款"科目，而不通过"应交税费——应交消费税"科目核算。

【例7.4.12】 丙企业进口一批高档箱包。这些箱包属于应税消费品，按照规定需要缴纳50 000元的消费税，消费税已经用银行存款在海关支付。

根据上述经济业务，丙企业的账务处理如下：

借：库存商品　　　　　　　　　　　　　　　　　50 000

　　贷：银行存款　　　　　　　　　　　　　　　　　50 000

5. 实际缴纳消费税的账务处理

企业向税务部门缴纳消费税时，借记"应交税费——应交消费税"科目，贷记"银行存款"科目。

第五节　非流动负债的核算

本节学习目标

知识目标： 了解非流动负债的主要内容；熟悉长期借款、应付债券、长期应付款科目的核算内容和结构；掌握长期借款、应付债券、长期应付款典型业务的核算要点。

技能目标： 能正确进行长期借款、应付债券、长期应付款典型业务的账务处理。

案例导入

20×7年1月，某高等职业技术学院会计专业毕业生王俭到B股份有限责任公司（以下简称"B公司"）进行顶岗实习。B公司经批准于20×7年1月1日发行两年期、面值为100元的债券100 000张，债券年利率为3%，每年7月1日和12月31日各付息一次，到期时归还本金和最后一次利息。B公司发行该债券而收款980.96万元。债券的实际利率为4%。支付的发行费用与发行期间冻结资金产生的利息收入相等。该债券所筹资金全部用于新生产线的建设。该生产线于20×8年6月30日完工并交付使用。债券利息调整采用实际利率法摊销，每年6月30日和12月31日计提利息。

要求： 请替王俭完成B公司发行债券、计提债券利息、支付债券利息以及债券到期偿还本金业务的账务处理。

一、非流动负债概述

非流动负债，是指流动负债以外的负债，包括长期借款、应付债券、长期应付款等。

非流动负债作为企业的一项义务，偿还期较长，因而它成为企业筹集资金的一种重要方式。

非流动负债除了具有负债的共同特征外，与流动负债相比，还具有债务金额大、偿还期限长、可以分期偿还等特点。

非流动负债因长期性的理财活动而产生。企业筹措长期资金的渠道主要有两种：一是增发股票，由股东追加投资；二是举借非流动负债，由债权人提供资金，即举债经营。

企业究竟以何种方式筹集能够长期占用的资金是一项重要的财务决策。

政策依据
《企业会计准则第17号——借款费用》

二、长期借款的核算

（一）长期借款概述

长期借款，是指企业向银行或其他金融机构借入的偿还期限在一年以上（不含一年）的借款。长期借款方式融资的主要特点如下。

（1）债务偿还的期限较长，长期借款的借款期限一般在5年以上；

（2）债务的金额较大，可用于满足房屋建造、大型设备购买等项目的资金需要；

（3）通常情况下，债务利息按期支付，债务本金到期一次偿还或分期偿还；

（4）与发行股票相比，长期借款不会影响股东对公司的控制权；

（5）长期借款一般需要企业向银行提供一定的资产（比如房屋）作为抵押。

（二）长期借款典型业务的核算

企业应设置"长期借款"科目，用于核算长期借款的取得和归还，以及利息确认等业务，并设置"本金"和"利息调整"两个明细科目，分别用于核算长期借款的本金和因实际利率与合同利率不同产生的利息调整额。"长期借款"科目属负债类科目，贷方登记企业借入的各项长期借款的本金和计提的应付利息，借方登记长期借款还本付息的数额，期末贷方余额反映企业尚未偿还的长期借款本息数额。

长期借款的账务处理主要包括以下内容。

1. 长期借款的借入

企业在借入长期借款时，按照实际收到的金额，借记"银行存款"科目；按照取得长期借款的本金，贷记"长期借款——本金"科目；二者如果有差额，借记或贷记"长期借款——利息调整"科目。

【例7.5.1】A企业于20×7年1月1日从银行借入36 000 000元，期限为2年，年利率为4.75%，到期一次还本付息，不计复利。该借款用于新建办公楼，建造期为一年。取得借款时，A企业的账务处理如下：

借：银行存款　　　　　　　　　　　　　　　　　　　　　　36 000 000
　　贷：长期借款——本金　　　　　　　　　　　　　　　　　　　36 000 000

2. 长期借款利息的确定

企业应当在资产负债表日按照长期借款的摊余成本和实际利率，确认长期借款当期的利息费用：属于筹建期间的，计入管理费用；属于生产经营期间的，计入财务费用。如果长期借款用于购建固定资产，在固定资产尚未达到预定可使用状态前，所发生的利息支出应当资本化，计入在建工程成本；固定资产达到预定可使用状态后发生的利息支出，以及按规定不予资本化的利息支出，计入财务费用。对于分期付息、到期一次还本的借款，应按借款本金和合同利率计算确定的应付未付利息，贷记"应付利息"科目；对于一次还本付息的借款，应按借款本金和合同利率计算确定的应付未付利息，贷记"长期借款——应计利息"科目；按借方、贷方的差额，贷记"长期借款——利息调整"科目。实际利率与合同利率差异较小的，也可以采用合同利率计算确定利息费用。

【例7.5.2】 承【例7.5.1】。20×7年，A企业每月计提借款利息，其账务处理如下：

　　　　每月利息金额 = 36 000 000 × 4.75% ÷ 12 = 142 500（元）

借：在建工程——办公楼　　　　　　　　　　　　　　　　　　　　　142 500
　　贷：长期借款——应计利息　　　　　　　　　　　　　　　　　　　　142 500

20×8年，A企业每月计提借款利息，其会计分录如下：

借：财务费用　　　　　　　　　　　　　　　　　　　　　　　　　　142 500
　　贷：长期借款——应计利息　　　　　　　　　　　　　　　　　　　　142 500

3. 长期借款本息的偿还

对于分期付息、到期一次还本的借款，企业在付息日实际支付利息时，按照应支付的利息金额，借记"应付利息"科目，贷记"银行存款"科目。对于一次还本付息的借款，企业应在支付应付未付利息时，借记"长期借款——应计利息"科目，贷记"银行存款"科目。企业归还长期借款的本金时，按照归还的金额，借记"长期借款——本金"科目，贷记"银行存款"科目。

资产负债表日，"长期借款"科目的期末余额需要根据流动性进行分析，在一年或一个营业周期以上到期偿还的部分，在资产负债表非流动负债中的"长期借款"项目下单独列报；在一年或一个营业周期之内到期偿还的部分在资产负债表流动负债中的"一年内到期的非流动负债"项目下列报。

【例7.5.3】 承【例7.5.1】和【例7.5.2】。A企业于20×8年1月1日支付长期借款本金和利息，其账务处理如下：

借：长期借款——本金　　　　　　　　　　　　　　　　　　　　　36 000 000
　　长期借款——应计利息　　　　　　　　　　　　　　　　　　　3 420 000
　　贷：银行存款　　　　　　　　　　　　　　　　　　　　　　　39 420 000

三、应付债券的核算

（一）应付债券概述

应付债券是指企业依照法定程序发行，约定在一定期限内还本付息的一种有价证券。企业发行的超过一年以上的债券，构成了一项长期负债。和银行借款相比，债券具有融资金额较大、期限较长的特点。

（二）一般公司债券业务的核算

为了核算发行债券的本金和利息，企业应设置"应付债券"科目。本科目属于负债类，贷方登记应付债券的本金和利息，借方登记归还的债券本金和利息，期末贷方余额表示企业应付而未付的长期债券的本金和利息。为反映长期债券的发行、利息的计提、本息的偿付等情况，企业应在"应付债券"科目下设置"面值""利息调整""应计利息"等明细科目。企业应按债券种类设置明细账，进行明细核算。另外，企业在发行债券时，应将所发行债券的票面金额、债券票面利率、还本期限与方式、发行总额、发行日期和编号、委托代售部门等

知识拓展
企业发行债券必须符合的条件

情况在备查簿中进行登记。

提示：这里讲"一般公司债券业务"，是因为公司债券中还有"可转换公司债券"，本书从略。

1．应付债券的发行

债券存在两个利率：一个是债券契约中标明的利率，称为票面利率，又称名义利率、合同利率；另一个是债券发行时的市场利率，通常又称为债券的实际利率。实际利率是债券未来现金流量现值等于债券发行收入时使用的折现率。需要注意的是，债券实际利率的计算还需要考虑债券发行过程中发生的承销费用等发行费用，因而如果考虑发行费用会导致债券的实际利率高于发行日的市场利率。根据票面利率和实际利率的不同，债券的发行方式包括平价发行、溢价发行与折价发行三种，具体分类方法见表7.1。

企业债券按其面值出售的，称为平价发行；债券以低于其面值的价格发行的，称为折价发行；而债券按高于其面值价格发行的，称为溢价发行。

（1）债券发行价格的确定。债券的发行价格由债券发行期间流出的现金流量的现值来确定，包括债券本金的现金流量现值和债券利息的现金流量现值两个部分。债券本金一般情况下于债券到期日一次性支付，因而其现金流量的现值表现为复利现值；而债券利息通常定期支付，比如每年支付一次，或者每半年支付一次，因而其现金流量的现值表现为年金现值。因此，在计算债券发行价格时，企业需要同时使用两种现值系数：债券本金的现值计算使用复利现值系数（$P/F,I,n$），债券利息的现值计算使用年金现值系数（$P/A,I,n$），其中，i代表债券的实际利率，n代表付息期数。

表 7.1　债券的发行方式

票面利率与实际利率的关系	债券的发行方式	发行价和面值的关系
票面利率等于实际利率	平价发行	发行价等于面值
票面利率大于实际利率	溢价发行	发行价高于面值
票面利率小于实际利率	折价发行	发行价低于面值

【例7.5.4】　20×2年12月31日，甲公司经批准发行五年期一次性还本分期付息的公司债券10 000 000元，债券利息在每年12月31日支付，票面年利率为6%。假定债券发行时的市场利率为5%。

到期债券本金的现值 = 10 000 000 ×（$P/F,5\%,5$）= 10 000 000 × 0.7835

　　　　　　　　　　= 7 835 000（元）

债券利息的现值 = 10 000 000 × 6% ×（$P/A,5\%,5$）= 600 000 × 4.3295

　　　　　　　　= 2 597 700（元）

债券的发行价格 = 7 835 000 + 2 597 700 = 10 432 700（元）

债券的溢价 = 10 432 700 − 10 000 000 = 432 700（元）

（2）债券发行日的账务处理。企业发行债券时，假定不考虑债券的发行费用，应当按照债券的发行价格，借记"银行存款""库存现金"等科目；按照发行债券的面值，贷记"应付债券——面值"科目；按二者的差额（即存在溢价、折价的情况），借记或贷记"应付债券——利息调整"科目。

【例7.5.5】　在【例7.5.4】中，甲公司于20×2年12月31日发行债券日的账务处理如下：

借：银行存款　　　　　　　　　　　　　　　　　　　　　　　　10 432 700

　　贷：应付债券——债券面值　　　　　　　　　　　　　　　　　　10 000 000

　　　　　　　——利息调整　　　　　　　　　　　　　　　　　　　　432 700

提示：关于债券发行费用，根据《企业会计准则第22号——金融工具确认和计量》的规定，除以公允价值计量且其变动计入当期损益的金融负债之外，其他金融负债相关的交易费用应当计入金融负债的初始确认金额。应付债券属于除以公允价值计量且其变动计入当期损益的金融负债之外的其他金融负债，因此，企业应当将发行债券时直接产生的发行费用扣除发行期间冻结资金所产生的利息收入后的金额，作为"利息调整"的一部分计入债券的初始确认金额，在债券存续期间于计提利息时摊销，并按借款费用的处理原则予以资本化或费用化。

2. 债券利息的确认

应付债券的利息采用实际利率法在债券存续期间的每个资产负债表日分期确认。实际利率法，是指按照应付债券的实际利率计算其摊余成本及各期利息费用的方法。其中，实际利率是指将应付债券在债券存续期间的未来现金流量折现为该债券当前账面价值所使用的利率。债券的实际利率一旦确定，在整个债券的存续期间内保持不变。

债券的利息费用按照债券的摊余成本和实际利率计算确定。应付债券的摊余成本，是指应付债券的初始确认金额（债券的发行价格减去发行费用的净额）经过下列调整后的结果：①扣除已偿还的本金；②加上或减去采用实际利率法将该初始确认金额与到期日金额之间的差额进行摊销后形成的累计摊销额。

在资产负债表日，企业应当按照债券面值和票面利率计算当期的应付利息，贷记"应付利息"科目（分期付息、一次还本的债券）或"应付债券——应计利息"科目（一次还本付息的债券）。同时，企业应根据应付债券的摊余成本和实际利率计算当期的利息费用，其中符合资本化条件的计入相关资产成本，借记"在建工程""制造费用"等科目；不符合资本化条件的直接计入当期损益，借记"财务费用"科目。应付利息和利息费用的差额为债券溢价或折价的摊销，借记或贷记"应付债券——利息调整"科目。

【例 7.5.6】 在【例 7.5.4】中，甲公司根据上述资料，采用实际利率法和摊余成本计算确定的各期利息费用如表 7.2 所示。

表 7.2 利息费用计算表 （单位：元）

付息日期	支付利息 ①＝面值×6%	利息费用 ②＝上期④×5%	摊销的溢价 ③＝①－②	摊余成本 ④＝上期④－③
20×2年12月31日				10 432 700
20×3年12月31日	600 000	521 635	78 365	10 354 335
20×4年12月31日	600 000	517 716.75	82 283.25	10 272 051.75
20×5年12月31日	600 000	513 602.59	86 397.41	10 185 654.34
20×6年12月31日	600 000	509 282.72	90 717.28	10 094 937.06
20×7年12月31日	600 000	505 062.94	94 937.06	10 000 000

根据表 7.2 中的资料，甲公司应编制如下会计分录。

（1）20×2年12月31日，发行债券时：

借：银行存款 10 432 700
  贷：应付债券——债券面值 10 000 000
    ——利息调整 432 700

（2）20×3年12月31日，确认利息费用时：

借：财务费用 521 635
  应付债券——利息调整 78 365
  贷：应付利息 600 000

20×4年、20×5年、20×6年确认利息费用时的会计处理原理同 20×3年。

3. 债券的偿还

对于分期付息、一次还本的债券，应在每期支付利息时，借记"应付利息"科目，贷记"银行存款"科目；债券到期偿还本金并支付最后一期利息时，借记"应付债券——面值""在建工程""财务费用"等科目，贷记"银行存款"科目；如果存在利息调整，则还应按借贷双方之间的差额，借记或贷记"应付债券——利息调整"科目。

对于到期一次还本付息的债券，应在债券到期支付债券本息时，借记"应付债券——债券面值""应付债券——应计利息"等科目，贷记"银行存款"科目。

【例 7.5.7】 在【例 7.5.4】中，20×7 年 12 月 31 日，甲公司归还债券本金及最后一期利息费用时的会计分录如下：

借：财务费用	505 062.94	
应付债券——面值	10 000 000.00	
——利息调整	94 937.06	
贷：银行存款		10 600 000

提示： 企业可发行在一定期间内依据约定的条件转换成公司股份的公司债券（通常也称作可转换公司债券）。这种债券兼具债权和股权双重属性。我国发行可转换公司债券采取记名式无纸化发行方式。这种债券的最短期限为 3 年，最长期限为 5 年。

在会计核算中，企业将其发行的可转换公司债券作为长期负债，在"应付债券"科目中设置"可转换公司债券"明细科目进行核算。

和长期借款相同，应付债券期末的账面价值反映其摊余成本。在资产负债表日，"应付债券"科目的期末余额需要根据流动性进行分析，在一年或一个营业周期以上到期偿还的部分，在资产负债表非流动负债中"应付债券"项目下单独列报；在一年或一个营业周期之内到期偿还的部分在资产负债表流动负债中"一年内到期的非流动负债"项目下列报。

四、长期应付款的核算

1. 长期应付款概述

长期应付款，是指企业除长期借款和应付债券以外的其他各种长期应付款项，包括应付融资租入固定资产的租赁费，以分期付款方式购入固定资产、无形资产或存货等发生的应付款项等。长期应付款的特点在于数额较大、偿还期长，具有分期付款的性质，可以避免公司取得固定资产时一次性支付大量开支的困难。

为了总括核算和监督长期应付款的发生、利息结算及偿还情况，企业应设置"长期应付款"科目。"长期应付款"科目属于负债类科目，贷方登记企业发生的长期应付款，借方登记企业归还的长期应付款，期末贷方余额反映企业尚未归还的各种长期应付款。该科目应按照长期应付款的种类和债权人进行明细核算。

为了核算企业分期计入利息费用的未确认融资费用情况，企业应设置"未确认融资费用"科目。该科目属于负债类科目，期末借方余额反映企业未确认融资费用的摊余价值。该科目可按债权人和长期应付款项目进行明细核算。

2. 应付融资租入固定资产应付款的核算

企业采用融资租赁方式租入固定资产，实质上是以分期付款的方式取得资产。固定资产使用在前，款项支付在后。在这种情况下，企业尚未支付的设备价款和融资费用，形成企业的一项长期负债，即长期应付款。

企业采用融资租赁方式租入的固定资产，应当在租赁开始日，将租赁开始日租赁资产公允价值与最低租赁付款额现值二者中的较低者，加上初始直接费用，作为租入资产的入账价值，借记"固定资产""在建工程"等科目;按照最低租赁付款额,贷记"长期应付款"科目;按照发生的初始直接费用,贷记"银行存款"科目;按照差额,借记"未确认融资费用"科目。企业在按照合同约定的付款日支付租金时,借记"长期应付款"科目,贷记"银行存款"科目。未确认融资费用,在信用期间内采用实际利率法进行摊销时,借记"在建工程"(应予资本化的)"财务费用"(应予费用化的)等科目,贷记"未确认融资费用"科目。

3. 具有融资性质的延期付款的核算

按照《企业会计准则》的规定,企业在购买资产时,可超过正常信用条件支付价款。例如,采用分期付款方式购买资产,且在合同中规定的付款期限比较长,超过了正常信用条件(通常在3年及以上)。在这种情况下,该项购货合同实质上具有融资性质,不能以各期付款额之和确定购入资产的成本,而应以各期付款额的现值之和,借记"固定资产""在建工程"等科目;按应支付的价款总额,贷记"长期应付款"科目;按其差额,借记"未确认融资费用"科目。对于未确认融资费用,在信用期间内采用实际利率法进行摊销时,借记"在建工程"(应予资本化的)"财务费用"(应予费用化的)等科目,贷记"未确认融资费用"科目。企业在按照合同约定的付款日分期支付价款时,借记"长期应付款"科目,贷记"银行存款"科目。

【本章小结】

负债,是指企业过去的交易或者事项形成的,预期会导致经济利益流出企业的现时义务。负债按照其流动性,可分为流动负债和非流动负债。

流动负债主要包括短期借款、应付和预收款项、应付职工薪酬、应交税费等。企业各项流动负债应按照其实际发生额入账。短期借款的账务处理主要包括借入本金的核算、借款利息的核算、借款本息归还的核算。应付票据应按开出、承兑的商业汇票的面值入账。应付账款的入账价值应按未来应付的金额确定。存在现金折扣的情况下,应付账款入账价值的确定有总价法和净价法两种。企业应当在职工为其提供服务的会计期间,将应确认的职工薪酬(包括货币性薪酬和非货币性福利)计入相关资产成本或当期损益,同时确认为应付职工薪酬。企业应交的税费主要包括增值税、消费税、关税、城市维护建设税、企业所得税等。

非流动负债包括长期借款、应付债券、长期应付款等。长期借款的账务处理主要包括借入本金的核算、借款利息的核算和借款本金归还的核算等。应付债券是指企业依照法定程序发行,约定在一定期限内还本付息的一种有价证券。发行长期债券的企业,应按期计提利息:对于按平价发行的债券,采用票面利率计提利息;对于溢价或折价发行的债券,应当在债券的存续期间内采用实际利率法摊销债券发行价格与债券面值总额的差额。长期应付款主要包括应付融资租入固定资产的租赁费、以分期付款方式购入固定资产的应付款项等。

【综合练习】

一、单项选择题

1. 某企业于某年5月31日向银行借款100 000元,年利率为7.2%,同年6月30日还本付息。该企业还本付息总额为（　　）元。

A. 100 560　　　　B. 100 580　　　　C. 100 600　　　　D. 100 620

2. 期末,"应付利息"科目的借方余额应在资产负债表中（　　）。

A. 不作反映

B. 以正数列示在"应付利息"项目中

C. 以负数列示在"其他应付款"项目中

D. 与财务费用合并反映在利润表中

3. 采用总价法核算应付账款，购货企业在折扣期内付款而取得的购货折扣应视为（　　）。

　　A. 购货成本的减少　　B. 购货成本的增加　　C. 理财费用的减少　　D. 理财费用的增加

4. 采用净价法核算应付账款，购货企业超过折扣期付款而丧失的购货折扣应视为（　　）。

　　A. 购货成本的减少　　B. 购货成本的增加　　C. 理财费用的减少　　D. 理财费用的增加

5. 下列各项中，不通过"应付职工薪酬"科目核算的是（　　）。

　　A. 应交的企业所得税　　B. 职工的困难补助　　C. 生产工人的医药费　　D. 车间管理人员的奖金

6. 某公司以自产的加湿器作为福利向职工发放。该产品的成本为每台150元，计税价格为200元，适用的增值税率为13%。该公司共有职工500人，每人发放一台。计入该公司应付职工薪酬的金额为（　　）元。

　　A. 113 000　　　　B. 15 000　　　　C. 100 000　　　　D. 92 000

7. 委托加工的应税消费品收回后，用于连续生产应税消费品的，由受托方代扣代缴的消费税，委托方应记入（　　）科目的借方。

　　A. "应交税费——应交消费税"　　　　B. "委托加工物资"

　　C. "主营业务成本"　　　　　　　　　D. "税金及附加"

8. 某企业为一般纳税人，20×6年应缴纳的各种税金包括：增值税350万元，消费税150万元，城市维护建设税35万元，房产税10万元，车船税5万元，所得税250万元。上述各项税金应计入管理费用的金额为（　　）万元。

　　A. 5　　　　　　B. 15　　　　　　C. 50　　　　　　D. 185

9. 下列关于长期借款利息的表述中，不正确的是（　　）。

　　A. 属于筹建期间的，计入营业外支出

　　B. 属于生产经营期间的，计入财务费用

　　C. 用于购建固定资产的，在固定资产达到预定可使用状态前，按规定应予资本化的利息支出，计入在建工程成本

　　D. 用于购建固定资产的，在固定资产达到预定可使用状态后，按规定不予资本化的利息支出，计入财务费用

10. 某工业企业于20×1年1月1日向银行借入1 000万元，借款利率为8%，借款期限为3年，每年年末偿还借款利息。该企业用该项借款建造厂房，厂房于20×3年3月31日完工，支付工程款900万元（不含借款利息），并办理了竣工结算手续，则该厂房的入账价值为（　　）万元。

　　A. 1 000　　　　B. 1 160　　　　C. 1 062　　　　D. 1 240

11. 某股份有限公司于20×4年1月1日发行3年期、每年1月1日付息、到期一次还本的公司债券。该批债券的面值总额为200万元，票面年利率为5%，实际利率为6%，发行价格为194.65万元。按实际利率法确认利息费用。该债券20×5年度确认的利息费用为（　　）万元。

　　A. 11.78　　　　B. 12　　　　C. 10　　　　D. 11.68

12. 下列各项中，对企业在生产经营期间的资产负债表日，按票面利率计算短期借款利息费用的会计处理正确的是（　　）。

　　A. 借记"财务费用"科目，贷记"短期借款"科目

　　B. 借记"财务费用"科目，贷记"其他应付款"科目

　　C. 借记"财务费用"科目，贷记"应付利息"科目

　　D. 借记"短期借款"科目，贷记"应付利息"科目

13. 对于签发并承兑的商业承兑汇票到期无法偿付的票款，付款企业应当进行的处理是（　　）。

　　A. 转作应付账款　　B. 转作短期借款　　C. 不进行处理　　D. 转作其他应付款

14. 如果企业预收款项情况不多，可以将预收款项直接记入（　　）科目。

    A. "应付账款"　　　B. "应收账款"　　　C. "应付票据"　　　D. "应收票据"

15. 下列职工薪酬中，不应根据职工提供服务的受益对象计入成本费用的是（　　）。

    A. 因解除与职工劳动关系给予的补偿　　　B. 构成工资总额的各组成部分

    C. 工会经费和职工教育经费　　　D. 职工医疗保险费等各项社会保险费

16. 企业支付工会经费用于职工活动，借记的科目是（　　）。

    A. "其他应付款"　　　B. "其他应收款"　　　C. "应付职工薪酬"　　　D. "银行存款"

17. 企业缴纳的下列税款中，一般不需要通过"应交税费"科目核算的是（　　）。

    A. 车船使用税　　　B. 印花税　　　C. 资源税　　　D. 土地增值税

18. 属于筹建期间长期借款发生的除购建固定资产以外的借款费用，应作为（　　）处理。

    A. 销售费用　　　B. 营业费用　　　C. 财务费用　　　D. 管理费用

19. 下列对长期借款利息费用的会计处理，不正确的是（　　）。

    A. 筹建期间的借款利息计入管理费用

    B. 筹建期间的借款利息计入长期待摊费用

    C. 日常生产经营活动的借款利息计入财务费用

    D. 符合资本化条件的借款利息计入相关资产成本

20. 企业每期期末计提一次还本付息的长期借款利息，对其中应当予以资本化的部分，下列会计处理正确的是（　　）。

    A. 借记"财务费用"科目，贷记"长期借款"科目

    B. 借记"财务费用"科目，贷记"应付利息"科目

    C. 借记"在建工程"科目，贷记"长期借款"科目

    D. 借记"在建工程"科目，贷记"应付利息"科目

21. 某企业发行分期付息、到期一次还本的债券，按其票面利率计算确定的应付未付利息，应记入（　　）科目。

    A. "应付债券——应计利息"　　　B. "应付利息"

    C. "应付债券——利息调整"　　　D. "应付债券——面值"

22. 某股份有限公司于20×5年1月1日折价发行4年期、到期一次还本付息的公司债券。该批债券的面值总额为100万元，票面年利率为10%，发行价格为90万元。债券折价采用实际利率法摊销。假定实际利率是12%。该债券该年度确认的利息费用为（　　）万元。

    A. 6.5　　　B. 10　　　C. 10.8　　　D. 7.5

23. 就发行债券的企业而言，所获债券溢价收入实质是（　　）。

    A. 为以后少付利息而付出的代价　　　B. 为以后多付利息而得到的补偿

    C. 本期利息收入　　　D. 以后期间的利息收入

24. 某公司于20×5年1月1日对外发行3年期、面值总额为1 000万元的公司债券，债券的票面年利率为7%，分期付息，到期一次还本。该公司实际收到发行价款1 054.47万元。该公司采用实际利率法摊销债券溢折价。不考虑其他相关税费，经计算确定该批债券的实际利率为5%。20×5年12月31日，该公司该项应付债券的"利息调整"明细科目的余额为（　　）万元。

    A. 54.47　　　B. 71.75　　　C. 37.19　　　D. 17.28

25. 企业以折价方式发行债券时，每期实际负担的利息费用是（　　）。

    A. 按票面利率计算的利息减去应摊销的折价　　　B. 按实际利率计算的利息减去应摊销的折价

  C. 按实际利率计算的利息   D. 按实际利率计算的利息加上应摊销的折价

二、多项选择题

1. 甲公司为一般纳税人，适用的增值税税率为13%。20×9年12月，甲公司董事会决定将本公司生产的100件产品作为福利发放给100名管理人员。该批产品的单件成本为1.2万元，市场销售价格为每件2万元（不含增值税），假设不考虑其他相关税费。下列有关会计处理的表述中，正确的有（ ）。

  A. 应计入管理费用的金额为226万元   B. 确认主营业务收入200万元

  C. 确认主营业务成本120万元   D. 不通过"应付职工薪酬"科目核算

2. 下列有关辞退福利的表述中，正确的有（ ）。

  A. 确认为预计负债的辞退福利，应计入当期损益

  B. 职工虽未与企业解除劳动关系，但未来不再为企业带来经济利益，企业承诺提供实质上具有辞退福利性质的经济补偿，比照辞退福利处理

  C. 对于职工没有选择权的辞退计划，企业应根据拟辞退职工数量及每位职工的辞退补偿等，计量辞退福利负债

  D. 对于自愿接受裁减的建议，企业应按照《企业会计准则第13号——或有事项》预计将接受裁减建议的职工数量及每位职工的辞退补偿等，计量辞退福利负债

3. 企业为一般纳税人的，其增值税在账务处理上的主要特点有（ ）。

  A. 在销售阶段，销售价格中不再含税

  B. 在购进阶段，会计处理时实行价与税的分离

  C. 价与税分离的依据为增值税专用发票上注明的价款和增值税

  D. 如果定价时含税，则应按含税价格作为销售收入

  E. 如果定价时含税，则应按不含税价格作为销售收入

4. 小规模纳税企业的会计核算的特点有（ ）。

  A. 小规模纳税企业的进货成本不包括其支付的增值税税额

  B. 销售货物或者提供应税劳务只能开具普通发票

  C. 实行简易办法计算应纳税额，按照销售额的一定比例计算

  D. 小规模纳税企业的销售额包括其应纳税额

  E. 小规模纳税企业的销售额不包括其应纳税额

5. 根据《中华人民共和国增值税暂行条例》的规定，下列（ ）项目的进项税额不得从销项税额中抵扣。

  A. 购进机器设备以外的固定资产

  B. 用于非应税项目的购进货物或者应税劳务

  C. 用于集体福利或者个人消费的购进货物或者应税劳务

  D. 非正常损失的在产品、产成品所耗用的购进货物

6. 企业发生下列（ ）业务时，应将减少的货物视同销售并计算缴纳增值税。

  A. 销售代销货物   B. 委托代销货物

  C. 将购入货物用于集体福利   D. 将自产货物分配给股东

7. 委托加工的应税消费品收回后，直接出售的，委托企业向受托企业缴纳的消费税应计入应税消费品的成本，记入（ ）等科目的借方。

  A. "生产成本" B. "税金及附加" C. "委托加工物资"

  D. "应交税费——应交消费税" E. "库存商品"

8. 在我国会计实务中，长期借款利息可列支的项目包括（ ）。

A. 在建工程　　　　B. 财务费用　　　　C. 研发支出

D. 管理费用　　　　E. 投资收益

9. 下列关于企业发行一般公司债券的会计处理，正确的有（　　　）。

A. 无论是按平价发行，还是溢价发行或折价发行，均应按债券面值记入"应付债券"科目的"面值"明细科目

B. 实际收到的款项与面值的差额，应记入"利息调整"明细科目

C. 对于利息调整，企业应在债券存续期间内选用实际利率法或年限平均法进行摊销

D. 资产负债表日，企业应按应付债券的面值和实际利率计算确定当期的债券利息费用

10. 企业发行的应付债券的利息调整金额，每期摊销时可能记入的科目有（　　　）。

A. "在建工程"　　B. "长期待摊费用"　　C. "财务费用"　　D. "待摊费用"

11. 下列项目中，属于长期应付款科目核算内容的有（　　　）。

A. 政府作为企业所有者投入的具有特定用途的款项

B. 以分期付款方式购入固定资产发生的应付款项

C. 应付经营租入固定资产租赁费

D. 企业采用补偿贸易方式引进国外设备发生的应付款项

12. 应通过"应付票据"科目核算的票据有（　　　）。

A. 银行本票　　　　B. 银行汇票　　　　C. 支票

D. 商业承兑汇票　　E. 银行承兑汇票

13. 下列各项中，属于企业应付职工薪酬核算内容的有（　　　）。

A. 职工工资、奖金、津贴和补贴　　　　B. 职工福利费　　C. 社会保险费

D. 辞退福利　　　　　　　　　　　　　E. 工会经费和职工教育经费

14. 以下关于职工薪酬的说法，正确的有（　　　）。

A. 由所生产产品、所提供劳务负担的职工薪酬，应计入产品成本或劳务成本

B. 应当将辞退福利计入当期营业外支出

C. 由在建工程、无形资产负担的职工薪酬，应计入建造固定资产或无形资产的成本

D. 应当将辞退福利计入当期管理费用

E. 社会保险费应计入管理费用

15. 对小规模纳税企业，下列说法中，正确的有（　　　）。

A. 小规模纳税企业销售货物或者提供应税劳务，一般情况下，只能开具普通发票，不能开具增值税专用发票

B. 小规模纳税企业在销售货物或提供应税劳务时，实行简易办法计算应纳税额，按照销售额的一定比例计算缴纳额

C. 小规模纳税企业的销售收入不包括其应纳增值税税额

D. 小规模纳税企业购入货物取得增值税专用发票，其支付的增值税税额可计入进项税额，并由销项税额抵扣，而不计入购入货物的成本

16. 委托加工应税消费品，加工环节由受托方代扣代缴的消费税的列支方法包括（　　　）。

A. 计入管理费用　　　　　　　　B. 增加企业的生产成本

C. 计入委托加工产品的成本　　　D. 抵扣继续生产的应税产品在销售环节缴纳的消费税

17. 企业在生产经营期间按平价发行债券，按期计提利息时，可能涉及的会计科目有（　　　）。

A. "财务费用"　B. "在建工程"　C. "短期借款"　D. "管理费用"

18. "应付债券"科目的贷方反映的内容有（   ）。

    A. 溢价发行时产生的利息调整费用　　B. 折价发行时利息调整费用的摊销

    C. 期末计提应付债券利息　　　　　　D. 溢价发行时利息调整费用的摊销

19. "长期应付款"科目主要核算（   ）。

    A. 应付补偿贸易引进设备款　　　　　B. 长期应付货款

    C. 应付融资租赁款　　　　　　　　　D. 从非金融机构借入的期限在一年以上的借款

三、判断题

1. 在总价法下，如果购入的资产在形成一笔应付账款时是带有现金折扣的，应付账款按发票上记载的应付金额总值扣除现金折扣后的金额入账。（   ）

2. 预收账款是企业的一项负债，所以，"预收账款"科目的期末余额，一定是反映企业负债的。（   ）

3. 企业为职工缴纳的基本养老保险金、补充养老保险费，以及为职工购买的商业养老保险，均属于企业提供的职工薪酬。（   ）

4. 企业为职工支付的社会保险费应在"其他应付款"科目核算。（   ）

5. 企业为鼓励生产车间职工自愿接受裁减而给予的补偿，应该记入"生产成本"科目。（   ）

6. 企业只有在对外销售消费税应税产品时才应缴纳消费税。（   ）

7. 企业为购建固定资产而取得专门借款所发生的长期借款费用，应计入固定资产购建成本。（   ）

8. 企业筹建期间发生的借款利息应全部作为开办费处理，并在规定的期限内平均摊销。（   ）

9. 长期借款的利息费用在固定资产达到预定可使用状态之后发生的利息支出，记入"管理费用"科目。（   ）

10. 债券溢价发行时，采用实际利率法对利息调整进行摊销，摊销的利息调整金额逐期减小，利息费用逐期增大。（   ）

11. 企业发行的应付债券的利息，均应通过"应付债券——应计利息"科目核算。（   ）

12. 企业进行的债券溢价的摊销，对债券发行企业而言是调整减少各期利息费用；对债券投资者而言是调整增加各期利息收入。（   ）

13. 长期应付款是指企业长期借款以外的其他各种长期应付款项，包括应付融资租入固定资产的租赁费、以分期付款方式购入固定资产发生的应付款项等。（   ）

14. 企业向银行或其他金融机构借入各种款项时发生的利息应当计入财务费用。（   ）

15. 商业折扣是债权人为鼓励债务人在规定期限内付款而向其提供的债务扣除。（   ）

16. 对商业折扣和现金折扣，都可以采用总价法或净价法进行核算。（   ）

17. 采用总价法时，对于获得的现金折扣，购买方在会计上作为冲减财务费用处理。（   ）

18. 在采用预收货款方式销售产品的情况下，应以收到货款的时间为产品销售的入账时间。（   ）

19. 对以经营租赁方式租入的生产线进行改良，应付企业内部改良工程人员工资，应借记的会计科目是"在建工程"。（   ）

20. 一般纳税人企业购入货物时支付的增值税，均应先通过"应交税费"科目进行核算。然后再将购入货物时不能抵扣的增值税进项税额从"应交税费"科目中转出。（   ）

21. 企业计提长期借款利息支出时，应借记"在建工程"或"财务费用"等科目，贷记"应付利息"科目。（   ）

22. 筹建期间长期借款的利息费用，计入管理费用，与开办费处理一致。（   ）

23. "长期借款"科目的月末余额，反映企业尚未支付的各种长期借款的本金。（   ）

24. 当债券票面利率低于金融市场利率时，可能导致债券折价。（   ）

25. "应付债券——应计利息"科目核算的是分期付息债券的利息。   (   )

四、业务处理题

1. 南方公司发生有关应付票据的业务如下。

（1）从乙公司购入 B 材料一批，货款为 40 000 元，增值税税额为 5 200 元。材料已验收入库。南方公司签发并经开户银行承兑一张为期 3 个月的银行承兑汇票用以支付价税款，并以银行存款支付承兑手续费 400 元。

（2）3 个月前购入 B 材料，签发并经银行承兑给乙公司的银行承兑汇票到期，以银行存款如数支付票据款，票面金额为 67 800 元。

（3）4 个月前签发并承兑的商业承兑汇票到期，南方公司无力付款，予以结转，票面金额为 36 000 元。

要求：根据南方公司以上经济业务编制会计分录。

2. 新丰公司发生与应付账款有关的经济业务如下。

（1）从 B 公司购入原材料一批，货款为 60 000 元，适用的增值税税率为 13%。材料验收入库，价税款尚未支付。双方商定若在 20 天内付款，则买方可享受 3%的现金折扣（折扣基数不含增值税税额）。（应付账款按净价法核算）

（2）以银行存款支付前欠 C 公司的购入原材料应付货款 90 000 元。

（3）企业 20 天内向 B 公司支付购入原材料应付货款。

（4）企业将确实无法支付的应付账款 5 000 元予以转销。

要求：根据新丰公司以上经济业务编制会计分录。

3. B 公司年末将本公司自产产品笔记本电脑作为福利发放给公司 200 名职工。笔记本电脑的生产成本为每台 3 000 元，售价为每台 5 000 元，适用的增值税税率为 13%。假定 200 名职工中，150 名为直接参加生产的职工，50 名为总部管理人员。

要求：为 B 公司的上述经济业务编制会计分录。

4. C 公司为本公司高层管理者提供可免费使用的汽车，同时为每人租赁一套住房。所提供的汽车每月计提折旧共计 45 000 元；所租赁的房屋每月租金共计 14 000 元，月底租金用银行存款支付。

要求：为 C 公司的上述经济业务编制会计分录。

5. C 公司为一般纳税人，对原材料采用实际成本法进行日常核算。20×9 年 9 月 1 日，该公司"应交税费——应交增值税"科目的借方余额为 10 000 元。9 月，C 公司发生如下经济业务。

（1）购买一批原材料，增值税专用发票上注明的价款为 200 000 元、增值税税额为 26 000 元。对此，C 公司开出商业承兑汇票。原材料已验收入库。

（2）用原材料对外投资，双方协议按成本作价。该批原材料的成本和计税价格均为 300 000 元，应缴纳的增值税税额为 39 000 元。

（3）销售产品一批，销售价格为 200 000 元，增值税税额为 26 000 元，实际成本为 160 000 元。产品已发出，货款尚未收到。

（4）在建工程领用原材料一批。该批原材料的实际成本为 350 000 元，应由该批原材料负担的增值税税额为 45 500 元。

（5）月末盘亏原材料一批。该批原材料的实际成本为 100 000 元，应由该批材料负担的增值税税额为 13 000 元。

（6）用银行存款缴纳本月增值税 15 000 元。

要求：根据 C 公司上述经济业务编制相关会计分录。

6. G 公司为更新生产设备，从银行取得为期 2 年、年利率为 6%的借款 600 万元；工期为一年，G 公司在借款额度内直接用于工程建设支出。本年 1 月 1 日，G 公司以取得的借款 300 万元购入设备，设备直接交付安装；7月1日，以新取得的借款300万元支付工程安装费；次年1月1日，工程如期完工并交付使用。借款利息根据实际使用额每半年计算一次，借款期满一次性以银行存款还本付息。

要求：为G公司编制借款取得、使用、计息及归还时的会计分录。

7. 某企业经批准于20×7年4月1日按平价发行每张面值为100元、票面利率为8%（实际利率与票面利率一致）、期限为5年的债券10 000张。该批债券为到期一次还本付息债券。发行收入已收到并存入银行（不考虑发行费用）。该企业发行债券筹集资金当期全部用于某建设项目。该企业按年计提债券利息。该项目将于20×8年完工。假设该企业在项目建设期间计提的利息费用均符合资本化条件。

要求：编制该企业在发行债券及计提20×7债券利息时的会计分录。（要求写出应付债券的明细科目，金额单位为"元"）

8. 某企业发生下列借款业务。

（1）因生产经营需要，从银行取得一项为期3个月的临时借款120 000元，年利率为4.8%，借款利息数额不大，不考虑预提，借款到期一次性以银行存款还本付息。

（2）因生产经营需要，于7月1日从银行取得一项为期6个月的生产周转借款900 000元，年利率为4.8%，借款利息分月预提，按季支付。第一次利息于9月30日支付，12月31日归还借款本金并支付第二次利息。

要求：（1）计算短期借款利息支出；

（2）编制短期借款核算的有关会计分录。

9. A公司当月"工资汇总表"中列示的甲产品生产工人工资为100万元；乙产品生产工人工资为50万元；车间管理人员的工资为5万元；行政管理部门的人员工资为30万元；公司专设产品销售机构人员工资为20万元；建造厂房人员工资为11万元。

要求：为A公司上述经济业务编制会计分录。

10. 接业务处理题9。A公司根据规定，按照职工工资总额的10%计提医疗保险费以及按照工资总额的12%计提住房公积金，缴纳给当地社会保险经办机构和住房公积金管理机构。

要求：为A公司上述经济业务编制会计分录。

11. A公司为一般纳税人，原材料采用实际成本法进行日常核算。20×9年9月，该公司发生如下涉及增值税的经济业务。

（1）购入不需安装的生产经营用设备一台，增值税专用发票上注明的价款为40万元、增值税税额为5.2万元（增值税允许抵扣）。货款尚未支付。

（2）建造办公楼领用生产用库存原材料5万元，应由该批原材料负担的增值税税额为0.8万元。

（3）销售商品一批，增值税专用发票上注明的价款为100万元、增值税税额为13万元，提货单和增值税专用发票已交购货方，收到购货方开出并承兑的商业承兑汇票。该批商品的实际成本是80万元。

（4）由于管理不善被盗原材料一批，价值2万元，应由该批原材料负担的增值税税额为0.26万元，尚未经批准处理。

（5）用银行存款15万元缴纳当期应交增值税。

要求：编制A公司上述经济业务的会计分录。

12. F公司为新建生产线，于本年1月1日从银行取得3年期借款600万元，款项存入银行存款户。该笔借款的年利率为6%，每年年末支付借款利息，3年期满一次还本。本年年末F公司以存款支付工程进度款200万元。第二年年末，工程如期竣工，固定资产交付使用，F公司以存款支付工程结算款400万元。各年利息均于年末以银行存款支付，本金第三年年末一次性以银行存款偿清。

要求：编制F公司借款取得、使用、计息、付息及归还本金时的会计分录。

第八章

所有者权益

【本章学习目标】

知识目标：熟悉实收资本、其他权益工具、资本公积、其他综合收益和留存收益的概念；掌握实收资本、其他权益工具、资本公积、其他综合收益和留存收益的核算内容。

能力目标：能正确进行实收资本、其他权益工具、资本公积、其他综合收益和留存收益的账务处理。

【本章导读】

一、所有者权益的概念和特点

我国《企业会计准则——基本准则》指出，所有者权益是指企业资产扣除负债后，由所有者享有的剩余权益。股份有限公司的所有者权益又称为股东权益。所有者权益是所有者对企业资产的剩余索取权，它是企业资产中扣除债权人权益后应由所有者享有的部分，既可反映所有者投入资本的保值增值情况，又可体现保护债权人权益的理念。

根据市场经济的要求，按照财产的组织形式和所承担的法律责任划分，现代企业的主要组织形式通常为独资企业、合伙企业以及公司制企业。不同组织形式的企业具有不同的特点，如表8.1所示。

表 8.1　不同组织形式企业的特点

企业类型		所有者	盈亏处理	出资人对企业债务的经济责任
独资企业		个人出资设立	个人享有收益、承担损失	个人对企业的债务负有无限的经济责任
合伙企业		两人（合伙人）以上出资设立	按投资比例或契约规定的比例分享收益、承担损失	各合伙人对企业的债务负有连带无限责任
公司制企业	有限责任公司	50 个以下股东（一人公司和国有独资公司除外）出资设立	股东按出资比例分享收益、承担损失	股东对公司的债务以出资额为上限负有限责任
	股份有限公司	2 人以上 200 人以下发起人出资设立	股东按出资比例分享收益、承担损失	

所有者权益与负债的主要区别如下。

（1）对象不同。负债是企业对债权人负担的经济责任，所有者权益是企业对投资人负担的经济责任。

（2）性质不同。负债是在经营或其他事项中发生的债务，是债权人对企业资产的要求权；所有者权益是企业投资者对企业净资产的要求权。

（3）偿还期限不同。负债必须于一定的日期（特定日期或确定的日期）偿还；所有者权益除按法律程序减资外，一般只有在企业解散清算时，其清算财产在偿付了清算费用、债权人的债务等以后，如有剩余财产，才可能还给投资者。在企业持续经营的情况下，企业长期使用所有者权益，无须偿还。所有者权益是企业的"本钱"，是企业取得其他资金的基础。

（4）享受的权利不同。债权人只享有收回债权本金和利息的权利，而无权参与企业收益分配和经营管理；所有者除可以获得收益分配外，还可参与经营管理。

二、所有者权益的构成

在不同形式的企业组织中，所有者权益以不同的形式出现。股份有限公司（以下简称"股份公司"）的所有者权益通常由实收资本（或股本）、其他权益工具、资本公积、其他综合收益和留存收益（盈余公积和未分配利润）构成。

实收资本是指所有者在企业注册资本的范围内实际投入的资本。注册资本是指企业在设立时向工商行政管理部门登记的资本总额，也是全部出资者设定的出资额之和。注册资本是企业的法定资本，是企业承担民事责任的财力保证。

其他权益工具是指企业发行的除普通股以外的归类于权益工具的各种金融工具，主要包括归类于权益工具的优先股、永续债（如长期限含权中期票据）、认股权、可转换公司债券等金融工具。

资本公积是指企业收到的投资者超过其在企业注册资本（或股本）中所占份额的投资，以及直接计入所有者权益的利得和损失等。资本公积包括资本溢价（或股本溢价）和其他资本公积。

其他综合收益是指在企业经营活动中形成的未计入当期损益但归所有者共有的利得或损失，主要包括以公允价值计量且其变动计入其他综合收益的金融资产公允价值变动，以及权益法下被投资单位所有者权益其他变动等。

留存收益是指归所有者共有的、企业历年实现的净利润留存于企业的部分，主要包括盈余公积和未分配利润。盈余公积是指企业按照法律规定从实现的净利润中提取的、具有特定用途的资金积累，包括法定盈余公积和任意盈余公积。未分配利润是指企业实现的净利润，经过弥补亏损、提取法定盈余公积和任意盈余公积、向投资者分配利润后，留存在本企业的、历年结存的利润。

第一节　实收资本与其他权益工具的核算

本节学习目标

知识目标：理解实收资本（股本）和其他权益工具的含义；熟悉实收资本（股本）会计科目的核算内容和结构；掌握企业吸收实收资本（股本）的账务处理方法。

技能目标：能正确进行企业的实收资本（股本）发生增减变动时的账务处理。

案例导入

案例解析

甲企业发生下列经济业务。

1. 接受 A 公司现金投资 1 000 000 元，全部存入银行，已收到银行的收款通知等凭证。

2. 接受 B 公司投资的一台不需安装的设备。合同约定，该设备价值 200 000 元，增值税进项税额为 26 000 元。

3. 接受 C 公司以一项专利进行的投资。双方确认该专利的价值为 100 000 元，增值税进项税额为 6 000 元。

要求：请为甲企业上述经济业务编制会计分录。

一、实收资本的核算

（一）实收资本概述

1. 实收资本的性质

实收资本，是指企业按照章程规定或合同、协议约定，实际收到的投资者投入企业的各种财产、物资的价值。

按照我国有关法律的规定，投资者设立企业首先必须投入资本。所有者向企业投入的资本，是企业进行经营活动的初始资金来源，一般情况下无须偿还，可以长期周转使用。实收资本的构成比例或股东的股权比例，是确定所有者在企业所有者权益中份额的基础，也是企业进行利润或股利分配的主要依据，同时还是企业清算时确定所有者对净资产的要求权的依据。除了符合规定条件的增资和减资之外，企业的实收资本一般不得随意变动。

2. 关于注册资本的主要法律规定

（1）有限责任公司的注册资本为在公司登记机关登记的全体股东认缴的出资额。股东可以用货币出资，也可以用实物、知识产权、土地使用权等可以用货币估价并可以依法转让的非货币财产作价出资，但法律、行政法规规定不得作为出资的财产除外。对作为出资的非货币财产应当评估作价、核实财产，不得高估或者低估作价。股东应当按期足额缴纳公司章程中规定的各自所认缴的出资额。股东以货币出资的，应当将货币出资足额存入有限责任公司在银行开设的账户；以非货币财产出资的，应当依法办理其财产权的转移手续。

政策依据
《企业会计准则
——基本准则》

股东不按照规定缴纳出资的，除应当向公司足额缴纳外，还应当向已按期足额缴纳出资的股东承担违约责任。

（2）股份有限公司采取发起设立方式设立的，注册资本为在公司登记机关登记的全体发起人认购的股本总额。在发起人认购的股份缴足前，股份有限公司不得向他人募集股份。发起人应当书面认缴公司章程规定其认购的股份，并按照公司章程规定缴纳出资。以非货币财产出资的，应当依法办理其财产权的转移手续；发起人不依规定缴纳出资的，应当按照发起人协议承担违约责任；发起人认足公司章程规定的出资后，应当选举董事会和监事会，由董事会向公司登记机关报送公司章程以及法律、行政法规规定的其他文件，申请设立登记。

股份有限公司采取募集方式设立的，注册资本为在公司登记机关登记的实收股本总额。法律、行政法规以及国务院决定对股份有限公司注册资本实缴、注册资本最低限额另有规定的，从其规定。发起人认购的股份不得少于公司股份总数的35%；若法律、行政法规另有规定的，从其规定。

3. 实收资本的计量

实收资本的计量，取决于投资者的出资方式，应针对以下两种情况分别确定。

（1）以现金方式出资的计量。现金出资方式包括投入人民币和各种外币。现金出资的，企业要根据收款凭证加以确认与验证。对于外方投资者的外汇投资，企业应取得外汇管理局的证明。企业收到投资者以外币投资的，应当按收到外币出资额当日的即期汇率将其折算为人民币。企业收到投资者的货币出资时，应当按照其在企业注册资本或股本中所占的份额确认实收资本，并将实际收到或者存入企业开户银行的金额超过实收资本的差额确认为资本公积。

（2）以非货币性资产出资的计量。对于以房屋建筑物、机器设备、材料物资等实物资产作价出资的，应以各项有关凭证为依据进行确认，并应进行实物清点、实地勘察以核实有关投资。房屋建筑物应具备产权证明。

以专利权、非专利技术、商标权、土地使用权等无形资产作价出资的，企业应以各项有关凭证及文件资料作为确认与验证的依据。

对于投资者以非货币性资产出资的，企业应当针对取得的非货币性资产和实收资本分别进行确定。其中，根据《公司法》的要求，应采用评估价值确定取得的非货币性资产的金额；而实收资本的金额应根据投资合同协议或公司章程的约定，按照投资者在其中所占份额来确定，前者超出后者的部分应当计入资本公积。

（二）企业设立时接受投资的核算

1. 一般企业接受投资的核算

（1）科目设置。一般企业是指除股份有限公司以外的企业，如国有企业、有限责任公司等。一般企业对投资者投入的资本通过"实收资本"科目进行账务处理。

"实收资本"科目，核算企业接受的投资者投入资本的增减变动情况。该科目为所有者权益类科目，其贷方登记企业实际收到的投资者投入的资本额，以及按规定用资本公积、盈余公积转增资本金的数额；借方登记企业按法定程序减资时减少的注册资本数额，或企业解散清算时注销的注册资本数额；期末贷方余额表示企业现有的资本金数额。"实收资本"科目应按照投资者设置明细账，进行明细核算。中外合作经营企业根据合同规定在合作期间归还投资者的投资，在本科目设置"已归还投资"明细科目进行核算。

企业将收到投资者出资超过其在注册资本中所占份额的部分，作为股本溢价（资本溢价），在"资本公积"科目核算。

（2）一般企业接受投资的账务处理。一般企业在接受现金资产投资时，应以实际收到的金额或存入企业开户银行的金额，借记"银行存款"科目；按投资合同或协议约定的投资者在企业注册资本中所占份额的部分，贷记"实收资本"科目；按实际收到或存入开户银行的金额超过投资者在企业注册资本中所占份额的部分，贷记"资本公积——资本溢价"科目。

【例8.1.1】 甲、乙、丙共同投资设立B有限责任公司，公司的注册资本为5 000 000元，甲、乙、丙持股比例分别为60%、25%和15%。按照章程规定，甲、乙、丙投入的资本分别为3 000 000元、1 250 000元和750 000元。B有限责任公司已如期收到各投资者一次缴足的款项。

B有限责任公司的账务处理如下：

借：银行存款   5 000 000

  贷：实收资本——甲   3 000 000

        ——乙   1 250 000

        ——丙   750 000

一般企业接受非现金资产投资时，应按投资合同或协议约定价值确定非现金资产的价值（但投资合同或协议约定价值不公允的除外）和在注册资本中应享有的份额。投资合同或协议约定的价值（不公允的除外）超过投资者在企业注册资本或股本中所占份额的部分，计入资本公积。

【例8.1.2】 A有限责任公司于设立时收到B公司作为资本投入的不需要安装的机器设备一台。合同约定，该机器设备的价值为1 000 000元，增值税进项税额为130 000元（假设允许抵扣）。合同约定的固定资产价值与公允价值相符，不考虑其他因素。A 有限责任公司的账务处理如下：

借：固定资产 1 000 000
  应交税费——应交增值税（进项税额） 130 000
  贷：实收资本——B 公司 1 130 000

【例 8.1.3】 甲有限责任公司（以下简称"甲公司"）于设立时收到乙公司作为资本投入的原材料一批。投资合同约定，该批原材料的价值（不含可抵扣的增值税进项税额）为 200 000 元，增值税进项税额为 26 000 元。乙公司已开具增值税专用发票。假设合同约定的价值与公允价值相符，该进项税额允许抵扣，甲公司以合同约定金额作为实收资本，不考虑其他因素。甲公司的账务处理如下：

借：原材料 200 000
  应交税费——应交增值税（进项税额） 26 000
  贷：实收资本——乙公司 226 000

【例 8.1.4】 丙有限责任公司于设立时收到 A 公司作为资本投入的非专利技术一项。合同约定，该非专利技术的价值为 500 000 元，增值税进项税额为 30 000 元。A 公司已开具增值税专用发票。假设丙有限责任公司接受该非专利技术的行为符合国家注册资本管理的有关规定，合同约定的价值与公允价值相符，A 公司投入的非专利技术按合同约定金额作为实收资本，不考虑其他因素。丙有限责任公司的账务处理如下：

借：无形资产——非专利技术 500 000
  应交税费——应交增值税（进项税额） 30 000
  贷：实收资本——A 公司 530 000

2. 股份有限公司接受投资的核算

（1）科目设置。为了如实反映公司的股本数额，股份有限公司应设置"股本"科目，核算公司实际发行股票的面值总额。该科目为所有者权益类科目，其贷方登记因发行股票、可转换债券调换成股票和发放股票股利等而增加的股本，以及按规定用资本公积、盈余公积转增股本而增加的股本；借方登记按法定程序报经批准减少注册资本时实际发还的股款数；期末贷方余额表示公司实际拥有的股本数额。为提供公司股份的构成情况，股份有限公司应在"股本"科目下，按普通股和优先股及股东单位或姓名设置明细账。

提示： 股份有限公司以发行股票的方式来筹集资本，每股股票的面值与股份总额的乘积为股本，股本应等于股份有限公司的注册资本。从理论上讲，股票发行有溢价发行、折价发行和平价发行三种发行方式。我国有关法律规定，股份有限公司应在核定的股本总额及核定的股份总额范围内平价或溢价发行股票。

（2）股份有限公司接受投资时的账务处理。股份有限公司发行股票收到现金资产时，借记"银行存款"科目；按每股股票的面值和发行股份总额的乘积计算的金额，贷记"股本"科目；按实际收到的金额与该股本之间的差额，贷记"资本公积——股本溢价"科目。

股份有限公司发行股票时发生的手续费、佣金等交易费用，应从溢价中抵扣，冲减资本公积（股本溢价）。

【例 8.1.5】 A 股份有限公司发行普通股 30 000 000 股，每股面值为 1 元，每股发行价格为 5 元。假定股票发行成功，发行过程中发生相关税费 7 500 000 元，股款净额 142 500 000 已全部收到。

根据上述资料，A 股份有限公司的账务处理如下：

应记入"股本"科目的金额 = 30 000 000 × 1 = 30 000 000（元）

应记入"资本公积"科目的金额 =（5 − 1）× 30 000 000 − 7 500 000 = 112 500 000（元）

借：银行存款	142 500 000
贷：股本	30 000 000
资本公积——股本溢价	112 500 000

（三）企业经营期内实收资本（股本）发生增减变动时的核算

在经营期内，企业不得任意冲减资本，投资者不得任意抽回资本。但在某些特定情况下，实收资本也可能发生增减变化。《中华人民共和国企业法人登记管理条例》规定，除国家另有规定外，企业的注册资金应当与实收资本相一致，当实收资本比原注册资金增加或减少的幅度超过20%时，应持资金信用证明或验资证明，向原登记主管机关申请变更登记。如擅自改变注册资本或抽逃资金，要受到工商行政管理部门的处罚。只有符合规定的条件才能按规定的程序办理增资或减资的会计处理，以信守资本保全原则。

1. 实收资本（或股本）在企业经营期内增加的核算

微课视频
实收资本（或股本）在企业经营期内增加的核算

企业在生产经营过程中需要增加注册资本时，应当由股东大会或董事会等企业最高权力机构通过增加资本或修改公司章程的决议，并在办理了增资手续后才能增加股本或实收资本。

增加资本的途径主要有：股份有限公司增资扩股、分配股票股利、用盈余公积或资本公积转增股本；有限责任公司有新投资人介入，或投资人增加资本，用盈余公积或资本公积转增资本等。此外，还有可转换公司债券转换为股本、将重组债务转为资本、以权益结算的股份支付在行权日增加实收资本等。

（1）投资者追加投资。投资者追加投资的核算方法与初始投资的核算方法相同。需注意的是，有限责任公司在有新投资者介入时，收到的出资额大于按约定的投资比例计算的金额的差额应记入"资本公积"科目。由于吸收投资者追加投资的核算与吸收投资者初始投资核算相同，所以此处不再举例。

提示： 股份有限公司一般采取发行新股的方式吸收投资者追加投资。股份有限公司为了满足开发新产品、引进新技术、进行设备更新改造以及扩大经营规模等资金需要，报经有关部门批准，符合增资条件的，经股东大会决议后，可以向外界公开发行增资股票。对于公司增资需要而发行的新股票，除了由外界新股东认购外，公司的原股东具有优先认购权。相关账务处理与公司设立时对接受初始投资的账务处理相同。

（2）用资本公积和盈余公积转增资本。用资本公积和盈余公积转增股本（资本），须经股东大会或类似机构决议批准。资本公积和盈余公积均属所有者权益，转为实收资本时，若为独资企业，可直接进行结转，即在转增资本时，借记"资本公积""盈余公积"等科目，贷记"实收资本"科目。有限责任公司或股份有限公司在转增资本时，应按照原投资者所持有的股份同比例增加各投资者的出资额，除非股东之间另有约定。

【例8.1.6】甲、乙、丙三人共同投资设立A有限责任公司，原注册资本为2 000 000元，甲、乙、丙分别出资250 000元、1 000 000元和750 000元。为扩大经营规模，经批准，A有限责任公司按原出资比例将资本公积2 000 000元转增资本。A有限责任公司的账务处理如下：

借：资本公积	2 000 000
贷：实收资本——甲	250 000
——乙	1 000 000
——丙	750 000

（3）通过发放股票股利增资。股票股利是股份有限公司以增发股票的方式向股东分派的股利。股份有限公司通常是按现有股东的持股比例，采用增发普通股的形式将股票股利分派给普通股股东。股票股利实质上是公司将留存收益的一部分予以资本化。它既不会影响公司的资产和负债，也不会影响所有者权益总额。它只是在所有者权益总额内部，一方面减少了留存收益，另一方面增加了股本。对于股东大会批准的利润分配方案中的股票股利，股份有限公司应在办理增资手续后，借记"利润分配"科目，贷记"股本"科目。

【例8.1.7】 甲股份有限公司经股东大会决定，分派股票股利共计4 000 000元，股票股利的面值总额为1 500 000元。甲股份有限公司的账务处理如下：

借：利润分配——转作股本的普通股股利   4 000 000
    贷：股本   1 500 000
        资本公积——股本溢价   2 500 000

2. 实收资本（或股本）在企业经营期内减少的核算

实收资本（或股本）在通常情况下不能随意减少。按照有关法律的规定，投资者在公司存续期间内，不能抽回资本（或股本）。但是在经营规模缩小、资本过剩或发生重大亏损而短期内又无力弥补等特殊情况下，公司须减少注册资本。公司应在注册资本减少时按规定在原登记机关申请变更。

（1）一般企业的减资。一般企业因资本过剩而减资时，要发还投资款。一般企业在按法定程序报经公司登记机关批准减少注册资本后，在向投资者发还投资款时，借记"实收资本""资本公积"等科目，贷记"库存现金""银行存款"等科目。

中外合作经营企业根据合同规定在合作期间归还投资者的投资款，应当按照实际归还投资的金额，借记"实收资本——已归还投资"科目，贷记"银行存款"科目；同时，借记"利润分配——利润归还投资"科目，贷记"盈余公积——利润归还投资"科目。

【例8.1.8】 B企业作为有限责任公司成立时，由甲、乙、丙三个法人企业共同出资，公司注册资本为2 000 000元，其中，甲、乙、丙的持股比例分别为60%、30%和10%。两年后，B企业由于转变发展方向，为了缩小生产经营规模，按法定程序报经公司登记机关批准按投资者原持股比例减资800 000元，发还投资款用银行存款支付。

根据上述经济业务，B企业的账务处理如下：

借：实收资本——甲企业   480 000
        ——乙企业   240 000
        ——丙企业   80 000
    贷：银行存款   800 000

（2）股份有限公司回购本公司股票。我国《公司法》允许公司在特定情况下回购自身的股票，从而形成库藏股。公司回购股票时不应确认利得或损失，只能视作企业资产的减少和股东权益的减少。股份有限公司应设置"库存股"科目，用于核算其回购的尚未转让或注销的本公司的股份。

1）回购本公司股份。股份有限公司回购股份的全部支出转作库存股成本，回购的股份在注销或转让之前，作为库存股管理。股份有限公司采用收购本公司股票方式减资的，应按实际支付的金额，借记"库存股"科目，贷记 "银行存款"科目。

如果回购股票支付的价款高于其面值，应按股票面值总额，借记"股本"科目，贷记"库存股"科目；按库存股与股票面值之间的差额，依次借记"资本公积""盈余公积""利润分配——未分配利润"等科目。

如果回购股票支付的价款低于其面值，应按股票面值总额，借记"股本"科目，贷记"库存股"科目；按库存股成本与股票面值之间的差额，贷记"资本公积——股本溢价"科目。

2）转让库存股。企业在转让库存股时，应按实际收到的金额，借记"银行存款"科目；按转让库存股的账面余额，贷记"库存股"科目。实际收到的金额大于库存股成本的差额，贷记"资本公积——股本溢价"科目；实际收到的金额小于库存股成本的差额，借记"资本公积——股本溢价"科目；股本溢价不足以冲减的，应依次冲减盈余公积、未分配利润，借记"盈余公积""利润分配——未分配利润"等科目。

3）库存股注销。库存股注销时，按股票面值和注销股数计算的股票面值总额，借记"股本"科目；按注销库存股的账面余额，贷记"库存股"科目；库存股成本高于对应股本的部分，依次冲减资本公积、盈余公积、以前年度未分配利润；低于对应股本的部分，增加资本公积。

【例 8.1.9】 A 股份有限公司原有股本的股份数为 100 000 000 股，每股面值为 1 元，资本公积（股本溢价）为 10 000 000 元，盈余公积为 30 000 000 元。经股东大会批准，A 股份有限公司以现金回购本公司股票 10 000 000 股并注销。假定 A 股份有限公司按每股 2 元的价格回购股票，不考虑其他因素。根据上述经济业务，A 股份有限公司的账务处理如下。

（1）回购本公司股票时：

库存股成本 = 10 000 000 × 2 = 20 000 000（元）

借：库存股　　　　　　　　　　　　　　　　　　　　　　　　　20 000 000

　　贷：银行存款　　　　　　　　　　　　　　　　　　　　　　　　　20 000 000

（2）注销本公司股票时：

应冲减的资本公积 = 10 000 000 × 2 − 10 000 000 × 1 = 10 000 000（元）

借：股本　　　　　　　　　　　　　　　　　　　　　　　　　　10 000 000

　　资本公积——股本溢价　　　　　　　　　　　　　　　　　　　10 000 000

　　贷：库存股　　　　　　　　　　　　　　　　　　　　　　　　　20 000 000

【例 8.1.10】 承【例 8.1.9】。假定 A 股份有限公司按每股 3 元的价格回购股票，其他条件不变。根据上述经济业务，A 股份有限公司的账务处理如下。

（1）回购本公司股票时：

库存股成本 = 10 000 000 × 3 = 30 000 000（元）

借：库存股　　　　　　　　　　　　　　　　　　　　　　　　　30 000 000

　　贷：银行存款　　　　　　　　　　　　　　　　　　　　　　　　　30 000 000

（2）注销本公司股票时：

应冲减的差额 = 10 000 000 × 3 − 10 000 000 × 1 = 20 000 000（元）

借：股本　　　　　　　　　　　　　　　　　　　　　　　　　　10 000 000

　　资本公积——股本溢价　　　　　　　　　　　　　　　　　　　10 000 000

　　盈余公积　　　　　　　　　　　　　　　　　　　　　　　　10 000 000

　　贷：库存股　　　　　　　　　　　　　　　　　　　　　　　　　30 000 000

应冲减的差额大于公司现有的资本公积，所以只能冲减资本公积 10 000 000 元，剩余的 10 000 000 元应冲减盈余公积。

【例 8.1.11】 承【例 8.1.9】。假定 A 股份有限公司按每股 0.9 元的价格回购股票，其他条件不变。根据上述经济业务，A 股份有限公司的账务处理如下。

（1）回购本公司股票时：

库存股成本 = 10 000 000 × 0.9 = 9 000 000（元）。

借：库存股	9 000 000
贷：银行存款	9 000 000

（2）注销本公司股票时：

应增加的资本公积 = 10 000 000 × 1 - 10 000 000 × 0.9 = 1 000 000（元）

借：股本	10 000 000
贷：库存股	9 000 000
资本公积——股本溢价	1 000 000

由于折价回购，股本与库存股成本的差额 1 000 000 元应作为增加资本公积处理。

（3）企业发生重大亏损减资。企业在经营中由于特殊原因发生了重大亏损，在短期内难以用利润和盈余公积弥补的，经股东大会决议，在履行减资手续后，可用实收资本弥补亏损。企业在用实收资本弥补亏损时，应借记"股本"或"实收资本"科目，贷记"利润分配——未分配利润"科目。

二、其他权益工具的核算

其他权益工具，是指企业发行的除普通股以外的归类为权益工具的各种金融工具，如企业发行的分类为权益工具的优先股等。

如果企业有其他权益工具，则需要在所有者权益类科目中增设"其他权益工具——优先股"科目。企业发行优先股收到的价款登记在该科目的贷方，可转换优先股转换为普通股的账面价值登记在该科目的借方，贷方余额反映发行在外的优先股的账面价值。

【例 8.1.12】　某公司发行归类于权益工具的可转换优先股 150 万股，实际收到价款 210 万元，其账务处理如下：

借：银行存款	2 100 000
贷：其他权益工具——优先股	2 100 000

【例 8.1.13】　沿用【例 8.1.12】资料。可转换优先股全部转换为普通股 35 万股，每股面值为 1 元。

借：其他权益工具——优先股	2 100 000
贷：股本	350 000
资本公积——股本溢价	1 750 000

第二节　资本公积与其他综合收益的核算

本节学习目标

知识目标：理解资本公积与其他综合收益的来源和用途；熟悉资本公积与其他综合收益科目的核算内容和结构；掌握资本公积形成和运用的会计处理方法。

技能目标：能正确进行资本公积与其他综合收益的会计处理。

案例导入

F 有限责任公司（以下简称"F 公司"）上年 1 月 1 日由投资者甲和投资者乙共同出资成立，每人出资 600 000

元，各占50%的股份。20×9年12月5日，李勇到F公司应聘一个会计岗位的工作。该公司财务经理询问了他一些会计方面的问题，并将公司当年11月与资本公积有关的资料进行整理后打印了一份交给他。

当年10月31日，该公司的"资本公积"科目的贷方余额为6 000元。当年11月，该公司发生如下与资本公积有关的业务（所涉及款项全部以银行存款收支）。

（1）11月1日，投资者甲和投资者乙决定吸收丙、丁两位新投资者加入F公司。经有关部门批准后，F公司实施增资，将实收资本增加到2 400 000元。经协商，四方一致同意在完成下述投入后，每人各占F公司1/4的股份。丙、丁投资者的出资情况如下：① 投资者丙以900 000元投入F公司作为增资，F公司于11月1日收到此款项并已存入银行。② 投资者丁以一台生产用设备投入F公司作为增资，确认的该设备价值为600 000元，税务部门认定应交增值税78 000元，F公司收到设备后将其作为固定资产核算。

案例解析

（2）F公司将其所拥有的M公司的30%的股权，作为长期股权投资进行核算。11月30日，M公司的其他资本公积增加15 000元。

假定：以上合同约定的价值均和公允价值相等。

财务经理要求李勇根据上述经济业务为F公司编制会计分录。

要求：请替李勇为F公司的上述经济业务编制会计分录。

一、资本公积的核算

资本公积是指企业收到的投资者超出其在企业注册资本（或股本）中所占份额的投资，以及直接计入所有者权益的利得和损失。资本公积包括资本溢价（或股本溢价）和其他资本公积。

为了总括反映资本公积的增减变动情况，企业应设置"资本公积"科目。该科目属于所有者权益类科目，其贷方登记因投入资本溢价（或股本溢价）、其他原因而增加的资本公积；借方登记资本公积的减少数；期末贷方余额反映资本公积的结余数。"资本公积"科目应按资本公积的内容设置明细分类账，进行明细分类核算。"资本公积"一般应当设置以下明细科目。

（1）"资本溢价"科目。该明细科目用来核算股份有限公司以外的企业成立、重组或有新的投资者介入时，投资者的出资额高于其享有的投资比例金额的部分。

（2）"股本溢价"科目。该明细科目用来核算股份有限公司溢价发行股票时，股票价格超过股本的溢价额以及发行权益性证券直接相关的手续费、经纪人佣金等交易费用的部分。

（3）"其他资本公积"科目。该明细科目用来核算企业除净损益、其他综合收益和利润分配以外的所有者权益的其他变动。

（一）资本公积的来源

1. 资本溢价

有限责任公司的出资者依其出资份额对企业经营决策享有表决权，依其所认缴的出资额对企业承担有限责任。在企业创立时，出资者认缴的出资额应全部记入"实收资本"科目。

在企业重组并有新的投资者加入时，为了维护原有投资者的权益，新加入的投资者的出资额并不一定全部作为实收资本处理。这是因为，在企业正常经营过程中投入的资金即使与企业创立时投入的资金在数量上一致，其获利能力也不一致。在企业创立时，要经过筹建、试生产经营、为产品寻找市场、开拓市场等过程，从投入资金到取得投资回报需要较长时间，并且这种投资具有风险性。在这个过程中，资本利润率很低。而企业进入正常生产经营阶段后，资本利润率要高于企业初创阶段。这种高于初创阶段的资本利润率是由初创时必要的垫支资本带来的，企业创办者为此付出了代价。

因此，相同数量的投资，由于出资时间的不同，其对企业的影响程度不同，由此带给投资者的权利也不同，前者往往大于后者。因此，新加入的投资者要付出大于原投资者的出资额，才能取得与原投资者相同的投资比例。另外，原投资者的原有投资不仅在质量上发生了变化，而且在数量上也可能发生变化。这是因为企业在经营过程中所实现利润的一部分留在企业形成留存收益，而留存收益也属于投资者权益，但未转入实收资本。新加入的投资者如与原投资者共享这部分留存收益，也要求其付出大于原投资者的出资额，才能取得与原投资者相同的投资比例。投资者投入的资本中按其投资比例计算的出资额部分，应记入"实收资本"科目，大于部分应记入"资本公积——资本溢价"科目。

【例 8.2.1】 B 有限责任公司由甲、乙两位股东各投资 100 万元人民币设立，设立时的实收资本为 200 万元。经过 5 年的生产运作，第 5 年年末，所有者权益总额为 400 万元，比设立时增加了 200 万元。这时，丙投资者愿意加入该企业，并表示愿意出资 200 万元，享有甲、乙两位股东同等的权利，甲、乙两位股东表示同意。

在进行会计账务处理时，B 有限责任公司应将丙投资者投入的资金中的 100 万元记入"实收资本"科目，其余的 100 万元即资本溢价，应记入"资本公积"科目。B 有限责任公司应编制的会计分录如下：

借：银行存款　　　　　　　　　　　　　　　　　　　　　　　2 000 000
　　贷：实收资本——投资者丙　　　　　　　　　　　　　　　　1 000 000
　　　　资本公积——资本溢价　　　　　　　　　　　　　　　　1 000 000

2. 股本溢价

股份有限公司是以发行股票的方式筹集股本的。股票可按平价发行，也可按溢价发行，我国目前不准折价发行股票。在采用与股票面值相同的价格发行股票的情况下，企业发行股票取得的收入，应全部记入"股本"科目；在采用溢价发行股票的情况下，企业发行股票取得的收入，相当于股票面值的部分记入"股本"科目，超出股票面值的溢价收入记入"资本公积——股本溢价"科目。

股份有限公司在股票融资中必然要发生相应的支出，如委托券商代理发行股票而支付的手续费、佣金等。该类支出可分两种情况处理：在溢价发行的情况下，上述支出应从发行溢价中予以抵消，冲减资本公积（股本溢价）；在按平价发行或是溢价金额不足以抵扣的情况下，应将不足抵扣的部分冲减盈余公积和未分配利润。

【例 8.2.2】 甲股份有限公司委托乙证券公司发行普通股。该批股票的面值总额为 4 000 万元，每股面值为 1 元，每股发行价格为 4 元。乙证券公司与甲股份有限公司约定，按发行收入的 2%收取手续费，从发行收入中扣除（不考虑其他因素）。甲公司已收到股票发行净收入并存入银行。甲公司的账务处理如下：

　　　甲公司收到乙证券公司交来的现金 = 40 000 000 × 4 × （1 - 2%）= 156 800 000（元）

　　　应增加的资本公积 = 156 800 000 - 40 000 000 × 1 = 116 800 000（元）

借：银行存款　　　　　　　　　　　　　　　　　　　　　156 800 000
　　贷：股本——普通股　　　　　　　　　　　　　　　　　40 000 000
　　　　资本公积——股本溢价　　　　　　　　　　　　　116 800 000

3. 其他资本公积

其他资本公积是指除资本溢价（或股本溢价）以外所形成的资本公积，其中主要包括直接计入所有者权益的利得和损失。投资企业对被投资单位的长期股权投资采用权益法核算的，在持股比例不变的情况下，被投资单位除净损益、其他综合收益和利润分配以外的所有者权益的其他变动，投资企业应按持股比例计算应享有或应分担被投资单位所有者权益的增减数额。如果是利得，则投资企业应当增加长期股权投资的账面价值，同时增加资本公积（其他资本公积）；如果是损失，则投资企业应当编制相反的分录。当处置长期股权投资时，应当转销与该笔投资相关的其他资本公积。

【例8.2.3】 甲有限责任公司于20×9年1月1日向乙公司投资9 000 000元，拥有该公司30%的股份，并对该公司有重大影响，因而对乙公司的长期股权投资采用权益法核算。20×9年12月31日，乙公司净损益之外的所有者权益增加了2 000 000元。假定除此以外，乙公司的所有者权益没有变化，甲有限责任公司的持股比例没有变化，乙公司资产的账面价值与公允价值一致，不考虑其他因素。甲有限责任公司的账务处理如下：

甲有限责任公司增加的资本公积 = 2 000 000 × 30% = 600 000（元）

借：长期股权投资——乙公司 600 000

　　贷：资本公积——其他资本公积 600 000

（二）资本公积的用途

资本公积的主要用途是根据企业经营、发展的需要，通过履行一定的法定程序后转增资本。资本公积由全体投资者共同享有，在转增资本时，按投资者在公司实收资本（或股本）中所占比例，分别转入各投资者名下。

企业的资本公积不得用于弥补亏损。

按照《公司法》的规定，经股东大会或类似机构决议，用资本公积转增资本时，应冲减资本公积，同时按照转增前的实收资本（或股本）的结构或比例，将转增的金额记入"实收资本"或"股本"科目下各所有者的明细分类账，相应的账务处理为：借记"资本公积"科目，贷记"实收资本"或"股本"科目。

二、其他综合收益的核算

其他综合收益是指在企业经营活动中形成的未计入当期损益但归所有者共有的利得或损失，主要包括以公允价值计量且其变动计入其他综合收益的金融资产公允价值变动，以及权益法下被投资单位所有者权益其他变动等。

以公允价值计量且其变动计入其他综合收益的金融资产的公允价值高于其账面余额的差额，应计入其他综合收益；反之，应冲减其他综合收益。

【例8.2.4】 甲公司持有20 000股的乙公司股票，并将其分类为其他权益工具投资。该股票在20×8年12月31日的每股市价为13.50元；在20×9年12月31日的每股市价为13元。20×8年12月31日，乙公司股票按公允价值调整前的账面余额（即初始确认金额）为250 000元。甲公司的账务处理如下。

（1）20×8年12月31日，增加其他综合收益：

公允价值变动 = 13.50 × 20 000 - 250 000 = 20 000（元）

借：其他权益工具投资——公允价值变动（乙公司股票） 20 000

　　贷：其他综合收益——金融资产公允价值变动 20 000

（2）20×9年12月31日，减少其他综合收益：

公允价值变动 = 13 × 20 000 − 13.50 × 20 000 = − 10 000（元）

借：其他综合收益——金融资产公允价值变动　　　　　　　　　　　　　10 000
　　贷：其他权益工具投资——公允价值变动（乙公司股票）　　　　　　　　　10 000

第三节　留存收益的核算

本节学习目标

　　知识目标：熟悉留存收益的性质和内容；掌握盈余公积和利润分配科目的核算内容和结构；掌握盈余公积提取和使用、未分配利润年终结转等经济业务的账务处理方法。

　　技能目标：能正确进行盈余公积提取和使用、未分配利润年终结转等经济业务的账务处理。

案例导入

　　20×9 年 1 月 15 日，刘勇到 B 股份有限公司（以下简称"B 公司"）应聘一个会计岗位的工作。该公司财务经理询问了他一些会计方面的问题，并打印了一份该公司 20×8 年发生的与留存收益有关的经济业务的资料交给他。

　　B 公司为一般纳税人。20×8 年 1 月 1 日，所有者权益总额为 50 000 万元，其中，股本为 30 000 万元、资本公积为 5 000 万元、盈余公积为 6 000 万元、未分配利润为 9 000 万元。

　　20×8 年度，B 公司发生如下经济业务。

　　（1）接受甲公司投入的原材料一批。合同约定，该原材料的价值为 3 000 万元（与公允价值相符），增值税税额为 390 万元；B 公司因此增加股本 2 500 万元，相关法律手续已办妥。

　　（2）被投资单位乙公司其他权益工具投资的公允价值减少 500 万元。对此，B 公司采用权益法按 40% 持股比例确认应分担的份额。

　　（3）经股东大会决议，并报有关部门核准，B 公司增发普通股 3 000 万股，每股面值为 1 元，每股发行价格为 5 元，按照发行股款的 2% 向证券公司支付发行费。发行款已全部收到并存入银行。假定不考虑其他因素。

　　（4）因扩大经营规模的需要，经股东大会批准，B 公司将盈余公积 2 800 万元转增股本。

　　（5）结转本年净利润 3 000 万元。

　　（6）按净利润的 10% 提取法定盈余公积。

　　（7）向投资者宣告分配现金股利 500 万元。

　　（8）将"利润分配——提取法定盈余公积""利润分配——应付现金股利"明细科目的余额结转至"利润分配——未分配利润"明细科目。

　　要求：财务经理要求刘勇根据上述资料，逐项编制 B 公司相关经济业务的会计分录；计算 B 公司 20×8 年年末所有者权益各项目的账面余额。

一、留存收益概述

（一）留存收益的性质

　　留存收益是企业历年剩余的净收益累积而成的资本。虽然留存收益与投资者投入的资本属性一致，即均为所有者权益。但与投入资本不同的是，投入资本是由所有者从外部投入公司的，它构成了公司所有者权益的基本部分；留存收益不是由投资者从外部投入的，而是依靠公司经营所得的赢利累积形成的。《公司法》要求企业必须留有一定积累，而将其中一部分留下不进行分配，作为股东原始投入资本的补充，以利于企业持续经营、维护债权人利益等。

（二）留存收益的构成

留存收益由盈余公积和未分配利润构成。企业历年实现的净利润中累计未分配出去的部分，形成留存收益，其中一部分是有规定用途的，称为盈余公积。盈余公积包括法定盈余公积和任意盈余公积，它们属于已拨定的留存收益。另一部分是未规定用途的，称为未分配利润，而未分配利润属于未拨定的留存收益。

1. 盈余公积

（1）法定盈余公积。法定盈余公积是指企业按法律规定从净利润中提取的积累资金。法定，意味着企业的该项提取是由国家法规强制规定的。企业必须提取法定盈余公积，目的是确保企业不断积累资本，自我壮大实力。我国《公司法》规定，公司制企业的法定盈余公积按照净利润的10%提取，法定盈余公积累计额已达注册资本的50%时可以不再提取。

（2）任意盈余公积。任意盈余公积是公司出于实际需要或采取审慎经营策略，从净利润中提取的一部分留存利润。任意是出于自愿，而非外力强制，但也非随心所欲。如果公司有优先股，则必须在支付了优先股股利之后，才可提取任意盈余公积。

法定盈余公积和任意盈余公积的区别就在于计提的依据不同，前者以国家的法律或行政规章为依据提取，后者则由企业自行决定提取。

2. 未分配利润

未分配利润是企业留待以后年度进行分配的结存利润，也是企业所有者权益的组成部分。相对于所有者权益的其他部分来说，企业对于未分配利润的使用和分配有较大的自主权。从数量上来说，未分配利润是期初未分配利润，加上本期实现的净利润，减去本期提取的各种盈余公积和分出利润后的余额。未分配利润有两层含义：一是留待以后年度处理的利润；二是未指定特定用途的利润。

二、盈余公积的核算

（一）盈余公积的提取

为了反映盈余公积的提取和使用情况，企业应该设置"盈余公积"科目。该科目属于所有者权益类科目，贷方登记企业按照规定提取的各项盈余公积的数额，借方登记企业按照规定用途使用的盈余公积数额，期末贷方余额反映企业结存的盈余公积数额。因为法定盈余公积与任意盈余公积提取的依据和用途不同，所以企业应当分别设置"法定盈余公积"和"任意盈余公积"明细科目，进行明细核算。

企业在提取盈余公积时，借记"利润分配"科目，贷记"盈余公积"（法定盈余公积、任意盈余公积）科目。企业在用提取的盈余公积转增资本时，应当按照批准的转增资本的数额，借记"盈余公积"科目，贷记"实收资本"或"股本"科目。企业在将盈余公积转增股本时，应当按照转增股本前的股本结构比例，将盈余公积转增股本的数额记入"股本"科目下各股东的明细账，相应增加各股东对企业的股本投资。

企业在赢利后，首先必须按规定提取盈余公积，然后才能在出资者之间进行分配。

1. 法定盈余公积的提取

《公司法》对公司制企业法定盈余公积的提取的规定具体包括以下四层含义：①提取法定盈余公积的基础——企业当年实现的税后利润，即净利润（先弥补以前年度亏损，下同）；②提取法定盈余公积的比例——10%；③提取法定盈余公积的最低限额——法定盈余公积累计额达到公司注册资本的50%以上时，可以不再提取；④提取法定盈余公积的顺序——以前年度亏损尚未足额弥补的，应当先用当年净利润弥补亏损，如有余额，再按照上述规定提取法定盈余公积。

值得注意的是，在计算提取法定盈余公积的基数时，不应包括企业年初未分配利润。

2. 任意盈余公积的提取

《公司法》对公司制企业任意盈余公积的提取的规定具体包括以下五层含义：①提取任意盈余公积的基础——企业当年实现的净利润；②提取任意盈余公积的比例——《公司法》没有规定提取的具体比例，而是根据公司自治的立法精神，由企业自行确定；③提取任意盈余公积的最低限额——《公司法》没有规定提取任意盈余公积的最低限额；④提取任意盈余公积的顺序——提取法定盈余公积后，再提取任意盈余公积；⑤有权决定提取任意盈余公积的机构——只能是企业的股东会或股东大会。

盈余公积的提取实际上是对企业当期实现的净利润向投资者分配的一种限制。提取盈余公积本身就属于利润分配的一部分，提取盈余公积相对应的资金，一经提取形成盈余公积后，在一般情况下不得用于向投资者分配利润或股利。

企业在按规定提取盈余公积时，借记"利润分配——提取法定盈余公积""利润分配——提取任意盈余公积"等科目，贷记"盈余公积——法定盈余公积""盈余公积——任意盈余公积"等科目。

【例8.3.1】 M公司本年实现净利润500 000元，年初未分配利润为0。经股东大会批准，该公司按当年实现净利润的10%提取法定盈余公积、8%提取任意盈余公积。根据有关原始凭证，M公司的账务处理如下：

提取的法定盈余公积=500 000×10%=50 000（元）

提取的任意盈余公积=500 000×8%=40 000（元）

借：利润分配——提取法定盈余公积 　　　　　　　　　　　　　　　50 000
　　　　　　——提取任意盈余公积 　　　　　　　　　　　　　　　40 000
　　贷：盈余公积——法定盈余公积 　　　　　　　　　　　　　　　　50 000
　　　　　　——任意盈余公积 　　　　　　　　　　　　　　　　　　40 000

根据有关法律的规定，外商投资企业在净利润中提取的职工奖励及福利基金不作为盈余公积进行会计处理，而应作为应付职工薪酬，在"应付职工薪酬"科目下单独设置"职工奖励及福利基金"明细科目进行核算，其账务处理为：外商投资企业按照规定提取职工奖励及福利基金时，借记"利润分配——提取职工奖励及福利基金"科目，贷记"应付职工薪酬——职工奖励及福利基金"科目。

（二）盈余公积的使用

企业提取的盈余公积，根据《公司法》等法律的规定，主要用于以下三个方面。

1. 弥补亏损

企业发生亏损时，应由企业自行弥补。弥补亏损的渠道主要有三个。

一是用以后年度缴纳所得税前的利润弥补。按照现行制度规定，企业在发生亏损时，可以用以后5年内实现的税前利润弥补，即税前利润弥补亏损的期限为5年之内。

二是用以后年度净利润弥补。企业发生的亏损经过5年期间未弥补足额的，尚未弥补的亏损应用所得税后的利润弥补。

三是以盈余公积弥补亏损。企业以提取的盈余公积弥补亏损时，应当由公司董事会提议，并经股东大会或相应的权力机构批准后方可进行。

经批准，企业用盈余公积弥补亏损时，应借记"盈余公积——法定盈余公积"科目，贷记"利润分配——盈余公积补亏"科目。

【例8.3.2】 甲公司以前年度累计的未弥补亏损为600 000元，按照规定已超过以税前利润弥补亏损的期限。本年度，公司董事会提议并经股东大会批准，以法定盈余公积弥补以前年度未弥补的亏损300 000元。乙公司的账务处理如下：

借：盈余公积——法定盈余公积　　　　　　　　　　　　　　　300 000
　　贷：利润分配——盈余公积补亏　　　　　　　　　　　　　　　　　300 000

2. 转增资本

企业已计提的盈余公积较多时，可以将计提的盈余公积转增资本，但必须经过股东大会或类似机构批准。需要注意的是，盈余公积在转增资本时，对任意盈余公积转增资本的额度，法律没有限制，但用法定盈余公积转增资本时，转增后法定盈余公积的余额不得少于转增前企业注册资本的25%。

经批准，企业用盈余公积转增资本时，借记"盈余公积——法定盈余公积"科目，贷记"实收资本（或股本）"科目。

企业用盈余公积转增资本时，应当按照转增资本前的实收资本比例，将盈余公积转增资本的数额记入"实收资本（股本）"科目下各所有者的投入资本明细账，相应增加各所有者对企业的投资。

【例8.3.3】 因扩大经营规模的需要，经股东大会批准，N公司将盈余公积1 000 000元转增股本。假定不考虑其他因素，该公司的账务处理如下：

借：盈余公积　　　　　　　　　　　　　　　　　　　　　　　1 000 000
　　贷：实收资本　　　　　　　　　　　　　　　　　　　　　　　　　1 000 000

企业提取的盈余公积，无论是用于弥补亏损，还是用于转增资本，都只不过是企业所有者权益内部结构的调整。比如，企业以盈余公积弥补亏损时，实际是减少盈余公积留存的数额，以此抵补未弥补亏损的数额，并不引起企业所有者权益总额的变动；企业以盈余公积转增资本时，也只是减少盈余公积结存的数额，同时增加企业实收资本或股本的数额，也并不引起所有者权益总额的变动。

3. 扩大企业生产经营

盈余公积的用途并不是指其实际占用形态。企业盈余公积的结存数只表现为企业所有者权益的组成部分，表明企业生产经营资金的一个来源而已，其形成的资金可能表现为一定的货币资金，也可能表现为一定的实物资产，如存货和固定资产等。提取盈余公积不是单独将这部分资金从企业资金周转过程中抽出，而是随同企业的其他来源所形成的资金一样循环周转，用于企业的生产经营。在实务中，对这种用途不需要进行专门的账务处理。

【学中做】 A企业作为一家有限责任公司，某年实现了净利润2 000 000元。该企业没有未弥补亏损。经过股东大会决议批准，A企业按照10%的比例提取法定盈余公积，按照6%的比例提取任意盈余公积。请为A企业进行账务处理。

三、未分配利润的核算

（一）未分配利润概述

未分配利润是指企业实现的净利润，经过弥补亏损、提取法定盈余公积、提取任意盈余公积、向投资者分配利润后留存在企业的、历年结存的利润。从数量上来看，未分配利润是期初未分配利润，加上本期实现的净利润，减去本期提取的各种盈余公积和分出的利润后的余额。

未分配利润是企业未作分配的利润，是企业留待以后年度进行分配的结存利润。它在以后年度可继续进行分配，在未进行分配之前，属于所有者权益的组成部分。相对于所有者权益的其他部分来说，企业对于未分配利润的使用有较大的自主权。

（二）未分配利润典型业务的核算

企业未分配利润是通过"利润分配——未分配利润"明细科目进行核算的。企业对于其在生产经营过程中取得的收入和发生的费用，应先通过"本年利润"科目进行归集，年末再将当年赢利或亏损，自"本年利润"科目转入"利润分配——未分配利润"科目。年度利润分配终了，企业应将"利润分配"科目下的其他明细科目（如提取法定盈余公积、提取任意盈余公积、应付现金股利或利润、转作股本的股利、盈余公积补亏等）的余额，转入"利润分配——未分配利润"明细科目。结转后，"利润分配——未分配利润"明细科目的贷方余额，表示累积未分配的利润数额；如果出现借方余额，则表示累积未弥补的亏损数额。

未分配利润的账务处理，具体包含以下三个方面。

1. 分配股利或利润的会计处理

企业经股东大会或类似机构决议，根据有关规定分配给股东或投资者的现金股利或利润，借记"利润分配——应付股利（或应付利润）"科目，贷记"应付股利（或应付利润）"科目。

对于经股东大会或类似机构决议而分配给股东的股票股利，企业应在办理增资手续后，借记"利润分配——转作股本的股利"科目，贷记"股本"科目。

2. 用未分配利润弥补亏损时的会计处理

企业在当年发生亏损的情况下，应当将本年发生的亏损从"本年利润"科目的贷方转入"利润分配——未分配利润"科目的借方，即借记"利润分配——未分配利润"科目，贷记"本年利润"科目。结转后，"利润分配"科目的借方余额，即为未弥补亏损的数额。然后，企业可通过"利润分配"科目核算有关亏损的弥补情况。

由于未弥补亏损形成的时间长短不同，以前年度未弥补的亏损有的可以用当年实现的税前利润（即利润总额）弥补，有的则需用当年的净利润弥补。企业用当年实现的利润弥补以前年度的未弥补亏损时，不需要进行专门的账务处理。企业将当年实现的利润从"本年利润"科目转入"利润分配——未分配利润"科目的贷方，"利润分配——未分配利润"科目的贷方发生额与"利润分配——未分配利润"科目原有的借方余额自然抵补。无论是以税前利润还是以净利润弥补亏损，其账务处理方法均相同。但是，两者在计算应交所得税时的处理是不同的。在以税前利润弥补亏损的情况下，其弥补的数额可以抵减企业当年的应纳税所得额，而以净利润弥补的数额，则不能在计算应纳税所得额时作扣除处理。

3. 年末结转未分配利润时的会计处理

年度终了，企业应当将本年实现的净利润，自"本年利润"科目转入"利润分配——未分配利润"科目，借记"本年利润"科目，贷记"利润分配——未分配利润"科目；本年发生净亏损的，编制相反的会计分录。同时，将"利润分配"科目所属的其他明细科目的余额转入"未分配利润"明细科目。结转后，"利润分配"科目除"未分配利润"明细科目外，其他明细科目应无余额。"利润分配"科目年末余额，反映企业的未分配利润（或未弥补亏损）。"未分配利润"明细科目的贷方余额就是未分配利润的金额；如出现借方余额，则表示未弥补亏损的金额。

【例 8.3.4】 20×6 年年末，A 企业的股本为 18 000 000 元，每股股票的面值为 1 元。20×7 年年初，A 企业的"利润分配"科目的贷方余额为 2 000 000 元。20×7 年，A 企业实现净利润 12 000 000 元。20×8 年 1 月 20 日，经过股东大会决议批准，按照 10% 的比例提取法定盈余公积，按照 6% 的比例提取任意盈余公积。同时，按照每股 0.3 元向企业股东派发现金股利，按照每 10 股送 2 股的比例派发股票股利。20×8 年 2 月 20 日，A 企业用银行存款支付了全部的现金股利，同时，新增股本也已经办理好相关的股权登记手续和增资手续。根据上述经济业务，A 企业的账务处理如下。

（1）20×7 年年末，A 企业结转本年实现的利润：

借：本年利润   12 000 000
    贷：利润分配——未分配利润   12 000 000

（2）20×8 年 1 月 20 日，A 企业经批准提取法定盈余公积和任意盈余公积：

借：利润分配——提取法定盈余公积   1 200 000
        ——提取任意盈余公积   720 000
    贷：盈余公积——法定盈余公积   1 200 000
        ——任意盈余公积   720 000

（3）A 企业结转"利润分配"的明细科目：

借：利润分配——未分配利润   1 920 000
    贷：利润分配——提取法定盈余公积   1 200 000
        ——提取任意盈余公积   720 000

（4）20×8 年 1 月 20 日，A 企业批准发放 20×7 年现金股利：

现金股利 = 18 000 000 × 0.3 = 5 400 000（元）

借：利润分配——应付现金股利   5 400 000
    贷：应付股利   5 400 000

借：利润分配——未分配利润   5 400 000
    贷：利润分配——应付现金股利   5 400 000

（5）20×8 年 2 月 20 日，A 企业实际支付现金股利：

借：应付股利   5 400 000
    贷：银行存款   5 400 000

（6）20×8 年 2 月 20 日，A 企业实际发放股票股利：

股票股利 = 18 000 000 × 1 × 20% = 3 600 000（元）

借：利润分配——转作股本的股利   3 600 000
    贷：股本   3 600 000

借：利润分配——未分配利润   3 600 000
    贷：利润分配——转作股本的股利   3 600 000

【本章小结】

所有者权益是指所有者在企业资产中享有的经济利益,其金额等于企业全部资产减去全部负债后的余额。公司制企业的所有者权益通常由实收资本(或股本)、其他权益工具、资本公积、其他综合收益和留存收益(盈余公积和未分配利润)构成。

实收资本(或股本),是指企业按照章程规定或合同、协议约定,实际收到的投资者投入企业的各种财产、物资的价值。企业实收资本(或股本)因投资者投入,以及按规定用资本公积金、盈余公积转增资本金而增加。公司的实收资本(或股本)在通常情况下不能随意减少,在经营规模缩小、资本过剩或发生重大亏损而短期内又无力弥补等特殊情况下,须减少注册资本。公司减少实收资本应按规定在原登记机关申请变更。

其他权益工具,是指企业发行的除普通股以外的归类为权益工具的各种金融工具,如企业发行的分类为权益工具的优先股等。

资本公积包括资本溢价(或股本溢价)和其他资本公积。资本溢价(或股本溢价)是指企业收到的投资者出资金额超出其在注册资本(或股本)中所占份额的部分。其他资本公积是指除资本溢价(或股本溢价)以外所形成的资本公积,其中主要包括直接计入所有者权益的利得和损失。资本公积的用途就是转增资本,不得用于弥补亏损。

其他综合收益,是指在企业经营活动中形成的未计入当期损益但归所有者共有的利得或损失,主要包括以公允价值计量且其变动计入其他综合收益的金融资产公允价值变动,以及权益法下被投资单位所有者权益其他变动等。

留存收益,是指企业从历年实现的利润中提取或形成的留存于企业内部的积累。留存收益由盈余公积和未分配利润构成。企业提取的盈余公积,主要用于弥补亏损、转增资本和扩大企业生产经营。

【综合练习】

一、单项选择题

1. 某有限责任公司为一般纳税人,于设立时接受商品投资,则实收资本入账金额为(　　　)。

   A. 评估确认的商品价值加上或减去商品进销差价

   B. 商品的市场价值

   C. 评估确认的商品价值

   D. 商品的公允价值加上增值税进项税额

2. 股份有限公司发行股票而获得的溢价收入应计入(　　　)。

   A. 资本公积　　　　B. 实收资本　　　　C. 营业外收入　　　　D. 盈余公积

3. 有限责任公司在增资时,新的投资者缴纳的出资额大于其在注册资本中所占份额的部分,应计入(　　　)。

   A. 实收资本　　　　B. 股本　　　　C. 资本公积　　　　D. 盈余公积

4. 下列各项中,不属于资本公积来源的是(　　　)。

   A. 资本溢价　　　　　　　　　　B. 股本溢价

   C. 处置无形资产形成的利得　　　　D. 资本公积——其他资本公积

5. 某公司委托证券公司发行股票 600 万股,每股面值为 1 元,每股发行价格为 8 元,向证券公司支付佣金 400 万元。该公司应贷记“资本公积——股本溢价”科目的金额为(　　　)万元。

   A. 4 200　　　　B. 4 800　　　　C. 3 800　　　　D. 4 400

6. 企业用资本公积转增股本时，会引起所有者权益总额的（　　）。

    A. 增加　　　　　　　B. 减少　　　　　　　C. 不变　　　　　　　D. 既可能增加，也可能减少

7. 按现行制度规定，盈余公积可以依法定的程序转增资本金，但转增资本金后，（　　）。

    A. 企业法定盈余公积不受限制

    B. 企业法定盈余公积不得高于转增前注册资本的25%

    C. 企业法定盈余公积不得低于转增前注册资本的25%

    D. 企业任意盈余公积必须为0

8. 企业现有注册资本2 000万元，法定盈余公积余额1 200万元，则可用于转增企业资本的法定盈余公积的最大数额为（　　）万元。

    A. 500　　　　　　　B. 700　　　　　　　C. 800　　　　　　　D. 1 200

9. 某企业盈余公积的年初余额为50万元，本年利润总额为600万元，所得税费用为150万元，按净利润的10%提取法定盈余公积，并将盈余公积10万元转增资本。该企业盈余公积的年末余额为（　　）万元。

    A. 40　　　　　　　　B. 85　　　　　　　　C. 95　　　　　　　　D. 110

10. 某企业年初未分配利润为160万元，本年度实现净利润300万元，以资本公积转增资本50万元，按10%提取盈余公积，向投资者分配现金股利20万元，股票股利10万元。假设不考虑其他因素，该企业年末"未分配利润"科目的贷方余额应为（　　）万元。

    A. 410　　　　　　　B. 400　　　　　　　C. 440　　　　　　　D. 350

11. 某公司的所有者权益总额为1 360万元，当年实现净利润450万元，提取盈余公积45万元，向投资者分配现金股利200万元，本年内以资本公积转增资本50万元，投资者追加现金投资30万元。该公司年末的所有者权益总额为（　　）万元。

    A. 1 565　　　　　　B. 1 595　　　　　　C. 1 640　　　　　　D. 1 795

12. 下列各项中，能够引起负债和所有者权益项目总额同时发生变动的是（　　）。

    A. 用盈余公积弥补亏损

    B. 董事会宣告将提取的法定盈余公积用于发放现金股利

    C. 为建造固定资产按平价发行一次还本付息的三年期债券

    D. 经股东大会批准宣告分配现金股利

13. 下列会计事项中，会引起所有者权益总额发生变化的是（　　）。

    A. 从净利润中提取盈余公积　　　　　　B. 用盈余公积补亏

    C. 用盈余公积转增资本　　　　　　　　D. 向投资者分配现金股利

14. 下列经济业务中，不会引起所有者权益总额变动的是（　　）。

    A. 所有者投入货币资金　　　　　　　　B. 所有者向企业投入设备

    C. 企业宣告向所有者分配现金股利　　　D. 企业以盈余公积转增资本

15. 下列各项中，能够使所有者权益增加的是（　　）。

    A. 提取盈余公积　　　B. 盈余公积转资本　　　C. 增发新股　　　D. 资本公积转增资本

二、多项选择题

1. 从利润中形成的所有者权益有（　　）。

    A. 实收资本　　　　　　　　B. 资本公积　　　　　　　　C. 盈余公积

    D. 应付股利　　　　　　　　E. 未分配利润

2. 企业增加实收资本的途径有（   ）。

A. 接受固定资产捐赠
B. 经批准用盈余公积转增

C. 发放股票股利
D. 经批准用资本公积转增

3. 企业实收资本减少的主要原因是（   ）。

A. 实收资本转盈余公积
B. 因资本过剩而减资

C. 实收资本转资本公积
D. 因严重亏损而减资

4. 股份有限公司委托其他单位发行股票时支付的手续费或佣金等相关费用，在作账务处理时涉及的科目有（   ）。

A. "资本公积"
B. "盈余公积"

C. "利润分配——未分配利润"
D. "财务费用"

5. "库存股"科目核算的内容有（   ）。

A. 企业转让库存股或注销库存股

B. 股东因对股东大会作出的公司合并、分立决议持有异议而要求公司收购其股份的，企业实际支付的金额

C. 将收购的股份奖励给本公司职工

D. 企业为奖励本公司职工而收购本公司股份

6. 下列项目中，属于"资本公积"科目核算内容的为（   ）。

A. 企业收到投资者出资额超过其在注册资本或股本中所占份额的部分

B. 直接计入所有者权益的利得

C. 直接计入所有者权益的损失

D. 企业收到投资者的出资额

7. 下列各项中，会影响企业资本公积总额的有（   ）。

A. 转销无法支付的应付账款
B. 接受固定资产捐赠

C. 经股东大会批准将资本公积转增资本
D. 权益法下被投资单位回购股票

8. 留存收益包括（   ）。

A. 实收资本
B. 盈余公积
C. 未分配利润
D. 资本公积

9. 法定盈余公积按净利润的（   ）提取，超过注册资本总额的（   ）时可不再提取。

A. 10%
B. 15%
C. 30%
D. 50%
E. 60%

10. 以下关于盈余公积的说法中，正确的有（   ）。

A. 法定盈余公积累计额已达注册资本的60%时可不再提取该项公积金

B. 任意盈余公积主要是由公司制企业按照股东大会的决议提取

C. 企业以盈余公积弥补亏损，应由董事会提议，经股东大会批准

D. 盈余公积转增资本时，转增资本后的盈余公积的数额不得少于注册资本的25%

E. 法定盈余公积累计额已达注册资本的50%时，可不再提取该项公积金

11. 企业盈余公积的用途主要有（   ）。

A. 弥补亏损
B. 转增股本
C. 集体福利

D. 分配股利
E. 发放工资

12. 在我国，可作为弥补企业经营亏损一般途径的有（   ）。

A. 用资本公积补亏
B. 用盈余公积补亏

C. 用以后赢利年度的净利润补亏
D. 用以后赢利年度的税前利润补亏

13. 下列不需要进行账务处理的业务有（　　）。
  A. 用盈余公积转增资本　　　　B. 用资本公积转增资本　　　C. 用税前利润补亏
  D. 用净利润补亏　　　　　　　E. 取得股票股利

14. 下列各项中，年度终了需要转入"利润分配——未分配利润"科目的有（　　）。
  A. "本年利润"　　　　　　　　B. "利润分配——应付现金股利"
  C. "利润分配——盈余公积补亏"　D. "利润分配——提取法定盈余公积"

15. 下列各项中，不会引起留存收益总额发生增减变动的有（　　）。
  A. 提取任意盈余公积　　　B. 盈余公积弥补亏损　　　C. 用盈余公积分配现金股利
  D. 提取法定盈余公积　　　E. 债务转为资本

三、判断题

1. 所有者权益和负债反映的都是对企业全部资产的索取权。（　　）
2. 所有者向企业投入的资本，在一般情况下企业不需要偿还并可长期周转使用。（　　）
3. 企业在接受投资者以原材料投资时，其增值税税额不能计入实收资本。（　　）
4. 股份有限公司以收购本企业股票方式减资的，按注销股票的面值总额减少股本，购回股票支付的价款小于面值总额的部分，依次冲减"资本公积""盈余公积"和"利润分配——未分配利润"。（　　）
5. 对于一个企业，投资者投入的资金，并不全部构成实收资本。（　　）
6. 资本公积的形成与企业净利润无关。（　　）
7. 在溢价发行股票的情况下，公司发行股票的溢价收入，直接冲减当期的财务费用。（　　）
8. 长期股权投资采用权益法核算时，应按持股比例将被投资单位除净损益外的其他所有者权益增减变动记入"资本公积——其他资本公积"科目。（　　）
9. 资本公积可以转增资本，也可以弥补亏损。（　　）
10. 以税前会计利润弥补亏损和以税后会计利润弥补亏损，对企业当期应交所得税的影响都是一样的。（　　）
11. 不管企业期初是否存在未弥补亏损，当期计提法定盈余公积的基数都是当期实现的净利润。（　　）
12. 企业是以当年实现的净利润作为基数计提法定盈余公积的，该基数不应考虑企业年初未分配利润。（　　）
13. 法定盈余公积达到注册资本的50%时，不应再提取。（　　）
14. 任意盈余公积主要用于企业职工的各种福利支出。（　　）
15. 企业以盈余公积向投资者分配现金股利，不会引起留存收益总额的变动。（　　）
16. 企业不能将盈余公积用于扩大生产经营。（　　）
17. 企业当年的可供分配利润应该等于年初的未分配利润，加上当年实现的净利润以及其他转入。（　　）
18. 上市公司董事会通过股票股利分配方案时，财会部门应将拟分配的股票股利确认为负债。（　　）
19. "未分配利润"科目年末余额应等于"企业当年实现的净利润＋年初未分配利润（或减去年初未弥补亏损）－本年已分配的利润"。（　　）

四、业务处理题

1. 20×8年4月1日，A企业作为有限责任公司成立，由甲、乙、丙、丁四人共同出资，注册资本为6 000 000元，其中，甲、乙、丙、丁的持股比例分别为40%、30%、20%和10%。当日，所有的投资都已经一次性存入A企业的银行账户。
  要求： 根据上述经济业务，为A企业进行账务处理。

2. 20×9年4月5日，为扩大经营规模，经批准，甲有限责任公司通过吸收新投资者加入增加注册资本8 000 000元。新的投资者投入现金6 000 000元以及专用设备一台，经评估确定设备的价值为3 000 000元，增值税进项税额为390 000元。

要求：根据上述经济业务，为甲有限责任公司进行账务处理。

3. 20×9年8月1日，D企业用一台高技术的生产设备作为资本投入C企业。这台机器设备可以折合成C企业的股份，价值100 000元。经评估，这台机器设备的价值为120 000元，增值税进项税额为15 600元。

要求：根据上述经济业务，为C企业进行账务处理。

4. 20×9年3月15日，B企业作为有限责任公司，经过股东大会决议批准，决定将800 000元的资本公积转增资本。B企业有三位股东甲、乙、丙，其各自所持的股份比例分别为40%、30%和30%。B企业已经办理好相关的手续。

要求：根据上述经济业务，为B企业进行账务处理。

5. A股份有限公司20×8年发生如下业务。

（1）该年实现净利润5 000 000元。

（2）按净利润的10%、5%分别计提法定盈余公积和任意盈余公积。

（3）决定用资本公积300 000元、盈余公积200 000元转增股本。

要求：根据上述经济业务，为A公司进行账务处理。

6. 20×8年3月1日，C企业作为有限责任公司，经过股东大会决议批准，决定用300 000元的法定盈余公积弥补经营亏损。C企业已经办理好相关的手续。

要求：根据上述经济业务，为C企业进行账务处理。

7. 乙有限责任公司20×8年发生的有关经济业务如下。

（1）按照规定办理增资手续后，将资本公积90 000元转增注册资本。乙公司原有注册资本2 910 000元，其中A、B、C三家公司各占1/3。

（2）用50 000元的盈余公积弥补以前年度亏损。

（3）从净利润中提取法定盈余公积153 000元。

（4）乙有限责任公司接受D公司投资。经投资各方协议，D公司实际出资额中的1 000 000元作为新增注册资本，使投资各方在注册资本总额中均占1/4。D公司以银行存款1 200 000元缴付出资额。

要求：根据上述经济业务，为乙有限责任公司进行账务处理。

8. A公司于设立时收到B公司投入的不需要安装的机器设备一台，作为资本。合同约定，该机器设备的价值为1 000 000元，增值税进项税额为160 000元（假设允许抵扣）。合同约定的固定资产价值与公允价值相符，不考虑其他因素。

要求：请为A公司上述经济业务编制会计分录。

9. 20×6年12月31日，甲股份有限公司所有者权益中的股本为10 000万元（每股股票面值为1元），"资本公积——股本溢价"科目的余额为3 000万元，盈余公积为4 000万元，未分配利润为0万元。经股东大会批准，甲公司以现金回购2 000万股本公司股票并予以注销。

要求：分别按以下两种情形为甲公司进行账务处理：

（1）假设甲公司按每股2元的价格回购股票；

（2）假设甲公司按每股3元的价格回购股票。

10. B股份有限公司委托A证券公司首次公开发行普通股2 000 000股，每股面值为1元，每股发行价格为4元。B股份有限公司与A证券公司约定，后者按发行收入的3%收取手续费，并从发行收入中扣除。假定B股份有限公司已将收到的股款存入银行，不考虑其他因素。请为B股份有限公司进行相关的账务处理。

第九章

收入和费用

【本章学习目标】

知识目标：理解收入的概念与分类；掌握收入确认与计量的五步法模型；掌握在特定交易的会计处理中五步法模型的运用；理解费用的概念与分类；掌握营业成本、税金及附加、期间费用的账务处理要点。

能力目标：能正确进行一般销售收入及特定交易销售商品收入的账务处理；能正确进行营业成本、税金及附加、期间费用的账务处理。

【本章导读】

一、收入的概念与特征

收入，是指企业在日常活动中形成的、会导致所有者权益增加的、与所有者投入资本无关的经济利益的总流入。收入具有以下三个特征。

1. 收入是企业日常活动形成的经济利益流入

日常活动是指企业为完成其经营目标所从事的经常性活动及其与之相关的活动。例如，工业企业制造和销售产品、建筑业企业建筑房屋、零售业企业销售商品等均属于企业的日常活动。明确界定日常活动是为了区分收入与利得，因为企业非日常活动所形成的经济利益的流入不能确认为收入，而应当确认为利得。

2. 收入必然导致所有者权益的增加

与收入相关的经济利益的流入应当会导致企业所有者权益的增加，而不会增加企业所有者权益的经济利益的流入不符合收入的定义，不应确认为收入。例如，企业向银行借入款项，尽管也导致了经济利益的流入，表现为增加了企业的现金或银行存款，但该笔借款的取得并不会增加企业的所有者权益，反而会使企业承担一项现时义务，表现为对银行的欠款。收入也不包括为第三方或客户代收的款项，如企业代税务机关向客户收取的增值税（即销项税额）。这些代收的款项一方面增加了企业的资产（如现金），另一方面增加了企业的负债，而不增加企业的所有者权益，不能确认为该企业的收入。

3. 收入不包括所有者向企业投入资本而导致的经济利益流入

收入只包括企业通过自身活动获得的经济利益流入，而不包括企业的所有者向企业投入资本导致的经济利益流入。所有者向企业投入的资本，在增加资产的同时，直接增加企业的所有者权益。

二、费用的概念与特征

费用是指企业在日常活动中发生的、会导致所有者权益减少的、与向所有者分配利润无关的经济利益的总流出。

费用是企业在生产经营过程中发生的各项耗费，即企业在生产经营过程中为取得收入而支付或耗费的各项资产。费用的发生意味着资产的减少或负债的增加。收入表示企业经济利益的增加，而费用表示企业经济利益的减少。

本章所涉及的费用均为狭义上的费用。其特征如下。

（1）费用是企业在日常活动中发生的。费用形成于企业日常活动的特征使其与产生于非日常活动的损失相区分。例如，企业处置固定资产、无形资产等非流动资产的损失，因违约支付罚款、对外捐赠支出等。这些非日常活动所形成的经济利益的流出不能确认为费用，而应当确认为损失。

（2）费用会导致企业所有者权益的减少。与费用相关的经济利益的流出应当会导致所有者权益的减少。不会导致所有者权益减少的经济利益的流出不符合费用的定义，不应确认为费用。例如，企业以银行存款偿还一项负债，只是一项资产和一项负债的等额减少，对所有者权益没有影响，因此，不构成企业的费用。

（3）费用与向所有者分配利润无关。企业向所有者分配利润也会导致经济利益流出企业，而该经济利益的流出属于对投资者投资的回报，是所有者权益的直接抵减项目，不应确认为费用，应当将其排除在费用之外。

第一节 收入的核算

本节学习目标

知识目标：理解收入的概念与分类；掌握收入确认与计量的五步法模型；掌握五步法模型在特定交易的会计处理中的运用。

技能目标：能正确进行一般销售收入及特定交易销售商品收入的账务处理。

案例导入

收入该如何确认呢？

张某是甲公司的市场部经理。他向乙公司出售了120件产品。销售合同是在20×9年4月27日签订的。合同规定，每件产品的目录价格为1200元，适用的增值税税率为13%。由于乙公司是老客户，可享有5%的数量折扣。产品将于5月10日交货。如果乙公司能在6月10日之前支付货款，则甲公司还将给予所欠金额2%的现金折扣。5月10日，甲公司按期交货并于6月9日收到相应货款。

要求：请回答以下问题。

1. 收入是在4月、5月还是6月确认？确认多少？请解释。（假设按总价法确认收入）

2. 假定甲公司在6月9日收到现金，应如何进行账务处理？

3. 假定其中一件产品有划痕，甲公司同意从乙公司所欠总金额中减去100元，那么甲公司在6月9日收到货款时应如何进行账务处理？

政策依据

《企业会计准则第14号——收入》

一、收入的分类

1. 收入按交易性质分类

收入按交易的性质，可分为转让商品收入和提供服务收入。

（1）转让商品收入，是指企业通过销售产品或商品实现的收入，如工业企业销售产成品或半成品实现的收入、商业企业销售商品实现的收入、房地产开发商销售自行开发的房地产实现的收入等。工业企业销售不需用的原材料、包装物等存货实现的收入，也视同转让商品收入。

（2）提供服务收入，是指企业通过提供各种服务实现的收入，如工业企业提供工业性劳务作业服务实现的收入、商业企业提供代购代销服务实现的收入、建筑企业提供建造服务实现的收入等。

不同性质的收入，其交易过程和实现方式各具特点。企业应当根据收入确认和计量的要求，结合收入的性质，对各类收入进行合理的确认和计量。

2. 收入按其在经营业务中所占比重分类

收入按其在经营业务中所占的比重，可分为主营业务收入和其他业务收入。

（1）主营业务收入，或称基本业务收入，是指企业通过为完成其经营目标所从事的主要经营活动实现的收入。不同行业的企业，具有不同的主营业务。例如，工业企业的主营业务是制造和销售产成品及半成品，商业企业的主营业务是销售商品，旅游服务企业的主营业务是提供景点服务以及客房、餐饮服务等。企业通过主营业务形成的经济利益的总流入，属于主营业务收入。主营业务收入经常发生，并在收入中占有较大的比重。

（2）其他业务收入，或称附营业务收入，是指企业通过除主要经营业务以外的其他经营活动实现的收入，如工业企业出租固定资产、出租无形资产、出租周转材料、销售不需用的原材料等实现的收入。其他业务收入不经常发生，在收入中所占比重较小。

在日常核算中，企业应当设置"主营业务收入"和"其他业务收入"科目，分别用于核算主营业务形成的经济利益的总流入和其他业务形成的经济利益的总流入，但在利润表中，应将二者合并为"营业收入"项目反映。

二、收入确认与计量的基本方法

企业确认收入的方式应当反映其向客户转让商品或提供服务。收入的金额应当反映企业因转让这些商品或服务（以下将商品或服务简称为"商品"）而预期有权收取的对价金额。具体来说，收入的确认与计量应当采用五步法模型，即识别与客户订立的合同、识别合同中的单项履约义务、确定交易价格、将交易价格分摊至各单项履约义务、履行每一单项履约义务时确认收入。

（一）识别与客户订立的合同

1. 确认收入的时点

企业应当在履行了合同中的履约义务，即在客户取得相关商品控制权时确认收入。

2. 确认收入的前提条件

企业履行了合同中的履约义务，即客户取得了相关商品的控制权只是确认收入的时间节点。只有当企业与客户之间的合同同时满足下列条件时，企业才能在客户取得相关商品控制权时确认收入。

（1）合同各方已批准该合同并承诺将履行各自义务；

（2）该合同明确了合同各方与所转让商品相关的权利和义务；

（3）该合同有明确的与所转让商品相关的支付条款；

（4）该合同具有商业实质，即履行该合同将改变企业未来现金流量的风险、时间分布或金额；

（5）企业因向客户转让商品而有权取得的对价很可能收回。

（二）识别合同中的单项履约义务

履约义务，是指合同中企业向客户转让可明确区分商品的承诺。履约义务既包括合同中明确的承诺，也包括企业已公开宣布的政策、特定声明或以往的习惯做法等导致合同订立时客户合理预期企业将履行的承诺。企业为履行合同而应开展的初始活动，通常不构成履约义务，除非该活动向客户转让了承诺的商品。

合同开始日，企业应当对合同进行评估，识别该合同所包含的各单项履约义务。企业应当将下列向客户转让商品的承诺作为单项履约义务。

1. 企业向客户转让可明确区分商品（或商品组合）的承诺

可明确区分商品，是指企业向客户承诺的商品同时满足下列条件。

（1）客户能够从该商品本身或从该商品与其他易于获得资源的一起使用中受益，即该商品能够明确区分。例如，企业通常会将某商品单独销售给客户，则表明该商品能够明确区分。

（2）企业向客户转让该商品的承诺与合同中其他承诺可单独区分，即转让该商品的承诺在合同中是可以明确区分的。在确定了商品能够明确区分后，还应当在合同层面继续评估转让该商品的承诺与合同中的其他承诺之间是否可以明确区分。

2. 企业向客户转让一系列实质相同且转让模式相同的、可明确区分商品的承诺

转让模式相同，是指每一项可明确区分商品均满足在某一时段内履行履约义务的条件，且采用相同方法确定其履约进度。企业应当将实质相同且转让模式相同的一系列商品作为单项履约义务，即使这些商品本身可以明确区分。

（三）确定交易价格

交易价格，是指企业因向客户转让商品而预期有权收取的对价金额。企业代第三方收取的款项以及企业预期将退还给客户的款项，应当作为负债进行会计处理，不计入交易价格。合同标价并不一定代表交易价格，企业应当根据合同条款，并结合其以往的习惯做法确定交易价格。在确定交易价格时，企业应当考虑可变对价、合同中存在的重大融资成分、非现金对价、应付客户对价等因素的影响。

1. 可变对价

企业与客户在合同中约定的对价金额可能会因折扣、价格折让、返利、退款、奖励积分、激励措施、业绩奖金、索赔等因素而发生变化。此外，根据某些或有事项的发生或不发生而收取不同对价金额的合同，也属于可变对价的情形。

合同中存在可变对价的，企业应当按照期望值或最可能发生的金额确定可变对价的最佳估计数，但包含可变对价的交易价格，应当不超过在相关不确定性消除时累计已确认收入极可能不会发生重大转回的金额，以避免因某些不确定性因素的发生导致之前已经确认的收入发生转回。每一资产负债表日，企业应当重新估计应计入交易价格的可变对价金额。

2. 合同中存在的重大融资成分

合同中存在重大融资成分的，企业应当按照假定客户在取得商品控制权时即以现金支付的应付金额确定交易价格。该交易价格与合同对价之间的差额，应当在合同期间内采用实际利率法摊销。

合同开始日，企业预计客户取得商品控制权与客户支付价款间隔不超过一年的，可以不考虑合同中存在的重大融资成分。

3. 非现金对价

非现金对价包括客户以存货、固定资产、无形资产、股权、客户提供的广告服务等方式支付的对价。客户支付非现金对价的，企业应当按照非现金对价的公允价值确定交易价格。非现金对价的公允价值不能合理估计的，企业应当参照其承诺向客户转让商品的单独售价间接确定交易价格。非现金对价的公允价值因对价形式以外的原因而发生变动的，应当作为可变对价进行会计处理。非现金对价的公允价值计量日为合同开始日。

4. 应付客户对价

企业应付客户对价的，应当将该应付对价冲减交易价格，并在确认相关收入与支付（或承诺支付）客户对价二者孰晚的时点冲减当期收入，但应付客户对价是为了向客户取得其他可明确区分商品的除外。

企业应付客户对价是为了向客户取得其他可明确区分商品的，应当采用与本企业其他采购相一致的方式确认所购买的商品。企业应付客户对价超过向客户取得可明确区分商品公允价值的，超过金额应当冲减交易价格。向客户取得的可明确区分商品公允价值不能合理估计的，企业应当将应付客户对价全额冲减交易价格。

（四）将交易价格分摊至各单项履约义务

合同中包含两项或多项履约义务的，企业应当在合同开始日，按照各单项履约义务所承诺的商品的单独售价的相对比例，将交易价格分摊至各单项履约义务，并按照分摊至各单项履约义务的交易价格计量收入。企业不得因合同开始日之后单独售价的变动而重新分摊交易价格。

1. 确定单独售价

企业在类似环境下向类似客户单独销售商品的价格，应作为确定该商品单独售价的最佳证据。单独售价无法直接观察的，企业应当综合考虑其能够合理取得的全部相关信息，采用市场调整法、成本加成法、余值法等方法合理估计单独售价。在估计单独售价时，企业应当最大限度地采用可观察的输入值，并对类似的情况采用一致的估计方法。

2. 分摊合同折扣

合同折扣，是指合同中各单项履约义务所承诺商品的单独售价之和高于合同交易价格的金额。合同折扣的分摊，需要区分以下三种情况。

（1）通常情况下，企业应当在各单项履约义务之间按比例分摊合同折扣。

（2）有确凿证据表明合同折扣仅与合同中一项或多项（而非全部）履约义务相关的，企业应当将该合同折扣分摊至相关一项或多项履约义务。

（3）合同折扣仅与合同中一项或多项（而非全部）履约义务相关，且企业采用余值法估计单独售价的，应当首先在该一项或多项（而非全部）履约义务之间分摊合同折扣，然后采用余值法估计单独售价。

3. 分摊可变对价

对于可变对价及可变对价的后续变动额，企业应当按照与分摊合同折扣相同的方法，将其分摊至与之相关的一项或多项履约义务，或者分摊至构成单项履约义务的一系列可明确区分商品中的一项或多项商品。

对于已履行的履约义务，企业应按照该义务所分摊的可变对价后续变动额调整变动当期的收入。

4. 分摊合同变更之后发生的可变对价后续变动

合同变更之后发生可变对价后续变动的，企业应当区分下列三种情形分别进行会计处理。

（1）合同变更属于将合同变更部分作为一份单独的合同进行会计处理的情况下，企业应当判断可变对价后续变动与哪一项合同相关，并按照分摊可变对价的要求进行会计处理。

（2）合同变更属于将原合同视为终止并将原合同未履约部分与合同变更部分合并为新合同进行会计处理的情况下，如果可变对价后续变动与合同变更前已承诺可变对价相关，则企业应当首先将该可变对价后续变动额以原合同开始日确定的金额为基础进行分摊，然后再将分摊至合同变更日尚未履行履约义务的该可变对价后续变动额以新合同开始日确定的金额为基础进行二次分摊。

（3）合同变更之后发生除上述（1）（2）情形以外的可变对价后续变动的，企业应当将该可变对价后续变动额分摊至合同变更日尚未履行的履约义务。

（五）履行每一单项履约义务时确认收入

合同开始日，企业应当在对合同进行评估并识别该合同所包含的各单项履约义务的基础上，确定各单项履约义务是在某一时段内履行，还是在某一时点履行，然后在履行了各单项履约义务即客户取得相关商品控制权时分别确认收入。企业应当首先判断履约义务是否满足在某一时段内履行履约义务的条件，如果不能满足，则属于在某一时点履行的履约义务。

满足下列条件之一的，履约义务属于在某一时段内履行的履约义务。

（1）客户在企业履约的同时即取得并消耗企业履约所带来的经济利益。如果企业在履约过程中是持续地向客户转移该商品控制权的，则表明客户在企业履约的同时即取得并消耗企业履约所带来的经济利益。

（2）客户能够控制企业履约过程中的在建商品。企业在履约过程中的在建商品包括在产品、在建工程、尚未完成的研发项目、正在进行的服务等。如果在企业创建这些商品的过程中客户就能够控制这些在建商品，则表明该履约义务属于在某一时段内履行的履约义务。

（3）企业履约过程中所产出的商品具有不可替代用途，且该企业在整个合同期间内有权就累计至今已完成的履约部分收取款项。

三、合同成本

1. 合同履约成本

企业为履行合同发生的各种成本，如果这些成本不属于存货、固定资产、无形资产等资产的取得成本且同时满足下列三个条件的，应当作为合同履约成本确认为一项资产：①该成本与一份当前或预期取得的合同直接相关，包括直接人工、直接材料、制造费用（或类似费用）、明确由客户承担的成本以及仅因该合同而发生的其他成本；②该成本增加了企业未来用于履行履约义务的资源；③该成本预期能够收回。

2. 合同取得成本

企业为取得合同发生的增量成本预期能够收回的，应当作为合同取得成本确认为一项资产；但是，该资产摊销期限不超过一年的，可以在发生时计入当期损益。

增量成本，是指企业不取得合同就不会发生的成本（如销售佣金等）。

企业为取得合同发生的、除预期能够收回的增量成本之外的其他支出（如无论是否取得合同均会发生的差旅费、投标费等），应当在发生时计入当期损益，但是明确由客户承担的除外。

3. 与合同成本有关的资产的摊销与减值

与合同成本有关的资产，是指按合同履约成本确认的资产和按合同取得成本确认的资产。

与合同成本有关的资产，应当采用与该资产相关的商品收入确认相同的基础（即按照履约进度或者履约时点）进行摊销，计入当期损益。

与合同成本有关的资产，其账面价值高于下列两项的差额的，超出部分应当计提减值准备，并确认为资产减值损失：①企业因转让与该资产相关的商品预期能够取得的剩余对价；②为转让该相关商品估计将要发生的成本。

以前期间减值的因素之后发生变化，使上列两项的差额高于该资产账面价值的，应当转回原已计提的资产减值准备，并计入当期损益，但转回后的资产账面价值不应超过假定不计提减值准备情况下该资产在转回日的账面价值。

在确定与合同成本有关的资产的减值损失时，企业应当首先对与合同有关的存货、固定资产、无形资产等资产确定减值损失，然后按照上述与合同成本有关的资产减值要求确定与合同成本有关的资产的减值损失。

四、销售业务的一般会计处理

收入确认与计量的五步法模型是为了满足企业在各种合同安排下，特别是在某些包含多重交易、可变对价等复杂合同安排下，对相关收入进行确认和计量的需要而设定的。在会计实务中，企业转让商品的交易在相当多的情况下并不复杂，属于履约义务相对单一、交易价格基本固定的简单合同。对于简单合同，企业在应用五步法模型时，可以简化或者省略其中的某些步骤，如在区分属于在某一时段内履行的履约义务还是在某一时点履行的履约义务的前提下，重点关注企业是否已经履行了履约义务即客户是否已经取得了相关商品的控制权（确认收入的时点）、企业因向客户转让商品而有权取得的对价是否很可能收回（确认收入的前提条件）等。

1. 在某一时段内履行的履约义务

对于在某一时段内履行的履约义务，企业应当在该段时间内按照履约进度确认收入，但是履约进度不能合理确定的除外。资产负债表日，企业应当按照合同收入总额乘以履约进度再扣除以前会计期间累计确认的合同收入后的金额，确认当期收入；同时，按照履行合同估计发生的总成本乘以履约进度再扣除以前会计期间累计确认的合同成本后的金额，结转当期成本。用公式表示如下：

本期确认的收入＝合同总收入×本期末止履约进度－以前期间已确认的收入

本期确认的成本＝合同总成本×本期末止履约进度－以前期间已确认的成本

企业应当考虑商品的性质，采用产出法或投入法确定恰当的履约进度。其中，产出法是根据已转移给客户的商品对于客户的价值（如实际测量的完工进度、已实现的结果、已达到的里程、已完成的时间进度、已生产或已交付的产品单位等）确定履约进度；投入法是根据企业为履行履约义务的投入（如已消耗的资源、已花费的工时、已发生的成本、已完成的时间进度等）确定履约进度。对于类似情况下的类似履约义务，企业应当采用相同的方法确定履约进度。

当履约进度不能合理确定时，企业已经发生的成本预计能够得到补偿的，应当按照已经发生的成本金额确认收入，直到履约进度能够合理确定为止。

【例9.1.1】 20×5年8月20日，甲股份有限公司（以下简称"甲公司"）与乙公司签订了一项为期3年的服务合同，为其写字楼提供保洁、维修服务。合同约定的服务费总额为1 800 000元。乙公司在合同开始日预付600 000元，其余服务费分3次、于每年的8月31日等额支付。该合同于20×5年9月1日开始执行。甲公司为客户提供的保洁服务和维修服务属于一系列实质上相同且转让模式相同、可明确区分的服务承诺，因此应作为单项履约义务进行会计处理。由于甲公司在履约过程中是持续地向客户提供服务的，表明客户在甲公司履约的同时即取得并消耗甲公司履约所带来的经济利益，因此该项服务属于在某一时段内履行的履约义务。甲公司判断，因向客户提供保洁、维修服务而有权取得的对价很可能收回。甲公司按已完成的时间进度确定履约进度，并于每年的 12 月 31 日确认收入。假定不考虑相关税费。

（1）20×5 年 9 月 1 日，收到合同价款：

借：银行存款　　　　　　　　　　　　　　　　　　　　　600 000
　　贷：合同负债——乙公司　　　　　　　　　　　　　　　　　600 000

其中，合同负债是指企业已收或应收客户对价而应向客户转让商品的义务。

（2）20×5 年 12 月 31 日，确认收入：

应确认收入 = 1 800 000 × 4 ÷（3 × 12）= 200 000（元）

借：合同负债——乙公司　　　　　　　　　　　　　　　　　200 000
　　贷：主营业务收入　　　　　　　　　　　　　　　　　　　　200 000

（3）20×6 年 8 月 31 日，收到合同价款：

应收合同价款 =（1 800 000 − 600 000）÷ 3 = 400 000（元）

借：银行存款　　　　　　　　　　　　　　　　　　　　　400 000
　　贷：合同负债——乙公司　　　　　　　　　　　　　　　　　400 000

（4）20×6 年 12 月 31 日，确认收入：

应确认收入 = 1 800 000 ×（4 + 12）÷（3 × 12）− 200 000 = 600 000（元）

借：合同负债——乙公司　　　　　　　　　　　　　　　　　600 000
　　贷：主营业务收入　　　　　　　　　　　　　　　　　　　　600 000

（5）20×7 年 8 月 31 日，收到合同价款：

借：银行存款　　　　　　　　　　　　　　　　　　　　　400 000
　　贷：合同负债——乙公司　　　　　　　　　　　　　　　　　400 000

（6）20×7 年 12 月 31 日，确认收入：

应确认收入 = 1 800 000 ×（4 + 12 × 2）÷（3 × 12）−（200 000 + 600 000）= 600 000（元）

借：合同负债——乙公司　　　　　　　　　　　　　　　　　600 000
　　贷：主营业务收入　　　　　　　　　　　　　　　　　　　　600 000

（7）20×8 年 8 月 31 日，合同到期，收到剩余合同价款并确认收入：

借：银行存款　　　　　　　　　　　　　　　　　　　　　400 000
　　贷：合同负债——乙公司　　　　　　　　　　　　　　　　　400 000

应确认收入 = 1 800 000 −（200 000 + 600 000 × 2）= 400 000（元）

借：合同负债——乙公司　　　　　　　　　　　　　　　　　400 000
　　贷：主营业务收入　　　　　　　　　　　　　　　　　　　　400 000

【例 9.1.2】 20×8 年 11 月 25 日，甲股份有限公司（以下简称"甲公司"）与乙公司签订了一项设备安装服务合同，乙公司将其购买的一套大型设备交由甲公司安装。根据合同的约定，设备安装费总额为 200 000 元，乙公司预付 50%，其余 50% 待设备安装完成、验收合格后支付。20×8 年 12 月 1 日，甲公司开始进行设备安装，并收到乙公司预付的安装费。至 20×8 年 12 月 31 日，甲公司实际发生安装成本 60 000 元，其中，支付安装人员薪酬 36 000 元，领用库存原材料 5 000 元，以银行存款支付其他费用 19 000 元；据合理估计，至设备安装完成，还会发生安装成本 90 000 元。20×9 年 2 月 10 日，设备安装完成。甲公司本年实际发生安装成本 92 000 元，其中，支付安装人员薪酬 65 000 元，领用库存原材料 2 000 元，以银行存款支付其他费用 25 000 元。设备经检验合格后，乙公司如约支付剩余安装费。由于乙公司能够控制甲公司履约过程中的在安装设备，因而该项安装服务属于在某一时段内履行的履约义务。甲公司判断，因向客户提供安装服务而有权取得的对价很可能收回。甲公司按已经发生的成本占估计总成本的比例确定履约进度。假定不考虑相关税费，甲公司的账务处理如下。

（1）20×8年12月1日，预收50%的合同价款：

| 借：银行存款 | 100 000 |
| 　　贷：合同负债——乙公司 | 100 000 |

（2）支付20×8年实际发生的安装成本：

借：合同履约成本——服务成本	60 000
贷：应付职工薪酬	36 000
原材料	5 000
银行存款	19 000

（3）20×8年12月31日，确认收入并结转成本：

履约进度＝60 000÷（60 000＋90 000）×100%＝40%

应确认收入＝200 000×40%＝80 000（元）

应结转成本＝150 000×40%＝60 000（元）

借：合同负债——乙公司	80 000
贷：主营业务收入	80 000
借：主营业务成本	60 000
贷：合同履约成本——服务成本	60 000

（4）支付20×9年发生的安装成本：

借：合同履约成本——服务成本	92 000
贷：应付职工薪酬	65 000
原材料	2 000
银行存款	25 000

（5）设备经检验合格后，乙公司如约支付剩余安装费：

| 借：银行存款 | 100 000 |
| 　　贷：合同负债——乙公司 | 100 000 |

（6）20×9年2月10日，确认收入并结转成本：

应确认收入＝200 000－80 000＝120 000（元）

应结转成本＝152 000－60 000＝92 000（元）

借：合同负债——乙公司	120 000
贷：主营业务收入	120 000
借：主营业务成本	92 000
贷：合同履约成本——服务成本	92 000

2. 在某一时点履行的履约义务

对于在某一时点履行的履约义务，企业应当在客户取得相关商品控制权的时点确认收入。在判断客户是否已取得商品控制权时，企业应当考虑下列迹象。

（1）企业就该商品享有现时收款权利，即客户就该商品负有现时付款义务。

（2）企业已将该商品的法定所有权转移给客户，即客户已拥有该商品的法定所有权。

（3）企业已将该商品实物转移给客户，即客户已占有该商品实物。

（4）企业已将该商品所有权上的主要风险和报酬转移给客户，即客户已取得该商品所有权上的主要风险和报酬。

（5）客户已接受该商品。

（6）其他表明客户已取得商品控制权的迹象。

当客户取得相关商品控制权时，企业应当按已收或预期有权收取的合同价款确认销售收入，同时或在资产负债表日，按已销商品的账面价值结转销售成本。如果销售的商品已经发出，但客户尚未取得相关商品的控制权或者尚未满足收入确认的条件，则发出的商品应通过"发出商品"科目进行核算，即企业不应确认销售收入。资产负债表日，"发出商品"科目的余额，应在资产负债表的"存货"项目中反映。

【**例 9.1.3**】 20×9 年 4 月 20 日，甲股份有限公司（以下简称"甲公司"）与乙公司签订合同，向乙公司销售一批 A 产品。A 产品的生产成本为 120 000 元，合同约定的销售价格为 150 000 元，增值税销项税额为 19 500 元。甲公司开出发票并按合同约定的品种和质量发出 A 产品，乙公司收到 A 产品并验收入库。根据合同的约定，乙公司须于 30 天内付款。

在这项交易中，甲公司已按照合同约定的品种和质量发出商品，乙公司也已将该批商品验收入库，表明甲公司已经履行了合同中的履约义务，乙公司也已经取得了该批商品的控制权。同时，甲公司判断，因向乙公司转让 A 产品而有权取得的对价很可能收回。因此，甲公司应于乙公司取得该批商品控制权时确认收入，会计分录如下：

　　借：应收账款——乙公司 169 500
　　　贷：主营业务收入 150 000
　　　　　应交税费——应交增值税（销项税额） 19 500
　　借：主营业务成本 120 000
　　　贷：库存商品 120 000

【**例 9.1.4**】 按【例 9.1.3】的资料，现假定甲公司在向乙公司销售 A 产品时，已知悉乙公司资金周转发生困难，近期内难以收回货款，但为了减少存货积压以及考虑到与乙公司长期的业务往来关系，仍将 A 产品发运给乙公司并开出发票账单。乙公司于 20×9 年 6 月 1 日给甲公司开出并承兑一张面值为 169 500 元、为期 6 个月的不带息商业汇票。20×9 年 9 月 1 日，甲公司收回票款。

本例与【例 9.1.3】唯一不同的是，甲公司在向乙公司销售 A 产品时已知悉乙公司资金周转发生困难，近期内几乎不可能收回货款，而能否收回货款以及何时收回货款，尚存在重大不确定因素，即不能满足"企业因向客户转让商品而有权取得的对价很可能收回"的条件。因此，甲公司在发出商品时不能确认销售收入，而应待将来满足上列条件后再确认销售收入。甲公司的有关会计处理如下。

（1）20×9 年 4 月 20 日，发出商品：

　　借：发出商品 120 000
　　　贷：库存商品 120 000
　　借：应收账款——乙公司（应收销项税额） 19 500
　　　贷：应交税费——应交增值税（销项税额） 19 500

（2）20×9 年 6 月 1 日，收到乙公司开来的不带息商业汇票，甲公司判断已经满足"企业因向客户转让商品而有权取得的对价很可能收回"的条件，因而据以确认销售收入，会计分录如下：

　　借：应收票据 169 500
　　　贷：主营业务收入 150 000
　　　　　应收账款——甲公司（应收销项税额） 19 500
　　借：主营业务成本 120 000

　　　　贷：发出商品　　　　　　　　　　　　　　　　　　　　　　　　　120 000

（3）20×9年6月1日，收回票款：

　　借：银行存款　　　　　　　　　　　　　　　　　　　　　　　　　　169 500

　　　　贷：应收票据　　　　　　　　　　　　　　　　　　　　　　　　　169 500

【例9.1.5】 20×9年4月1日，甲股份有限公司（以下简称"甲公司"）与乙公司签订了一项合同，以195 000元的价格（不含增值税）向乙公司出售A、B、C三种产品。A、B、C三种产品的生产成本依次为65 000元、50 000元和35 000元，单独售价（不含增值税）依次为80 000元、70 000元和50 000元。甲公司按合同约定的品种和质量发出A、B、C三种产品。乙公司收到上列产品并验收入库。根据合同的约定，乙公司应于20×9年4月1日、6月30日、9月30日和12月31日分四次等额付款（包括相应的增值税）。甲公司按付款进度给乙公司开具增值税专用发票并产生增值税纳税义务。

　　由于A、B、C三种产品单独售价之和200 000（80 000+70 000+50 000）元超过了合同对价195 000元，因此，甲公司实际上是因为乙公司一揽子购买商品而给予乙公司折扣。甲公司认为，没有可观察的证据表明该项折扣是针对一项或多项特定产品的，因此，应将该折扣在A、B、C三种产品之间按比例进行分摊。A、B、C三种产品合同折扣的分摊情况见表9.1。

表9.1　合同折扣分摊表　（单位：元）

合同产品	按比例分摊	单独售价
A产品	80 000÷200 000×195 000	78 000
B产品	70 000÷200 000×195 000	68 250
C产品	50 000÷200 000×195 000	48 750
合　计		195 000

在这项交易中，甲公司采用的是分期收款销售方式。分期收款销售，是指商品已经交付客户，但货款分期收回的一种销售方式。在分期收款销售方式下，如果企业仅仅是为了确保到期收回货款而保留了商品的法定所有权，则企业保留的这项权利通常不会对客户取得对所购商品的控制权形成障碍。因此，企业将商品交付客户，通常可以表明客户已经取得了对商品的控制权，企业应于向客户交付商品时确认销售收入。需要注意的是，在分期收款销售方式下，货款按照合同约定的收款日期分期收回，强调的只是分期结算货款而已，与客户是否取得对商品的控制权没有关系，因此，企业不应当按照合同约定的收款日期分期确认收入。甲公司的有关会计处理如下。

（1）20×9年4月1日，销售商品并收到乙公司支付的货款：

　　已收合同价款=195 000÷4=48 750（元）

　　已收增值税销项税额=48 750×13%=6 337.5（元）

　　已收账款=48 750+6 337.50=55 087.50（元）

　　应收合同价款=195 000-48 750=146 250（元）

　　应收增值税销项税额=146 250×13%=19 012.5（元）

　　应收账款=146 250+19 012.5=165 262.5（元）

　　借：银行存款　　　　　　　　　　　　　　　　　　　　　　　　　55 087.50

　　　　应收账款——乙公司　　　　　　　　　　　　　　　　　　　　165 262.50

　　　　贷：主营业务收入——A产品　　　　　　　　　　　　　　　　　78 000.00

　　　　　　　　　　　　——B产品　　　　　　　　　　　　　　　　　68 250.00

　　　　　　　　　　　　——C产品　　　　　　　　　　　　　　　　　48 750.00

　　　　　　应交税费——应交增值税（销项税额）　　　　　　　　　　　6 337.50

　　　　　　　　　　——待转销项税额　　　　　　　　　　　　　　　19 012.50

其中，"待转销项税额"明细科目核算一般纳税人销售货物、提供加工修理修配劳务、销售服务、无形资产或不动产，已确认相关收入（或利得）但尚未发生增值税纳税义务而需于以后期间确认为销项税额的增值税税额。

借：主营业务成本——A 产品　　　　　　　　　　　　　　　65 000

　　　　　　　　——B 产品　　　　　　　　　　　　　　　50 000

　　　　　　　　——C 产品　　　　　　　　　　　　　　　35 000

　贷：库存商品——A 产品　　　　　　　　　　　　　　　　65 000

　　　　　　　　——B 产品　　　　　　　　　　　　　　　50 000

　　　　　　　　——C 产品　　　　　　　　　　　　　　　35 000

（2）20×9 年 6 月 30 日，收到乙公司支付的货款：

借：银行存款　　　　　　　　　　　　　　　　　　　　　55 087.50

　　应交税费——待转销项税额　　　　　　　　　　　　　　6 337.50

　贷：应收账款——乙公司　　　　　　　　　　　　　　　　55 087.50

　　　应交税费——应交增值税（销项税额）　　　　　　　　6 337.50

20×9 年 9 月 30 日、20×9 年 12 月 31 日收到乙公司支付的货款，甲公司所需进行的会计处理与 20×9 年 6 月 30 日相同。

【例 9.1.6】　20×9 年 6 月 1 日，甲股份有限公司（以下简称"甲公司"）与丙公司签订了一项合同，以 30 000 元的价格（不含增值税）向丙公司出售 A、B 两种产品。A、B 两种产品的生产成本依次为 13 500 元和 9 000 元；单独售价（不含增值税）依次为 18 000 元和 12 000元。合同约定，甲公司于 6 月 1 日向丙公司交付 A 产品，于 7 月 1 日向丙公司交付 B 产品；只有当 A、B 两种产品全部交付丙公司后，甲公司才有权收取 30 000 元的合同对价。甲公司按合同约定的日期先后发出 A 产品和 B 产品，丙公司收到上列产品并验收入库。

在这项交易中，甲公司于 6 月 1 日将 A 产品交付丙公司后，其收取对价的权利还要取决于时间流逝之外的其他因素——必须向丙公司交付 B 产品。因此，该项收款权利是有条件的，从而形成一项合同资产。合同资产，是指企业已向客户转让商品而有权收取对价的权利，且该权利取决于时间流逝之外的其他因素。合同资产不同于应收款项。应收款项是企业拥有的无条件向客户收取对价的权利，即企业仅仅随着时间的流逝即可收款。合同资产并不是一项无条件的收款权。该权利除了时间流逝之外，还取决于其他条件（如履行合同中的其他履约义务）是否得以满足。只有当这些其他条件也得以满足时，该项有条件的收款权利才能转化为无条件的收款权利，即合同资产才能转化为应收款项。因此，合同资产和应收款项的风险是不同的，二者都面临信用风险，但是合同资产同时还面临其他风险，如履约风险。

甲公司的有关会计处理如下。

（1）20×9 年 6 月 1 日，向丙公司交付 A 产品：

借：合同资产——丙公司　　　　　　　　　　　　　　　　20 340

　贷：主营业务收入　　　　　　　　　　　　　　　　　　18 000

　　　应交税费——应交增值税（销项税额）　　　　　　　　2 340

借：主营业务成本　　　　　　　　　　　　　　　　　　　13 500

　贷：库存商品　　　　　　　　　　　　　　　　　　　　13 500

（2）20×9 年 7 月 1 日，向丙公司交付 B 产品：

借：应收账款——丙公司　　　　　　　　　　　　　　　　33 900

贷：主营业务收入	12 000
应交税费——应交增值税（销项税额）	1 560
合同资产——丙公司	20 340
借：主营业务成本	9 000
贷：库存商品	9 000

五、特定交易的会计处理

企业在将收入确认和计量的五步法模型运用于特定交易的会计处理时，应结合各种交易的特点，并注重交易的实质。

（一）附有销售退回条款的销售

附有销售退回条款的销售，是指购买方依照有关合同有权退货的销售方式。例如，企业为了推销一项新产品，为该产品规定了一个月的试用期，凡对产品不满意的顾客，均可在试用期内退货。

对于附有销售退回条款的销售，企业向客户收取的对价实际上是可变的。因此，企业在客户取得相关商品控制权时，应当按照因向客户转让商品而预期有权收取的对价金额（即在不确定性消除时极可能不会发生重大转回的金额）确认收入；按照预期因销售退回将退还的金额确认负债；按照预期将退回商品转让时的账面价值，扣除收回该商品预计发生的成本（包括退回商品的价值减损）后的余额，确认为一项资产；按照所转让商品转让时的账面价值扣除上述资产成本的净额结转成本。

每一资产负债表日，企业应当重新估计未来销售退回情况，如有变化，应当作为会计估计变更进行会计处理。

【例9.1.7】20×9年4月15日，甲股份有限公司（以下简称"甲公司"）向D公司销售商品2 000件，单位售价300元，单位生产成本250元。甲公司发出商品并开出增值税专用发票，专用发票上列明的增值税销项税额为78 000元。货款已如数收存银行。该批商品的控制权同时转移给了D公司。根据合同的约定，甲公司给D公司提供了6个月的试销期，在20×9年10月15日之前，D公司有权将未售出的商品退回甲公司。甲公司根据实际退货数量，给D公司开具红字的增值税专用发票并退还相应的货款。根据以往的经验，甲公司在发出商品时估计该批商品的退货率为20%（即退回400件商品）。20×9年9月30日，甲公司对退货率进行了重新评估，根据D公司对商品的销售情况等最新证据，甲公司认为只有5%的商品会被退回（即退回100件商品）。

（1）20×9年4月15日，甲公司发出商品并收到货款：

预计应付退货款（不含增值税）＝300×400＝120 000（元）

应确认销售收入＝300×2 000－120 000＝480 000（元）

预计应收退货成本＝250×400＝100 000（元）

应确认销售成本＝250×2 000－100 000＝400 000（元）

借：银行存款	678 000
贷：主营业务收入	480 000
预计负债——应付退货款	120 000
应交税费——应交增值税（销项税额）	78 000
借：主营业务成本	400 000

| | 应收退货成本 | 100 000 |
| | 　贷：库存商品 | 500 000 |

（2）20×9年9月30日，甲公司对退货率进行重新评估：

　　调增销售收入=300×300=90 000（元）

　　调增销售成本=250×300=75 000（元）

借：预计负债——应付退货款　　　　　　　　　　　　　　　　90 000

　　贷：主营业务收入　　　　　　　　　　　　　　　　　　　　90 000

借：主营业务成本　　　　　　　　　　　　　　　　　　　　　75 000

　　贷：应收退货成本　　　　　　　　　　　　　　　　　　　　75 000

（3）20×9年10月15日，退货期届满。

1）假定D公司没有退货：

借：预计负债——应付退货款　　　　　　　　　　　　　　　　30 000

　　贷：主营业务收入　　　　　　　　　　　　　　　　　　　　30 000

借：主营业务成本　　　　　　　　　　　　　　　　　　　　　25 000

　　贷：应收退货成本　　　　　　　　　　　　　　　　　　　　25 000

2）假定D公司实际退回60件商品：

　　调增销售收入=300×40=12 000（元）

　　调增销售成本=250×40=10 000（元）

　　退回商品应退销项税额=18 000×13%=2 340（元）

　　退回商品的成本=250×60=15 000（元）

借：预计负债——应付退货款　　　　　　　　　　　　　　　　30 000

　　应交税费——应交增值税（销项税额）　　　　　　　　　　　2 340

　　贷：主营业务收入　　　　　　　　　　　　　　　　　　　　12 000

　　　　银行存款　　　　　　　　　　　　　　　　　　　　　　20 340

借：主营业务成本　　　　　　　　　　　　　　　　　　　　　10 000

　　库存商品　　　　　　　　　　　　　　　　　　　　　　　15 000

　　贷：应收退货成本　　　　　　　　　　　　　　　　　　　　25 000

3）假定D公司实际退回100件商品：

借：预计负债——应付退货款　　　　　　　　　　　　　　　　30 000

　　应交税费——应交增值税（销项税额）　　　　　　　　　　　3 900

　　贷：银行存款　　　　　　　　　　　　　　　　　　　　　　33 900

借：库存商品　　　　　　　　　　　　　　　　　　　　　　　25 000

　　贷：应收退货成本　　　　　　　　　　　　　　　　　　　　25 000

4）假定D公司实际退回120件商品：

　　调减销售收入=300×20=6 000（元）

　　调减销售成本=250×20=5 000（元）

　　退回商品应退价款=300×120=36 000（元）

　　退回商品应退销项税额=36 000×13%=4 680（元）

　　退回商品的成本=250×120=30 000（元）

借：预计负债——应付退货款　　　　　　　　　　　　　　　　30 000

应交税费——应交增值税（销项税额）	4 680
主营业务收入	6 000
贷：银行存款	40 680
借：库存商品	30 000
贷：主营业务成本	5 000
应收退货成本	25 000

（二）附有质量保证条款的销售

对于附有质量保证条款的销售，企业应当评估该质量保证是否在向客户保证所销售商品符合既定标准之外提供了一项单独的服务：企业提供额外服务的，企业应当将质量保证责任作为单项履约义务，按照收入确认的相关要求进行会计处理；否则，企业应当按照或有事项的相关要求对质量保证责任进行会计处理。

在评估质量保证是否在向客户保证所销售商品符合既定标准之外提供了一项单独的服务时，企业应当考虑的主要因素如下：①该质量保证是否为法定要求，法定要求通常是为了使客户避免购买瑕疵或缺陷商品的风险而采取的保护措施，旨在保证客户购买的商品符合既定标准，并非为客户提供一项单独的质量保证服务。②质量保证期限。质量保证期限越长，越有可能是单项履约义务。③企业承诺履行义务的性质。如果企业必须履行某些特定的义务以保证所转让的商品符合既定标准（如承担客户退回瑕疵商品的运费），则这些特定的义务一般不构成单项履约义务。客户能够选择单独购买质量保证的，该质量保证构成单项履约义务。

【例9.1.8】 甲股份有限公司（以下简称"甲公司"）与A公司签订合同，向A公司销售一套生产设备，合同售价为285 000元，增值税税额为37 050元。A公司收到设备并验收无误后，支付了全部合同价款。甲公司为其销售的设备提供一年的产品质量保证，承诺生产设备在质量保证期间内若出现质量问题或与之相关的其他属于正常范围的问题，甲公司提供免费的维修或调换服务。同时，甲公司还承诺免费为客户提供为期三天的设备操作培训。

本例中，甲公司提供的产品质量保证服务，是为了向客户保证所销售商品符合既定标准，不构成单项履约义务；甲公司免费为客户提供的设备操作培训服务，属于在向客户保证所销售商品符合既定标准之外提供的额外服务，并且该服务与销售的设备可明确区分，应作为单项履约义务。因此，该销售合同存在两项履约义务：销售设备和提供设备操作培训服务。假定合同售价反映了生产设备的单独售价，设备操作培训服务的单独售价为15 000元，则甲公司应进行如下会计处理。

（1）销售生产设备时：

生产设备的交易价格 = 285 000 ÷（285 000 + 15 000）× 285 000 = 270 750（元）

设备操作培训服务的交易价格 = 15 000 ÷（285 000 + 15 000）× 285 000 = 14 250（元）

借：银行存款	322 050
贷：主营业务收入	270 750
合同负债	14 250
应交税费——应交增值税（销项税额）	37 050

（2）提供设备操作培训服务时：

借：合同负债	14 250
贷：主营业务收入	14 250

（三）委托代销

委托代销是指委托方根据合同，委托受托方代销商品的一种销售方式。委托代销具体又可分为视同买断方式和支付手续费方式两种。

1. 视同买断方式

视同买断方式，是指委托方和受托方签订合同，委托方按合同价格收取代销商品的货款，实际售价可由受托方自定，实际售价与合同价之间的差额归受托方所有的一种代销方式。根据视同买断方式的特点，一般可以认为委托方在向受托方交付代销商品时，商品的控制权已经转移给了受托方。从受托方来看，由于已经取得了对代销商品的控制权，因而在向客户转让商品时，其身份是主要责任人，应当按照已收或应收客户对价总额确认销售商品收入；从委托方来看，应当根据受托方是否承担了对受托代销商品无条件付款的义务等迹象，判断该项合同安排是否在实质上属于委托代销安排，并进行相应的会计处理。

如果委托方和受托方之间的合同明确标明，受托方在取得代销商品后，无论是否能够卖出、是否获利，均与委托方无关，则可以认为受托方实际上已经承担了对受托代销商品无条件付款的义务。这时，委托方和受托方之间的代销商品交易与委托方直接销售商品给受托方没有实质区别。委托方应于受托方取得代销商品控制权时确认销售收入，受托方应将取得的代销商品作为购进商品处理。

【例 9.1.9】 甲股份有限公司（以下简称"甲公司"）采用视同买断方式委托 B 公司代销一批商品。该批商品的成本为 12 000 元，合同价为 16 000 元，增值税税额为 2 080 元。B 公司在取得代销商品后，无论是否能够卖出、是否获利，均与甲公司无关，代销商品的实际售价由 B 公司自定。B 公司将该批商品按 20 000 元的价格售出，收取增值税 2 600 元，并向甲公司开具代销清单，结清合同价款。

（1）甲公司（委托方）的会计处理。

1）发出委托代销商品：

借：应收账款——B 公司   18 080
    贷：主营业务收入   16 000
       应交税费——应交增值税（销项税额）   2 080

借：主营业务成本   12 000
    贷：库存商品   12 000

2）收到 B 公司开来的代销清单及汇入的货款。

借：银行存款   18 080
    贷：应收账款——B 公司   18 080

（2）B 公司（受托方）的会计处理。

1）收到受托代销的商品：

借：库存商品   16 000
  应交税费——应交增值税（进项税额）   2 080
    贷：应付账款——甲公司   18 080

2）售出代销商品：

借：银行存款   22 600
    贷：主营业务收入   20 000
       应交税费——应交增值税（销项税额）   2 600

借：主营业务成本 16 000

　　贷：库存商品 16 000

3）按合同价将货款汇给甲公司：

借：应付账款——甲公司 18 080

　　贷：银行存款 18 080

　　如果委托方和受托方之间的合同明确标明，将来受托方没有将商品售出时可以将商品退回给委托方，或受托方因代销商品出现亏损时可以要求委托方补偿，则受托方并没有承担对受托代销商品无条件付款的义务，因而该项合同安排不仅在形式上而且在实质上都属于委托代销安排。委托方在发出商品时不确认收入，发出的商品通过"发出商品"科目核算，也可以单独设置"委托代销商品"科目核算；受托方在收到商品时也不作为商品购进处理，收到的代销商品通过"受托代销商品"科目核算。随后期间，受托方将受托代销的商品售出后，按实际售价确认销售收入，并向委托方开具代销清单；委托方收到代销清单时，根据代销清单所列的已销商品确认销售收入。

　　【例9.1.10】 根据【例9.1.9】所述资料，现假定B公司将来在没有将受托代销的商品售出时，可以将商品退回给甲公司。其他条件不变。

　　（1）甲公司（委托方）的会计处理。

1）发出委托代销商品：

借：发出商品 12 000

　　贷：库存商品 12 000

2）收到B公司开来的代销清单：

借：应收账款——B公司 18 080

　　贷：主营业务收入 16 000

　　　　应交税费——应交增值税（销项税额） 2 080

借：主营业务成本 12 000

　　贷：发出商品 12 000

3）收到B公司汇入的货款：

借：银行存款 18 080

　　贷：应收账款——B公司 18 080

　　（2）B公司（受托方）的会计处理。

1）收到受托代销的商品：

借：受托代销商品 16 000

　　贷：受托代销商品款 16 000

2）售出代销商品：

借：银行存款 22 600

　　贷：主营业务收入 20 000

　　　　应交税费——应交增值税（销项税额） 2 600

借：主营业务成本 16 000

　　贷：受托代销商品 16 000

借：受托代销商品款 16 000

　　贷：应付账款——甲公司 16 000

3）收到增值税专用发票：

借：应交税费——应交增值税（进项税额）　　　　　　　　　　　　　2 080
　　贷：应付账款——甲公司　　　　　　　　　　　　　　　　　　　　　　　2 080

4）按合同价将货款汇给甲公司：

借：应付账款——甲公司　　　　　　　　　　　　　　　　　　　　18 080
　　贷：银行存款　　　　　　　　　　　　　　　　　　　　　　　　　　　　18 080

2．支付手续费方式

支付手续费方式，是指委托方和受托方签订合同，委托方根据代销商品的数量向受托方支付手续费的一种代销方式。与视同买断方式相比，支付手续费方式的主要特点是在受托方向其客户出售商品之前，委托方拥有对商品的控制权；受托方一般应按照委托方规定的价格销售商品，不得自行改变售价。

支付手续费方式是一种典型的委托代销安排。因此，委托方向受托方交付代销商品时，不能确认收入，应将发出的代销商品转入"发出商品"科目或"委托代销商品"科目核算；待收到受托方开来的代销清单时，再根据代销清单所列的已销商品金额确认收入，支付的代销手续费计入当期销售费用。从受托方来看，由于受托方在向客户转让商品前并不拥有对该商品的控制权，其向客户转让商品时的身份是代理人，因而对收到的代销商品不能作为商品购进处理，应设置"受托代销商品"科目单独核算；受托方将受托代销的商品售出后，应根据代销商品的数量和合同约定的收费方式，计算应向委托方收取的手续费，并将其作为提供代销服务收入确认入账，不确认销售商品收入。

【例9.1.11】 甲公司委托乙企业销售A商品200件，协议约定价为每件100元。A商品的成本为每件50元，适用的增值税税率为13%。甲公司在收到乙企业开来的代销清单时开具增值税专用发票，发票上注明的售价为20 000元，增值税税额为2 600元。协议约定甲公司按售价的10%支付给乙企业手续费。

（1）甲公司（委托方）的账务处理如下。

1）发出委托代销商品时：

借：发出商品——乙企业　　　　　　　　　　　　　　　　　　　　10 000
　　贷：库存商品——A商品　　　　　　　　　　　　　　　　　　　　　　　10 000

2）收到乙企业开来的代销清单时：

借：应收账款——乙企业　　　　　　　　　　　　　　　　　　　　22 600
　　贷：主营业务收入　　　　　　　　　　　　　　　　　　　　　　　　　20 000
　　　　应交税费——应交增值税（销项税额）　　　　　　　　　　　　　　　2 600

借：主营业务成本　　　　　　　　　　　　　　　　　　　　　　　10 000
　　贷：发出商品　　　　　　　　　　　　　　　　　　　　　　　　　　　10 000

3）确认应付的代销手续费时：

　　　代销手续费 = 20 000 × 10% = 2 000（元）

　　　增值税税额 = 2 000 × 6% = 120（元）

借：销售费用　　　　　　　　　　　　　　　　　　　　　　　　　2 000
　　应交税费——应交增值税（进项税额）　　　　　　　　　　　　　120
　　贷：应收账款——乙企业　　　　　　　　　　　　　　　　　　　　　　2 120

4）收到乙企业汇来的货款净额时：

借：银行存款   20 480

    贷：应收账款——乙企业   20 480

（2）乙企业（受托方）的账务处理如下。

1）收到甲公司发来的受托代销商品时：

借：受托代销商品——甲公司   20 000

    贷：受托代销商品款——甲公司   20 000

2）售出受托代销商品时：

借：银行存款   22 600

    贷：受托代销商品——甲公司   20 000

        应交税费——应交增值税（销项税额）   2 600

3）收到增值税专用发票时：

借：受托代销商品款——甲公司   20 000

    应交税费——应交增值税（进项税额）   2 600

    贷：应付账款——甲公司   22 600

4）计算代销手续费并结清代销商品款（假设代销业务为乙企业的附营业务）时：

借：应付账款——甲公司   22 600

    贷：银行存款   20 480

        其他业务收入   2 000

        应交税费——应交增值税（销项税额）   120

（四）预收款销售的核算

企业向客户预收销售商品款项的，应当首先将该款项确认为负债，待履行了相关履约义务时再转为收入。

微课视频
预收款销售的
核算

【例9.1.12】 20×9年6月1日，甲股份有限公司（以下简称"甲公司"）与乙公司签订了一项合同对价为56 500元（含增值税6 500元）的商品转让合同。合同约定，乙公司应于20×9年7月1日向甲公司预付全部合同价款，甲公司则于20×9年7月31日向乙公司交付商品。乙公司未能按合同约定的日期支付价款，而是推迟到20×9年8月1日才支付价款；甲公司于20×9年8月31日向乙公司交付了商品。

    1. 假定甲公司与乙公司签订的是一项可撤销的合同，乙公司在向甲公司支付合同价款之前均可以撤销合同。

由于合同可撤销，因此，在乙公司向甲公司支付合同价款之前，甲公司并不拥有无条件收取合同价款的权利。甲公司应将20×9年8月1日收到的款项确认为负债，待向乙公司交付商品时再转为收入。

（1）20×9年8月1日，甲公司收到乙公司预付的价款：

借：银行存款   56 500

    贷：合同负债   56 500

（2）20×9年8月31日，甲公司向乙公司交付商品：

借：合同负债	56 500	
贷：主营业务收入		50 000
应交税费——应交增值税（销项税额）		6 500

2. 假定甲公司与乙公司签订的是一项不可撤销的合同。

由于合同不可撤销，因此，在合同约定的乙公司预付合同价款日（20×9年7月1日），甲公司即已拥有无条件收取合同价款的权利。甲公司应于20×9年7月1日确认应收账款，同时确认合同负债；收到乙公司预付的价款时，作为应收账款的收回；待向乙公司交付商品时，将合同负债转为收入。

（1）20×9年7月1日，甲公司确认应收账款和合同负债：

借：应收账款	56 500	
贷：合同负债		56 500

（2）20×9年8月1日，甲公司收到乙公司预付的价款：

借：银行存款	56 500	
贷：应收账款		56 500

（3）20×9年8月31日，甲公司向乙公司交付商品：

借：合同负债	56 500	
贷：主营业务收入		50 000
应交税费——应交增值税（销项税额）		6 500

【学中做】20×9年3月31日，A公司与B公司签订一份合同对价为565 000元（含增值税65 000元）的、不可撤销的商品转让合同。合同约定，B公司应在协议签订时预付60%的货款（按不含增值税的销售价格计算），剩余货款于两个月后支付，A公司则于B公司支付剩余货款时（20×9年5月31日）向B公司交付商品。该批商品的实际成本为400 000元。请为A公司作账务处理。

学中做答案

第二节　费用的核算

本节学习目标

　　知识目标：理解费用的概念与分类；掌握营业成本、税金及附加和各种期间费用的概念、核算内容与账务处理要点。

　　技能目标：能正确进行营业成本、税金及附加和各种期间费用的账务处理。

案例导入

　　20×9年6月，某高等职业学院会计专业毕业生耿华到丁公司进行顶岗实习。丁公司为一般纳税人。销售商品、原材料和提供劳务的成本在确认收入时逐笔结转，商品、原材料售价中不含增值税。20×9年6月，丁公司销售商品、提供劳务和发生部分费用的资料如下。

　　（1）6月1日，对A公司销售商品一批，增值税专用发票上注明的销售价格为100万元，增值税税额为13万元。提货单和增值税专用发票已交A公司，A公司已承诺付款。为及时收回货款，丁公司给予A公司的现金折扣条件如下：2/10，1/20，*n*/30（计算现金折扣时不考虑增值税因素）。该批商品的实际成本为 85 万元。12 月 19 日，收到 A 公司支付的扣除所享受现金折扣金额后的款项，并存入银行。（应收账款按总价法核算）

（2）6 月 2 日，收到 B 公司来函，要求对当年 5 月 12 日所购商品在价格上给予 5% 的折让（丁公司在该批商品售出时，已确认销售收入 200 万元，并收到款项）。经查核，该批商品外观存在质量问题。丁公司同意了 B 公司提出的折让要求。当日，收到 B 公司交来的税务机关开具的索取折让证明单，并出具红字增值税专用发票和支付折让款项，适用的增值税税率为 13%。

（3）6 月 10 日，向本公司行政管理人员发放自产产品，作为福利。该批产品的实际成本为 8 万元，市场售价为 10 万元，适用的增值税税率为 13%。

（4）6 月 14 日，以现销方式向 D 公司销售商品一批。该批商品的销售价格为 120 万元（不含增值税），适用的增值税税率为 13%，实际成本为 80 万元，提货单已交 D 公司。款项已于当日收到，存入银行。

（5）6 月 22 日，丁公司收到国债利息收入 59 万元，以银行存款支付销售费用 5.5 万元，支付税收滞纳金 2 万元。

（6）6 月 25 日，与 F 公司签订协议，委托其代销商品一批。根据代销协议，丁公司按代销协议价收取所代销商品的货款，商品实际售价由受托方自定。该批商品的代销协议价 200 万元（不含增值税，适用的增值税税率为 13%），实际成本为 180 万元。商品已运往 F 公司。6 月 31 日，丁公司收到 F 公司开来的代销清单，列明已售出该批商品的 20%，款项尚未收到。

（7）6 月 30 日，收到 A 公司退回的其在当月 1 日所购的全部商品。经查核，该批商品存在质量问题，丁公司同意了 A 公司的退货要求。当日，收到 A 公司交来的税务机关开具的进货退出证明单，并开具红字增值税专用发票和支付退货款项。

（8）本月发生无形资产研究费用 30 万元，支付业务招待费 18 万元，发生专设销售部门人员工资 22 万元。

要求： 丁公司财务经理要求耿华根据上述经济业务进行相应的账务处理。

一、费用概述

（一）费用的分类

费用分为狭义费用和广义费用。狭义费用是指企业在日常活动中为了取得狭义收入而发生的耗费。广义费用是指会计期间经济利益的总流出，其表现形式为资产减少或负债增加而引起的所有者权益减少，但不包括与向所有者分配利润有关的资产减少或负债增加。考虑到收入与费用的关系，可将狭义费用按经济用途划分为营业成本和期间费用。

企业为生产产品、提供劳务等发生的可归属于产品成本、劳务成本等的费用，应当在确认销售商品收入、劳务收入时，确认已销售产品、已提供劳务的成本，包括主营业务成本和其他业务成本。

企业在日常活动中发生的费用，若不能计入特定核算对象的成本，而应直接计入当期损益，则该类费用是期间费用。期间费用包括销售费用、管理费用和财务费用。

（二）费用的确认和计量

1. 费用的确认原则

具体应用费用的确认原则时，应重点掌握两点。

第一，符合费用的定义。

第二，费用确认的时点是费用发生之时。费用的"发生"包括以下三种情形。

（1）实际支付相关费用。如企业向保险公司投保财产险支付的财产保险费。

（2）虽然没有实际支付，但是企业应当承担相应义务。例如，企业行政管理部门当月使用自来水和电力，到月末虽然还没有通过银行转账支付，但也应于使用水和电的当月将应承担的水电费作为管理费用予以确认，记入"管理费用"科目。

（3）虽然没有实际支付，但是为与收入相配比，结转已销售商品的成本或已提供劳务的成本。这主要体现为营业成本的确认，应记入"主营业务成本"或"其他业务成本"科目。

2. 费用的计量原则

企业的费用应当按照其发生额计入当期损益。通俗地讲，费用的计量原则就是据实列支原则。这里的"实"主要包括两种情况：一是实际发生或者真实发生，不是虚假的或虚构的；二是既包括实际支付，又包括虽未实际支付但已经发生的支付。企业费用的发生额通常有以下三种确定方式。

（1）实际支付的金额。如企业到超市购买办公用品实际花费的金额。

（2）外部凭据列明的金额。如企业收到的电话费收费单据上列明的应支付的电话费。

（3）内部凭据列明的金额。如企业自制工资分配表或工资单列明的工资金额。

二、营业成本的核算

（一）营业成本概述

营业成本是指企业所销售商品的成本和所提供劳务的成本。按照配比原则，企业实现的销售收入应与相应的成本费用相匹配，即企业实现销售收入时，要结转相应的营业成本。营业成本包括与收入相匹配的主营业务成本和其他业务成本。

1. 营业成本的内容

（1）企业所销售商品的成本。企业所销售商品的成本主要是针对制造业企业和批发、零售业企业而言。制造业企业使用材料、人工、机器设备生产产品，最终通过销售产品实现收入和利润。生产产品所耗费的材料费、人工费、机器设备的折旧费以及生产车间的制造费用等构成了产品的成本，体现为存货（生产成本、库存商品）。企业对外销售了所生产的产品，实现了销售收入。在这种情况下，企业应结转所售产品的生产成本。这就构成了销售产品的当期营业成本。批发、零售企业购入商品是为了对外销售实现收入和利润。这些企业所购入商品在未对外销售之前体现为存货（库存商品）。这些企业对外销售了所购入的商品，实现了销售收入。在这种情况下，批发、零售企业结转所售商品的购入成本就构成了销售商品的当期营业成本。

（2）企业所提供劳务的成本。企业所提供劳务的成本主要是针对服务业企业而言的。比如，交通运输企业等通过对外提供服务实现收入和利润。企业在对外提供服务的过程中也要耗费材料、人工和机器设备等。在服务未履行完成之前，服务形成了企业的存货（如劳务成本）。企业完成了服务，实现了收入。在这种情况下，企业结转所提供服务的成本，这就构成了提供劳务的当期营业成本。

2. 营业成本的确认

营业成本与营业收入之间存在相互匹配的关系。因此，企业销售商品或提供劳务实现了收入，应当将已销售商品的成本或已提供劳务的成本作为营业成本结转至当期损益。也就是说，只有在对外销售商品实现了收入或对外提供劳务实现了收入后，企业才能将相关的商品成本或劳务成本作为营业成本结转至当期损益。销售商品或提供劳务的收入实现是确认营业成本的前提条件。

（二）主营业务成本的核算

1. 主营业务成本的内容

主营业务成本，是指企业销售商品或提供劳务等经常性活动所发生的成本。企业一般在确认销售商品、提供劳务等主营业务收入时，将已销售商品、已提供劳务的成本结转至主营业务成本，也可在月末集中结转。

2. 主营业务成本的账务处理

为了反映商品销售和提供劳务的成本，需要设置"主营业务成本"科目。该科目属于损益类科目，借方登记企业因销售商品或提供劳务等日常活动而发生的实际成本。期末，应将"主营业务成本"科目的余额转入"本年利润"科目，借记"本年利润"科目，贷记"主营业务成本"科目。结转后，该科目无余额。本科目应按主营业务的种类设置明细账，进行明细核算。

（1）企业根据本月销售各种商品、提供各种劳务等的实际成本，计算应结转的主营业务成本，借记"主营业务成本"科目，贷记"库存商品""劳务成本"等科目。

（2）企业采用计划成本或售价核算库存商品的，平时的营业成本应按计划成本或售价结转，月末还应结转本月销售商品应分摊的产品成本差异或商品进销差价。

（3）本月已结转销售成本，发生销售退回时应借记"库存商品"科目，贷记"主营业务成本"科目。发生销售退回时，冲减销售成本的方法有以下两种：①本月有同种或同类产品销售的，销售退回的产品数量可以直接从本月的销量中扣除，从而得出本月销售净数量，然后计算应结转的销售成本；②单独计算本月退回产品的成本。退回产品成本的确定，可以按照退回月份销售的同种或同类产品的实际销售成本计算，也可以按照销售月份该种产品的销售成本计算确定，然后从本月销售产品的成本中扣除。

【例 9.2.1】20×8 年 6 月，A 企业销售甲产品 200 件，每件售价 18 元，每件成本为 12 元。该批产品于 20×8 年 7 月因质量问题发生退货 20 件，货款已经退回。20×8 年 7 月，该企业销售甲产品 250 件，每件成本为 13 元。请为 A 企业结转 7 月的销售成本。

方法一，应编制会计分录如下：

借：主营业务成本 　　　　　　　　　　　　　　　　　　 [（250－20）×13] 2 990

　　贷：库存商品 　　　　　　　　　　　　　　　　　　　　　　　　　　　 2 990

方法二，应编制会计分录如下：

借：主营业务成本 　　　　　　　　　　　　　　　　　　　　　 （250×13）3 250

　　贷：库存商品 　　　　　　　　　　　　　　　　　　　　　　　　　　　 3 250

冲减退回产品的成本：

借：库存商品 　　　　　　　　　　　　　　　　　　　　　　　 （20×13）260

　　贷：主营业务成本 　　　　　　　　　　　　　　　　　　　　　　　　　 260

（三）其他业务成本的核算

1. 其他业务成本的内容

其他业务成本，是指企业除主营业务活动以外的企业经营活动所发生的成本。其他业务成本在制造业企业包括销售材料的成本、出租固定资产的折旧额、出租无形资产的摊销额、出租包装物的成本和摊销额。采用成本模式计量投资性房地产的企业，其计提的投资性房地产折旧额或摊销额，也构成其他业务成本。

2. 其他业务成本的账务处理

为了反映除主营业务活动以外的其他经营活动所发生的成本，企业应当设置"其他业务成本"科目。该科目属于损益类科目，借方登记主营业务活动以外的其他经营活动所发生的实际成本。期末，将"其他业务成本"科目的余额转入"本年利润"科目，借记"本年利润"科目，贷记"其他业务成本"科目。结转后，该科目无余额。本科目按其他业务成本的种类进行明细核算。

三、税金及附加的核算

1. 税金及附加的内容

税金及附加，是指企业生产经营活动应负担的相关税费，包括消费税、城市维护建设税、教育费附加和资源税等。

（1）税金及附加是兜底概念，实际上是指除企业所得税、增值税以外的各种税金及附加。企业所得税在"所得税费用"科目反映，增值税在"应交税费——应交增值税"科目反映。

（2）税金及附加通常是企业与税务机关或财政部门之间发生税务关系。但是企业向税务机关缴纳的税收滞纳金及罚款不构成税金及附加，而应作为营业外支出。

（3）在进行账务处理时，无论是企业的主营业务还是其他业务发生的税金及附加，均在"税金及附加"科目核算，而不应在"主营业务成本"和"其他业务成本"科目核算。但是，与最终确认为营业外收入或营业外支出相关的交易或事项（即企业非日常活动）产生的税费均不在"税金及附加"科目核算，而分别在"固定资产清理""营业外收入""营业外支出"等科目核算。

2. 税金及附加的核算

为了进行税金及附加的核算，企业需要设置"税金及附加"科目。该科目属于损益类科目，用于核算企业日常经营活动应负担的税金及附加，包括消费税、城市维护建设税、资源税、土地增值税和教育费附加等。该科目借方登记销售商品等经营活动应交的各项税金及附加，贷方登记期末结转到"本年利润"科目的各项税金及附加。结转后，该科目期末应无余额。

企业经营活动中发生的消费税、城市维护建设税、教育费附加和资源税等相关税费，通过"税金及附加"科目来核算。除上述四种税费外的房产税、车船税、城镇土地使用税、印花税在"管理费用"科目核算。但与投资性房地产相关的房产税、土地使用税在"税金及附加"科目核算。

企业按照规定计算确定的与经营活动相关的税费，借记"税金及附加"科目，贷记"应交税费"科目。企业收到的返还的消费税等原记入"税金及附加"科目的各种税金，应按实际收到的金额，借记"银行存款"科目，贷记"税金及附加"科目。

【例 9.2.2】　20×9 年 10 月，B 企业销售小轿车 20 辆。该批小轿车的出厂价为 16 万元/辆。B 企业价外收取的有关费用为 11 200 元/辆。该企业 10 月增值税进项税额为 220 000 元，适用的消费税税率为 8%、城建税税率为 7%、教育费附加率为 3%。请为 B 企业的上述经济业务编制会计分录。

要想为上述经济业务编制会计分录，首先应进行如下计算：

应纳消费税税额=（160 000+11 200）×8%×20=273 920（元）

增值税销项税额=（160 000+11 200）×13%×20=445 120（元）

应纳增值税税额=445 120−220 000=225 120（元）

应纳城建税税额=（273 920+225 120）×7%=34 932.80（元）

应纳教育费附加=（273 920+225 120）×3%=14 971.20（元）

根据上述有关数据，为 B 企业编制的会计分录如下：

借：银行存款		3 869 120
贷：主营业务收入		3 424 000
应交税费——应交增值税（销项税额）		445 120
借：税金及附加		323 824.00
贷：应交税费——应交消费税		273 920.00
——应交城建税		34 932.80
——应交教育费附加		14 971.20

四、期间费用的核算

（一）期间费用的内容

期间费用是企业在日常经营活动中所发生的经济利益的流出，其之所以不计入特定的成本核算对象，主要是因为期间费用是为组织和管理整个企业经营活动所发生的费用，与可以确定特定成本核算对象的材料采购、产品生产等没有直接关系，难以判定其所归属的材料和产品，不能列入材料采购成本和产品制造成本。因而期间费用不计入有关核算对象成本，而是直接计入当期损益。

期间费用主要包括销售费用、管理费用（含研发费用）和财务费用。

（二）期间费用的核算

1. 销售费用

（1）销售费用的内容。销售费用是指企业在销售商品过程中发生的各项费用以及为销售本企业商品而专设的销售机构（含销售网点、售后服务网点等）的经营费用。销售费用包括的具体项目如下。

1）产品自销费用，包括应由本企业负担的销售商品过程中发生的包装费、运输费、装卸费、保险费。

2）产品促销费用，包括展览费、广告费、商品维修费等销售服务费。

3）销售部门的费用，一般是指专设销售机构的职工薪酬、类似工资性质的费用、业务费、折旧费等经营费用。

4）委托代销费用，主要是指企业委托其他单位代销，按代销合同规定支付的委托代销手续费。

5）商品流通企业的进货费用，是指商品流通企业在进货过程中发生的金额较小的、不计入商品成本的运输费、装卸费、包装费、保险费、运输途中的合理损耗和入库前的挑选整理费等。

（2）销售费用的核算。企业发生的销售费用在"销售费用"科目中核算。该科目是损益类科目，借方登记企业发生的各项销售费用，贷方登记期末转入"本年利润"科目的销售费用。结转后，该科目应无余额。该科目应按销售费用的费用项目设置明细账，进行明细核算。

企业在销售商品过程中发生的包装费、保险费、展览费、广告费、运输费、装卸费等费用，应借记"销售费用"科目，贷记"库存现金"或"银行存款"等科目；

企业发生的为销售本企业商品而专设的销售机构的职工薪酬、业务费等经营费用，应借记"销售费用"科目，贷记"应付职工薪酬""银行存款""累计折旧"等科目。

期末，应将"销售费用"科目的余额转入"本年利润"科目，借记"本年利润"科目，贷记"销售费用"科目。结转后，"销售费用"科目应无余额。

【例9.2.3】　渤海公司8月发生的销售费用包括：以银行存款支付广告费6 000元；以现金支付应由公司负担因销售A产品而发生的运输费1 000元；本月分配给专设销售机构的职工工资为5 000元。月末，该公司将全部销售费用予以结转。

根据上述资料，渤海公司的账务处理如下。

（1）支付广告费：

借：销售费用——广告费　　　　　　　　　　　　　　　　　　　　6 000

　　贷：银行存款　　　　　　　　　　　　　　　　　　　　　　　　　　6 000

（2）支付运输费：

借：销售费用——运输费　　　　　　　　　　　　　　　　　　　　1 000

　　贷：库存现金　　　　　　　　　　　　　　　　　　　　　　　　　　1 000

（3）分配职工薪酬：

借：销售费用——工资　　　　　　　　　　　　　　　　　　　　　5 000

　　贷：应付职工薪酬——工资　　　　　　　　　　　　　　　　　　　　5 000

（4）月末，结转销售费用：

借：本年利润　　　　　　　　　　　　　　　　　　　　　　　　　12 000

　　贷：销售费用　　　　　　　　　　　　　　　　　　　　　　　　　12 000

2. 管理费用

（1）管理费用的内容。管理费用是指企业为组织和管理生产经营活动而发生的各种费用，包括以下几类。

1）企业管理部门发生的直接管理费用，如公司经费等。公司经费包括总部管理人员职工薪酬、工会经费、劳动保险费、差旅费、办公费、折旧费、物料消耗、财产保险费、低值易耗品摊销及其他公司经费。

2）用于企业直接管理之外的费用，主要包括董事会费（包括董事会成员津贴、会议费和差旅费等）、咨询费（含顾问费）、聘请中介机构费、诉讼费等。

3）提供生产技术条件的费用，主要包括企业在筹建期间发生的开办费、研究费、无形资产摊销、长期待摊费用摊销、房产税、车船使用税、土地使用税、印花税、技术转让费、矿产资源补偿费、排污费以及企业生产车间（部门）和行政管理部门发生的固定资产修理费等。

4）业务招待费，是指企业为业务经营的合理需要而支付的交际应酬费用。《中华人民共和国企业所得税法实施条例》规定，企业发生的与生产经营活动有关的业务招待费支出，按照发生额的 60% 做税前扣除，但最高不得超过当年销售（营业）收入的 5‰。

　　5）其他费用，是指不包括在以上各项之内又应列入管理费用的费用。

　　（2）管理费用的核算。企业应设置"管理费用"科目，用于核算管理费用的发生和结转情况。"管理费用"科目是损益类科目，该科目的借方登记企业发生的各项管理费用，贷方登记期末结转到"本年利润"科目的管理费用。结转后，该科目无余额。该科目按管理费用的费用项目设置明细账，或按费用项目设置专栏，进行明细核算。

　　提示： *需特别强调的是，企业生产部门和行政管理部门等发生的固定资产修理费用等后续支出，都是管理费用的核算范围。*

　　企业在筹建期间发生的开办费，包括人员薪酬、办公费、培训费、差旅费、印刷费、注册登记费以及不计入固定资产成本的借款费用等，在实际发生时，借记"管理费用——开办费"科目，贷记"银行存款"科目。

　　行政管理部门人员的职工薪酬及其他职工薪酬（包括因解除与职工的劳动关系给予的补偿），借记"管理费用"科目，贷记"应付职工薪酬"科目。

　　行政管理部门计提的固定资产折旧和发生的修理费，借记"管理费用"科目，贷记"累计折旧""银行存款"等科目。

　　管理部门发生的办公费、水电费、业务招待费、聘请中介机构费、咨询费、诉讼费、技术转让费、排污费等费用，借记"管理费用"科目，贷记"银行存款"科目。

　　按规定计算确定的企业应交矿产资源补偿费、房产税、车船税、土地使用税，借记"管理费用"科目，贷记"应交税费"科目。

　　【例9.2.4】 渤海公司 8 月发生以下管理费用：以银行存款支付业务招待费 7 000 元；计提管理部门使用的固定资产折旧费 8 000 元；分配管理人员职工薪酬 15 000 元；以银行存款支付董事会成员差旅费 3 000 元；摊销无形资产 2 000 元。月末结转管理费用。

　　根据上述资料，渤海公司的账务处理如下。

　　（1）支付业务招待费：

　　　借：管理费用——业务招待费　　　　　　　　　　　　　　　　　　　7 000
　　　　　贷：银行存款　　　　　　　　　　　　　　　　　　　　　　　　　　　7 000

　　（2）计提折旧费：

　　　借：管理费用——折旧费　　　　　　　　　　　　　　　　　　　　　8 000
　　　　　贷：累计折旧　　　　　　　　　　　　　　　　　　　　　　　　　　　8 000

　　（3）分配管理人员职工薪酬：

　　　借：管理费用——职工薪酬　　　　　　　　　　　　　　　　　　　　15 000
　　　　　贷：应付职工薪酬——工资　　　　　　　　　　　　　　　　　　　　15 000

　　（4）支付董事会成员差旅费：

　　　借：管理费用——董事会费　　　　　　　　　　　　　　　　　　　　3 000
　　　　　贷：银行存款　　　　　　　　　　　　　　　　　　　　　　　　　　　3 000

　　（5）摊销无形资产：

　　　借：管理费用——无形资产摊销　　　　　　　　　　　　　　　　　　2 000
　　　　　贷：累计摊销　　　　　　　　　　　　　　　　　　　　　　　　　　　2 000

　　（6）结转管理费用：

　　　借：本年利润　　　　　　　　　　　　　　　　　　　　　　　　　　35 000

　　　　贷：管理费用　　　　　　　　　　　　　　　　　　　　　　　　　35 000

　　3. 财务费用

　　（1）财务费用的内容。<u>财务费用是指企业为筹集生产经营所需资金而发生的各项费用</u>，具体包括的项目有利息净支出、汇兑净损失、金融机构手续费、企业发生的现金折扣或收到的现金折扣，以及筹集生产经营资金时发生的其他费用等。其具体内容如下。

　　1）利息净支出，是指企业短期借款利息、长期借款利息、应付票据利息、票据贴现息、应付债券利息、长期应付款利息等利息支出减去银行存款等利息收入后的净额。

　　2）汇兑净损失，是企业因向银行结售或购入外汇而产生的银行买入、卖出价与记账所采用的汇率之间的差额，以及月度终了，各种外币账户的外币期末余额，按照期末汇率折合的记账本位币金额与账面记账本位币金额之间的差额等。

　　3）金融机构手续费，是指发行债券所需支付的手续费、开出汇票的银行手续费、调剂外汇手续费等。

　　4）企业发生的现金折扣或收到的现金折扣。

　　5）其他费用，如融资租入固定资产时发生的融资租赁费用，以及筹集生产经营资金时发生的其他费用等。

　　（2）财务费用的核算。企业应设置"财务费用"科目，用于反映财务费用的发生和结转情况。该科目是损益类科目，借方登记已发生的各项财务费用，贷方登记期末结转到"本年利润"科目的财务费用，结转后该会计科目应无余额。该会计科目按财务费用的费用项目进行明细核算。

　　提示：需强调的是，为购建或生产满足资本化条件的资产发生的应予资本化的借款费用，在"在建工程""制造费用"等科目中核算，不属于"财务费用"科目的核算范畴。

　　企业发生的各项财务费用，借记"财务费用"科目，贷记"银行存款""应付利息"等科目。

　　企业发生应冲减财务费用的利息收入、汇兑差额、现金折扣时，借记"银行存款""应付账款"等科目，贷记"财务费用"科目。

　　期末，将"财务费用"科目余额转入"本年利润"科目时，借记"本年利润"科目，贷记"财务费用"科目。结转后，该科目应无余额。

　　【例9.2.5】渤海公司8月发生如下事项：接银行通知，已划拨本月银行借款利息6 000元；银行转来存款利息3 000元。月末结转财务费用。

　　根据上述资料，渤海公司的账务处理如下：

　　（1）借：财务费用——利息支出　　　　　　　　　　　　　　　　6 000

　　　　　　贷：银行存款　　　　　　　　　　　　　　　　　　　　　　　6 000

　　（2）借：银行存款　　　　　　　　　　　　　　　　　　　　　　3 000

　　　　　　贷：财务费用——利息收入　　　　　　　　　　　　　　　　　3 000

　　（3）借：本年利润　　　　　　　　　　　　　　　　　　　　　　3 000

　　　　　　贷：财务费用　　　　　　　　　　　　　　　　　　　　　　　3 000

【本章小结】

　　收入，是指企业在日常活动中形成的、会导致所有者权益增加的、与所有者投入资本无关的经济利益的总流入。收入的确认与计量应当采用五步法模型。对于简单合同，企业在应用五步法模型时，可以重点关注企业是否已经履行了履约义务即客户是否已经取得了相关商品的控制权（确认收入的时点）、企业因向客户转让商品而有权取得的对价是否很可能收回（确认收入的前提条件）等。企业在将收入确认和计量的五步法模型运用于特定交易的会计处理时，应结合各种特定交易的特点。这些特定交易主要包括附有销售退回条款的销售、附有质量保证条款的销售、委托代销和预收款销售等。

费用，是指企业在日常活动中发生的、会导致所有者权益减少的、与向所有者分配利润无关的经济利益的总流出。费用分为狭义费用和广义费用。企业为生产产品、提供劳务等发生的可归属于产品成本、劳务成本等的费用，应当在确认销售商品收入、劳务收入时，将已销售产品、已提供劳务的成本等计入当期损益，包括主营业务成本和其他业务成本。企业在日常经营活动中发生的不能计入特定核算对象的成本而应直接计入发生当期损益的费用为期间费用。期间费用包括销售费用、管理费用和财务费用。

【综合练习】

一、单项选择题

1. 对收入确认时间，下列说法中，错误的是（　　）。

   A. 采用预收货款方式销售商品的，在预收货款时确认收入

   B. 采用托收承付方式销售商品的，在发出商品办妥托收手续时确认收入

   C. 采用交款提货方式销售商品的，在开出发票账单收到货款时确认收入

   D. 采用支付手续费委托代销方式销售商品的，收到代销清单时确认收入

2. 企业对外销售需要安装的商品时，若安装和检验属于销售合同的重要组成部分，则确认该商品销售收入的时间是（　　）。

   A. 发出商品时　　　　　　　　　　　B. 收到商品销售货款时

   C. 商品运抵并开始安装时　　　　　　D. 商品安装完毕并检验合格时

3. 在采用分期收款方式销售商品的情况下，企业确认收入的时间是（　　）。

   A. 发出商品时　　　　　　　　　　　B. 开出销售发票时

   C. 合同规定的收款期　　　　　　　　D. 收到全部货款时

4. 企业20×7年12月售出的产品在20×8年2月被退回时，其冲减的销售收入应在退回当期记入（　　）科目的借方。

   A. "其他业务收入"　　　　　　　　　B. "以前年度损益调整"

   C. "主营业务收入"　　　　　　　　　D. "本年利润"

5. 工业企业将暂时闲置的固定资产出租，收取的租金应计入（　　）。

   A. 产品销售收入　B. 其他业务收入　　C. 投资收益　D. 营业外收入

6. 对于企业已经发出商品但尚未确认销售收入的商品成本，应编制的会计分录为（　　）。

   A. 借记"应收账款"科目，贷记"库存商品"科目

   B. 借记"应收账款"科目，贷记"主营业务收入"科目（不考虑增值税）

   C. 借记"主营业务成本"科目，贷记"库存商品"科目

   D. 借记"发出商品"科目，贷记"库存商品"科目

7. 在采用收取手续费方式发出商品时，委托方确认商品销售收入的时点为（　　）。

   A. 委托方发出商品时　　　　　　　　B. 受托方销售商品时

C. 委托方收到受托方开具的代销清单时　　D. 委托方收到受托方代销商品的销售货款时

8. 下列各项中，应计入管理费用的是（　　）。

A. 出租包装物摊销　　　　　　　　　　B. 无形资产摊销

C. 出借包装物摊销　　　　　　　　　　D. 车间领用低值易耗品摊销

9. 下列各项中，不应计入销售费用的是（　　）。

A. 已售商品预计保修费用

B. 为推广新产品而发生的广告费用

C. 随同商品出售且单独计价的包装物成本

D. 随同商品出售而不单独计价的包装物成本

10. 企业对随同商品出售且单独计价的包装物进行会计处理时，应将该包装物的实际成本结转到（　　）科目。

A. "制造费用"　　　　　　　　　　　　B. "管理费用"

C. "销售费用"　　　　　　　　　　　　D. "其他业务成本"

11. 企业发生的各项税费中，不应记入"税金及附加"科目的是（　　）。

A. 与投资性房地产有关的房产税　　　　B. 处置固定资产缴纳的增值税

C. 销售应税消费品缴纳的消费税　　　　D. 销售商品缴纳的教育费附加

12. 下列各项中，不属于期间费用的是（　　）。

A. 管理部门固定资产维修费　　　　　　B. 预计产品质量保证损失

C. 因违约支付的赔偿款　　　　　　　　D. 汇兑损益

13. 下列各项中，不应计入销售费用的是（　　）。

A. 商品维修费　　　B. 采购运输费　　　C. 业务招待费　　　D. 产品参展费

14. 下列税费中，应记入"管理费用"科目的是（　　）。

A. 消费税　　　B. 增值税　　　C. 教育费附加　　　D. 印花税

15. 下列各项费用中，应计入财务费用的是（　　）。

A. 支付银行承兑手续费　　　　　　　　B. 筹建期间长期借款利息

C. 支付购买短期债券的手续费　　　　　D. 建造固定资产交付使用前的借款利息

二、多项选择题

1. 下列有关收入确认的表述中，正确的有（　　）。

A. 如劳务的开始和完成分属于不同会计期间，应按完工百分比法确认收入

B. 在收取手续费方式下，委托代销商品时要在收到受托方开具的代销清单时确认收入

C. 资产使用费收入应当按合同规定确认

D. 在预收款销售方式下，收到货款时确认收入

2. 下列各项中，关于采用支付手续费方式委托代销商品的会计处理，表述正确的有（　　）。

A. 委托方通常在收到受托方开出的代销清单时确认销售商品收入

B. 委托方发出商品时应按约定的售价记入"委托代销商品"科目

C. 受托方应在代销商品销售后按照双方约定的手续费确认劳务收入

D. 受托方一般应按其与委托方约定的售价总额确认受托代销商品款

3. 下列税金中，通过"管理费用"科目核算的有（　　）。

A. 房产税　　　　　　B. 土地使用税　　　　　C. 销售产品缴纳的消费税

D. 印花税　　　　　　　　E. 资源税

4. 下列各项中，应列入利润表"营业成本"项目的有（　　）。

A. 销售商品成本　　　　　　　　B. 销售材料成本

C. 出租非专利技术的摊销额　　　D. 固定资产处置净损失

5. 下列各项支出在发生时应直接确认为当期费用的有（　　）。

A. 固定资产安装工人工资支出　　B. 广告费支出

C. 专设销售机构职工工资支出　　D. 管理人员工资支出

E. 购买运输卡车的支出

6. 下列各项中，不应在发生时确认为销售费用的有（　　）。

A. 车间管理人员的工资　　　　　B. 投资性房地产的折旧额

C. 专设销售机构固定资产的维修费　D. 预计产品质量保证损失

7. 下列各项中，会影响管理费用的有（　　）。

A. 企业盘点现金，发生现金的盘亏

B. 存货盘点，发现存货盘亏，经查是管理不善造成的

C. 固定资产盘点，发生固定资产盘亏的净损失

D. 现金盘点，发生现金盘点的净收益

8. 下列各项中，关于期间费用的处理，做法正确的有（　　）。

A. 董事会会费计入管理费用

B. 管理部门的劳动保险费计入销售费用

C. 销售人员工资计入销售费用

D. 季节性停工损失计入管理费用

9. 下列各项中，应在发生时直接确认为期间费用的有（　　）。

A. 专设销售机构固定资产的折旧费　B. 业务招待费

C. 管理人员差旅费　　　　　　　　D. 车间管理人员薪酬

10. 下列各项中，属于"其他业务成本"科目核算内容的有（　　）。

A. 经营租出固定资产计提的折旧

B. 经营租出无形资产的服务费

C. 销售材料结转的材料成本

D. 出售无形资产结转的无形资产的摊余价值

11. 下列关于税金及附加的表述正确的有（　　）。

A. 税金及附加是企业经营活动中负担的相关税费

B. 税金及附加与取得的收入有关

C. 与投资性房地产有关的房产税、城镇土地使用税计入税金及附加

D. 税金及附加影响企业营业利润

12. 企业支付的下列税金应通过"管理费用"科目核算的有（　　）。

A. 车船税　　　　　　　　B. 房产税

C. 印花税　　　　　　　　D. 资源税

13. 企业发生的下列支出中，应当计入销售费用的有（　　）。

A. 广告费　　　　　　B. 工会经费　　　　　　C. 专设销售机构办公费

D. 业务招待费　　　　E. 职工教育经费

14. 下列各项中，不应计入管理费用的有（　　）。
    A. 总部办公楼折旧　　　　　　B. 生产设备改良支出
    C. 经营租出专用设备的修理费　　D. 专设销售机构房屋的修理费
15. 下列各项中，应计入财务费用的有（　　）。
    A. 企业发行股票支付的手续费　　B. 企业支付的银行承兑汇票手续费
    C. 企业购买商品时取得的现金折扣　D. 企业销售商品时发生的现金折扣

三、判断题

1. 收入是从日常生产经营活动中而不是从偶发的交易或事项中产生的。（　　）
2. 企业在销售商品时，如果估计价款收回的可能性不大，即使收入确认的其他条件均已满足，也不应确认收入实现。（　　）
3. 如果商品售出后，企业仍可以对售出商品实施有效控制，则说明此项商品销售不成立，不应该确认销售商品收入。（　　）
4. 预收款销售方式下，企业应该在发出商品时确认销售收入。（　　）
5. 企业在采用预收货款结算方式销售商品时，应在收到货款时确认收入。（　　）
6. 采用分期收款方式销售时，对于销售商品的成本，应于发出商品时进行结转。（　　）
7. 在支付手续费委托方式下，委托方在收到代销清单时确认销售收入。（　　）
8. 企业为客户提供的现金折扣应在实际发生时冲减当期销售收入。（　　）
9. 企业已确认销售收入的售出商品发生销售折让，一般应在发生折让时冲减当期销售收入，同时冲减当期营业成本。（　　）
10. 企业出租固定资产的折旧和出租无形资产的折旧均应记入"其他业务成本"科目中。（　　）
11. 企业费用的增加会导致所有者权益的减少，所以所有者权益减少一定会使费用增加。（　　）
12. 企业出售固定资产发生的处置净损失属于企业的费用。（　　）
13. 企业应当在确认销售商品收入、提供劳务收入时，将已销售商品、已提供劳务的成本等计入当期损益。（　　）
14. 企业发生的增值税、消费税、教育费附加等均应记入"税金及附加"科目。（　　）
15. 企业生产经营期间的长期借款利息支出应该全部计入财务费用中。（　　）

四、业务处理题

1. 大明公司为一般纳税人，其产品适用的增值税税率为13%。20×9年6月，该公司发生如下经济业务。
（1）3日，采用银行承兑汇票的结算方式向黄河公司销售A产品30件，价款为30 000元，增值税税额为3 900元，收到付款期限为2个月的银行承兑汇票一张。
（2）7日，采用赊销方式向长江公司销售B产品20件，价款为40 000元，增值税税额为5 200元，付款条件为2/10、1/20、n/30，采用总价法核算。
（3）9日，采用托收承付结算方式向长江公司销售A产品50件，价款为50 000元，增值税税额为6 500元，用银行存款代垫运杂费300元，已办妥托收手续。
（4）12日，大华公司因产品规格问题退回上月所购A产品5件，价款为5 000元，增值税税额为650元，其成本为3 000元。大明公司签发支票一张，支付退货款，退货产品已收回入库。
（5）16日，由于黄河公司发现所购3件A产品质量存在问题，大明公司同意给予黄河公司10%的销售折让，涉及金额3 480元，以银行存款支付。

（6）20日，收到长江公司支付的B产品货款，存入银行。

要求：根据以上资料，为大明公司逐笔编制会计分录。

2. 甲公司与购货单位签订协议，采用预收款方式向购货单位销售一批商品。协议约定，该批商品的销售价格为800 000元，增值税税额为104 000元；购货单位应在协议签订时预付货款的60%（不含增值税），剩余货款于2个月后支付。甲公司收到全部货款（含增值税）时发出商品。该批商品的实际成本为600 000元。

要求：请为甲公司的上述经济业务编制会计分录。

3. A公司采用分期收款方式向B公司销售大型产品一件，价款为300 000元。按合同的约定，B公司在成交时支付货款的40%，其余的在以后五个月内平均付款。该产品成本为180 000元。A公司为一般纳税人。该产品适用的增值税税率为13%。

要求：请为A公司的上述经济业务编制会计分录。

4. 甲、乙两企业均为一般纳税人，适用的增值税税率均为13%。20×9年6月6日，甲企业与乙企业签订代销协议。协议约定，甲企业委托乙企业销售A商品500件，A商品的单位成本为350元。代销协议规定，乙企业应按每件565元（含增值税）的价格将A商品售给顾客，而甲企业按不含增值税的售价的10%向乙企业支付手续费。20×9年7月1日，甲企业收到乙企业交来的代销清单。代销清单中注明：实际销售A商品400件，商品售价为200 000元，增值税税额为26 000元。当日，甲企业向乙企业开具金额相等的增值税专用发票。20×9年7月6日，甲企业收到乙企业支付的已扣除手续费的商品代销款。

要求：根据上述资料，编制甲企业的如下业务会计分录。

（1）发出商品时的会计分录。

（2）确认销售收入、增值税税额、手续费支出，以及结转销售成本时的会计分录。

（3）收到商品代销款时的会计分录。

5. 甲公司为一般纳税人，其商品适用的增值税税率为13%。商品销售价格不含增值税，在确认销售收入时逐笔结转销售成本。假定不考虑其他相关税费。20×9年9月甲公司发生如下经济业务。

（1）9月2日，向乙公司销售A商品1 600件，标价总额为800万元（不含增值税），商品实际成本为480万元。为了促销，甲公司给予乙公司15%的商业折扣并开具了增值税专用发票。甲公司已发出商品，并向银行办理了托收手续。

（2）9月10日，因部分A商品的规格与合同不符，乙公司退回A商品800件。当日，甲公司按规定向乙公司开具增值税专用发票（红字），销售退回允许扣减当期增值税销项税额，退回商品已验收入库。

（3）9月15日，甲公司将部分退回的A商品作为福利发放给本公司职工，其中，生产工人500件，行政管理人员40件，专设销售机构人员60件。该商品的市场价格为0.4万元/件（与计税价格一致），实际成本为0.3万元/件。

（4）9月25日，甲公司收到丙公司来函。来函提出，丙公司于20×9年5月10日从甲公司所购B商品不符合合同规定的质量标准，要求甲公司在价格上给予10%的销售折让。该批商品售价为600万元，增值税税额为78万元，货款已结清。甲公司同意给予丙公司所要求的折让并以银行存款退还折让款，同时开具了增值税专用发票（红字）。

除上述资料外，不考虑其他因素。

要求：逐笔编制甲公司上述经济业务的会计分录。

6. 兴荣公司20×9年12月发生下列经济业务。

（1）用银行存款支付产品的广告费 20 000 元。

（2）摊销无形资产，价值 2 000 元。

（3）企业管理部门使用的固定资产计提折旧 5 000 元，销售部门使用的固定资产计提折旧 3 000 元。

（4）分配职工工资，其中，企业管理部门人员的工资为 30 000 元，专设销售机构人员的工资为 40 000 元。

（5）计算得出本月短期借款的利息为 20 000 元、长期借款的利息为 60 000 元（工程去年已完工并交付使用）。

（6）计提管理部门职工教育经费 3 000 元、工会经费 2 000 元。

要求： 根据上述经济业务编制会计分录。

第十章

利润和所得税费用

【本章学习目标】

知识目标：熟悉利润和所得税费用的概念；掌握利润和所得税费用的核算内容、需要设置的科目与账务处理的方法。

能力目标：能正确进行利润和所得税费用的账务处理。

【本章导读】

利润是指企业在一定会计期间的经营成果，包括收入减去费用后的净额、直接计入当期利润的利得和损失。其中，收入减去费用后的净额反映的是企业日常活动的经营业绩。直接计入当期利润的利得和损失，是指应当计入当期损益、最终会引起所有者权益发生增减变动的、与所有者投入资本或者向所有者分配利润无关的利得或者损失，反映的是企业非日常活动的业绩。

在利润表中，利润的金额分为营业利润、利润总额和净利润三个层次计算确定。

1. 营业利润

营业利润是指企业通过一定期间的日常活动取得的利润，即

营业利润 = 营业收入 − 营业成本 − 税金及附加 − 销售费用 − 管理费用 − 研发费用 − 财务费用
− 资产减值损失 − 信用减值损失 + 其他收益 ± 投资净损益 ± 公允价值变动净损益
± 资产处置净损益

2. 利润总额

利润总额是指企业一定期间的营业利润加上营业外收入减去营业外支出后的所得税前利润总额，即

利润总额 = 营业利润 + 营业外收入 − 营业外支出

3. 净利润

净利润是指企业一定期间的利润总额减去所得税费用后的净额，即

净利润 = 利润总额 − 所得税费用

所得税费用是指企业按照会计准则的规定确认的应从当期利润总额中扣除的当期所得税费用和递延所得税费用。

第一节　利润的核算

本节学习目标

知识目标：掌握会计期末利润结转的表结法和账结法；掌握利润分配的程序和内容。

技能目标：能正确进行本年利润结转和分配的账务处理。

一、利润结转的核算

（一）利润结转的两种方法

会计期末结转本期利润的方法有表结法和账结法两种。

1. 表结法

在表结法下，各损益类科目每月月末仅需结计出本月发生额和月末累计余额，不结转到"本年利润"科目，只有在年末时才将损益类科目全年累计余额结转入"本年利润"科目，但每月月末要将损益类科目的本月发生额的合计填入利润表的"本月数"栏，同时要将本月月末累计余额填入利润表中的本年"累计数"栏，通过利润表计算反映各月的利润（或亏损）。在表结法下，年中各月月末损益类科目无须结转入"本年利润"科目，从而减少了转账环节的工作量，同时并不影响利润表的编制及有关损益指标的利用。

2. 账结法

在账结法下，每月月末均须编制转账凭证，在账上结计出的各损益类科目的余额应结转入"本年利润"科目。在账结法下，企业在各月均通过"本年利润"科目提供当月及本年累计的利润（或亏损）额，但增加了转账环节和工作量。

（二）利润结转的账务处理

微课视频
利润结转的
账务处理

企业应设置"本年利润"科目，用于核算企业当期实现的净利润（或发生的净亏损）。利润计算与结转的基本会计处理程序如下。

（1）在账结法下，各月月末，企业应将各损益类科目的余额转入"本年利润"科目，结平各损益类科目，即将收入、利得类科目的贷方余额转入"本年利润"科目的贷方，借记"主营业务收入""其他业务收入""其他收益""营业外收入"等科目，贷记"本年利润"科目；将费用、损失类科目的借方余额转入"本年利润"科目的借方，借记"本年利润"科目，贷记"主营业务成本""其他业务成本""税金及附加""销售费用""管理费用""财务费用""资产减值损失""信用减值损失""营业外支出""所得税费用"等科目。"投资收益""公允价值变动损益""资产处置损益"等科目结转前如为贷方余额，借记"投资收益""公允价值变动损益""资产处置损益"等科目，贷记"本年利润"科目；如为借方余额，借记"本年利润"科目，贷记"投资收益""公允价值变动损益""资产处置损益"等科目。期末结转损益类科目余额后，"本年利润"科目如为贷方余额，反映年初至本期末累计实现的净利润；如为借方余额，反映年初至本期末累计发生的净亏损。

在表结法下，企业在中期期末（月末）不进行上述利润结转，年内各期实现的利润直接通过利润表计算；年度终了时，再将各损益类科目全年累计金额一次转入"本年利润"科目。

（2）年度终了，企业应将收入和支出相抵后结出的本年实现的净利润转入"利润分配——未分配利润"科目，借记"本年利润"科目，贷记"利润分配——未分配利润"科目；如果为净亏损，借记"利润分配——未分配利润"科目，贷记"本年利润"科目。结转后，"本年利润"科目应无余额。

【例 10.1.1】 A 企业 20×8 年有关损益类科目年末结转前的余额如表 10.1 所示（该企业采用表结法年末一次结转损益类科目，适用的所得税税率为 25%）。

A 企业 20×8 年年末将各损益类科目的年末余额转入"本年利润"科目，相关账务处理如下。

（1）20×8 年 12 月 31 日，结转本年损益类科目的余额：

	借：主营业务收入	25 000 000
	其他业务收入	9 000 000
	其他收益	600 000
	投资收益	4 000 000
	营业外收入	1 250 000
	贷：本年利润	39 850 000
	借：本年利润	34 950 000
	贷：主营业务成本	17 500 000
	其他业务成本	7 000 000
	税金及附加	300 000
	销售费用	1 900 000
	管理费用	1 700 000
	财务费用	600 000
	资产减值损失	550 000
	信用减值损失	450 000
	公允价值变动损益	500 000
	资产处置损益	800 000
	营业外支出	1 050 000
	所得税费用	2 600 000

表 10.1 损益类科目年末结转前的余额

科目名称	余额方向	结转前余额（元）
主营业务收入	贷方	25 000 000
其他业务收入	贷方	9 000 000
其他收益	贷方	600 000
投资收益	贷方	4 000 000
公允价值变动损益	贷方	−500 000
资产处置损益	贷方	−800 000
营业外收入	贷方	1 250 000
主营业务成本	借方	17 500 000
其他业务成本	借方	7 000 000
税金及附加	借方	300 000
销售费用	借方	1 900 000
管理费用	借方	1 700 000
财务费用	借方	600 000
资产减值损失	借方	550 000
信用减值损失	借方	450 000
营业外支出	借方	1 050 000
所得税费用	借方	2 600 000

（2）20×8 年 12 月 31 日，结转本年净利润：

	借：本年利润	4 900 000
	贷：利润分配——未分配利润	4 900 000

二、利润分配的核算

（一）利润分配的顺序

企业当期实现的净利润，加上年初未分配利润（或减去年初未弥补亏损）和其他转入后的金额，为可供分配的利润。可供分配的利润一般按下列顺序进行分配。

1. 弥补以前年度的亏损

企业纳税年度发生的亏损，准予向以后年度结转，用以后年度的所得弥补，但结转年限最长不得超过 5 年。

2. 提取法定盈余公积

在公司制企业中，法定盈余公积按照本年实现的净利润的 10% 提取。其他企业可以根据需要确定提取的比例，但至少应按 10% 提取。企业提取的法定盈余公积累计额达到注册资本 50% 以上的可以不再提取。

3. 分配给投资者

可供分配的利润扣除提取的盈余公积以后的余额，为可供投资者分配的利润。可供投资者分配的利润，按下列顺序分配。

（1）分配优先股股利，是指企业按照利润分配方案分配给优先股股东的现金股利。

（2）提取任意盈余公积，是指企业按股东大会决议提取的盈余公积。

（3）分配普通股股利，是指企业按照利润分配方案分配给普通股股东的现金股利。

企业如果发生亏损，可用以后年度实现的利润弥补，也可用以前年度提取的盈余公积弥补。企业以前年度亏损未弥补完，不能提取法定盈余公积，在提取法定盈余公积前，不得向投资者分配利润。

4. 转作股本的股利

转作股本的股利是指企业按照利润分配方案以分派股票股利的形式转作股本的股利，也包括非股份有限公司用以转增资本的利润。

（二）利润分配核算的科目设置

（1）"利润分配"科目，属于所有者权益类科目，用于核算利润的分配（或亏损的弥补）情况。该科目的借方登记已分配的利润及年终亏损的转入数，贷方登记已弥补的亏损数及年终由"本年利润"科目转入的净利润。该科目余额若在借方，反映历年积欠的未弥补亏损；若余额在贷方，反映历年积存的未分配利润。在"利润分配"科目下，要设置"提取法定盈余公积""提取任意盈余公积""应付现金股利（或利润）""转作股本的股利""盈余公积补亏""未分配利润"等明细科目，进行明细核算。年度终了，企业应将"利润分配"科目所属其他明细科目余额转入"未分配利润"明细科目。结转后，除"未分配利润"明细科目外，其他明细科目应无余额。

（2）"应付利润"科目，属于负债类会计科目，用于核算应付给国家、其他单位、个人等投资者的利润。该科目的贷方登记按照利润分配方案计算的应付利润；借方登记用货币资金或其他资产支付的利润；期末余额在贷方，反映应付未付的利润。

（三）利润分配核算的账务处理

1. 税后利润补亏

税后利润补亏，指用已扣除应交所得税后的企业净利润（又称税后利润）弥补企业往年被主管税务机关审核认定不得在税前弥补的亏损额或已超过延续弥补期限的挂账亏损额；企业当年发生亏损，用往年未分配利润或盈余公积弥补，也属于税后补亏的范畴。

企业发生的亏损应由企业自行弥补。企业弥补亏损的渠道有以下三条：①用以后年度税前利润弥补；②用以后年度净利润弥补；③用盈余公积弥补。

在会计核算上，无论是以税前利润还是以净利润弥补亏损，都不需要进行专门的账务处理。这是因为，企业在当年发生亏损的情况下，应将本年发生的亏损从"本年利润"科目的贷方，转入"利润分配——未分配利润"科目的借方；在以后年度实现净利润，应将该年度实现的利润从"本年利润"科目的借方，转入"利润分配——未分配利润"科目的贷方，其贷方发生额（即实现的利润）与原借方余额（未弥补亏损额）抵销，自然就弥补了亏损，无须专门编制会计分录。

【例10.1.2】　A公司以盈余公积10万元弥补企业以前年度亏损。A公司应编制的会计分录如下：

借：盈余公积　　　　　　　　　　　　　　　　　　　　　　　　　　　　100 000
　　贷：利润分配——盈余公积补亏　　　　　　　　　　　　　　　　　　　　100 000

2. 提取盈余公积

提取盈余公积涉及"利润分配"和"盈余公积"两个会计科目。提取盈余公积的结果是：使一项所有者权益减少，相关金额应记入"利润分配"科目的借方；使另一项所有者权益增加，相关金额应记入"盈余公积"科目的贷方。

3. 向投资者分配利润

向投资者分配利润涉及"利润分配"和"应付利润"两个会计科目。利润分配的结果是：使所有者权益减少，相关金额应记入"利润分配"科目的借方；因款项尚未付出，而形成企业的一笔负债，相关金额应记入"应付利润"科目的贷方。

【例10.1.3】　A公司本年度实现净利润860 000元，按净利润的10%提取法定盈余公积，提取任意盈余公积10万元，向投资者分配利润30万元。A公司应编制如下会计分录：

借：利润分配——提取法定盈余公积　　　　　　　　　　　　　　　　　　86 000
　　　　　　——提取任意盈余公积　　　　　　　　　　　　　　　　　　100 000
　　　　　　——应付利润　　　　　　　　　　　　　　　　　　　　　　300 000
　　贷：盈余公积——法定盈余公积　　　　　　　　　　　　　　　　　　　86 000
　　　　　　　　——任意盈余公积　　　　　　　　　　　　　　　　　　100 000
　　　　应付利润　　　　　　　　　　　　　　　　　　　　　　　　　　300 000

4. 年末结转"利润分配"各明细科目

年末，应将利润分配的各项内容从"利润分配"各明细科目的贷方转入"利润分配——未分配利润"明细科目的借方。

【例10.1.4】　承【例10.1.2】【例10.1.3】。A公司将"利润分配"科目中除"未分配利润"以外的其他各明细科目的余额转入"利润分配——未分配利润"明细科目。A公司应编制的会计分录如下：

借：利润分配——盈余公积补亏　　　　　　　　　　　　　　　　　　　100 000
　　贷：利润分配——未分配利润　　　　　　　　　　　　　　　　　　　100 000
借：利润分配——未分配利润　　　　　　　　　　　　　　　　　　　　486 000
　　贷：利润分配——提取法定盈余公积　　　　　　　　　　　　　　　　　86 000
　　　　　　　　——提取任意盈余公积　　　　　　　　　　　　　　　　100 000
　　　　　　　　——应付利润　　　　　　　　　　　　　　　　　　　　300 000

第二节 所得税费用的核算

本节学习目标

知识目标：理解永久性差异和暂时性差异的区别；理解资产和负债的计税基础；掌握暂时性差异的类型；掌握资产负债表债务法下所得税费用核算的方法。

技能目标：能正确进行资产负债表债务法下所得税费用的核算。

案例导入

20×9 年 12 月，你到甲公司进行顶岗实习。甲公司为一般纳税人，适用的所得税税率为 25%，按净利润的 10% 提取法定盈余公积。20×9 年度，甲公司发生如下经济业务。

（1）经批准，甲公司接受乙公司投入的库存商品一批。合同约定，该批商品的价值为 2 000 万元（与公允价值相符），增值税税额为 260 万元；同时，甲公司增加实收资本 1 000 万元，相关法律手续已办妥。

（2）出售一台设备，售价为 50 万元，增值税税额为 6.5 万元，款项存入银行。该设备的实际成本为 60 万元，累计折旧额为 15 万元，未计提减值准备。

（3）甲公司持有丙公司 30% 的股份，对丙公司具有重大影响。丙公司其他权益工具投资的公允价值净增加 250 万元，不考虑相关税费。

（4）交易性金融资产的公允价值上升 50 万元。

（5）研发项目完成并形成无形资产。该项目在研发阶段支出的资本化金额为 150 万元。

（6）除上述经济业务外，甲公司当年其他业务共实现营业收入 10 000 万元，发生营业成本 8 000 万元、税金及附加 400 万元、销售费用 100 万元、管理费用 200 万元、财务费用 50 万元。

（7）本年计入所得税费用的"递延所得税负债"科目的贷方发生额为 12.5 万元；按税法规定，当年准予税前扣除的职工福利费为 75 万元，而实际发生并计入当年利润总额的职工福利费为 80 万元；公允价值变动损益不得计入应纳税所得额。除此之外，不存在其他纳税调整项目，也未发生其他递延所得税。

案例解析

要求：请计算甲公司 20×9 年度利润表中的"所得税费用"和"净利润"项目的金额，并按《企业会计准则第 18 号——所得税》的要求进行所得税业务及利润业务的账务处理。

一、所得税会计概述

政策依据

《企业会计准则第 18 号——所得税》

企业会计准则和所得税法是基于不同目的、遵循不同原则分别制定的，二者在资产与负债的计量标准、收入与费用的确认原则等诸多方面存在着一定的分歧，导致企业一定期间按企业会计准则的要求确认的会计利润往往不等于按税法规定计算的应纳税所得额。所得税会计是研究如何处理会计利润和应纳税所得额之间差异的会计理论与方法。

（一）会计利润与应纳税所得额之间的差异

会计利润与应纳税所得额是两个既有联系又有区别的概念。会计利润，是指企业根据会计准则的要求，采用一定的会计程序与方法确定的所得税前利润总额，其目的是向财务报告使用者提供关于企业经营成果的会计信息，为其决策提供相关、可靠的依据。应纳税所得额是指企业按照所得税法的要求，以一定期间应税收入扣减税法准予扣除的项目后计算的应税所得，其目的是为企业进行纳税申报和国家税收机关对企业的经营所得征税提供依据。由于会计利润与应纳税所得额的确定依据和目的不同，因此，二者之间往往存在一定的差异。这种差异按性质的不同可以分为永久性差异和暂时性差异两个类型。

1. 永久性差异

永久性差异是指某一会计期间，由于会计准则和税法在计算收益、费用或损失时的口径不同所产生的税前会计利润与应纳税所得额之间的差异。例如，企业因购买国债而取得的利息收入，在会计核算上作为投资收益，计入当期利润表，但根据税法的规定，因购买国债而取得的利息收入不属于应税收入，不计入应纳税所得额。再如，企业支付的违法经营罚款、税收滞纳金等，在会计核算上作为营业外支出，计入当期利润表，但根据税法的规定，不允许在所得税前扣除。永久性差异的特点是在本期发生，不会在以后期间转回。

2. 暂时性差异

暂时性差异是指由税收法规与会计准则确认时间或计税基础不同产生的差异。该差异的存在将影响未来期间的应纳税所得额。例如，按照企业会计准则的规定，以公允价值计量且其变动计入当期损益的金融资产期末应以公允价值计量，公允价值的变动计入当期损益；但按照税法的规定，金融资产在持有期间的公允价值变动不计入应纳税所得额，待处置金融资产时，按实际取得成本从处置收入中扣除，因而其计税基础保持不变，仍为初始投资成本，由此产生了该项金融资产的账面价值与其计税基础之间的差异，而该项差异将会影响处置金融资产期间的应纳税所得额。暂时性差异的特点是发生于某一会计期间，但在以后一期或若干期内能够转回。

（二）资产负债表债务法的含义

《企业会计准则第18号——所得税》要求对所得税费用采用资产负债表债务法进行核算。

资产负债表债务法是指从资产负债表出发，通过比较资产负债表上列示的资产、负债按照企业会计准则规定确定的账面价值与按照《企业所得税法》规定确定的计税基础，对于两者之间的差异分别确定为应纳税暂时性差异与可抵扣暂时性差异，从而确认相关的递延所得税负债与递延所得税资产，并在此基础上确定每一会计期间利润表中的所得税费用的核算方法。

采用资产负债表债务法进行核算的情况下，利润表中的所得税费用由两个部分组成：当期所得税和递延所得税。其中，递延所得税包括递延所得税资产和递延所得税负债。

在资产负债表债务法下，企业应针对递延所得税分别设置"递延所得税资产"和"递延所得税负债"科目，并以"递延所得税资产"和"递延所得税负债"项目分别列示于资产负债表中。这就将递延所得税资产和负债区分开来，使资产负债表可以清晰地反映企业的财务状况，有利于财务报表使用者的正确决策。

（三）资产负债表债务法的基本核算程序

资产负债表债务法的基本核算程序如下。

1. 确定资产和负债的账面价值

资产和负债的账面价值，是指按照会计准则的相关规定对资产和负债进行会计处理后确定的在资产负债表中应列示的金额。例如，某企业存货的账面余额为 1 000 万元，会计期末，企业对存货计提了 50 万元的跌价准备，则存货的账面价值为 950 万元，该金额亦即存货在资产负债表中应列示的金额。资产和负债的账面价值可以直接根据有关账簿的记录确定。

2. 确定资产和负债的计税基础

资产和负债的计税基础应按照会计准则中对资产和负债计税基础的确定方法，以适用的税收法规为基础进行确定。

3. 确定递延所得税

资产和负债的账面价值与计税基础存在差异的，企业应先分析其性质，除会计准则中规定的特殊情况外，还应分别按照应纳税暂时性差异和适用税率确定递延所得税负债的期末余额，按照可抵扣暂时性差异和适用税率确定递延所得税资产的期末余额，然后与递延所得税负债和递延所得税资产的期初余额进行比较，确定当期应予进一步确认或应予转回的递延所得税负债和递延所得税资产金额，并将二者的差额作为利润表中所得税费用的一个组成部分——递延所得税。

4. 确定当期所得税

按照适用税法规定计算确定当期应纳税所得额，以应纳税所得额乘以适用的所得税税率计算确定当期应交所得税，作为利润表中所得税费用的另一个组成部分——当期所得税。

5. 确定利润表中的所得税费用

利润表中的所得税费用由当期所得税和递延所得税两部分构成。企业在计算确定当期所得税和递延所得税的基础上，将两者之和（或之差）作为利润表中的所得税费用。

二、资产和负债的计税基础

企业在取得资产和负债时，应当确定其计税基础。资产和负债的账面价值与其计税基础存在差异的，应当确认所产生的递延所得税资产或递延所得税负债。

（一）资产的计税基础

资产的计税基础，是指企业在收回资产账面价值的过程中，计算应纳税所得额时按照税法规定可以自应税经济利益中抵扣的金额，即某一项资产在未来期间计税时按照税法规定可予税前扣除的金额。

通常情况下，企业取得资产的实际成本为税法所认可，即企业为取得某项资产而支付的成本在未来收回资产账面价值过程中准予税前扣除。因此，资产在初始确认时，其计税基础一般为资产的取得成本，或者说资产初始确认的账面价值等于计税基础。资产在持有期间，其计税基础是指资产的取得成本减去以前期间按照税法规定已经从税前扣除金额后的余额，因为该余额代表的是按照税法规定相关资产在未来期间计税时仍然可以从税前扣除的金额。资产在后续计量过程中，如果会计准则与税法的规定不同，将导致资产的账面价值与其计税基础之间产生差异。

1. 固定资产

企业以各种方式取得的固定资产，初始确认时按照会计准则规定确定的入账价值基本上为税法所认可，即固定资产在取得时的计税基础一般等于账面价值。但固定资产在持续使用期间，由于会计准则规定按照"成本－累计折旧－固定资产减值准备"进行后续计量，而税法规定按照"成本－按照税法规定已在以前期间从税前扣除的累计折旧"进行后续计量，由此导致固定资产的账面价值与其计税基础之间产生差异，包括折旧方法及折旧年限不同导致的差异和计提固定资产减值准备导致的差异。

（1）折旧方法及折旧年限不同导致的差异。会计准则规定，企业应当根据与固定资产有关的经济利益预期实现方式合理选择折旧方法，可供选择的折旧方法包括年限平均法、工作量法、双倍余额递减法和年数总和法。税法规定，固定资产一般按年限平均法计提折旧，由于技术进步等需加速折旧的，也可以采用双倍余额递减法或年数总和法计提折旧。另外，会计准则规定，折旧年限由企业根据固定资产的性质和使用情况自行合理确定，而税法则对每一类固定资产的最低折旧年限作出了明确规定。如果企业进行会计处理时采用的折旧方法、折旧年限与税法的规定不同，将导致固定资产的账面价值与其计税基础之间产生差异。

【例 10.2.1】 20×7 年 12 月 25 日，甲股份有限公司（以下简称"甲公司"）购入一套环保设备。该设备的实际成本为 1 000 万元，预计使用年限为 8 年，预计净残值为 0。甲公司采用年限平均法计提折旧。假定税法对该类固定资产折旧年限和净残值的规定与会计准则中的相关规定相同，但可以采用加速折旧法计提折旧并于税前扣除。甲公司在计税时采用双倍余额递减法计提折旧费用。20×8 年 12 月 31 日，甲公司确定的该项固定资产的账面价值和计税基础如下：

账面价值 = 1 000 - 1 000 ÷ 8 = 875（万元）

计税基础 = 1 000 - 1 000 × 25% = 750（万元）

该项固定资产在会计处理和计税时采用的折旧方法不同，导致其账面价值大于计税基础 125 万元。该差额将于未来期间增加企业的应纳税所得额。

【例 10.2.2】 按【例 10.2.1】的资料，现假定税法规定的最短折旧年限为 10 年，并要求采用年限平均法计提折旧，其他条件不变，则甲公司 20×8 年 12 月 31 日确定的该项固定资产的账面价值和计税基础如下：

账面价值 = 1 000 - 1 000 ÷ 8 = 875（万元）

计税基础 = 1 000 - 1 000 ÷ 10 = 900（万元）

该项固定资产在会计处理和计税时采用的折旧年限不同，导致其账面价值小于计税基础 25 万元。该差额将于未来期间减少企业的应纳税所得额。

（2）计提固定资产减值准备导致的差异。会计准则规定，企业在持有固定资产期间，如果固定资产发生了减值，应当对固定资产计提减值准备；而根据税法的规定，企业计提的资产减值准备在发生实质性损失前不允许税前扣除，即固定资产的计税基础不会随减值准备的提取发生变化，由此导致固定资产的账面价值与其计税基础之间产生差异。

【例 10.2.3】 20×6 年 12 月 25 日，甲股份有限公司（以下简称"甲公司"）购入一套管理设备。该设备的实际成本为 400 万元，预计使用年限为 8 年，预计净残值为 0。甲公司采用年限平均法计提折旧。假定税法对该类设备规定的最短折旧年限、净残值和折旧方法与会计准则中的相关规定相同。20×8 年 12 月 31 日，甲公司估计该设备的可收回金额为 200 万元。20×8 年 12 月 31 日，甲公司确定的该项固定资产的账面价值和计税基础如下：

计提减值准备前的账面价值 = 400 - 400 ÷ 8 × 2 = 300（万元）

应计提的减值准备 = 300 - 200 = 100（万元）

计提减值准备后的账面价值 = 300 - 100 = 200（万元）

计税基础 = 400 - 400 ÷ 8 × 2 = 300（万元）

该项固定资产因计提减值准备，导致其账面价值小于计税基础 100 万元。该差额将于未来期间减少企业的应纳税所得额。

2. 无形资产

除内部研发形成的无形资产以外，企业通过其他方式取得的无形资产，初始确认时按照会计准则规定确定的入账价值与按照税法规定确定的计税基础之间一般不存在差异。无形资产的账面价值与其计税基础之间的差异主要产生于企业内部研发形成的无形资产、使用寿命不确定的无形资产和计提无形资产减值准备。

（1）企业内部研发形成的无形资产导致的差异。会计准则规定，企业内部研发活动中研究阶段的支出和开发阶段符合资本化条件前发生的支出应当费用化，计入当期损益；符合资本化条件后至达到预定用途前发生的支出应当资本化，计入无形资产成本。税法规定，自行开发的无形资产，以开发过程中符合资本化条件后至达到预定用途前发生的支出为该资产的计税基础。因此，企业内部研发形成的无形资产，一般情况下初始确认时按照会计准则规定确定的成本与计税基础是相同的。但是，企业为开发新技术、新产品、新工艺发生的研发费用，税法规定，未形成无形资产而计入当期损益的，在按照规定据实扣除的基础上，按照研发费用的 50% 加计扣除；形成无形资产的，按照无形资产成本的 150% 摊销。因此，对于开发新技术、新产品、新工艺发生的研发支出，在形成无形资产时，该项无形资产的计税基础应当在会计确定的成本的基础上加计 50% 确定，由此产生了内部研发形成的无形资产在初始确认时账面价值与计税基础的差异。

【例 10.2.4】 20×8 年 1 月 1 日，甲股份有限公司（以下简称"甲公司"）研发的一项新技术达到预定用途，作为无形资产确认入账。甲公司将开发阶段符合资本化条件后至达到预定用途前发生的支出 2 000 万元确认为该项无形资产的成本，并从 20×8 年度起分期摊销。该项内部研发活动形成的无形资产在初始确认时的账面价值和计税基础如下：

账面价值 = 入账成本 = 2 000（万元）

计税基础 = 2 000 × 150% = 3 000（万元）

该项自行研发的无形资产因符合税法加计扣除的规定，其初始确认的账面价值小于计税基础 1 000 万元。该差额将于未来期间减少企业的应纳税所得额。

（2）使用寿命不确定的无形资产导致的差异。会计准则规定，无形资产在取得之后，应根据其使用寿命是否确定，分为使用寿命有限的无形资产和使用寿命不确定的无形资产两类。对于使用寿命不确定的无形资产，企业可不进行摊销，但持有期间每年都应当进行减值测试。税法没有按使用寿命对无形资产分类，要求所有无形资产的成本均按一定期限进行摊销。对于使用寿命不确定的无形资产，会计处理时不予摊销，但计税时按照税法规定确定的摊销额允许税前扣除，由此导致该类无形资产在后续计量时账面价值与计税基础之间产生差异。

【例 10.2.5】 20×8 年 1 月 1 日，甲股份有限公司（以下简称"甲公司"）以 300 万元的成本取得一项无形资产，由于无法合理预计其使用寿命，将其划分为使用寿命不确定的无形资产。20×8 年 12 月 31 日，甲公司对该项无形资产进行了减值测试，结果表明未发生减值。假定税法规定，该无形资产应采用年限平均法按 10 年进行摊销，摊销金额允许税前扣除。20×8 年 12

月 31 日，甲公司确定的该项无形资产的账面价值和计税基础如下：

$$账面价值 = 入账成本 = 300（万元）$$

$$计税基础 = 300 - 300 \div 10 = 270（万元）$$

该项使用寿命不确定的无形资产因会计处理和计税时的后续计量要求不同，导致其账面价值大于计税基础 30 万元。该差额将于未来期间增加企业的应纳税所得额。

（3）计提无形资产减值准备导致的差异。会计准则规定，企业在持有无形资产期间，如果无形资产发生了减值，应当对无形资产计提减值准备；而根据税法的规定，企业计提的资产减值准备在发生实质性损失前不允许税前扣除，即无形资产的计税基础不随减值准备的提取而发生变化，由此导致无形资产的账面价值与其计税基础之间产生差异。

【例 10.2.6】20×6 年 1 月 1 日，甲股份有限公司（以下简称"甲公司"）购入一项专利权，实际成本为 500 万元，预计使用年限为 10 年，采用年限平均法分期摊销。假定税法有关使用年限、摊销方法的规定与会计相同；20×8 年 12 月 31 日，甲公司估计该专利权的可收回金额为 300 万元。20×8 年 12 月 31 日，甲公司确定的该项无形资产的账面价值和计税基础如下：

$$计提减值准备前的账面价值 = 500 - 500 \div 10 \times 3 = 350（万元）$$

$$应计提的减值准备 = 350 - 300 = 50（万元）$$

$$计提减值准备后的账面价值 = 350 - 50 = 300（万元）$$

$$计税基础 = 500 - 500 \div 10 \times 3 = 350（万元）$$

该项无形资产因计提减值准备，导致其账面价值小于计税基础 50 万元。该差额将于未来期间减少企业的应纳税所得额。

3. 以公允价值进行后续计量的资产

会计准则规定，以公允价值进行后续计量的资产（主要有以公允价值计量且其变动计入当期损益的金融资产、以公允价值计量且其变动计入其他综合收益的金融资产、采用公允价值模式进行后续计量的投资性房地产等），某一会计期末的账面价值为该时点的公允价值。税法规定，以公允价值进行后续计量的金融资产、投资性房地产等，持有期间公允价值的变动不计入应纳税所得额，在实际处置时，处置取得的价款扣除其原值或以原值为基础确定的处置成本后的差额计入处置期间的应纳税所得额。因此，根据税法的规定，企业以公允价值进行后续计量的资产在持有期间计税时不考虑公允价值的变动，其计税基础仍为取得成本或以取得成本为基础确定的成本，由此导致该类资产的账面价值与其计税基础之间产生差异。

【例 10.2.7】20×8 年 9 月 20 日，甲公司自公开市场购入 A 公司股票 200 万股并分类为以公允价值计量且其变动计入当期损益的金融资产，支付购买价款（不含交易税费）1 600 万元。20×8 年 12 月 31 日，甲公司所持有的 A 公司股票的市价为 1 400 万元。20×8 年 12 月 31 日，甲公司确定的该项金融资产的账面价值和计税基础如下：

$$账面价值 = 期末公允价值 = 1\,400（万元）$$

$$计税基础 = 初始入账成本 = 1\,600（万元）$$

该项金融资产因按公允价值进行后续计量，导致其账面价值小于计税基础 200 万元。该差额将于未来期间减少企业的应纳税所得额。

【例 10.2.8】甲公司的投资性房地产采用公允价值模式进行后续计量。20×8 年 1 月 1 日，甲公司将其一栋自用的房屋对外出租，房屋的成本为 1 600 万元，预计使用年限为 20 年，转为投资性房地产之前，已使用 4 年，按照年限平均法计提折旧，预计净残值为 0。假定税法规定的折旧年限、净残值以及折旧方法与会计准则的相关规定相同。20×8 年 12 月 31 日，该项投资性房地产的公允价值为 2 000 万元。20×8 年 12 月 31 日，甲公司确定的该项投资性房地产的账面价值和计税基础如下：

$$账面价值 = 期末公允价值 = 2\,000（万元）$$

$$计税基础 = 1\,600 - 1600 \div 20 \times 5 = 1\,200（万元）$$

该项投资性房地产因按公允价值进行后续计量，导致其账面价值大于计税基础 800 万元。该差额将于未来期间增加企业的应纳税所得额。

4. 采用权益法核算的长期股权投资

会计准则规定，长期股权投资在持有期间，应根据对被投资单位财务和经营政策的影响程度等，分别采用成本法和权益法进行核算。

长期股权投资采用权益法核算时，其账面价值会随着初始投资成本的调整、投资损益的确认、被投资单位的利润分配、应享有被投资单位其他综合收益及其他权益变动的确认而发生相应的变动。但税法中并没有权益法的概念，税法要求长期股权投资在处置时按照取得投资时确定的实际投资成本予以扣除，即长期股权投资的计税基础为其投资成本，由此导致了长期股权投资的账面价值与计税基础之间产生差异。

5. 其他计提了减值准备的资产

如前所述，企业的固定资产、无形资产会因计提减值准备而导致其账面价值与计税基础之间产生差异，企业的存货、金融资产、长期股权投资、投资性房地产等，也同样会因计提减值准备而导致其账面价值与计税基础之间产生差异。

【例 10.2.9】 20×8 年 12 月 31 日，甲公司原材料的账面余额为 2 000 万元，经减值测试，确定原材料的可变现净值为 1 800 万元。甲公司计提了存货跌价准备 200 万元。假定在此之前，甲公司从未对原材料计提过存货跌价准备。20×8 年 12 月 31 日，甲公司确定的该项原材料的账面价值和计税基础如下：

$$账面价值 = 2\,000 - 200 = 1\,800（万元）$$

$$计税基础 = 入账成本 = 2\,000（万元）$$

该项存货因计提减值准备，导致其账面价值小于计税基础 200 万元。该差额将于未来期间减少企业的应纳税所得额。

（二）负债的计税基础

负债的计税基础，是指负债的账面价值减去未来期间计算应纳税所得额时按照税法规定可予抵扣的金额。用公式表示如下：

负债的计税基础 = 负债的账面价值 - 未来期间按照税法规定可予税前扣除的金额

在通常情况下，负债的确认与偿还不会影响企业的损益，也不会影响企业的应纳税所得额，未来期间计算应纳税所得额时按照税法规定可予税前扣除的金额为 0。因此，负债的计税基础一般等于账面价值。但是，在某些情况下，负债的确认可能会影响企业的损益，进而影响不同期间的应纳税所得额，导致其计税基础与账面价值之间产生差额，如按照会计准则规定确认的某些预计负债等。

1. 因提供产品售后服务等原因确认的预计负债

按照会计准则的规定，企业因提供产品售后服务而预计将会发生的支出，在满足预计负债确认条件时，应于销售商品当期确认预计负债，同时确认相关的费用。但是，按税法的规定，与产品售后服务相关的支出未来期间实际发生时准予全额税前扣除，则该类事项产生的预计负债的账面价值等于未来期间按照税法规定可予税前扣除的金额，即该项预计负债的计税基础为0。

对于某些事项所确认的预计负债，如果税法规定在未来期间实际发生相关支出时只准予部分税前扣除，则其计税基础为预计负债的账面价值减去未来期间计税时按照税法规定可予税前扣除的部分，亦即其计税基础为未来期间计税时按照税法规定不允许税前扣除的部分；如果税法规定相关支出无论何时发生、是否实际发生，一律不允许税前扣除，即按照税法规定可予税前扣除的金额为0，则该预计负债的计税基础等于账面价值。

【例10.2.10】 甲公司对销售的产品承诺提供3年的保修服务。20×8年12月31日，该公司资产负债表中列示的因提供产品售后服务而确认的预计负债金额为200万元。假定按照税法规定，与产品售后服务相关的费用在实际发生时允许税前扣除。20×8年12月31日，甲公司确定的该项预计负债的账面价值和计税基础如下：

$$账面价值 = 入账金额 = 200（万元）$$

$$计税基础 = 200 - 200 = 0（万元）$$

该项预计负债的账面价值与计税基础之间产生了200万元的差额。该差额将于未来期间减少企业的应纳税所得额。

2. 预收款项

企业预收的款项，因不符合会计准则规定的收入确认条件，会计上将其确认为负债。税法中对于收入的确认原则一般与会计规定相同，即会计上未确认收入的，计税时一般也不计入应纳税所得额。因此，预收款项形成的负债，其计税基础一般情况下等于账面价值。

如果某些因不符合收入确认条件而未确认为收入的预收款项，按照税法规定应计入收款当期的应纳税所得额，则该预收款项在未来期间确认为收入时，就不再需要计算缴纳所得税，即未来期间确认的收入可全额在税前扣除。因此，在该预收款项产生期间，其计税基础为0。

【例10.2.11】 20×8年12月20日，甲公司预收了一笔合同款，金额为500万元，因不符合收入确认条件而作为合同负债入账。假定按照税法规定，该款项应计入收款当期应纳税所得额计算应纳所得税。20×8年12月31日，甲公司确定的该项合同负债的账面价值和计税基础如下：

$$账面价值 = 入账金额 = 500（万元）$$

$$计税基础 = 500 - 500 = 0（万元）$$

该项合同负债的账面价值与计税基础之间产生了500万元的差额。该差额将于未来期间减少企业的应纳税所得额。

三、暂时性差异

暂时性差异是指资产和负债的账面价值与其计税基础不同产生的差额。暂时性差异按照对未来期间应纳税所得额的不同影响，分为应纳税暂时性差异和可抵扣暂时性差异。

1. 应纳税暂时性差异

应纳税暂时性差异，是指在确定未来收回资产或清偿负债期间的应纳税所得额时，将导致产生应税金额的暂时性差异，即该项暂时性差异在未来期间转回时，将会增加转回期间的应纳税所得额和相应的应纳所得税。应纳税暂时性差异通常产生于下列两种情况。

（1）资产的账面价值大于其计税基础。资产的账面价值代表的是企业在持续使用和最终处置该项资产时将取得的经济利益总额，而计税基础代表的是资产在未来期间可予税前扣除的金额。如果资产的账面价值大于其计税基础，则表明该项资产未来期间产生的经济利益不能全部税前抵扣，两者之间的差额需要缴纳所得税，从而产生应纳税暂时性差异。例如，某企业持有的一项以公允价值计量且其变动计入当期损益的金融资产，购买成本为 2 000 万元，期末公允价值为 2 500 万元，即其账面价值为 2 500 万元，计税基础为 2 000 万元；期末账面价值大于计税基础的差额 500 万元，将导致出售该金融资产期间的应纳税所得额相对于会计收益增加 500 万元，因而属于应纳税暂时性差异。

（2）负债的账面价值小于其计税基础。负债的账面价值为企业预计在未来期间清偿该项负债时的经济利益流出，而其计税基础代表的是账面价值在扣除税法规定未来期间允许税前扣除的金额之后的差额。负债的账面价值与其计税基础不同产生的暂时性差异，本质上是与该项负债相关的费用支出在未来期间计税时可予税前扣除的金额，即

$$负债产生的暂时性差异 = 负债的账面价值 - 负债的计税基础$$
$$= 负债的账面价值 - （负债的账面价值$$
$$- 未来期间计税时按照税法规定可予税前扣除的金额）$$
$$= 未来期间计税时按照税法规定可予税前扣除的金额$$

负债的账面价值小于其计税基础，就意味着该项负债在未来期间计税时可予税前扣除的金额为负数，即应在未来期间应纳税所得额的基础上进一步增加应纳税所得额和相应的应交所得税，产生应纳税暂时性差异。

2. 可抵扣暂时性差异

可抵扣暂时性差异，是指在确定未来收回资产或清偿负债期间的应纳税所得额时，将导致产生可抵扣金额的暂时性差异，即该项暂时性差异在未来期间转回时，将会减少转回期间的应纳税所得额和相应的应交所得税。可抵扣暂时性差异常产生于下列两种情况。

（1）资产的账面价值小于其计税基础。资产的账面价值小于其计税基础，意味着资产在未来期间产生的经济利益小于按照税法规定允许税前扣除的金额，两者之间的差额可以减少企业在未来期间的应纳税所得额，从而减少未来期间的应交所得税，产生可抵扣暂时性差异。例如，某企业的一笔应收账款，账面余额为 1 000 万元，已计提坏账准备 200 万元，即其账面价值为 800 万元，计税基础为 1 000 万元；期末账面价值小于计税基础的差额 200 万元，将导致应收账款发生实质性损失期间的应纳税所得额相对于会计收益减少 200 万元，因而属于可抵扣暂时性差异。

（2）负债的账面价值大于其计税基础。负债的账面价值大于其计税基础，就意味着该项负债在未来期间可予税前抵扣的金额为正数，即按照税法规定，与该项负债相关的费用支出在未来期间计税时可以全部或部分自应税经济利益中扣除，从而减少未来期间的应纳税所得额和相应的应交所得税，产生可抵扣暂时性差异。例如，某企业因合同违约而被客户提起诉讼，要求支付违约金，至年末时法院尚未作出判决，企业为此计提了 100 万元的预计负债。由于税法允许合同违约金支付时在税前扣除，故该项预计负债的账面价值为 100 万元，计税基础为 0；期末账面价值大于计税基础的差额 100 万元，将导致实际支付合同违约金期间的应纳税所得额相对于会计收益减少 100 万元，因而属于可抵扣暂时性差异。

3. 特殊项目产生的暂时性差异

（1）未作为资产和负债确认的项目产生的暂时性差异。某些交易或事项发生以后，因为不符合资产和负债的确认条件而未确认为资产负债表中的资产或负债，但按照税法规定能够确定

其计税基础的，其账面价值与计税基础之间的差异也构成暂时性差异。例如，企业发生的广告费和业务宣传费支出，按照会计准则的规定，在发生时应全部计入当期损益，不形成资产负债表中的资产，即其账面价值为0；而根据税法规定，不超过当年销售（营业）收入15%的部分，准予扣除；超过部分，准予在以后纳税年度结转扣除。因此，在广告费和业务宣传费支出超过当年销售（营业）收入15%的情况下，由于可以按超出部分确定其计税基础，因而在其支出期间形成一项可抵扣暂时性差异。

（2）可抵扣亏损及税款抵减产生的暂时性差异。按照税法规定可以结转以后年度的未弥补亏损及税款抵减，虽不是由于资产、负债的账面价值与计税基础不同所导致的，但与可抵扣暂时性差异具有同样的作用，均能减少未来期间的应纳税所得额和相应的应交所得税，应视同可抵扣暂时性差异。例如，某企业20×3年度发生经营亏损1 000万元，根据税法规定，准予向以后年度结转，用以后年度的所得弥补，但结转年限最长不得超过5年。因此，该企业20×3年度的经营亏损可用20×4年至20×8年连续5个会计年度的应纳税所得额予以弥补，共计可以抵减该期间应纳税所得额1 000万元，因而在20×3年发生经营亏损期间形成一项可抵扣暂时性差异。

四、递延所得税负债和递延所得税资产

资产负债表日，企业应通过比较资产、负债的账面价值与计税基础，确定应纳税暂时性差异和可抵扣暂时性差异，进而按照企业会计准则规定的原则确认相关的递延所得税负债和递延所得税资产。

（一）递延所得税负债的确认和计量

应纳税暂时性差异在未来期间转回时，会增加转回期间的应纳税所得额和相应的应交所得税，导致经济利益流出企业，因而在其产生期间，相关的所得税影响金额构成一项未来的纳税义务，应确认为一项负债，即递延所得税负债产生于应纳税暂时性差异。

1. 递延所得税负债的确认原则

为了充分反映交易或事项发生后引起的未来期间纳税义务，除企业会计准则中明确规定可不确认递延所得税负债的特殊情况外，企业对于所有的应纳税暂时性差异均应确认相关的递延所得税负债。

在确认应纳税暂时性差异形成的递延所得税负债的同时，由于导致应纳税暂时性差异产生的交易或事项在发生时大多会影响到会计利润或应纳税所得额，因此，相关的所得税影响通常应增加利润表中的所得税费用，但与直接计入所有者权益的交易或事项相关的所得税影响以及与企业合并中取得的资产、负债相关的所得税影响除外。

【例10.2.12】20×7年9月20日，甲公司购入D公司股票并分类为以公允价值计量且其变动计入当期损益的金融资产，成本为200 000元。20×7年12月31日，甲公司持有的D公司股票的公允价值为260 000元。20×8年4月10日，甲公司将持有的D公司股票全部售出，收到价款280 000元。假定除该项金融资产产生的会计与税收之间的差异外，甲公司不存在其他会计与税收的差异。甲公司适用的所得税税率为25%。甲公司各年资产负债表日确认递延所得税负债的会计处理如下。

（1）20×7年12月31日。该项金融资产期末账面价值大于计税基础的60 000（260 000−200 000）元属于应纳税暂时性差异。甲公司应相应地确认递延所得税负债15 000（60 000×25%）元，会计处理如下：

借：所得税费用 15 000

    贷：递延所得税负债 15 000

（2）20×8年12月31日，甲公司出售D公司股票时确认的收益为20 000（280 000−260 000）元，而20×8年度计税时，出售D公司股票应确定的应纳税所得额则为80 000（280 000−200 000）元，二者之差60 000元为20×7年度产生的应纳税暂时性差异在20×8年度全部转回所增加的本年应纳税所得额，并相应地增加了本年应交所得税15 000（600 000×25%）元。由于20×7年度产生的应纳税暂时性差异在20×8年度已经全部转回，即相应的递延所得税负债已经全部偿付，因此20×8年资产负债表日，甲公司应将上年确认的递延所得税负债全部转回。

借：递延所得税负债 15 000

    贷：所得税费用 15 000

【例10.2.13】20×3年12月25日，甲公司购入一套生产设备。该设备的实际成本为750 000元，预计使用年限为5年，预计净残值为0，采用年限平均法计提折旧。假定税法对折旧年限和净残值的规定与会计相同，但允许该设备采用加速折旧法计提折旧。甲公司在计税时按年数总和法计列折旧费用。假定除该项固定资产产生的会计与税收之间的差异外，甲公司不存在其他会计与税收的差异。甲公司适用的所得税税率为25%。

根据上列资料，甲公司各年年末有关递延所得税的确认情况见表10.2。

表 10.2 递延所得税确认表 （单位：元）

项目	20×4 年	20×5 年	20×6 年	20×7 年	20×8 年
实际成本	750 000	750 000	750 000	750 000	750 000
累计会计折旧	150 000	300 000	450 000	600 000	750 000
期末账面价值	600 000	450 000	300 000	150 000	0
累计计税折旧	250 000	450 000	600 000	700 000	750 000
期末计税基础	500 000	300 000	150 000	50 000	0
应纳税暂时性差异	100 000	150 000	150 000	100 000	0
递延所得税负债期末余额	25 000	37 500	37 500	25 000	0

根据表10.2中的资料，甲公司各年资产负债表日确认递延所得税负债的会计处理如下。

（1）20×4年12月31日：

借：所得税费用 25 000

    贷：递延所得税负债 25 000

（2）20×5年12月31日。20×5年资产负债表日，递延所得税负债的期末余额应为37 500元，递延所得税负债的期初余额为25 000元，因而本期应进一步确认递延所得税负债12 500（37 500−25 000）元。

借：所得税费用 12 500

    贷：递延所得税负债 12 500

（3）20×6年12月31日。20×6年资产负债表日，递延所得税负债的期末余额应为37 500元，递延所得税负债的期初余额为37 500元，因而本期不需确认递延所得税负债。

（4）20×7年12月31日。20×7年资产负债表日，递延所得税负债的期末余额应为25 000元，递延所得税负债的期初余额为37 500元，因而本期应转回原已确认的递延所得税负债12 500（37 500−25 000）元。

借：递延所得税负债   12 500
　　贷：所得税费用   12 500

（5）20×8年12月31日。20×8年资产负债表日，递延所得税负债的期末余额应为0，递延所得税负债的期初余额为25 000元，本期应将递延所得税负债账面余额全部转回。

借：递延所得税负债   25 000
　　贷：所得税费用   25 000

2．不确认递延所得税负债的特殊情况

在下列情况下，虽然资产、负债的账面价值与其计税基础不同，产生了应纳税暂时性差异，但基于各种考虑，会计准则明确规定不确认相关的递延所得税负债。

（1）商誉的初始确认。在非同一控制下的企业合并中，合并成本大于合并中取得的被购买方可辨认净资产公允价值份额的差额，按照会计准则的规定应确认为商誉。对于企业合并的税收处理，通常情况下，被合并企业应视为按公允价值转让、处置全部资产，计算资产的转让所得，依法缴纳所得税；合并企业接受被合并企业的有关资产，计税时可以按经评估确认的公允价值确定计税基础。因此，商誉在初始确认时，其计税基础一般等于账面价值，二者之间不存在差异；该商誉在后续计量过程中因会计准则的规定与税法的规定不同而产生应纳税暂时性差异时，应确认相关的所得税影响。但是，如果企业合并符合税法规定的免税合并条件，在企业按照税法规定进行免税处理的情况下，购买方在企业合并中取得的被购买方有关资产、负债应维持其原计税基础不变，被购买方原账面上未确认商誉，计税时也不认可商誉的价值，即商誉的计税基础为0，商誉初始确认的账面价值大于其计税基础的差额形成一项应纳税暂时性差异。对于商誉的账面价值大于其计税基础产生的应纳税暂时性差异，会计准则规定不确认与其相关的递延所得税负债。

（2）除企业合并以外的其他交易或事项中，如果该项交易或事项发生时既不影响会计利润，也不影响应纳税所得额，则所产生的资产、负债的初始确认金额与其计税基础不同形成应纳税暂时性差异的，交易或事项发生时不确认相应的递延所得税负债。这种情况下不确认相关的递延所得税负债，主要是因为交易发生时既不影响会计利润，也不影响应纳税所得额，确认递延所得税负债的直接结果是增加有关资产的账面价值或是减少有关负债的账面价值，使得资产、负债在初始确认时不符合历史成本原则，影响会计信息的可靠性。

（3）与子公司、联营企业、合营企业投资等相关的应纳税暂时性差异，一般应确认相关的递延所得税负债，但同时满足以下两个条件的除外：①投资企业能够控制暂时性差异转回的时间；②该暂时性差异在可预见的未来很可能不会转回。满足上述条件时，投资企业可以运用自身的影响力决定暂时性差异的转回，如果不希望其转回，则在可预见的未来不转回该项暂时性差异，从而对未来期间不会产生所得税影响，无须确认相应的递延所得税负债。

3．递延所得税负债的计量

资产负债表日，递延所得税负债应当根据税法规定，按照预期清偿该负债期间的适用税率计量，即递延所得税负债应以相关应纳税暂时性差异转回期间的适用税率计量。无论应纳税暂时性差异的转回期间如何，相关的递延所得税负债均不要求折现。

（二）递延所得税资产的确认和计量

可抵扣暂时性差异在转回期间将减少企业的应纳税所得额和相应的应交所得税，导致经济利益流入企业，因而在其产生期间，相关的所得税影响金额构成一项未来的经济利益，应确认为一项资产，即<u>递延所得税资产产生于可抵扣暂时性差异</u>。

1. 递延所得税资产的确认原则

企业应当以可抵扣暂时性差异转回的未来期间可能取得的应纳税所得额为限，确认可抵扣暂时性差异所产生的递延所得税资产。

递延所得税资产能够给企业带来的未来经济利益，表现在可以减少可抵扣暂时性差异转回期间的应交所得税。因此，该项经济利益是否能够实现，取决于在可抵扣暂时性差异转回的未来期间内，企业是否能够产生足够的应纳税所得额用以抵扣可抵扣暂时性差异。如果企业有明确的证据表明在可抵扣暂时性差异转回的未来期间能够产生足够的应纳税所得额，使得与可抵扣暂时性差异相关的经济利益能够实现的，应当确认可抵扣暂时性差异产生的递延所得税资产；如果企业在可抵扣暂时性差异转回的未来期间无法产生足够的应纳税所得额，使得与可抵扣暂时性差异相关的经济利益无法全部实现的，应当以可能取得的应纳税所得额为限，确认相应的可抵扣暂时性差异产生的递延所得税资产；如果企业在可抵扣暂时性差异转回的未来期间无法产生应纳税所得额，使得与可抵扣暂时性差异相关的经济利益无法实现的，就不应确认递延所得税资产。

在确认可抵扣暂时性差异形成的递延所得税资产的同时，由于导致可抵扣暂时性差异产生的交易或事项在发生时大多会影响到会计利润或应纳税所得额，因此相关的所得税影响通常应减少利润表中的所得税费用，但与直接计入所有者权益的交易或事项相关的所得税影响以及与企业合并中取得的资产、负债相关的所得税影响除外。

【例 10.2.14】 20×7 年 12 月 31 日，甲公司库存 A 商品的账面余额为 600 万元。经减值测试，甲公司确定 A 商品的可变现净值为 500 万元，计提了存货跌价准备 100 万元。20×8 年度，甲公司将库存 A 商品全部售出，收到出售价款（不包括收取的增值税销项税额）480 万元。假定除该项库存商品计提存货跌价准备产生的会计与税收之间的差异外，甲公司不存在其他会计与税收的差异。甲公司预计在未来期间能够产生足够的应纳税所得额用以抵扣可抵扣暂时性差异，甲公司适用的所得税税率为 25%。甲公司各年资产负债表日确认递延所得税资产的会计处理如下。

（1）20×7 年 12 月 31 日，库存 A 商品的期末账面价值小于计税基础的 100（600－500）万元属于可抵扣暂时性差异。因预计未来期间能够产生足够的应纳税所得额用来抵扣可抵扣暂时性差异，甲公司应确认递延所得税资产 25（100×25%）万元，会计处理如下：

借：递延所得税资产 250 000
  贷：所得税费用 250 000

（2）20×8 年 12 月 31 日，甲公司出售 A 商品时确认的损失为 20（500－480）万元，而 20×8 年度计税时，出售 A 商品允许从当期应纳税所得额中扣除的损失则为 120（600－480）万元，二者之差 100 万元为 20×7 年度产生的可抵扣暂时性差异在 20×8 年度全部转回所减少的本年应纳税所得额，并相应地减少了本年应交所得税 25（100×25%）万元。由于 20×7 年度产生的可抵扣暂时性差异在 20×8 年度已经全部转回，即与递延所得税资产相关的经济利益已经全部实现，因此 20×8 年资产负债表日，甲公司应将上年确认的递延所得税资产全部转回。

借：所得税费用 250 000
  贷：递延所得税资产 250 000

【例 10.2.15】 20×2 年 12 月 15 日，甲公司购入一套管理设备。该设备的实际成本为 300 000 元，预计使用年限为 4 年，预计净残值为 0，采用年限平均法计提折旧。假定税法对该类设备的折旧方法和净残值的规定与会计准则的规定相同，但规定的最短折旧年限为 6 年，甲公司在计税时按税法规定的最短折旧年限计列折旧费用。假定除该项固定资产因折旧年限不同导致的会计与税收之间的差异外，不存在其他会计与税收的差异。甲公司预计在未来期间能够产生足够的应纳税所得额用以抵扣可抵扣暂时性差异，其适用的所得税税率为25%。

根据上列资料，甲公司各年年末有关递延所得税的确认情况见表10.3。

表 10.3　递延所得税确认表 （单位：元）

项目	20×3 年	20×4 年	20×5 年	20×6 年	20×7 年	20×8 年
实际成本	300 000	300 000	300 000	300 000	300 000	300 000
累计会计折旧	75 000	150 000	225 000	300 000	300 000	300 000
期末账面价值	225 000	150 000	750 000	0	0	0
累计计税折旧	50 000	100 000	150 000	200 000	250 000	300 000
期末计税基础	250 000	200 000	150 000	100 000	50 000	0
可抵扣暂时性差异	25 000	50 000	75 000	100 000	50 000	0
递延所得税资产期末余额	6 250	12 500	18 750	25 000	12 500	0

根据表10.3中的资料，甲公司各年资产负债表日确认递延所得税资产的会计处理如下。

（1）20×3 年 12 月 31 日：

借：递延所得税资产　　　　　　　　　　　　　　　　　　　　　　6 250

　　贷：所得税费用　　　　　　　　　　　　　　　　　　　　　　　　6 250

（2）20×4 年 12 月 31 日。20×4 年资产负债表日，递延所得税资产的期末余额应为 12 500 元，递延所得税资产的期初余额为 6 250 元，因而本期应进一步确认递延所得税资产 6 250（12 500 - 6 250）元。

借：递延所得税资产　　　　　　　　　　　　　　　　　　　　　　6 250

　　贷：所得税费用　　　　　　　　　　　　　　　　　　　　　　　　6 250

（3）20×5 年 12 月 31 日。20×5 年资产负债表日，递延所得税资产的期末余额应为 18 750 元，递延所得税资产的期初余额为 12 500 元，因而本期应进一步确认递延所得税资产 6 250（18 750 - 12 500）元。

借：递延所得税资产　　　　　　　　　　　　　　　　　　　　　　6 250

　　贷：所得税费用　　　　　　　　　　　　　　　　　　　　　　　　6 250

（4）20×6 年 12 月 31 日。20×6 年资产负债表日，递延所得税资产的期末余额应为 25 000 元，递延所得税资产的期初余额为 18 750 元，因而本期应进一步确认递延所得税资产 6 250（25 000 - 18 750）元。

借：递延所得税资产　　　　　　　　　　　　　　　　　　　　　　6 250

　　贷：所得税费用　　　　　　　　　　　　　　　　　　　　　　　　6 250

（5）20×7 年 12 月 31 日。20×7 年资产负债表日，递延所得税资产的期末余额应为 12 500 元，递延所得税资产的期初余额为 25 000 元，因而甲公司本期应转回原已确认的递延所得税资产 12 500（25 000 - 12 500）元。

借：所得税费用　　　　　　　　　　　　　　　　　　　　　　　　12 500

　　贷：递延所得税资产　　　　　　　　　　　　　　　　　　　　　　12 500

（6）20×8 年 12 月 31 日。20×8 年资产负债表日，递延所得税资产的期末余额应为 0，递延所得税资产的期初余额为 12 500 元，因此甲公司本期应将递延所得税资产的账面余额全部转回。

　　借：所得税费用　　　　　　　　　　　　　　　　　　　　12 500
　　　　贷：递延所得税资产　　　　　　　　　　　　　　　　　　12 500

　　2. 不确认递延所得税资产的特殊情况

　　除企业合并以外的其他交易或事项中，如果该项交易或事项发生时既不影响会计利润，也不影响应纳税所得额，则所产生的资产、负债的初始确认金额与其计税基础不同形成可抵扣暂时性差异的，交易或事项发生时不确认相应的递延所得税资产，其原因与这种情况下不确认应纳税暂时性差异的所得税影响的原因相同。例如，企业为开发新技术、新产品、新工艺发生的研发费用，在形成无形资产时，由于税法规定可以按照无形资产成本的150%计算每期摊销额，由此产生了无形资产在初始确认时账面价值小于计税基础的差异。但由于该无形资产的确认不是产生于企业合并交易中，同时在确认时既不影响会计利润，也不影响应纳税所得额，因此按照会计准则的规定，不确认该项可抵扣暂时性差异的所得税影响。

　　3. 递延所得税资产的计量

　　资产负债表日，递延所得税资产应当根据税法的规定，按照预期收回该资产期间的适用税率计量。无论可抵扣暂时性差异的转回期间如何，递延所得税资产均不进行折现。

　　企业在确认了递延所得税资产以后，应当于资产负债表日对递延所得税资产的账面价值进行复核。如果根据新的情况估计未来期间很可能无法取得足够的应纳税所得额以抵扣可抵扣暂时性差异，使得与递延所得税资产相关的经济利益无法全部实现的，应当按预期无法实现的部分减记递延所得税资产的账面价值。同时，除原确认时计入所有者权益的递延所得税资产的减记金额应计入所有者权益外，其他情况均应增加当期的所得税费用。因估计无法取得足够的应纳税所得额以利用可抵扣暂时性差异而减记递延所得税资产账面价值的，后续期间根据新的环境和情况判断又能够产生足够的应纳税所得额利用可抵扣暂时性差异，使得递延所得税资产包含的经济利益预计能够实现的，应相应恢复递延所得税资产的账面价值。

（三）特殊交易或事项中涉及的递延所得税的确认

　　1. 与直接计入所有者权益的交易或事项相关的递延所得税

　　直接计入所有者权益的交易或事项主要有以公允价值计量且其变动计入其他综合收益的金融资产确认的公允价值变动金额、会计政策变更采用追溯调整法调整期初留存收益、前期差错更正采用追溯重述法调整期初留存收益，同时包含负债及权益成分的金融工具在初始确认时将分拆的权益成分计入其他资本公积等。暂时性差异的产生与直接计入所有者权益的交易或事项相关的，在确认递延所得税负债或递延所得税资产的同时，相关的所得税影响应当计入所有者权益。

　　【例10.2.16】　20×7年3月20日，甲公司自公开市场买入B公司债券并分类为以公允价值计量且其变动计入其他综合收益的金融资产，初始投资成本为500万元（等于债券面值）。税法规定，企业在未来处置金融资产期间，计算应纳税所得额时应按初始投资成本抵扣。甲公司预计在未来期间能够产生足够的应纳税所得额用以抵扣可抵扣暂时性差异，适用的所得税税率为25%。在下列不同情况下，甲公司对该项金融资产的公允价值变动及相应的递延所得税的会计处理如下。

　　（1）假定B公司债券在20×7年12月31日的公允价值为506万元。

　　1）20×7年12月31日，确认公允价值变动：

　　借：其他债权投资——公允价值变动　　　　　　　　　　　　60 000

贷：其他综合收益	60 000

2）20×8年12月31日，确认递延所得税负债：

　　　应纳税暂时性差异 = 506 − 500 = 6（万元）

　　　递延所得税负债 = 6 × 25% = 1.5（万元）

借：其他综合收益	15 000
贷：递延所得税负债	15 000

3）20×9年6月10日，将B公司债券售出，收到价款507万元：

借：银行存款	5 070 000
贷：其他债权投资——成本	5 000 000
——公允价值变动	60 000
投资收益	10 000
借：其他综合收益	45 000
递延所得税负债	15 000
贷：投资收益	60 000

（2）假定B公司债券在20×7年12月31日的公允价值为496万元。

1）20×7年12月31日，确认公允价值变动：

借：其他综合收益	40 000
贷：其他债权投资——公允价值变动	40 000

2）20×7年12月31日，确认递延所得税资产：

　　　可抵扣暂时性差异 = 500 − 496 = 4（万元）

　　　递延所得税资产 = 4 × 25% = 1（万元）

借：递延所得税资产	10 000
贷：其他综合收益	10 000

3）20×8年6月10日，将B公司债券售出，收到价款495万元：

借：银行存款	4 950 000
其他债权投资——公允价值变动	40 000
投资收益	10 000
贷：其他债权投资——成本	5 000 000
借：投资收益	40 000
贷：其他综合收益	30 000
递延所得税资产	10 000

2. 与企业合并相关的递延所得税

　　会计准则与税法对企业合并的处理不同，可能会造成企业合并中取得的资产、负债的账面价值与其计税基础之间产生差异。暂时性差异的产生与企业合并相关的，在确认递延所得税负债或递延所得税资产的同时，应按照相关的所得税影响，调整购买日确认的商誉或是计入合并当期损益的金额。

（四）适用税率变动时对已确认递延所得税项目的调整

　　递延所得税负债和递延所得税资产所代表的是未来期间有关暂时性差异转回时，导致转回期间应交所得税增加或减少的金额。因此，在适用的所得税税率发生变动的情况下，按照原税率确认的递延所得税负债或递延所得税资产就不能反映有关暂时性差异转回时对应交所得税金额的影响。在这种情况下，企业应对原已确认的递延所得税负债和递延所得税资产按照新的税率进行重新计量，调整递延所得税负债及递延所得税资产的金额，使之能够反映未来期间应当承担的纳税义务或可以获得的抵税利益。

在进行上述调整时，除对直接计入所有者权益的交易或事项产生的递延所得税负债及递延所得税资产的调整金额应计入所有者权益以外，其他情况下对递延所得税负债及递延所得税资产的调整金额，应确认为税率变动当期的所得税费用（或收益）。

五、所得税费用的确认和计量

所得税会计的主要目的之一是确定当期应交所得税以及利润表中的所得税费用。在资产负债表债务法下，利润表中的所得税费用由当期所得税和递延所得税两部分组成。

1. 当期所得税

当期所得税是指企业对当期发生的交易和事项按照税法规定计算确定的应向税务部门缴纳的所得税金额，即当期应交所得税。

企业在确定当期应交所得税时，对于当期发生的交易或事项，会计处理与纳税处理不同的，应在会计利润的基础上，按照适用税收法规的规定进行调整，计算出当期应纳税所得额，按照应纳税所得额与适用所得税税率计算确定当期应交所得税。一般情况下，应纳税所得额可在会计利润的基础上，考虑会计处理与纳税处理之间的差异，按照下列公式计算确定：

应纳税所得额 = 会计利润 + 计入利润表但不允许税前扣除的费用

± 计入利润表的费用与可予税前抵扣的费用之间的差额

± 计入利润表的收入与计入应纳税所得额的收入之间的差额

− 计入利润表但不计入应纳税所得额的收入 ± 其他需要调整的因素

当期应交所得税 = 应纳税所得额 × 适用的所得税税率

2. 递延所得税

递延所得税是指按照会计准则的规定应当计入当期利润表的递延所得税费用（或收益），其金额为当期应予确认的递延所得税负债减去当期应予确认的递延所得税资产的差额，用公式表示如下：

递延所得税 =（期末递延所得税负债 − 期初递延所得税负债）

−（期末递延所得税资产 − 期初递延所得税资产）

其中，　期末递延所得税负债 = 期末应纳税暂时性差异 × 适用税率

期末递延所得税资产 = 期末可抵扣暂时性差异 × 适用税率

式中，期末递延所得税负债减去期初递延所得税负债，为当期应予确认的递延所得税负债；期末递延所得税资产减去期初递延所得税资产，为当期应予确认的递延所得税资产。当期应予确认的递延所得税负债与当期应予确认的递延所得税资产之间的差额，为当期应予确认的递延所得税。其中，当期应予确认的递延所得税负债大于当期应予确认的递延所得税资产的，两者的差额为当期应予确认的递延所得税费用，递延所得税费用应当计入当期所得税费用；当期应予确认的递延所得税负债小于当期应予确认的递延所得税资产的，两者的差额为当期应予确认的递延所得税收益，递延所得税收益应当抵减当期所得税费用。

需要注意的是，由于递延所得税指的是应当计入当期利润表的递延所得税费用（或收益），因此在计算递延所得税时，不应当包括直接计入所有者权益的交易或事项产生的递延所得税负债和递延所得税资产以及企业合并中产生的递延所得税负债和递延所得税资产。

3. 所得税费用

企业在计算确定了当期所得税以及递延所得税的基础上，将两者之和确认为利润表中的所得税费用，即

所得税费用 = 当期所得税 + 递延所得税

【例 10.2.17】 甲公司适用的所得税税率为 25%，某年度按照税法规定计算的应交所得税为 1 200 万元。期末，通过比较资产、负债的账面价值与其计税基础，确定应纳税暂时性差异为 2 000 万元，可抵扣暂时性差异为 1 500 万元。上列暂时性差异均与直接计入所有者权益的交易或事项无关。甲公司不存在可抵扣亏损和税款抵减，预计在未来期间能够产生足够的应纳税所得额用以抵扣可抵扣暂时性差异。

根据上述资料，在下列不同假定情况下，甲公司有关所得税的会计处理如下。

（1）假定甲公司的递延所得税资产和递延所得税负债均无期初余额：

当期确认的递延所得税负债 = 2 000 × 25% = 500（万元）

当期确认的递延所得税资产 = 1 500 × 25% = 375（万元）

当期确认的递延所得税 = 500 − 375 = 125（万元）

当期确认的所得税费用 = 1 200 + 125 = 1 325（万元）

借：所得税费用——当期所得税	12 000 000
贷：应交税费——应交所得税	12 000 000
借：所得税费用——递延所得税	1 250 000
递延所得税资产	3 750 000
贷：递延所得税负债	5 000 000

（2）假定递延所得税资产的期初账面余额为 300 万元，递延所得税负债的期初账面余额为 450 万元。

当期确认的递延所得税负债 = 500 − 450 = 50（万元）

当期确认的递延所得税资产 = 375 − 300 = 75（万元）

当期确认的递延所得税 = 50 − 75 = −25（万元）

当期确认的所得税费用 = 1 200 − 25 = 1 175（万元）

借：所得税费用——当期所得税	12 000 000
贷：应交税费——应交所得税	12 000 000
借：递延所得税资产	750 000
贷：递延所得税负债	500 000
所得税费用——递延所得税	250 000

（3）假定递延所得税资产的期初账面余额为 500 万元，递延所得税负债的期初账面余额为 550 万元。

当期确认的递延所得税负债 = 500 − 550 = −50（万元）

当期确认的递延所得税资产 = 375 − 500 = −125（万元）

当期确认的递延所得税 = −50 − (−125) = 75（万元）

当期确认的所得税费用 = 1 200 + 75 = 1 275（万元）

借：所得税费用——当期所得税　　　　　　　　　　　　　　　　　　12 000 000

　　贷：应交税费——应交所得税　　　　　　　　　　　　　　　　　　　　12 000 000

借：所得税费用——递延所得税　　　　　　　　　　　　　　　　　　　750 000

　　递延所得税负债　　　　　　　　　　　　　　　　　　　　　　　　500 000

　　贷：递延所得税资产　　　　　　　　　　　　　　　　　　　　　　　　1 250 000

（4）假定递延所得税资产的期初账面余额为 300 万元，递延所得税负债的期初账面余额为 600 万元。

当期确认的递延所得税负债 = 500 - 600 = - 100（万元）

当期确认的递延所得税资产 = 375 - 300 = 75（万元）

当期确认的递延所得税 = - 100 - 75 = - 175（万元）

当期确认的所得税费用 = 1 200 - 175 = 1 025（万元）

借：所得税费用——当期所得税　　　　　　　　　　　　　　　　　　12 000 000

　　贷：应交税费——应交所得税　　　　　　　　　　　　　　　　　　　　12 000 000

借：递延所得税资产　　　　　　　　　　　　　　　　　　　　　　　750 000

　　递延所得税负债　　　　　　　　　　　　　　　　　　　　　　　1 000 000

　　贷：所得税费用——递延所得税　　　　　　　　　　　　　　　　　　　1 750 000

（5）假定递延所得税资产的期初账面余额为 450 万元，递延所得税负债的期初账面余额为 400 万元。

当期确认的递延所得税负债 = 500 - 400 = 100（万元）

当期确认的递延所得税资产 = 375 - 450 = - 75（万元）

当期确认的递延所得税 = 100 - （- 75）= 175（万元）

当期确认的所得税费用 = 1 200 + 175 = 1 375（万元）

借：所得税费用——当期所得税　　　　　　　　　　　　　　　　　　12 000 000

　　贷：应交税费——应交所得税　　　　　　　　　　　　　　　　　　　　12 000 000

借：所得税费用——递延所得税　　　　　　　　　　　　　　　　　　　1 750 000

　　贷：递延所得税资产　　　　　　　　　　　　　　　　　　　　　　　　750 000

　　　　递延所得税负债　　　　　　　　　　　　　　　　　　　　　　　1 000 000

【例 10.2.18】 20×8 年 1 月 1 日，甲公司递延所得税负债的期初余额为 400 万元，其中，因其他债权投资公允价值变动而确认的递延所得税负债的金额为 60 万元；递延所得税资产的期初余额为 200 万元。20×8 年度，甲公司发生下列会计处理与纳税处理存在差别的交易和事项。

（1）本年会计计提的固定资产折旧费用为 560 万元，而按照税法规定允许税前扣除的折旧费用为 720 万元。

（2）向关联企业捐赠现金 300 万元，按照税法规定不允许税前扣除。

（3）期末确认交易性金融资产公允价值变动收益 300 万元。

（4）期末确认其他债权投资公允价值变动收益 140 万元。

（5）当期支付产品保修费用 100 万元，前期已对产品保修费用计提了预计负债。

（6）违反环保法有关规定支付罚款 260 万元。

（7）期末计提存货跌价准备和无形资产减值准备各 200 万元。

20×8 年 12 月 31 日，甲公司资产、负债的账面价值与其计税基础存在差异的项目见表 10.4。

表 10.4 资产、负债账面价值与计税基础比较表

20×8 年 12 月 31 日 （单位：万元）

项 目	账面价值	计税基础	暂时性差异	
			应纳税暂时性差异	可抵扣暂时性差异
交易性金融资产	5 000	4 000	1 000	
其他债权投资	2 500	2 120	380	
存货	8 000	8 500		500
固定资产	6 000	5 200	800	
无形资产	3 400	3 600		200
预计负债	200	0		200
合 计	－	－	2 180	900

20×8 年度，甲公司利润表中的利润总额为 6 000 万元。该公司适用的所得税税率为 25%。假定甲公司不存在可抵扣亏损和税款抵减，预计在未来期间能够产生足够的应纳税所得额用以抵扣可抵扣暂时性差异。甲公司有关所得税的会计处理如下。

（1）计算确定当期所得税：

应纳税所得额 = 6 000 － （720 － 560）＋ 300 － 300 － 100 ＋ 260 ＋ 200 ＋ 200 ＝ 6 400 （万元）

应交所得税 = 6 400 × 25% = 1 600（万元）

（2）计算确定递延所得税：

当期确认的递延所得税负债 = 2 180 × 25% － 400 = 145（万元）

其中，

应计入其他综合收益的递延所得税负债 = 380 × 25% － 60 = 35（万元）

应计入当期损益的递延所得税负债 = 145 － 35 = 110（万元）

当期确认的递延所得税资产 = 900 × 25% － 200 = 25（万元）

递延所得税 = （145 － 35）－ 25 = 110 － 25 = 85（万元）

所得税费用 = 1 600 ＋ 85 = 1 685（万元）

（3）编制确认所得税的会计分录：

借：所得税费用——当期所得税 16 000 000

　　贷：应交税费——应交所得税 16 000 000

借：所得税费用——递延所得税 850 000

　　递延所得税资产 250 000

　　贷：递延所得税负债 1 100 000

借：其他综合收益 350 000

　　贷：递延所得税负债 350 000

【本章小结】

利润，是指企业在一定会计期间的经营成果，包括营业利润、利润总额和净利润。企业的净利润为利润总额减去所得税费用后的余额，在实际工作中又称税后利润。企业取得的净利润，应当按规定进行分配。

所得税是国家依法对企业的生产经营所得课征的税，应在净利润前扣除。暂时性差异，是指资产或负债的账面价值与其计税基础之间的差额。资产的计税基础，是指企业在收回资产账面价值过程中，计算应

纳税所得额时按照税法规定可以自应税经济利益中抵扣的金额。负债的计税基础，是指负债的账面价值减去未来期间计算应纳税所得额时按照税法规定可予抵扣的金额。资产负债表债务法适用于对所有暂时性差异的处理，是《企业会计准则》规定采用的方法。

【综合练习】

一、单项选择题

1. 下列各项中，与营业利润的计算无关的是（　　　）。

　　A. 其他业务成本　　　B. 投资收益　　　C. 财务费用　　　D. 所得税费用

2. 下列关于资产或负债的计税基础的表述中，正确的是（　　　）。

　　A. 资产的计税基础，即其在未来期间计税时按照税法规定可以税前扣除的金额

　　B. 资产的计税基础，即其账面价值减去其在未来期间计税时按照税法规定可以税前扣除的金额

　　C. 负债的计税基础，即其在未来期间计税时按照税法规定可以税前扣除的金额

　　D. 负债的计税基础，即其账面价值减去其在未来期间计税时按照税法规定可以税前扣除的金额

　　E. 与预计负债相关的支出如果在未来期间不允许税前扣除，则其计税基础等于其账面价值

3. 暂时性差异是指资产或负债的账面价值与其（　　　）之间的差额。

　　A. 实际价值　　　B. 公允价值　　　C. 计税基础　　　D. 固定资产净值

4. 按照资产负债表债务法核算所得税，所产生的可抵扣暂时性差异是（　　　）。

　　A. 资产账面价值大于计税基础　　　　　B. 资产账面价值小于计税基础

　　C. 负债账面价值大于计税基础　　　　　D. 负债账面价值小于计税基础

5. "递延所得税资产"科目借方登记的内容是（　　　）。

　　A. 税前会计利润大于应纳税所得额的金额

　　B. 企业确认的递延所得税资产

　　C. 递延所得税资产的应有余额大于其账面余额的差额

　　D. 本期转销已确认的暂时性差异对纳税影响数的借方数额

6. 下列各项投资收益中，按税法规定免交所得税，在计算应纳税所得额时应予以调整的项目是（　　　）。

　　A. 公司债券利息收入　　　　　　　　　B. 国债利息收入

　　C. 股票转让净收益　　　　　　　　　　D. 公司债券转让净收益

7. 按照资产负债表债务法核算所得税，所产生的应纳税暂时性差异是（　　　）。

　　A. 资产账面价值大于计税基础　　　　　B. 资产账面价值等于计税基础

　　C. 资产账面价值小于计税基础　　　　　D. 负债账面价值大于计税基础

8. 某企业本年1月1日递延所得税资产的余额为9 000 000元、递延所得税负债的余额为12 000 000元，本年12月31日递延所得税资产的余额为15 000 000元、递延所得税负债的余额为7 000 000元。该企业本年应纳所得税税额为150 000 000元，当年的所得税费用为（　　　）元。

　　A. 139 000 000　　　B. 150 000 000　　　C. 165 000 000　　　D. 155 000 000

二、多项选择题

1. 下列关于利润的表述中，正确的有（　　　）。

　　A. 利润是指企业在一定会计期间的经营成果

　　B. 利润包括收入减去费用后的净额、直接计入当期利润的利得和损失等

　　C. 企业利得增加一定会增加企业当期利润

D. 利润增加一般会导致企业所有者权益的增加

2. 构成并影响营业利润的项目有（　　）。

A. 营业收入　　　　　　B. 营业成本　　　　　　C. 期间费用

D. 所得税　　　　　　　E. 税金及附加

3. 下列各项中，既影响营业利润，又影响利润总额的业务有（　　）。

A. 计提坏账准备　　　　B. 转让无形资产所有权的净收益

C. 计提所得税费用　　　D. 转让股票所得收益

4. 暂时性差额包括（　　）。

A. 时间性差额　　　　　B. 永久性差额

C. 应纳税暂时性差额　　D. 可抵扣暂时性差额

5. 下列各项中，需调整增加企业应纳税所得额的项目有（　　）。

A. 已计入投资收益的国债利息收入

B. 已超过税法规定扣除标准，但已计入当期费用的业务招待费

C. 支付并已计入当期损益的各种税收滞纳金

D. 未超标的业务招待费支出

6. 下列各项中，在计算应纳税所得额时，应作纳税调减的有（　　）。

A. 期末其他权益工具投资公允价值上升　　B. 期末其他权益工具投资公允价值下降

C. 期末交易性金融资产公允价值上升　　　D. 期末计提存货跌价准备

E. 期末确认国债利息收入

7. 应纳税暂时性差额通常产生于以下情况（　　）。

A. 资产的账面价值大于其计税基础　　　B. 负债的账面价值大于其计税基础

C. 资产的账面价值小于其计税基础　　　D. 负债的账面价值小于其计税基础

三、判断题

1. 企业出售长期股权投资时发生的净损益不会影响营业利润。　　　　　　　（　　）

2. 企业根据《企业会计准则》的规定，计算确定的当期所得税和递延所得税之和，即为应当从当期利润总额中扣除的所得税费用。　　　　　　　　　　　　　　　　　　　（　　）

3. "所得税费用"科目的本期借方发生额反映的是本期按利润总额计算的应纳所得税额。　（　　）

4. 某企业本年度利润总额为 1 800 万元，其中本年度国债利息收入 200 万元；企业所得税税率为 25%。假定不考虑其他因素，该企业本年度的净利润为 1 400 万元。　　　　　　　　　　　（　　）

四、业务处理题

1. 某公司年终结账前各损益类科目的余额分别为：主营业务收入 539 200 000 元，其他业务收入 12 800 000 元，主营业务成本 327 500 000 元，税金及附加 4 000 000 元，销售费用 6 000 000 元，管理费用 77 080 000 元，财务费用 3 600 000 元，营业外支出 10 000 000 元。假如你是该公司的会计人员，你如何进行年终结转损益的账务处理？

2. 甲企业 20×8 年实现税前利润 1 000 000 元。按规定，甲企业用 20×8 年的税前会计利润弥补 20×6 年度的亏损 120 000 元。甲企业适用的所得税税率为 25%。20×9 年 2 月 15 日，经董事会批准，甲企业按以下分配方案进行利润分配：

（1）按净利润的 10% 提取法定盈余公积；

（2）按净利润的 5% 提取任意盈余公积；

（3）分配给普通股股东现金股利 200 000 元。

要求：编制与利润分配相关的会计分录。

3. 甲股份有限公司（以下简称"甲公司"）20×8年发生的与所得税业务相关的资料如下。

（1）甲公司所得税费用采用资产负债表债务法核算，所得税税率为25%，年初递延所得税资产为49.5万元。

（2）本年度实现的利润总额为500万元，其中，国债利息收入为20万元。甲公司因发生违法经营被罚款10万元，因违反合同支付违约金30万元，工资及相关附加超过计税标准60万元。上述收入或支出已全部用现金结算完毕。

（3）年末计提固定资产减值准备50万元（年初减值准备为0），使固定资产账面价值比其计税基础少50万元；转回存货跌价准备70万元。

（4）年末计提产品保修费用40万元，计入销售费用，预计负债余额为40万元。

（5）弥补以前年度亏损60万元。假设除上述事项外，没有发生其他纳税调整事项。

要求：根据上述资料，为甲公司当期所得税费用编制必要的会计分录。

4. 甲企业20×8年度利润表中的利润总额为1 200万元，适用的所得税税率为25%。20×8年发生的交易和事项中，会计处理与税法处理存在的差别如下。

（1）20×8年1月开始计提折旧的固定资产，成本为600万元，使用年限为10年，净残值为0，会计处理按双倍余额递减法计提折旧，税收处理按年限平均法计提折旧。假定税收规定的使用年限及净残值与会计处理相同。

（2）支付违法罚款100万元。

（3）期末对持有的存货计提40万元的存货跌价准备。

该企业资产负债表中相关项目的金额和计税基础如表10.5所示。

要求：对甲企业20×8年的所得税进行相关的会计处理。

5. A企业全年按税法核定的计税工资总额为225万元，该年实际发放的工资为255万元，除此之外没有其他纳税调整项目。企业该年税前会计利润经计算为2 700万元，适用的所得税税率为25%。

要求：计算A企业本年度应交所得税，并编制会计分录。

6. 甲公司本年度的利润总额为210万元，其中包括本年收到的国债利息收入70万元。该公司适用的所得税税率为25%；当年的营业外支出中，有20万元为税收滞纳金支出。

表10.5 资产负债表中相关项目的金额和计税基础

（单位：万元）

项目	账面价值	计税基础	差异	
			应纳税暂时性差异	可抵扣暂时性差异
存货	600	640		40
固定资产				
固定资产原价	600	600		
减：累计折旧	120	60		
固定资产账面价值	480	540		60
其他应付款	100	100		
总　计				100

甲公司递延所得税负债的年初数为40万元，年末数为35万元；递延所得税资产的年初数为25万元，年末数为15万元。除上述事项外，甲公司无其他纳税调整项。

要求：

（1）计算甲公司本年度应纳税所得额。

（2）计算甲公司本年度应交所得税额。

（3）计算甲公司本年度的所得税费用。

（4）编制甲公司应交所得税的会计分录。

（5）编制甲公司年末结转所得税费用的会计分录。

第十一章

财务报表

【本章学习目标】

知识目标：理解编制财务报表的意义和基本要求；理解各种财务报表和报表附注的概念和作用；掌握各种财务报表的内容及其结构；掌握各种财务报表的编制方法；了解财务报表附注披露的要求与内容。

能力目标：能熟练地编制资产负债表和利润表；能比较熟练地编制现金流量表。

【本章导读】

一、财务报表的意义

1. 财务报告及其目标

财务报告是企业对外提供的反映企业某一特定日期的财务状况和某一会计期间的经营成果、现金流量等会计信息的文件。财务报告包括财务报表和其他应当在财务报告中披露的相关信息和资料，主要由财务报表和财务情况说明书等内容组成。

财务报告的目标是向财务报告使用者提供与企业财务状况、经营成果和现金流量等有关的会计信息，反映企业管理层受托责任履行情况，有助于财务报告使用者作出经济决策。财务报告使用者通常包括投资者、债权人、政府及其有关部门和社会公众等。由财务报表和其他相关资料组成的财务报告是企业会计工作的最终成果，是输出企业会计信息的主要形式，是企业与外部联系的桥梁。

2. 财务报表的内容

财务报表是对企业财务状况、经营成果和现金流量的结构性表述。财务报表是根据会计账簿记录和有关资料，按规定的报表格式，总括反映一定期间的经济活动和财务收支及其结果的文件。

企业的交易和事项最终通过财务报表进行列示，通过附注进行披露。一套完整的财务报表至少应当包括"四表一注"，即资产负债表、利润表、现金流量表、所有者权益（或股东权益，下同）变动表和附注。其中，资产负债表、利润表、现金流量表和所有者权益变动表属于基本财务报表。附注是对基本财务报表的信息进行的进一步说明、补充或解释，以便帮助相关人员理解和使用报表信息。

3. 财务报表的作用

企业按照《企业会计准则》编制的财务报表，能够为企业、现在和潜在的投资者、债权人以及其他财务报表的使用者提供对决策有用的财务信息，促进社会资源的合理配置，为公众的利益服务。财务报表的具体作用包括以下几个方面。

（1）向投资人提供有关企业的赢利能力和股利分配政策等方面的信息，便于他们作出正确的投资决策。

（2）向债权人提供有关企业的资本结构、资产状况和偿债能力等方面的信息，便于他们作出正确的信贷决策。

（3）向政府提供有关企业的赢利状况和纳税等方面的信息，为国家的宏观经济决策提供依据。

（4）向企业管理人员提供有关企业某一特定日期财务状况以及某一特定期间经营业绩和现金流量方面的信息，为今后进行企业的生产经营决策和改善经营管理提供依据。

总之，企业财务报表的目标是为企业加强和改善经营管理、为国家经济管理部门进行宏观调控和管理、为投资者和债权人进行决策提供重要信息。

二、财务报表的分类

1. 按编报期间的不同分类

按编报期间的不同，财务报表可以分为中期财务报表和年度财务报表。中期财务报表是以短于一个完整会计年度的报告期间为基础编制的财务报表，包括月报、季报和半年报等。中期财务报表至少应当包括资产负债表、利润表、现金流量表和附注。其中，中期资产负债表、利润表和现金流量表应当是完整报表，其格式和内容应当与年度财务报表相一致。与年度财务报表相比，中期财务报表中的附注披露可适当简略。

2. 按编报主体的不同分类

按编报主体的不同，财务报表可以分为个别财务报表和合并财务报表。个别财务报表是由企业在自身会计核算的基础上对账簿记录进行加工而编制的财务报表。它主要用于反映企业自身的财务状况、经营成果和现金流量情况。合并财务报表是以母公司和子公司组成的企业集团为会计主体，根据母公司和所属子公司的财务报表，由母公司编制的综合反映企业集团财务状况、经营成果及现金流量的财务报表。

三、财务报表列报的基本要求

财务报表列报，是指交易和事项在报表中的列示和在附注中的披露。在财务报表的列报中，"列示"通常指资产负债表、利润表、现金流量表和所有者权益变动表等报表中反映的信息；"披露"通常指附注中反映的信息。企业应依据各项会计准则确认和计量的结果编制财务报表。

1. 以持续经营为列报基础

企业应当以持续经营为基础，根据实际发生的交易和事项，按照《企业会计准则——基本准则》和其他各项会计准则的规定进行确认和计量，在此基础上编制财务报表。如果按照各项会计准则规定披露的信息不足以让报表使用者了解特定交易或事项对企业财务状况和经营成果的影响，企业还应当披露其他的必要信息。

在编制财务报表的过程中，企业管理层应当利用所有可获得信息来评价企业自报告期末起至少12个月的持续经营能力。企业如有近期获利经营的历史且有财务资源支持，则通常表明以持续经营为基础编制财务报表是合理的。

企业正式决定或被迫在当期或将在下一个会计期间进行清算或停止营业的，则表明以持续经营为基础编制财务报表不再合理。在这种情况下，企业应当采用其他基础编制财务报表，并在附注中声明财务报表未以持续经营为基础编制的事实、披露未以持续经营为基础编制的原因和财务报表的编制基础。

2. 按重要性原则进行项目列报

财务报表是通过对大量的交易或其他事项进行处理而生成的。这些交易或其他事项按其性质或功能汇总归类而形成财务报表中的项目。至于项目在财务报表中是单独列报还是合并列报，应当依据重要性原则来判断。

重要性，是指在合理预期下，财务报表某项目的省略或错报会影响报表使用者据此作出经济决策的，则该项目具有重要性。重要性应当根据企业所处的具体环境，从项目的性质和金额两方面予以判断，且对各项目重要性的判断标准一经确定，不得随意变更。

判断项目性质的重要性，应当考虑该项目在性质上是否属于企业日常活动、是否显著影响企业的财务状况、经营成果和现金流量等因素；判断项目金额大小的重要性，应当考虑该项目金额占资产总额、负债总额、所有者权益总额、营业收入总额、营业成本总额、净利润、综合收益总额等直接相关项目金额的比重或所属报表单列项目金额的比重。

性质或功能不同的项目，应当在财务报表中单独列报，但不具有重要性的项目除外。性质或功能类似的项目，其所属类别具有重要性的，应当按其类别在财务报表中单独列报。某些项目的重要性程度不足以在资产负债表、利润表、现金流量表或所有者权益变动表中单独列示，但对附注却具有重要性，则应当在附注中单独披露。

财务报表中的资产项目和负债项目的金额、收入项目和费用项目的金额、直接计入当期利润的利得项目和损失项目的金额不得相互抵销，但其他会计准则另有规定的除外。

规定在财务报表中单独列报的项目，应当单独列报。其他会计准则规定单独列报的项目，应当增加单独列报项目。

3. 可比期间的数据列报

当期财务报表的列报，至少应当提供所有列报项目上一个可比会计期间的比较数据，以及与理解当期财务报表相关的说明，但其他会计准则另有规定的除外。

财务报表的列报项目发生变更的，应当至少对可比期间的数据按照当期的列报要求进行调整，并在附注中披露调整的原因和性质，以及调整的各项目金额。对可比数据进行调整不切实可行的，应当在附注中披露不能调整的原因。不切实可行，是指企业在做出所有合理努力后仍然无法采用某项会计准则的规定。

4. 财务报表表首的列报要求与报告期间

财务报表一般分为表首、正表两部分。其中，在表首部分企业应当在财务报表的显著位置至少披露下列各项：①编报企业的名称；②资产负债表日或财务报表涵盖的会计期间；③人民币金额单位；④财务报表是合并财务报表的，应当予以标明。

企业至少应当按年编制财务报表。根据《中华人民共和国会计法》的规定，会计年度自公历1月1日起至12月31日止。年度财务报表涵盖的期间短于一年的，应当披露年度财务报表的涵盖期间、短于一年的原因以及报表数据不具可比性的事实。

第一节 资产负债表

本节学习目标

知识目标：理解资产负债表的概念和作用；掌握资产负债表列报的总体要求；掌握资产负债表的结构；

掌握资产负债表的编制方法。

技能目标：能正确编制资产负债表。

案例导入

20×7 年 12 月，某高等职业技术学院会计专业毕业生张华到兴华公司报表总账岗位进行顶岗实习。兴华公司20×7 年 12 月 31 日的有关资料如下。

（1）科目余额表如表 11.1 所示。

（2）各债权债务明细科目的余额为："应收账款——A 公司"科目的借方余额为 180 000 元，"应收账款——B 公司"科目的贷方余额为 20 000 元；"预付账款——C 公司"科目的借方余额为 60 000 元，"预付账款——D 公司"科目的贷方余额为 100 000 元；"应付账款——E 公司"科目的贷方余额为 200 000 元，"应付账款——F 公司"科目的借方余额为 40 000 元；"预收账款——G 公司"科目的贷方余额为 100 000 元，"预收账款——H 公司"科目的借方余额为 80 000 元。

（3）长期借款共 2 笔，均为一次性还本付息，金额及期限如下：①从工商银行借入 40 000 元，期限从 20×6 年 8 月 1 日至 20×8 年 8 月 1 日；②从建设银行借入 120 000 元，期限从 20×7 年 3 月 1 日至 20×9 年 3 月 1 日。

案例解析

要求：请替张华编制兴华公司20×7 年 12 月 31 日的资产负债表。

表 11.1　科目余额表　（单位：元）

科目名称	借方余额	贷方余额
库存现金	18 000	
银行存款	112 000	
应收票据	110 000	
应收账款	160 000	
预付账款		40 000
坏账准备——应收账款		10 000
原材料	120 000	
低值易耗品	20 000	
发出商品	70 000	
库存商品	220 000	
交易性金融资产	8 000	
固定资产	2 000 000	
累计折旧		1 000 000
在建工程	90 000	
无形资产	300 000	
短期借款		22 000
应付账款		160 000
预收账款		20 000
应付职工薪酬	8 000	
应交税费		24 000
长期借款		160 000
实收资本		1 200 000
盈余公积		200 000
未分配利润		400 000

一、资产负债表概述

资产负债表，是反映企业在某一特定日期（月末、季末、半年末、年末）财务状况的财务报表。资产负债表是根据资产、负债、所有者权益 3 个会计要素之间的相互关系，依据一定的分类标准和顺序，把企业在一定日期的资产、负债、所有者权益项目予以适当排列，并根据日常工作中形成的大量数据进行相应的分类、汇总后编制而成的。资产负债表主要提供有关企业财务状况方面的信息，即某一特定日期企业资产、负债、所有者权益及其相互关系。

1. 资产负债表的作用

编制资产负债表有以下几项作用。

（1）可以反映企业某一日期的资产总额及其结构，表明企业拥有或控制的经济资源及其分布情况，有助于企业财务报表的使用者一目了然地从资产负债表了解企业在某一特定日期所拥有的资产总量及其结构，分析企业的生

政策依据

一般企业财务报表格式

《企业会计准则第 30 号——财务报表列报》

产经营能力。

（2）可以反映某一日期的负债总额及其结构，表明企业未来需要用多少资产或劳务清偿债务以及清偿的时间，分析企业的短期和长期偿债能力。

（3）可以反映企业所有者所拥有的权益，表明投资者在企业资产中所占的份额，分析所有者权益的构成情况。

（4）通过前后期资产负债表的比较，可以了解企业资本结构的变化情况和未来财务状况的变动趋势。

2. 资产负债表列报的总体要求

（1）分类列报。资产负债表应当按照资产、负债和所有者权益三大类别分类列报，左方列报的资产项目反映资产的构成；右方列报的负债和所有者权益项目反映权益结构，即资产的来源渠道。

（2）资产和负债应当按流动性列报。资产按照流动性，分为流动资产列报和非流动资产列报。负债按照流动性，分为流动负债和非流动负债列报。流动性通常按照资产的变现或耗用时间长短或者负债的偿还时间长短来确定。

（3）所有者权益类项目应当以资本的永久性高低为依据进行先后次序排列：永久性高者在前，低者在后。

（4）列报相关的合计、总计项目。资产负债表中的资产类应当列示流动资产合计和非流动资产合计两个合计项目以及资产总计项目；负债类至少应当分别列示流动负债、非流动负债以及负债合计项目；所有者权益类应当列示所有者权益的合计项目；负债和所有者权益还要列示总计项目。

二、资产负债表的列报格式和列报方法

（一）资产负债表的列报格式

资产负债表各项目在表中的排列方法不同，形成了各种各样的资产负债表格式。

1. 报告式资产负债表

报告式资产负债表将资产、负债、所有者权益项目采用垂直分列的形式体现。

报告式资产负债表的优点是便于编制比较资产负债表，即在一张报表中，除列出本期的财务状况外，还可增设几个栏目，分别列示过去几期的财务状况。报告式资产负债表的缺点是资产和权益间的恒等关系不能一目了然。

2. 账户式资产负债表

账户式资产负债表是按照"T"形账户的形式设计资产负债表，将资产列在报表左方，负债及所有者权益列在报表右方，左右两方总额相等。账户式资产负债表与报告式资产负债表的优缺点正好相反。资产和权益间的恒等关系一目了然，但在编制比较资产负债表需要作些旁注时，这可能会有困难。

3. 我国现行资产负债表格式

根据财务报表列报准则的规定，我国现行资产负债表采用账户式的格式，即左侧列报资产，一般按资产的流动性大小排列；右侧列报负债和所有者权益，一般按清偿时间的先后顺序排列。账户式资产负债表中的资产各项目的合计等于负债和所有者权益各项目的合计，即资产负债表左方和右方平衡。因此，账户式资产负债表可以反映资产、负债、所有者权益之间的内在关系，即"资产＝负债＋所有者权益"。

同时，企业需要提供比较资产负债表，以便报表使用者通过比较不同时点资产负债表的数据，掌握企业财务状况的变动情况及发展趋势。所以，资产负债表还就各项目再分为"年初余额"和"期末余额"两栏分别填列。

注意：扫描本节内"政策依据"中的"一般企业财务报表格式"二维码后可查看一般企业资产负债表和其他报表的格式。本书中相关报表均有所简化。

（二）资产负债表的列报内容与方法

1. 资产负债表部分项目的列报内容与方法

以下简要介绍资产负债表部分项目的列报内容和方法，对和本书实例中业务不相关的项目不再介绍。

（1）"货币资金"项目，反映库存现金、银行结算户存款、外埠存款、银行汇票存款、银行本票存款、信用卡存款、信用证保证金存款等的合计数。本项目应根据"库存现金""银行存款""其他货币资金"等科目期末余额的合计数填列。

（2）"交易性金融资产"项目，反映资产负债表日企业分类为以公允价值计量且其变动计入当期损益的金融资产，以及企业持有的指定为以公允价值计量且其变动计入当期损益的金融资产的期末账面价值。本项目应根据"交易性金融资产"科目相关明细科目的期末余额分析填列。自资产负债表日起超过一年到期且预期持有超过一年的以公允价值计量且其变动计入当期损益的非流动金融资产的期末账面价值，在"其他非流动金融资产"项目反映。

（3）"应收票据"项目，反映资产负债表日以摊余成本计量的、企业因销售商品、提供服务等收到的商业汇票，包括银行承兑汇票和商业承兑汇票。该项目应根据"应收票据"科目的期末余额填列。

（4）"应收账款"项目，反映资产负债表日以摊余成本计量的、企业因销售商品、提供服务等经营活动应收取的款项。该项目应根据"应收账款"科目的期末余额，减去"坏账准备"科目中相关坏账准备期末余额后的金额分析填列。

（5）"预付款项"项目，反映企业按照购货合同规定预付给供应单位的款项等。本项目应根据"预付账款"和"应付账款"科目所属各明细科目的期末借方余额合计数填列。如"预付账款"科目所属各明细科目期末有贷方余额，应在资产负债表"应付账款"项目内填列。

（6）"其他应收款"项目，应根据"应收利息""应收股利"和"其他应收款"等科目的期末余额合计数，减去"坏账准备"科目中相关坏账准备期末余额后的金额填列。其中的"应收利息"仅反映相关金融工具已到期可收取但于资产负债表日尚未收到的利息。基于实际利率法计提的金融工具的利息应包含在相应金融工具的账面余额中。

（7）"存货"项目，反映企业期末在库、在途和在加工中的各种存货的成本或可变现净值。本项目应根据"材料采购""原材料""低值易耗品""库存商品""周转材料""委托加工物资""生产成本"等科目的期末余额合计数，减去"存货跌价准备"科目期末余额后的金额填列。材料采用计划成本核算的，还应按加或减材料成本差异后的金额填列。

（8）"一年内到期的非流动资产"项目，通常反映预计自资产负债表日起一年内变现的非流动资产。对于按照相关会计准则采用折旧（或摊销、折耗）方法进行后续计量的固定资产、使用权资产、无形资产和长期待摊费用等非流动资产，折旧（或摊销、折耗）年限（或期限）只剩一年或不足一年的，或预计在一年内（含一年）进行折旧（或摊销、折耗）的部分，不得归类为流动资产，仍在各该非流动资产项目中填列，不转入"一年内到期的非流动资产"项目。

（9）"其他流动资产"项目，反映企业除货币资金、交易性金融资产、应收票据、应收账款、存货等流动资产以外的其他流动资产。本项目应根据有关科目的期末余额填列。

（10）"债权投资"项目，反映资产负债表日企业以摊余成本计量的长期债权投资的期末账面价值。该项目应根据"债权投资"科目的相关明细科目期末余额，减去"债权投资减值准备"科目中相关减值准备的期末余额后的金额分析填列。自资产负债表日起一年内到期的债权投资的期末账面价值，在"一年内到期的非流动资产"项目反映。企业购入的以摊余成本计量的一年内到期的债权投资的期末账面价值，在"其他流动资产"项目反映。

（11）"其他债权投资"项目，反映资产负债表日企业分类为以公允价值计量且其变动计入其他综合收益的长期债权投资的期末账面价值。该项目应根据"其他债权投资"科目的相关明细科目的期末余额分析填列。自资产负债表日起一年内到期的其他债权投资的期末账面价值，在"一年内到期的非流动资产"项目反映。企业购入的以公允价值计量且其变动计入其他综合收益的一年内到期的其他债权投资的期末账面价值，在"其他流动资产"项目反映。

（12）"长期应收款"项目，反映企业融资租赁产生的应收款项、采用递延方式具有融资性质的销售商品和提供劳务等产生的长期应收款项等。本项目应根据"长期应收款"科目的期末余额，减去相应的"未实现融资收益"科目和"坏账准备"科目的相关明细科目期末余额后的金额填列。

（13）"长期股权投资"项目，反映企业持有的对子公司、联营企业和合营企业的长期股权投资。本项目应根据"长期股权投资"科目的期末余额，减去"长期股权投资减值准备"科目期末余额后的金额填列。

（14）"其他权益工具投资"项目，反映资产负债表日企业指定为以公允价值计量且其变动计入其他综合收益的非交易性权益工具投资的期末账面价值。该项目应根据"其他权益工具投资"科目的期末余额填列。

（15）"投资性房地产"项目，反映企业持有的投资性房地产。企业采用成本模式计量投资性房地产的，本项目应根据"投资性房地产"科目的期末余额，减去"投资性房地产累计折旧（或摊销）"和"投资性房地产减值准备"科目期末余额后的金额填列。企业采用公允价值模式计量投资性房地产的，本项目应根据"投资性房地产"科目的期末余额填列。

（16）"固定资产"项目，反映资产负债表日企业固定资产的期末账面价值和企业尚未清理完毕的固定资产清理净损益。该项目应根据"固定资产"科目的期末余额，减去"累计折旧"和"固定资产减值准备"科目的期末余额后的金额，以及"固定资产清理"科目的期末余额填列。

（17）"在建工程"项目，反映资产负债表日企业尚未达到预定可使用状态的在建工程的期末账面价值和企业为在建工程准备的各种物资的期末账面价值。该项目应根据"在建工程"科目的期末余额，减去"在建工程减值准备"科目的期末余额后的金额，以及"工程物资"科目的期末余额，减去"工程物资减值准备"科目的期末余额后的金额填列。

（18）"无形资产"项目，反映企业持有的无形资产，包括专利权、非专利技术、商标权、著作权、土地使用权等。本项目应根据"无形资产"科目的期末余额，减去"累计摊销"和"无形资产减值准备"科目期末余额后的金额填列。

（19）"开发支出"项目，反映企业开发无形资产过程中能够资本化形成无形资产成本的支出部分。本项目应根据"研发支出"科目的明细科目"资本化支出"的期末余额填列。

（20）"长期待摊费用"项目，反映企业已经发生但应由本期和以后各期负担的分摊期限在一年以上的各项费用。长期待摊费用中在一年内（含一年）摊销的部分，在资产负债表"一年内到期的非流动资产"项目填列。本项目应根据"长期待摊费用"科目的期末余额减去将于一年内（含一年）摊销的数额后的金额填列。

（21）"递延所得税资产"项目，反映企业确认的可抵扣暂时性差异产生的递延所得税资产。本项目应根据"递延所得税资产"科目的余额填列。

（22）"其他非流动资产"项目，反映企业除长期股权投资、固定资产、在建工程、工程物资、无形资产等资产以外的其他非流动资产。本项目应根据有关科目的期末余额填列。

（23）"短期借款"项目，反映企业向银行或其他金融机构等借入的期限在一年以下（含一年）的各种借款。本项目应根据"短期借款"科目的期末余额填列。

（24）"应付票据"项目，反映资产负债表日企业因购买材料、商品和接受服务等开出、承兑的商业汇票，包括银行承兑汇票和商业承兑汇票。该项目应根据"应付票据"科目的期末余额填列。

（25）"应付账款"项目，反映资产负债表日企业因购买材料、商品和接受服务等经营活动应支付的款项。该项目应根据"应付账款"和"预付账款"科目的相关明细科目期末贷方余额的合计数填列。

（26）"预收款项"项目，反映企业按照销货合同规定预收购买单位的款项。本项目应根据"预收账款"和"应收账款"科目各明细科目的期末贷方余额的合计数填列。

（27）"应付职工薪酬"项目，反映企业根据有关规定应付给职工的工资、职工福利、社会保险费、住房公积金、工会经费、职工教育经费、非货币性福利、辞退福利等各种薪酬。外商投资企业按规定从净利润中提取的职工奖励及福利基金，也在本项目列示。

（28）"应交税费"项目，反映企业按照税法规定计算应缴纳的各种税费，包括增值税、消费税、所得税、资源税、土地增值税、城市维护建设税、房产税、城镇土地使用税、车船税、教育费附加、矿产资源补偿费等。本项目应根据"应交税费"科目的期末贷方余额填列。如"应交税费"科目期末为借方余额，应以"－"号填列。

（29）"其他应付款"项目，应根据"应付利息""应付股利"和"其他应付款"科目的期末余额合计数填列。其中的"应付利息"仅反映相关金融工具已到期应支付但于资产负债表日尚未支付的利息。基于实际利率法计提的金融工具的利息应包含在相应金融工具的账面余额中。

（30）"一年内到期的非流动负债"项目，反映企业非流动负债中将于资产负债表日后一年内到期部分的金额，如将于一年内偿还的长期借款。本项目应根据有关科目的期末余额填列。

（31）"其他流动负债"项目，反映企业除短期借款、交易性金融负债、应付票据、应付账款、应付职工薪酬、应交税费等流动负债以外的其他流动负债。本项目应根据有关科目的期末余额填列。

（32）"长期借款"项目，反映企业向银行或其他金融机构借入的期限在一年以上（不含一年）的各项借款。本项目应根据"长期借款"科目的期末余额填列。

（33）"应付债券"项目，反映企业为筹集长期资金而发行的债券本金和利息。本项目应根据"应付债券"科目的期末余额填列。

（34）"长期应付款"项目，反映资产负债表日企业除长期借款和应付债券以外的其他各种长期应付款项的期末账面价值。该项目应根据"长期应付款"科目的期末余额，减去相关的"未确认融资费用"科目的期末余额后的金额，以及"专项应付款"科目的期末余额填列。

（35）"递延所得税负债"项目，反映企业确认的应纳税暂时性差异产生的所得税负债。本项目应根据"递延所得税负债"科目的期末余额填列。

（36）"其他非流动负债"项目，反映企业除长期借款、应付债券等负债以外的其他非流动负债。本项目应根据有关科目的期末余额减去将于一年内（含一年）到期偿还数后的余额填列。非流动负债各项目中将于一年内（含一年）到期的非流动负债，应在"一年内到期的非流动负债"项目内单独反映。

（37）"实收资本（或股本）"项目，反映企业各投资者实际投入的资本（或股本）总额。本项目应根据"实收资本（或股本）"科目的期末余额填列。

（38）"其他权益工具"项目，反映企业发行的除普通股以外的归类为权益工具的优先股、永续债的价值。本项目应根据"其他权益工具"科目的期末余额填列。"其他权益工具"项目下设的"优先股"和"永续债"两个项目，分别反映企业发行的分类为权益工具的优先股和永续债的账面价值。

（39）"资本公积"项目，反映企业资本公积的期末余额。本项目应根据"资本公积"科目的期末余额填列。

（40）"库存股"项目，反映企业持有尚未转让或注销的本公司股份金额。本项目应根据"库存股"科目的期末余额填列。

（41）"其他综合收益"项目，是指企业根据会计准则规定未在当期损益中确认的各项利得和损失。本项目应根据"其他综合收益"科目的期末余额填列。

（42）"盈余公积"项目，反映企业盈余公积的期末余额。本项目应根据"盈余公积"科目的期末余额填列。

（43）"未分配利润"项目，反映企业尚未分配的利润。本项目应根据"本年利润"科目和"利润分配"科目的余额计算填列。未弥补的亏损在本项目内以"–"号填列。

2. 年初余额栏的列报方法

资产负债表"年初余额"栏内的各项数字，应根据上年年末资产负债表"期末余额"栏内所列数字填列。如果上年度资产负债表规定的各个项目的名称和内容同本年度不一致，则企业应对上年年末资产负债表各项目的名称和数字按照本年度的规定进行调整，并将调整后的金额填入表中"年初余额"栏内。

3. 期末余额栏的列报方法

资产负债表"期末余额"栏内各项数字，一般应根据资产、负债和所有者权益类科目的期末余额填列，主要包括以下方法。

（1）根据总账科目的余额填列。资产负债表中的有些项目，可直接根据有关总账科目的余额填列，如"交易性金融资产""短期借款""应付职工薪酬"等项目；有些项目则需根据几个总账科目的余额计算填列，如"货币资金"项目需根据"库存现金""银行存款""其他货币资金"三个总账科目余额的合计数填列。

【例 11.1.1】 20×8 年 12 月 31 日，某企业结账后"库存现金"科目的余额为 10 000 元，"银行存款"科目的余额为 4 000 000 元，"其他货币资金"科目的余额为 1 000 000 元。该企业 20×8 年 12 月 31 日资产负债表中的"货币资金"项目金额为

$$10\ 000 + 4\ 000\ 000 + 1\ 000\ 000 = 5\ 010\ 000（元）。$$

在本例中，企业应当将"库存现金""银行存款""其他货币资金"三个总账科目余额加总后的金额，作为资产负债表中"货币资金"项目"期末余额"栏的金额。

【例 11.1.2】 20×8 年 6 月 30 日，A 公司"本年利润"科目的贷方余额为 900 000 元，"利润分配"科目的贷方余额为 100 000 元。

"未分配利润"项目的金额 = 900 000 + 100 000 = 1 000 000（元）

20×8 年 6 月 30 日，A 公司资产负债表中的"未分配利润"项目的"期末余额"栏的金额应列示为"1 000 000"。

假若"本年利润"科目余额为借方 300 000 元，其他条件不变，则"未分配利润"项目的

金额 = 100 000 – 300 000 = –200 000（元），20×8 年 6 月 30 日资产负债表中"未分配利润"项目"期末余额"栏的金额应列示为"–200 000"。

（2）根据有关明细科目的余额计算填列。如"应收账款""预付款项""应付账款""预收账款"项目需要根据"应收账款""预付账款""应付账款""预收账款"科目所属的相关明细科目的期末余额计算填列。

【例 11.1.3】 20×8 年 12 月 31 日，结账后，A 公司的有关明细科目余额见表 11.2。根据该资料，填制资产负债表中的有关项目。

"应收账款"项目的金额 = 800 000 + 300 000 = 1 100 000（元）

"预付款项"项目的金额 = 400 000 + 200 000 = 600 000（元）

"应付账款"项目的金额 = 900 000 + 60 000 = 960 000（元）

"预收款项"项目的金额 = 750 000 + 70 000 = 820 000（元）

（3）根据总账科目和明细科目的余额分析计算填列。如"长期借款"项目需根据"长期借款"总账科目的余额扣除"长期借款"科目所属的明细科目中将在资产负债表日起一年内到期，且企业不能自主地将清偿义务展期的长期借款后的金额计算填列。

（4）根据有关科目余额减去其备抵科目余额后的净额填列。如资产负债表中的"长期股权投资"项目应根据"长期股权投资"科目的期末余额减去"长期股权投资减值准备"科目期末余额后的净额填列。

表 11.2 有关明细科目余额

（单位：元）

科目名称	明细科目借方余额	明细科目贷方余额
应收账款	800 000	70 000
预付账款	400 000	60 000
应付账款	200 000	900 000
预收账款	300 000	750 000

（5）综合运用上述填列方法分析填列。例如，资产负债表中的"存货"项目需根据"原材料""库存商品""委托加工物资""周转材料""材料采购""在途物资""发出商品"和"材料成本差异"等总账科目期末余额的分析汇总数，再减去"存货跌价准备"科目余额后的金额填列。

三、资产负债表编制举例

【例 11.1.4】 20×9 年 12 月 31 日，甲公司的科目余额资料见表 11.3。

表 11.3 科目余额表

20×9 年 12 月 31 日 （单位：元）

科目名称	借方余额	科目名称	贷方余额
库存现金	32 534.00	坏账准备	15 097 345.58
银行存款	235 247 976.98	存货跌价准备	772 749.26
其他货币资金	12 731 552.52	累计折旧	74 169 395.40
应收票据	8 000 000.00	固定资产减值准备	1 852 981.96
应收账款	259 367 086.44	累计摊销	2 792 032.32
预付账款	60 921 503.62	短期借款	42 323 396.04
其他应收	8 769 032.24	应付票据	176 015 277.60
原材料	57 463 576.15	应付账款	226 380 029.36
生产成本	40 119 212.00	预收账款	18 834 392.00
自制半成品	53 853 522.38	应付职工薪酬	10 036 043.48

科目名称	借方余额	科目名称	贷方余额
库存商品	82 817 116.58	应交税费	− 24 362 318.42
委托加工物资	24 971 400.70	应付利息	83 860.22
周转材料——包装物	3 931 683.84	其他应付款	10 147 984.82
周转材料——低值易耗品	4 362 034.90	长期应付款	1 600 000.00
长期股权投资	39 200 000.00	股本	128 634 000.00
固定资产	377 582 616.42	资本公积	442 391 544.50
在建工程	10 484 417.82	盈余公积	40 584 658.44
无形资产	95 850 030.86	利润分配——未分配利润	192 566 048.74
长期待摊费用	2 556 666.66		
递延所得税资产	3 583 457.00		

根据以上资料，编制甲公司20×9年12月31日的资产负债表，见表11.4（已简化）。

表11.4　资产负债表

会企01表

编制单位：甲公司　　　　　　　　　　　　　　　20×9年12月31日　　　　　　　　　　　　（单位：元）

资产	期末余额	上年年末余额（略）	负债和所有者权益（或股东权益）	期末余额	上年年末余额（略）
流动资产：			流动负债：		
货币资金	248 012 063.50		短期借款	42 323 396.04	
应收票据	8 000 000.00		应付票据	176 015 277.60	
应收账款	244 509 172.22		应付账款	226 380 029.36	
预付款项	60 921 503.62		预收款项	18 834 392.00	
其他应收款	8 529 601.04		应付职工薪酬	10 036 043.48	
存货	266 745 797.32		应交税费	− 2 436 318.42	
一年内到期的非流动资产			其他应付款	10 231 845.04	
其他流动资产			一年内到期的非流动负债		
流动资产合计	836 718 137.70		其他流动负债		
非流动资产：			流动负债合计	481 384 665.10	
长期股权投资	39 200 000.00		非流动负债：		
固定资产	301 560 239.06		长期应付款	1 600 000.00	
在建工程	10 484 417.82		非流动负债合计	1 600 000.00	
无形资产	93 057 998.54		负债合计	482 984 665.10	
长期待摊费用	2 556 666.66		所有者权益（或股东权益）：		
递延所得税资产	3 583 457.00		实收资本（或股本）	128 634 000.00	
其他非流动资产			资本公积	442 391 544.50	
非流动资产合计	450 442 779.08		盈余公积	40 584 658.44	
			未分配利润	192566 048.74	
			所有者权益合计	804 176 251.68	
资产总计	1 287 160 916.78		负债和所有者权益总计	1 287 160 916.78	

法定代表人：李明阳　　　　　主管会计工作的负责人：张雨生　　　　　会计机构负责人：张雨生

表 11.4 中部分项目的计算过程如下。

"货币资金"项目的期末余额 = "库存现金"科目的余额 + "银行存款"科目的余额

+ "其他货币资金"科目的余额

= 32 534.00 + 235 247 976.98 + 12 731 552.52

= 248 012 063.50（元）

"应收账款"项目的期末余额 = "应收账款"科目的余额 - 与应收账款有关的"坏账准备"提取数

= 259 367 086.44 - 14 857 914.22

= 244 509 172.22（元）

"坏账准备"科目的期末余额为 15 097 345.58 元，其中，与"应收账款"有关的坏账准备为 14 857 914.22 元，与"其他应收款"有关的坏账准备为 239 431.36 元。

"其他应收款"项目的期末余额 = "其他应收款"科目的余额

- 与其他应收款有关的"坏账准备"提取数

= 8 769 032.40 - 239 431.36

= 8 529 601.04（元）

"存货"项目的期末余额 = "原材料"科目的余额 + "生产成本"科目的余额

+ "自制半成品"科目的余额 + "库存商品"科目的余额

+ "委托加工物资"科目的余额 + "周转材料—包装物"科目的余额

+ "周转材料—低值易耗品"科目的余额 - "存货跌价准备"科目的余额

= 57 463 576.18 + 40 119 212.00 + 53 853 522.38 + 82 817 116.58

+ 24 971 400.70 + 3 931 683.84 + 4 362 034.90 - 772 749.26

= 266 745 797.32（元）

"固定资产"项目的期末余额 = "固定资产"科目的余额 - "累计折旧"科目的余额

- "固定资产减值准备"科目的余额

= 377 582 616.42 - 74 169 395.40 - 1 852 981.96

= 301 560 239.06（元）

"应交税费"项目的列报金额根据"应交税费"科目各明细科目的余额汇总填列，期末余额合计为 -2 436 318.42（元）。

"其他应付款"项目的期末余额 = "其他应付款"科目的余额 + "应付利息"科目的余额

= 10 147 984.82 + 83 860.22

= 10 231 845.04（元）

提示：关于资产负债表重要项目的相关情况，如货币资金的具体构成、存货的具体构成和应收账款、其他应收款分别计提的坏账准备，以及应交税费的明细情况等应在附注中列表予以充分反映。

第二节 利润表

本节学习目标

知识目标：理解利润表的概念和作用；掌握利润表的结构；掌握利润表的编制方法。

技能目标：能正确编制利润表。

案例解析

案例导入

20×9年12月，某高等职业学院会计专业毕业生赵军到振华公司报表总账岗位进行顶岗实习。振华公司20×8年度利润表见表11.5（已简化），20×9年1—12月各损益类科目的累计发生额见表11.6。

表11.5　利润表

编制单位：振华公司　　　　　　　　　　20×8年度　　　　　　　　　　（单位：元）

项目	本期数	上年数（略）
一、营业收入	1 236 174 934.54	
减：营业成本	1 001 877 897.88	
税金及附加	3 506 252.76	
销售费用	57 082 340.04	
管理费用	57 842 282.38	
财务费用	11 283 313.00	
资产减值损失	2 969 798.14	
加：公允价值变动收益（损失以"－"号填列）		
投资收益（损失以"－"号填列）	361 574.46	
其中：对联营企业和合营企业的投资收益		
汇兑收益（损失以"－"号填列）		
二、营业利润（亏损以"－"号填列）	101 974 624.80	
加：营业外收入	2 791 553.02	
其中：非流动资产处置利得		
减：营业外支出	2 421 564.20	
其中：非流动资产处置损失		
三、利润总额（亏损总额以"－"号填列）	102 344 613.62	
减：所得税费用	28 018 170.50	
四、净利润（净亏损以"－"号填列）	74 326 443.12	
五、其他综合收益的税后净额		
（一）以后不能重分类进损益的其他综合收益		
（二）以后将重分类进损益的其他综合收益		
六、综合收益总额	74 326 443.12	
七、每股收益		
（一）基本每股收益	1.32	
（二）稀释每股收益	1.32	

法定代表人：李德明　　　　　主管会计工作的负责人：赵廉洁　　　　　会计机构负责人：赵廉洁

要求： 请替赵军编制振华公司20×9年度利润表。

一、利润表概述

利润表又称损益表或收益表，是反映企业在一定期间的经营成果的会计报表。利润表反映的经营成果是企业一定期间的收入与费用相配比而形成的净收益。该表是以"收入-费用=利润"会计等式为依据,将一定会计期间(如年度、季度、月份)的收入与其同一会计期间相关的费用进行配比,以计算出企业一定时期的净利润(或净亏损)。

由于利润是企业经营业绩的综合体现,又是进行利润分配的主要依据,因此利润表是会计报表中的主要报表。利润表的作用主要有以下几个方面。

(1)利润表可以反映企业在一定会计期间收入的实现情况,如实现的营业收入、实现的投资收益、实现的营业外收入,等等。

(2)利润表可以反映一定会计期间的费用耗费情况,如耗费的营业成本、税金及附加、销售费用、管理费用、财务费用、营业外支出,等等。

表 11.6　甲公司 20×9 年损益类科目的累计发生额

(单位:元)

会计科目	借方发生额	贷方发生额
主营业务收入		1 541 043 612.08
其他业务收入		25 011 738.72
主营业务成本	1 238 251 317.88	
其他业务成本	28 198 212.80	
税金及附加	5 101 441.30	
销售费用	93 438 112.72	
管理费用	56 651 767.30	
财务费用	14 778 072.92	
资产减值损失	6 406 227.58	
投资收益	8 235 417.22	
营业外收入		11 482 578.38
营业外支出	3 976 792.80	
所得税费用	26 784 930.38	

(3)利润表可以反映企业生产经营活动的成果,分析企业生产经营成果,据以判断资本保值增值等情况。

(4)通过利润表,相关人员可以了解不同时期的比较数字(本月数、本年累计数、上年数),分析企业利润的发展趋势及获利能力。

二、利润表的列报格式和列报方法

(一)利润表的列报格式

目前通行于世界各国的利润表格式有单步式利润表和多步式利润表两种。

1. 单步式利润表

单步式利润表是将当期所有的收入列在一起,得出收入合计,然后将所有的费用列在一起,得出费用合计,收入合计减费用合计得出当期净损益。

单步式利润表的优点是编制方法简单,收入支出归类清楚;缺点是收入、费用的性质不加区分,硬性归为一类,不利于报表分析。

2. 多步式利润表

财务报表列报准则规定,我国企业应当采用多步式列报利润表,将不同性质的收入和费用类别进行对比。这些中间性的利润数据有助于使用者正确理解企业经营成果的不同来源。

企业可以按照下列四个步骤来编制利润表。

第一步,以营业收入为基础,减去营业成本、税金及附加、销售费用、管理费用、研发费用、财务费用、资产减值损失、信用减值损失,加上其他收益、投资收益(减去投资损失)、公允价值变动收益(减去公允价值变动损失),加上资产处置收益(减去资产处置损失),计算出营业利润。

第二步,以营业利润为基础,加上营业外收入,减去营业外支出计算出利润总额。

第三步,以利润总额为基础,减去所得税费用计算出净利润(或净亏损)。

第四步，以净利润为基础，加上其他综合收益的税后净额，计算出综合收益总额。

综合收益是指企业在某一期间与所有者之外的其他方面进行交易或发生其他事项所引起的净资产变动。综合收益的构成包括两部分：一是净利润，二是直接计入所有者权益的利得和损失。其中，前者是企业已实现并已确认的收益，后者是企业未实现但根据企业会计准则已确认的收益。用公式表示如下：

综合收益 = 收入 – 费用 + 直接计入所有者权益的利得和损失

普通股或潜在普通股已公开交易的企业，以及正处于公开发行普通股或潜在普通股过程中的企业，还应当在利润表中列示每股收益信息。

根据财务报表列报准则的规定，企业需要提供比较利润表，以使报表使用者通过比较不同期间的利润情况，判断企业经营成果的未来发展趋势，所以利润表还就各项目再分为"本期金额"和"上期金额"两栏分别填列。

（二）利润表的列报方法

1. 利润表部分项目的列报

以下简要介绍利润表部分项目的列报方法，和本书实例的业务不相关的不再介绍。

（1）"营业收入"项目，反映企业经营主要业务和其他业务所确认的收入总额。本项目应根据"主营业务收入"和"其他业务收入"科目的发生额分析填列。

（2）"营业成本"项目，反映企业经营主要业务和其他业务所发生的成本总额。本项目应根据"主营业务成本"和"其他业务成本"科目的发生额分析填列。

（3）"税金及附加"项目，反映企业经营业务应负担的消费税、城市维护建设税、资源税、土地增值税和教育费附加等。本项目应根据"税金及附加"科目的发生额分析填列。

（4）"销售费用"项目，反映企业在销售商品过程中发生的包装费、广告费等费用和为销售本企业商品而专设的销售机构的职工薪酬、业务费等经营费用。本项目应根据"销售费用"科目的发生额分析填列。

（5）"管理费用"项目，反映企业为组织和管理生产经营发生的管理费用。本项目应根据"管理费用"科目的发生额分析填列。

（6）"研发费用"项目，反映企业进行研究与开发过程中发生的费用化支出，以及计入管理费用的自行开发无形资产的摊销额。该项目应根据"管理费用"科目下的"研究费用"明细科目的发生额，以及"管理费用"科目下的"无形资产摊销"明细科目的发生额分析填列。

（7）"财务费用"项目下的"利息费用"项目，反映企业为筹集生产经营所需资金等而发生的应予费用化的利息支出。该项目应根据"财务费用"科目的相关明细科目的发生额分析填列。该项目作为"财务费用"项目的其中项，以正数填列。

"财务费用"项目下的"利息收入"项目，反映企业按照相关会计准则确认的应冲减财务费用的利息收入。该项目应根据"财务费用"科目的相关明细科目的发生额分析填列。该项目作为"财务费用"项目的其中项，以正数填列。

（8）"其他收益"项目，反映计入其他收益的政府补助，以及其他与日常活动相关且计入其他收益的项目。该项目应根据"其他收益"科目的发生额分析填列。企业作为个人所得税的扣缴义务人，根据《中华人民共和国个人所得税法》收到的扣缴税款手续费，应作为其他与日常活动相关的收益在该项目中填列。

（9）"投资收益"项目，反映企业以各种方式对外投资所取得的收益。本项目应根据"投资收益"科目的发生额分析填列。如为投资损失，本项目以"－"号填列。

"投资收益"项目下的"以摊余成本计量的金融资产终止确认收益"项目，反映企业因转让等情形导致终止确认以摊余成本计量的金融资产而产生的利得或损失。该项目应根据"投资收益"科目的相关明细科目的发生额分析填列；如为损失，以"－"号填列。

（10）"公允价值变动收益"项目，反映企业应当计入当期损益的资产或负债的公允价值变动收益。本项目应根据"公允价值变动损益"科目的发生额分析填列。如为净损失，本项目以"－"号填列。

（11）"信用减值损失"项目，反映企业按照《企业会计准则第13号——金融工具确认和计量》的要求计提的各项金融工具信用减值准备所确认的信用损失。该项目应根据"信用减值损失"科目的发生额分析填列。

（12）"资产减值损失"项目，反映企业各项资产发生的减值损失。本项目应根据"资产减值损失"科目的发生额分析填列。

（13）"资产处置收益"项目，反映企业出售划分为持有待售的非流动资产（金融工具、长期股权投资和投资性房地产除外）或处置组（子公司和业务除外）时确认的处置利得或损失，以及处置未划分为持有待售的固定资产、在建工程、生产性生物资产及无形资产而产生的处置利得或损失。债务重组中因处置非流动资产（金融工具、长期股权投资和投资性房地产除外）产生的利得或损失和非货币性资产交换中换出非流动资产（金融工具、长期股权投资和投资性房地产除外）产生的利得或损失也包括在本项目内。该项目应根据"资产处置损益"科目的发生额分析填列；如为处置损失，以"－"号填列。

（14）"营业利润"项目，反映企业实现的营业利润。如为亏损，本项目以"－"号填列。

（15）"营业外收入"项目，反映企业发生的除营业利润以外的收益，主要包括与企业日常活动无关的政府补助、盘盈利得、捐赠利得（企业接受股东或股东的子公司直接或间接的捐赠，经济实质属于股东对企业的资本性投入的除外）等。该项目应根据"营业外收入"科目的发生额分析填列。

（16）"营业外支出"项目，反映企业发生的除营业利润以外的支出，主要包括公益性捐赠支出、非常损失、盘亏损失、非流动资产毁损报废损失等。该项目应根据"营业外支出"科目的发生额分析填列。"非流动资产毁损报废损失"通常包括因自然灾害发生毁损、已丧失使用功能等原因而报废清理产生的损失。企业在不同交易中形成的非流动资产毁损报废利得和损失不得相互抵销，应分别在"营业外收入"项目和"营业外支出"项目进行填列。

（17）"利润总额"项目，反映企业实现的利润。如为亏损，本项目以"－"号填列。

（18）"所得税费用"项目，反映企业应从当期利润总额中扣除的所得税费用。本项目应根据"所得税费用"科目的发生额分析填列。

（19）"净利润"项目，反映企业实现的净利润。如为亏损，本项目以"－"号填列。

（20）"其他综合收益的税后净额"项目，反映企业根据会计准则规定未在当期损益中确认的各项利得和损失扣除所得税影响后的净额的合计数。本项目应根据"其他综合收益"科目及其所属的有关明细科目的本期发生额分析填列。其中，"其他权益工具投资公允价值变动"及"企业自身信用风险公允价值变动"应根据"其他综合收益"科目的相关明细科目的发生额分析填列；"金融资产重分类计入其他综合收益的金额""其他债权投资信用减值准备"及"现金流量套期储备"，应根据"其他综合收益""信用减值准备"等科目的发生额分析填列。

（21）"综合收益总额"项目，反映企业在某一会计期间除与所有者以其所有者身份进行的交易之外的其他交易或事项所引起的所有者权益变动。综合收益总额项目，根据净利润和其他综合收益税后净额的合计金额填列。

（22）"基本每股收益"项目，只考虑当期实际发行在外的普通股股份，按照归属于普通股股东的当期净利润除以当期实际发行在外普通股的加权平均数计算确定。基本每股收益的计算公式为

基本每股收益＝归属于普通股股东的当期净利润÷当期发行在外普通股的加权平均股数

其中，

发行在外普通股的加权平均股数＝期初发行在外普通股股数＋当期新发行普通股股数

× （已发行时间÷报告期时间）－当期回购普通股股数

× （已回购时间÷报告期时间）

公司库存股不属于发行在外的普通股，且无权参与利润分配，应当在计算分母时扣除。

2. 上期金额栏的列报方法

利润表"上期金额"栏内各项数字，应根据上年该期利润表"本期金额"栏内所列数字填列。如果上年该期利润表规定的各个项目的名称和内容同本期不一致，应对上年该期利润表各项目的名称和数字按本期的规定进行调整，填入利润表"上期金额"栏内。

3. 本期金额栏的列报方法

利润表"本期金额"栏内各项数字一般应根据损益类科目的发生额分析填列。

提示： 年度利润表中的综合收益总额应与后述所有者权益变动表中的综合收益总额数额一致。

三、利润表编制举例

见本节"案例导入"。

第三节　现金流量表

本节学习目标

知识目标： 理解现金流量表的概念、作用和编制基础；掌握现金流量的分类及每类包括的主要项目；掌握现金流量表的编制方法。

技能目标： 能正确编制现金流量表。

案例导入

20×8年12月，某高等职业学院会计专业毕业生李军到H公司报表总账岗位进行顶岗实习。H公司为一般纳税人，销售业务适用的增值税税率为13%，适用的企业所得税税率为25%。销售价格中均不含应向购买者收取的增值税，库存材料采用实际成本核算。H公司20×8年12月31日的科目余额见表11.7。

表 11.7 科目余额表

20×8 年 12 月 31 日 （单位：元）

科目名称	借方余额	科目名称	贷方余额
库存现金	7 600	短期借款	300 000
银行存款	580 000	应付票据	50 000
交易性金融资产	500 000	应付账款	890 000
应收票据	15 000	应付职工薪酬	99 000
应收账款	400 000	其他应付款	60 000
其他应收款	17 200	应付利息	5 000
在途物资	18 000	应交税费	26 000
原材料	180 000		
周转材料	80 000	长期借款	1 600 000
库存商品	1 020 000	其中：一年内到期的长期借款	1 000 000
长期股权投资	500 000		
固定资产	1 500 000		
累计折旧	−400 000	股本	4 000 000
在建工程	2 000 000	盈余公积	100 000
无形资产	800 000	利润分配——未分配利润	187 800
长期待摊费用	100 000		
合 计	7 317 800	合 计	7 317 800

该公司 20×9 年发生如下经济业务。

（1）购入原材料，用银行存款支付货款 300 000 元，其中，增值税专用发票上注明的购入材料支付的增值税税额为 39 000 元。货款已付，材料已验收入库。

（2）购入需要安装的设备一台，价款为 120 000 元，增值税专用发票上注明的增值税税额为 15 600 元，同时支付包装费、运杂费 2 000 元，价款及包装、运杂费等均以银行存款支付。

（3）交易性金融资产中的短期债券投资到期进行兑付，收到款项净额 220 000 元。该债券的账面成本为 200 000 元，款项已存入银行。

（4）提取现金 600 000 元，以支付职工薪酬。

（5）以现金支付职工薪酬 600 000 元。

（6）分配支付的职工薪酬，其中，车间生产人员薪酬 400 000 元，车间管理人员薪酬 100 000 元，行政管理人员薪酬 50 000 元，在建工程人员薪酬 50 000 元。

（7）按规定比例提取工会经费和职工教育经费。

（8）计算应负担的在建工程的借款利息 110 000 元。

（9）基本生产车间报废一台设备，原价 280 000 元，已提折旧 160 000 元，清理费用 1 000 元，净残值收入 2 000 元，已用银行存款收付。

（10）从银行借入 5 年期借款 500 000 元，借款存入银行。

（11）销售产品一批，销售价款 1 800 000 元，应收的增值税税额为 234 000 元，销售产品的实际成本为 620 000 元，货款已收到并存入银行。

（12）采用分期收款方式销售产品一批，销售价款为 450 000 元，本年应收取全部销售价款的 40%；该批产品的销售成本为 300 000 元，本年应收的价款尚未收到。

（13）计提生产车间用固定资产折旧，其原价为1 000 000元，折旧年限为5年，采用年限平均法计提折旧，预计净残值为0。

（14）销售材料一批，销售价款为380 000元，增值税税额为49 400元，款项已收到并存入银行。该批材料的实际成本为200 000元。

（15）计提本年应负担的城市维护建设税80 000元。

（16）计提本年应负担的教育费附加4 000元。

（17）以银行存款支付违反税收规定的罚款20 000元，非公益性捐赠支出100 000元。

（18）计提应计入本期损益的短期借款利息50 000元。

（19）归还短期借款本金200 000元及利息25 000元。

（20）摊销无形资产60 000元。

（21）收回应收账款200 000元，款项存入银行。

（22）用银行存款支付广告费10 000元、管理部门办公费50 000元、其他管理费用150 000元。

（23）用银行存款缴纳城市维护建设税80 000元、教育费附加4 000元。

（24）偿还长期借款本金1 000 000元，偿还上年所欠货款390 000元。

（25）将各损益类科目结转本年利润科目。

（26）计算结转所得税费用和应交所得税，该公司本年度会计利润和应纳税所得额没有差异。

（27）按净利润的10%计提法定盈余公积，按净利润的10%计提任意盈余公积。

（28）分配现金股利400 000元，尚未支付。

（29）支付应付股利400 000元。

（30）将利润分配各明细科目的余额转入"未分配利润"明细科目。

要求：（1）编制反映该公司20×9年度经济业务的会计分录。

（2）编制该公司20×9年12月31日的资产负债表、20×9年度的利润表和现金流量表。

一、现金流量表概述

现金流量表，是反映企业在一定会计期间现金和现金等价物流入和流出的报表。编制现金流量表的主要目的是为财务报表使用者提供企业一定会计期间内现金和现金等价物流入和流出的信息，以便于财务报表使用者了解和评价企业获取现金和现金等价物的能力，并据以预测企业未来现金流量。现金流量表的作用主要体现在以下两个方面。

政策依据
《企业会计准则
第31号——
现金流量表》

（1）通过现金流量表揭示的企业现金流量情况，相关人员可以大致判断其经营周转是否顺畅，从而对企业整体财务状况作出客观评价。

（2）通过现金流量表，投资者和债权人可以对企业的支付能力和偿债能力，以及企业对外部资金的需求情况作出较为可靠的判断。

（一）现金流量表的编制基础

现金流量表是以现金为基础编制的。这里的"现金"，是指广义的现金。一是现金，是指企业库存现金以及可以随时用于支付的存款，包括库存现金、银行存款和其他货币资金等，但不包括不能随时用于支付的存款，如不能随时支取的定期存款等。二是现金等价物，是指企业持有的期限短、流动性强，易于转换为已知金额的现金、价值变动风险很小的投资。其中，"期限短"一般是指从购买日起 3 个月内到期，如可在证券市场上流通的 3 个月内到期的短期债券投资。权益性证券投资变现的金额通常不确定，因而不属于现金等价物。不同企业现金及现金等价物的范围可能不同。企业应当根据经营特点等具体情况确定现金及现金等价物的范围，一经确定不得随意变更。

（二）现金流量的分类

1. 现金流量及其影响因素

现金流量，是指企业现金和现金等价物的流入（即收到现金）和流出（即支付现金）的数量。比如，企业销售商品、提供劳务、出售固定资产、向银行借款等取得现金，形成企业的现金流入量；购买原材料、接受劳务、购建固定资产、对外投资、偿还债务等支付现金，形成企业的现金流出量。

在现金流量表中，现金及现金等价物被视为一个整体。企业现金形式的转换不会产生现金的流入和流出。例如，企业从银行提取现金，是企业库存现金与银行存款之间的形式转换，现金并未流出企业，也没有流入企业，不构成现金流量。同样，现金与现金等价物之间的转换也不属于现金流量。例如，企业用现金购买 3 个月内到期的国债。

影响现金流量的因素主要是企业的日常经营业务，但不是所有的业务都对现金流量有影响。企业的经营业务按其与现金流量的关系可以分为以下三类。

（1）现金各项目之间的增减变动。这一类业务账务处理的借方、贷方都是现金，因而不会影响现金流量的增减变动。

（2）非现金各项目之间的增减变动。这一类业务账务处理的借方、贷方都不涉及现金，当然也不会影响现金流量的增减变动。

（3）现金各项目与非现金各项目之间的增减变动。此类业务账务处理的借方、贷方中，一方是现金，另一方不是现金，所以，这类业务必然影响现金流量的增减变动。

现金流量表主要反映上述第三类业务即现金各项目与非现金各项目之间的增减变动对现金流量净额的影响。非现金各项目之间的增减变动如属于重要的投资和筹资活动，应在现金流量表的附注中予以披露。

2. 现金流量的分类

现金流量表中按照企业发生的经济业务性质，将企业一定期间内产生的现金流量分为经营活动产生的现金流量、投资活动产生的现金流量和筹资活动产生的现金流量三类。

（1）经营活动产生的现金流量。经营活动，是指企业投资活动和筹资活动以外的所有交易和事项。各类企业由于行业特点的不同，对经营活动的认定存在一定差异。对于工商企业而言，经营活动主要包括销售商品、提供劳务、购买商品、接受劳务、支付税费等。对于商业银行而言，经营活动主要包括吸收存款、发放贷款等。与企业经营活动相关的现金流量就是经营活动现金流量。

经营活动产生的现金流量，可以反映企业的经营活动对企业现金流量净额的影响程度。相关人员可据此判断在不动用对外筹资的情况下，企业是否有足够的现金维持生产经营、偿还债务、支付股利和对外投资等。

（2）投资活动产生的现金流量。投资活动，是指企业长期资产的购建和不包括在现金等价物范围内的投资及其处置活动。这里的长期资产是指固定资产、在建工程、无形资产、其他资产等持有期限在一年或一个营业周期以上的资产。这里所讲的投资活动，既包括实物资产投资，也包括金融资产投资。这里之所以将"包括在现金等价物范围内的投资"排除在外，是因为已经将包括在现金等价物范围内的投资视同现金。不同企业由于行业特点的不同，对投资活动的认定也存在差异。例如，交易性金融资产所产生的现金流量，对于工商企业而言，属于投资活动现金流量，而对于证券公司而言，属于经营活动现金流量。与企业投资活动相关的现金流量就是投资活动现金流量。

通过投资活动产生的现金流量，可以判断投资活动对企业现金流量净额的影响程度。

（3）筹资活动产生的现金流量。筹资活动，是指导致企业资本及债务规模和构成发生变化的活动。这里所说的资本，既包括实收资本（股本），也包括资本溢价（股本溢价）。这里所说的债务，指的是对外举债，包括向银行借款、发行债券以及偿还债务等。通常情况下，应付账款、应付票据等商业应付款属于经营活动，不属于筹资活动。与企业筹资活动相关的现金流量就是筹资活动现金流量。

通过筹资活动产生的现金流量，相关人员可以分析企业通过筹资活动获取现金的能力，判断筹资活动对企业现金流量净额的影响程度。

对于企业日常活动之外的、不经常发生的特殊项目，如自然灾害损失、保险赔款、捐赠等，企业应当归并到相应类别中，并单独反映。比如，对于自然灾害损失和保险赔款，如果能够确指属于流动资产损失，应当列入经营活动产生的现金流量；属于固定资产损失，应当列入投资活动产生的现金流量。如果不能确定属于上述两类损失中的哪一种，则可以列入经营活动产生的现金流量。捐赠收入和支出，可以列入经营活动产生的现金流量。如果特殊项目的现金流量金额不大，则可以列入现金流量类别下的"其他"项目，不单列项目。

（三）现金流量表的格式

我国企业现金流量表采用报告式结构。现金流量表列报的内容包括经营活动产生的现金流量、投资活动产生的现金流量、筹资活动产生的现金流量，最后汇总反映企业现金及现金等价物净增加额。在有外币现金流量及境外子公司的现金流量折算为人民币的企业，还应单设"汇率变动对现金及现金等价物的影响"项目。

二、现金流量表的列报

（一）编制依据与思路

现金流量表是按收付实现制反映企业报告期内的现金流动信息的，而企业编制的资产负债表、利润表和所有者权益变动表及有关账户记录资料反映的会计信息，都是以权责发生制为基础记录报告的。现金流量表的编制依据是资产负债表、利润表及有关账户记录等资料。

在具体编制现金流量表时，根据企业规模以及业务量的大小，可以选择适当的编制思路。第一种编制思路是直接从企业会计记录中获得有关企业现金收入和现金支出的信息；第二种编制思路是在利润表中营业收入、营业成本等数据的基础上，通过调整有关资产负债表项目来获得有关现金收入和现金支出的信息。

（二）经营活动现金流量的列报

微课视频
经营活动现金
流量的列报

经营活动产生的现金流量各项目的内容和填列方法如下。

（1）"销售商品、提供劳务收到的现金"项目，反映企业本期销售商品、提供劳务而实际收到的现金，具体包括本期销售商品、提供劳务本期收到的现金以及前期销售商品、提供劳务本期收到的现金（包括销售收入和应向购买者收取的增值税销项税额）和本期预收的款项，减去本期销售本期退回商品和前期销售本期退回商品支付的现金。企业销售材料和代购代销业务收到的现金，也在本项目反映。本项目可以根据"库存现金""银行存款""应收票据""应收账款""预收账款""主营业务收入""其他业务收入"等科目的记录分析填列。

"销售商品、提供劳务收到的现金"项目的填列有根据账户记录的发生额填列和根据财务报表资料填列两种思路。

1）根据有关账户记录的发生额资料填列的计算公式为

销售商品、提供劳务收到的现金＝本期销售商品、提供劳务收到的现金（含增值税销项税额）
　　　　　　　　　　　　　　　　＋前期销售商品或提供劳务本期收到现金的应收款项
　　　　　　　　　　　　　　　　　（含应收账款、应收票据）
　　　　　　　　　　　　　　　　＋本期收到现金的预收账款＋本期收回前期核销的坏账损失
　　　　　　　　　　　　　　　　－当期因销售退回而支付的现金
　　　　　　　　　　　　　　　　－以非现金资产清偿债务减少的应收款项（含应收账款、应收票据）

【例 11.3.1】 A 企业本期销售商品收到货款 460 000 元；应收票据的期初余额为 10 000 元，期末余额为 4 000 元；应收账款的期初余额为 20 000 元，期末余额为 8 000 元。另外，本期因商品质量问题发生退货，支付银行存款 2 000 元，货款已通过银行转账支付。"销售商品、提供劳务收到的现金"项目金额的计算如下：

销售商品、提供劳务收到的现金＝460 000＋（10 000－4 000）＋（20 000－8 000）－2 000
　　　　　　　　　　　　　　　＝476 000（元）

2）根据利润表、资产负债表有关项目以及部分账户记录资料填列的计算公式为

销售商品、提供劳务收到的现金＝本期营业收入＋应收票据及应收账款项目（期初余额－期末余额）
　　　　　　　　　　　　　　　＋预收款项（期末余额－期初余额）
　　　　　　　　　　　　　　　－债务人以非现金资产抵债减少的应收票据及应收账款
　　　　　　　　　　　　　　　－本期计提坏账准备导致的应收票据及应收账款项目减少数

提示： 如果企业发生本期转回的坏账准备业务，还应将本期转回的坏账准备导致的应收账款项目增加数作进一步调整。

【例 11.3.2】 甲企业 20×9 年有关资料如下：利润表中"营业收入"300 000 元；资产负债表中"应收票据""应收账款"项目的年初余额共 90 000 元、年末余额 30 000 元。本年度发生坏账 3 000 元已予以核销。根据上述资料，20×9 年度现金流量表中"销售商品、提供劳务收到的现金"项目金额的计算如下：

销售商品、提供劳务收到的现金＝300 000＋（90 000－30 000）＝360 000（元）

应注意的是，资产负债表中"应收票据""应收账款"项目是根据"应收票据"科目的余额和"应收账款"科目的余额与有关"坏账准备"余额之差填列的，所以，本年度核销坏账 3 000 元对"应收票据""应收账款"项目的期末余额均无影响。因此，在本题计算中不应将这 3 000

元予以扣减。

（2）"收到的税费返还"项目，反映企业收到返还的各种税费，包括收到的增值税、消费税、所得税、关税和教育费附加返还款等。本项目可以根据"库存现金""银行存款""税金及附加""营业外收入"等科目的记录分析填列。

（3）"收到其他与经营活动有关的现金"项目，反映企业除上述各项目外，收到的其他与经营活动有关的现金，如罚款收入、经营租赁固定资产收到的现金、流动资产损失中由个人赔偿的现金收入、除税费返还外的其他政府补助收入等。收到其他与经营活动有关的现金，如果数额较大的，应单列项目反映。本项目可以根据"库存现金""银行存款""管理费用""销售费用""营业外收入"等科目的本期发生额分析填列。

（4）"购买商品、接受劳务支付的现金"项目，反映企业本期购买材料、商品、接受劳务支付的现金（包括增值税进项税额），以及本期支付以前年度购买商品、接受劳务的未付款项和本期预付款项，减去本期发生的购货退回收到的现金。为购置存货而导致的借款利息资本化部分，应在"分配股利、利润或偿付利息支付的现金"项目中反映。本项目可以根据"库存现金""银行存款""应付票据""应付账款""预付账款""主营业务成本""其他业务成本"等科目的记录分析填列，也可根据下列公式计算填列：

购买商品、接受劳务支付的现金＝本期购买商品、接受劳务支付的现金（含增值税进项税额）

+ 当期支付前期购买商品、接受劳务的应付款项

（含应付账款、应付票据）

+ 本期支付现金的预付账款 – 本期购买商品退货收到的现金

【例 11.3.3】　A 企业本期购买原材料，通过银行转账支付的材料价款为 116 000 元（包括增值税进项税额）；本期支付前期签发、承兑的应付票据 10 000 元；购买工程用物资 20 000 元，货款已通过银行转账支付。本期购买商品、接受劳务支付的价款的计算如下：

本期购买原材料支付的价款	100 000
加：本期购买原材料支付的增值税进项税额	16 000
本期支付的应付票据	10 000
本期购买商品、接受劳务支付的现金	126 000

（5）"支付给职工以及为职工支付的现金"项目，反映企业本期支付给职工的现金以及为职工支付的现金，包括企业为获得职工提供的服务，本期给予职工的各种形式的报酬以及其他相关支出，如支付给职工的工资、奖金、各种津贴和补贴等（包括代扣代缴的职工个人所得税），以及为职工支付的其他费用，不包括支付给在建工程人员的工资。支付给在建工程人员的工资，在"购建固定资产、无形资产和其他长期资产所支付的现金"项目中反映。支付给离退休人员的各项费用在"支付其他与经营活动有关的现金"项目中反映。

企业支付的职工社会保险、住房公积金，企业为职工交纳的商业保险金，因解除与职工劳动关系给予的补偿，现金结算股份支付，以及支付给职工或为职工支付的其他福利费用等，应根据职工的工作性质和服务对象，分别在"支付给职工以及为职工支付的现金"和"购建固定资产、无形资产和其他长期资产所支付的现金"项目中反映。

本项目可以根据"库存现金""银行存款""应付职工薪酬"等科目的记录分析填列。

（6）"支付的各项税费"项目，反映企业本期按规定支付的各项税费，包括本期发生并支付的税费、以前各期发生本期支付及预交的各项税费，包括增值税（不包括支付的增值税进项税额）、消费税、所得税、印花税、房产税、土地增值税、车船使用税、教育费附加等。但

不包括计入固定资产价值的耕地占用税，也不包括本期退回的增值税、所得税。本期退回的增值税、所得税在"收到的税费返还"项目反映。本项目可以根据"应交税费""库存现金""银行存款"等科目的记录分析填列。

【**例 11.3.4**】甲企业本期向税务机关缴纳增值税 68 000 元；本期发生的所得税 6 200 000 元已全部缴纳；企业期初未缴所得税 560 000 元，期末未缴所得税 240 000 元。本期支付的各项税费的计算如下：

本期支付的增值税税额	68 000
加：本期发生并交纳的所得税税额	6 200 000
前期发生本期交纳的所得税税额	（560 000 – 240 000）320 000
本期支付的各项税费	6 588 000

（7）"支付其他与经营活动有关的现金"项目，反映企业经营租赁支付的租金、支付的差旅费、业务招待费、保险费、罚款支出等其他与经营活动有关的现金流出。支付其他与经营活动有关的现金，如果金额较大的，应单列项目反映。"支付其他与经营活动有关的现金"项目，可以根据"库存现金""银行存款"等科目的本期发生额分析填列。

【**学中做**】甲股份有限公司（以下简称"甲公司"）为商品流通企业。20×9 年 12 月 31 日，甲公司资产负债表中有关项目的年初、年末数见表 11.8。20×9 年度利润表中有关项目的本年累计数见表 11.9。

表 11.8 甲公司 20×9 年 12 月 31 日资产负债表中有关项目及其金额

（单位：元）

资产	年初数	年末数	负债和所有者权益	年初数	年末数
应收票据	30 000	20 000	应付账款	40 000	25 000
应收账款	49 500	69 300	应付职工薪酬	5 000	6 000
预付账款	10 000	15 000	应交税费	4 000	5 000
存货	100 000	70 000	其中：其他税费	2 700	4 000
			教育费附加	300	400
			其他应付款	200	1 000

其他有关资料如下：

（1）预付账款中的 5 000 元为支付的预付保险费；

（2）本期增值税销项税额为 136 000 元，进项税额为 71 400 元，已交增值税为 65 000 元；

（3）其他应付款为收取的出借包装物押金；

（4）20×9 年度没有实际发生坏账，20×7 年、20×8 年两年年末均没有提取存货跌价准备；

（5）未单独设置"管理费用"科目，销售费用中包含

表 11.9 甲公司 20×9 年度利润表中的有关项目及其金额 （单位：元）

项目	本年累计数
营业收入	800 000
营业成本	450 000
税金及附加	6 460
销售费用	199 800
所得税费用	40 000

学中做答案

职工工资 100 000 元、福利费 14 000 元、折旧费 2 000 元、水电费 10 000 元、差旅费 20 000 元、会议费 8 000 元、办公费 20 000 元、咨询费 15 000 元、业务招待费 5 800 元及摊销的预付保险费 5 000 元。上述资产负债表和利润表项目均与投资活动和筹资活动无关。

要求：计算甲公司"经营活动产生的现金流量"各项目的本期金额。

（三）投资活动现金流量的列报

（1）"收回投资收到的现金"项目，反映企业出售、转让或到期收回除现金等价物以外的交易性金融资产、债权投资、其他债权投资、其他权益工具投资、长期股权投资、投资性房地产而收到的现金，不包括债权性投资收回的利息、收回的非现金资产以及处置子公司及其他营业单位收到的现金净额。债权性投资收回的本金，在本项目反映，债权性投资收回的利息，不在本项目反映，而在"取得投资收益收到的现金"项目中反映。本项目可以根据"交易性金融资产""债权投资""其他债权投资""其他权益工具投资""长期股权投资""投资性房地产""库存现金"和"银行存款"等科目的记录分析填列。

【例11.3.5】A企业出售某项长期股权投资，收回的全部投资金额为1 000 000元；出售某项长期债券投资，收回的全部投资金额为500 000元，其中，150 000元是债券利息。本期"收回投资收到的现金"项目金额的计算如下：

收回长期股权投资金额	1 000 000
加：收回长期债权性投资本金	（500 000 - 150 000）350 000
本期收回投资所收到的现金	1 350 000

（2）"取得投资收益收到的现金"项目，反映企业因股权性投资而分得的现金股利、从子公司、联营企业或合营企业分回利润而收到的现金，因债权性投资而取得的现金利息收入。包括在现金等价物范围内的债权性投资，其利息收入也在本项目中反映。本项目可以根据"应收股利""应收利息""投资收益""库存现金""银行存款"等科目的记录分析填列。需要说明的是，取得的股票股利由于不产生现金流量，不构成该项目的内容。

（3）"处置固定资产、无形资产和其他长期资产收回的现金净额"项目，反映企业出售固定资产、无形资产和其他长期资产所取得的现金，减去为处置这些资产而支付的有关费用后的净额。由于自然灾害等原因所造成的固定资产等长期资产报废、毁损而收到的保险赔偿收入，也在本项目中反映。如处置固定资产、无形资产和其他长期资产所收回的现金净额为负数，则应在"支付的其他与投资活动有关的现金"项目中反映。本项目可以根据"固定资产清理""资产处置损益""无形资产""库存现金""银行存款"等科目的记录分析填列。

【例11.3.6】C公司本年出售一台不需用设备，收到价款240 000元。该设备的原价为320 000元，已提折旧120 000元。C公司支付该项设备拆卸费用1 600元，运输费用400元。该设备已由购买单位运走。本期"处置固定资产、无形资产和其他长期资产收回的现金净额"项目的金额计算如下：

本期出售固定资产收到的现金	240 000
减：支付出售固定资产的清理费用	2 000
本期处置固定资产、无形资产和其他长期资产收回的现金净额	238 000

（4）"处置子公司及其他营业单位收到的现金净额"项目，反映企业处置子公司及其他营业单位所取得的现金，减去相关处置费用以及子公司及其他营业单位持有的现金和现金等价物后的净额。本项目可以根据有关科目的记录分析填列。处置子公司及其他营业单位收到的现金净额如为负数，则填列在"支付其他与投资活动有关的现金"项目中。

（5）"收到其他与投资活动有关的现金"项目，反映除上述各项目外，企业收到的其他与投资活动有关的现金，包括收到企业在购买股票和债券时已宣告但未领取的现金股利或已到付息期但尚未领取的债券利息。收到其他与投资活动有关的现金，如果价值较大，应单列项目反映。

本项目可以根据有关科目的记录分析填列。

（6）"购建固定资产、无形资产和其他长期资产支付的现金"项目，反映企业购买、建造固定资产，取得无形资产和其他长期资产支付的现金，包括购买机器设备所支付的现金、建造工程支付的现金、支付在建工程的人员工资等现金支出，不包括为购建固定资产、无形资产和其他长期资产而发生的借款利息资本化部分，以及融资租入固定资产所支付的租赁费。为购建固定资产、无形资产和其他长期资产而发生的借款利息资本化部分，在"分配股利、利润或偿付利息支付的现金"项目中反映；融资租入固定资产所支付的租赁费，在"支付的其他与筹资活动有关的现金"项目中反映。本项目可以根据"固定资产""在建工程""工程物资""无形资产""库存现金""银行存款"等科目的本期发生额分析填列。

【例 11.3.7】 乙股份有限公司 20×9 年度发生以下业务。

（1）当期实际支付职工工资及各种奖金 44 000 元。其中，生产经营人员工资及奖金 35 000 元，在建工程人员工资及奖金 9 000 元。另外，用现金支付离退休人员退休金 7 000 元。

（2）当期购买工程物资预付货款 22 000 元；向承包商支付工程款 16 000 元。

根据乙股份有限公司的上述资料，计算现金流量表中的"购建固定资产、无形资产和其他长期资产所支付的现金"项目应列报的金额：

购建固定资产、无形资产和其他长期资产所支付的现金=9 000+22 000+16 000=47 000（元）

（7）"投资支付的现金"项目，反映企业进行权益性投资和债权性投资所支付的现金，包括企业取得的除现金等价物以外的交易性金融资产、债权投资、其他债权投资等而支付的现金，以及支付的佣金、手续费等交易费用。企业溢价或折价购入的债券，均按实际支付的现金反映。

企业在购买股票和债券时，实际支付的价款中包含的已宣告但尚未领取的现金股利或已到付息期但尚未领取的债券利息，应在"支付的其他与投资活动有关的现金"项目中反映；收回购买股票和债券时支付的已宣告但尚未领取的现金股利或已到付息期但尚未领取的债券利息时，应在"收到的其他与投资活动有关的现金"项目中反映。

本项目可以根据"交易性金融资产""债权投资""其他债权投资""其他权益性工具投资""投资性房地产""长期股权投资""库存现金"和"银行存款"等科目的记录分析填列。

（8）"取得子公司及其他营业单位支付的现金净额"项目，反映企业购买子公司及其他营业单位购买出价中以现金支付的部分,减去子公司及其他营业单位持有的现金和现金等价物后的净额。本项目可以根据"长期股权投资""库存现金""银行存款"等科目的记录分析填列。

取得子公司及其他营业单位支付的现金净额如为负数，应在"收到其他与投资活动有关的现金"项目中反映。

（9）"支付其他与投资活动有关的现金"项目，反映企业除上述各项目外，支付的其他与投资活动有关的现金，还包括购买股票支付的价款中包含的已宣告但尚未领取的股利、企业购买债券时支付的已到付息期尚未领取的债券利息。支付其他与投资活动有关的现金，如果价值较大的，应单列项目反映。本项目可以根据有关科目的记录分析填列。

（四）筹资活动现金流量的列报

（1）"吸收投资收到的现金"项目，反映企业以发行股票、债券等方式筹集资金实际收到的款项净额（发行收入减去支付的佣金等发行费用后的净额）。以发行股票等方式筹集资金而由企业直接支付的审计、咨询等费用不在本项目中反映，而在"支付的其他与筹资活动有关的现金"项目中反映。本项目可以根据"实收资本（或股本）""资本公积""库存现金""银行存款"等科目的记录分析填列。

（2）"取得借款收到的现金"项目，反映企业举借各种短期、长期借款而收到的现金。本项目可以根据"短期借款""长期借款""交易性金融负债""应付债券""库存现金""银行存款"等科目的记录分析填列。

（3）"收到其他与筹资活动有关的现金"项目，反映企业除上述各项目外，收到的其他与筹资活动有关的现金。收到其他与筹资活动有关的现金，如果价值较大，应单列项目反映。本项目可以根据有关科目的记录分析填列。

提示：应付账款、应付票据等是由信用购买所产生的，实质上也是一种筹资，但由于其主要产生于购买材料和商品，故将其作为经营活动而不是筹资活动来处理。

（4）"偿还债务支付的现金"项目，反映企业以现金偿还债务的本金，包括归还金融企业的借款本金、偿付到期的债券本金等。偿还的借款利息、债券利息，在"分配股利、利润或偿付利息所支付的现金"项目中反映。本项目可以根据"短期借款""长期借款""交易性金融负债""应付债券""库存现金""银行存款"等科目的记录分析填列。

（5）"分配股利、利润或偿付利息支付的现金"项目，反映企业实际支付的现金股利、支付给其他投资单位的利润或用现金支付的借款利息、债券利息，包括为购建固定资产支付的借款利息。不同用途的借款，其利息的开支渠道不一样，如在建工程、财务费用等，均在本项目中反映。本项目可以根据"应付股利""应付利息""利润分配""财务费用""制造费用""在建工程""研发支出""库存现金""银行存款"等科目的记录分析填列。

（6）"支付其他与筹资活动有关的现金"项目，反映企业除上述各项目外，支付的其他与筹资活动有关的现金，如以发行股票、债券等方式筹集资金而由企业直接支付的审计、咨询等费用，融资租赁所支付的现金，以分期付款方式购建固定资产除第一期外各期支付的现金等。支付其他与筹资活动有关的现金，如果金额较大，应单列项目反映。本项目可以根据有关科目的记录分析填列。

【例11.3.8】 丙股份有限公司20×9年度发生以下业务。

（1）当期发行面值总额为800 000 000元的企业债券，扣除支付的佣金等发行费用16 000 000元后，实际收到款项784 000 000元。另外，为发行企业债券实际支付审计费用8 000 000元。

（2）当期用银行存款偿还借款本金60 000元，偿还借款利息6 000元。

（3）当期用银行存款支付分配的现金股利30 000元。

根据丙股份有限公司的上述资料，计算现金流量表中的"取得借款所收到的现金""偿还债务所支付的现金""分配股利、利润或偿付利息所支付的现金"等项目应列报的金额：

取得借款所收到的现金=784 000 000（元）

偿还债务所支付的现金=60 000（元）

分配股利、利润或偿付利息所支付的现金=30 000+6 000=36 000（元）

（五）汇率变动对现金及现金等价物的影响的列报

"汇率变动对现金及现金等价物的影响"项目，反映企业外币现金流量折算为人民币时，所采用的现金流量发生日的汇率或平均汇率折算的人民币金额与"现金及现金等价物净增加额"项目中外币现金净增加额按期末汇率折算的人民币金额之间的差额。

在编制现金流量表时，应当将企业外币现金流量以及境外子公司的现金流量折算成记账本位币。《企业会计准则第31号——现金流量表》规定，外币现金流量以及境外子公司的现金流量，应当采用现金流量发生日的即期汇率或按照系统合理的方法确定的、与现金流量发生日即期汇率近似的汇率折算。汇率变动对现金及现金等价物的影响额应当作为调节项目，在现金流量表中单独列报。

三、现金流量表编制举例

详见本节"案例导入"及"案例解析"。

第四节 所有者权益变动表

本节学习目标

知识目标： 理解所有者权益变动表的概念、作用和结构；掌握所有者权益变动表的列报方法。

技能目标： 能正确编制所有者权益变动表。

一、所有者权益变动表概述

（一）所有者权益变动的含义

所有者权益变动表是反映构成所有者权益的各组成部分当期增减变动情况的财务报表。所有者权益变动表全面反映企业一定时期内所有者权益变动的情况，不仅包括所有者权益总量的增减变动，还包括所有者权益增减变动的重要结构性信息，特别是反映直接计入所有者权益的利得和损失，有利于报表使用者准确理解所有者权益增减变动的根源。

（二）所有者权益变动表的列报格式

（1）以矩阵的形式列报。为了清楚地表明构成所有者权益的各组成部分当期的增减变动情况，所有者权益变动表以矩阵的形式列示。一方面，列示导致所有者权益变动的交易或事项；另一方面，按照所有者权益各组成部分（包括实收资本、资本公积、盈余公积、其他综合收益、未分配利润和库存股）及其总额列示交易或事项对所有者权益的影响。

（2）列示所有者权益变动的比较信息。根据财务报表列报准则的规定，企业需要提供比较所有者权益变动表。因此，所有者权益变动表还就各项目再分为"本年金额"和"上年金额"两栏分别填列。所有者权益变动表的格式见表11.10。

表 11.10　所有者权益变动表

编制单位：××公司　　　　　　20×9 年度

会企 04 表
（单位：元）

项目	本年金额									上年金额（略）								
	实收资本（或股本）	其他权益工具			资本公积	减：库存股	其他综合收益	盈余公积	未分配利润	所有者权益合计	实收资本（或股本）	其他权益工具			资本公积	减：库存股	其他综合收益	盈余公积	未分配利润	所有者权益合计
		优先股	永续股	其他								优先股	永续股	其他						
一、上年年末余额																				
加：会计政策变更																				
前期差错更正																				
其他																				
二、本年初余额																				
三、本年增减变动金额（减少以"-"号填列）																				
（一）综合收益总额																				
（二）所有者投入和减少资本																				
1. 所有者投入的普通股																				
2. 其他权益工具持有者投入资本																				
3. 股份支付计入所有者权益的金额																				
4. 其他																				
（三）利润分配																				
1. 提取盈余公积																				
2. 对所有者（或股东）分配																				
3. 其他																				
（四）所有者权益内部结转																				
1. 资本公积转增资本（或股本）																				
2. 盈余公积转增资本（或股本）																				
3. 盈余公积弥补亏损																				
4. 设定受益计划变动额结转留存收益																				
5. 其他综合收益结转留存收益																				
6. 其他																				
四、本年年末余额																				

二、所有者权益变动表的列报

1. 所有者权益变动表各项目的列报说明

（1）"上年年末余额"项目，反映企业上年资产负债表中实收资本（或股本）、其他权益工具、资本公积、库存股、其他综合收益、盈余公积、未分配利润的上年年末余额。

（2）"会计政策变更"和"前期差错更正"项目，分别反映企业采用追溯调整法处理的会计政策变更的累积影响金额和采用追溯重述法处理的会计差错更正的累积影响金额。

为了体现会计政策变更和前期差错更正的影响，企业应当在上期期末所有者权益余额的基础上进行调整得出本期期初的所有者权益，根据"盈余公积""利润分配""以前年度损益调整"等科目的发生额分析填列。

（3）"本年增减变动金额"项目，分别反映以下内容。

1）"综合收益总额"项目，反映企业在某一期间除与所有者以其所有者身份进行的交易之外的其他交易或事项所引起的所有者权益变动，其金额为净利润和其他综合收益扣除所得税影响后的净额相加后的合计金额。

2）"所有者投入和减少资本"项目，反映企业当年所有者投入的资本和减少的资本。其中："所有者投入的普通股"项目，反映企业接受投资者投入形成的股本（或实收资本）和股本溢价（或实收资本溢价），并对应列在"实收资本"和"资本或股本溢价"栏。

"其他权益工具持有者投入资本"项目，反映企业发行的除普通股以外分类为权益工具的金融工具的持有者投入资本的金额。该项目应根据金融工具类科目的相关明细科目的发生额分析填列。

"股份支付计入所有者权益的金额"项目，反映企业处于等待期中的权益结算的股份支付当年计入资本公积的金额，并对应列在"资本或股本溢价"栏。

3）"本年利润分配"下各项目，反映当年对所有者（或股东）分配的利润（或股利）金额和按照规定提取的盈余公积金额，并对应列在"未分配利润"和"盈余公积"栏。其中："提取盈余公积"栏目，反映企业按照规定提取的盈余公积。"对所有者（或股东）的分配"栏目，反映对所有者（或股东）分配的利润（或股利）金额。

4）"所有者权益内部结转"下各项目，反映不影响当年所有者权益总额的所有者权益各组成部分之间当年的增减变动。为了全面地反映所有者权益各组成部分的增减变动情况，所有者权益内部结转也是所有者权益变动表的重要组成部分。其中："资本公积转增资本（或股本）"项目，反映企业以资本公积转增资本或股本的金额。"盈余公积转增资本（或股本）"项目，反映企业以盈余公积转增资本或股本的金额。"盈余公积弥补亏损"项目，反映企业以盈余公积弥补亏损的金额。

"其他综合收益结转留存收益"项目，主要反映：①企业指定以公允价值计量且其变动计入其他综合收益的非交易性权益工具投资终止确认时，之前计入其他综合收益的累计利得或损失从其他综合收益中转入留存收益的金额；②企业指定以公允价值计量且其变动计入当期损益的金融负债终止确认时，之前由企业自身信用风险变动引起而计入其他综合收益的累计利得或损失从其他综合收益中转入留存收益的金额。该项目应根据"其他综合收益"科目的相关明细科目的发生额分析填列。

2. 上年金额栏的列报方法

所有者权益变动表"上年金额"栏内各项数字，应根据上年度所有者权益变动表"本年金额"栏内所列数字填列。如果上年度所有者权益变动表规定的各个项目的名称和内容同本年度不相一致，应对上年度所有者权益变动表各项目的名称和数字按本年度的规定进行调整，填入本年度所有者权益变动表"上年金额"栏内。

3. 本年金额栏的列报方法

所有者权益变动表"本年金额"栏内各项数字，一般应根据"实收资本（或股本）""资本公积""盈余公积""利润分配""库存股""以前年度损益调整"等科目的发生额分析填列。

企业的净利润及其分配情况作为所有者权益变动的组成部分，不需要单独设置利润分配表列示。

第五节 财务报表附注

本节学习目标

知识目标：理解财务报表附注的概念和作用；掌握披露财务报表附注信息应符合的要求；掌握附注披露的顺序及内容。

技能目标：能正确披露和理解财务报表附注信息。

一、财务报表附注概述

（一）提供财务报表附注的原因

财务报表附注，是对资产负债表、利润表、现金流量表和所有者权益变动表等报表中列示项目的文字描述或明细资料，以及对未能在这些报表中列示项目的说明等。

提供财务报表附注的主要原因有以下三个。

（1）突出财务报表信息的重要性。财务报表中所含有的数量信息已比较全面，但内容繁多，报表用户可能抓不住重点，对其中的重要信息了解得可能不够全面、详细。通过注释，可将财务报表中的重要数据进一步分解、说明，有助于报表用户了解哪些是重要的信息，应当引起注意，并在决策中有所考虑。

（2）提高报表内信息的可比性。财务报表通常依据会计准则编制而成，会计准则在许多方面规定了多种会计处理方法，并允许企业根据本行业特点及其所处的经济环境选择能最恰当、公允地反映财务状况和经营成果的会计原则、程序和方法，结果导致不同行业或同一行业各企业所提供的会计信息产生较大的差异。此外，为使财务报表编制所采用的方法具有一贯性，使产生的信息具有可比性，会计准则要求企业慎重选择其所采用的会计原则、程序和方法，不得随意变更，但这并不意味着这些原则、程序和方法在确定后就绝对不能变更。只要新的经济环境表明，采用另一种会计原则、程序或方法，能更为恰当地反映企业的经济情况，那么改变原来的会计原则、程序和方法就是合理的。这种改变会影响信息的可比性，因而在财务报告中用适当的方式通过注释来说明企业所采用的会计方法及其变更，有助于提高财务报表的可比性。

（3）增加报表内信息的可理解性。企业财务报表的使用者颇多，其知识结构必然有异，信息需求及侧重点各不相同。仅有财务报表肯定不能满足所有报表用户的需要。对表中数据进行解释，将一个抽象的数据分解成若干的具体项目，并说明产生各项目的会计方法，有助于报表用户理解财务报表中的信息。

（二）财务报表附注披露的基本要求

财务报表附注信息的披露应符合以下要求。

（1）附注披露的信息应是定量、定性信息的结合，从而能从量和质两个角度对企业经济事项完整地进行反映，满足信息使用者的决策需求。

（2）附注应当按照一定的结构进行系统、合理的排列和分类，有顺序地披露信息。由于附注的内容繁多，因此更应按逻辑顺序排列，分类披露，条理清晰，具有一定的组织结构，以便于使用者理解和掌握，也更好地体现财务报表的可比性。

（3）附注相关信息应当与资产负债表、利润表、现金流量表和所有者权益变动表等报表中列示的项目相互参照，以有助于使用者利用相关联的信息，并由此从整体上更好地理解财务报表。

（三）财务报表附注的形式

在会计实务中，财务报表附注可采用旁注、附表和底注等形式。

1. 旁注

旁注是指在财务报表的有关项目旁直接用括号加注说明。旁注是最简单的报表注释方法。如果报表上有关项目的名称或金额受到限制或需简要补充时，可以直接用括号加注说明。为了保持报表项目的简明扼要、清晰明了，旁注只适用于个别只需简单补充的信息项目。

2. 附表

附表是指为了保持财务报表的简明易懂而另行编制的一些反映其构成项目及年度内的增减来源与数额的表格。附表反映的内容，有些已直接包括在底注之内，有些则附在报表和底注之后，作为财务报告的一个单独组成部分。必须注意的是，附表与补充报表的含义并不相同：附表所反映的是财务报表中某一项目的明细信息，而补充报表则往往反映一些附加的信息或按不同基础编制的信息。最常见的补充报表是揭示物价变动对企业财务状况和经营成果影响的附表。

3. 底注

底注又称脚注，是指在财务报表后面用一定文字和数字所作的补充说明。底注的主要作用是揭示那些不便于列入报表正文的有关信息。但是，底注作为财务报表的组成部分，仅是对报表正文的补充，它不能取代或更正报表正文中的正常分类、计价和描述。凡列入财务报表正文部分的信息、项目都必须符合会计要素的定义和一系列确认与计量的标准。财务报表正文主要是以表格形式描述有关企业财务状况与经营成果的定量信息。这一特征使报表正文所能包含的信息受到限制。而底注则比较灵活，它可提供有关报表编制基础等方面的定性信息、报表项目的性质、比报表正文更为详细的信息、一些相对次要的信息。这些信息对理解和使用报表信息是十分有益的。由于这一优点，底注在财务报表中发挥着越来越重要的作用。

二、财务报表附注的内容

按《企业会计准则第30号——财务报表列报》的规定，财务报表附注披露的内容如下。

（一）企业的基本情况

例如，企业注册地、组织形式和总部地址；企业的业务性质和主要经营活动，如企业所处的行业、所提供的主要产品或服务、客户的性质、销售策略、监管环境的性质等；母公司以及集团最终母公司的名称；财务报告的批准报出者和财务报告批准报出日，或者以签字人及其签字日期为准；营业期限有限的企业，还应当披露有关其营业期限的信息。

（二）财务报表的编制基础

财务报表的编制基础包括会计年度、记账本位币、会计计量所运用的计量基础、现金和现金等价物的构成。

（三）遵循企业会计准则的声明

企业应当声明编制的财务报表符合企业会计准则的要求，真实、完整地反映了企业的财务状况、经营成果和现金流量等有关信息，以此明确企业编制财务报表所依据的制度基础。

如果企业编制的财务报表只是部分地遵循了企业会计准则，附注中不得作出这种表述。

（四）重要会计政策和会计估计

企业应当披露采用的重要会计政策和会计估计，并结合企业的具体实际披露其重要会计政策的确定依据和财务报表项目的计量基础，及其会计估计所采用的关键假设和不确定因素。

1. 重要会计政策的说明

重要会计政策的说明，包括财务报表项目的计量基础和在运用会计政策过程中所作的重要判断等。

由于企业经济业务的复杂性和多样性，某些经济业务可以有多种会计处理方法，即存在不止一种可供选择的会计政策。例如，存货的计价可以有先进先出法、加权平均法、个别计价法等；固定资产的折旧，可以有年限平均法、工作量法、双倍余额递减法、年数总和法等。企业在发生某项经济业务时，必须从允许的会计处理方法中选择适合本企业特点的会计政策。企业选择不同的会计处理方法，可能极大地影响企业的财务状况和经营成果，进而编制出不同的财务报表。为了有助于报表使用者理解，企业有必要对这些会计政策加以披露。

需要特别指出的是，企业在说明会计政策时还需要披露下列两项内容。①财务报表项目的计量基础。会计计量属性包括原值、重置成本、可变现净值、现值和公允价值。企业选用的计量属性直接影响报表使用者的分析。这项披露要求便于使用者了解企业财务报表中的项目是按何种计量基础予以计量的，如存货是按成本还是可变现净值计量的等。②会计政策的确定依据，主要是指企业在运用会计政策过程中所作的对报表中确认的项目金额最具影响力的判断。例如，企业如何判断持有的金融资产是债权投资而不是交易性金融投资；又如，对于拥有的持股不足50%的关联企业，企业为何判断企业拥有控制权因此将其纳入合并范围；再如，投资性房地产的判断标准是什么等。这些判断对在报表中确认的项目金额具有重要影响。这项披露要求有助于报表使用者理解企业选择和运用会计政策的背景，增加财务报表的可理解性。

2. 重要会计估计的说明

财务报表列报准则强调了对会计估计不确定因素的披露要求，企业应当披露会计估计中所采用的关键假设和不确定因素的确定依据。这些关键假设和不确定因素在下一会计期间内很可能导致对资产、负债账面价值进行重大调整。

在确定报表中确认的资产和负债的账面价值金额过程中，企业有时需要对不确定的未来事项在资产负债表日对这些资产和负债的影响加以估计。例如，固定资产可收回金额的计算需要根据其公允价值减去处置费用后的净额与预计未来现金流量的现值两者之间的较高者确定，在计算资产预计未来现金流量的现值时需要对未来现金流量进行预测，并选择适当的折现率。企业应当在附注中披露未来现金流量预测采用的假设及其依据，所选择的折现率为什么是合理的等。这一披露要求有助于提高财务报表的可理解性。

（五）会计政策和会计估计变更以及差错更正的说明

企业应当按照《企业会计准则第 28 号——会计政策、会计估计变更和差错更正》的规定，披露会计政策和会计估计变更以及差错更正的有关情况。

企业应当在附注中披露与会计政策变更有关的下列信息：①会计政策变更的性质、内容和原因；②当期和各个列报前期财务报表中受影响的项目名称和调整金额；③无法进行追溯调整的，说明该事实和原因以及开始应用变更后的会计政策的时点、具体应用情况。

企业应当在附注中披露与会计估计变更有关的下列信息：①会计估计变更的内容和原因；②会计估计变更对当期和未来期间的影响数；③会计估计变更的影响数不能确定的，披露这一事实和原因。

企业应当在附注中披露与前期差错更正有关的下列信息：①前期差错的性质；②各个列报前期财务报表中受影响的项目名称和更正金额；③无法进行追溯重述的，说明该事实和原因以及对前期差错开始进行更正的时点、具体更正情况。

（六）报表重要项目的说明

企业应当按照资产负债表、利润表、现金流量表、所有者权益变动表及其项目列示的顺序，对重要项目采用文字和数字描述相结合的方式进行披露，尽可能以列表形式披露报表重要项目的构成或当期增减变动情况。报表重要项目的明细金额合计，应当与报表项目金额相衔接。

下面介绍部分重要报表项目的说明。

（1）应收款项，按账龄结构披露的格式见表 11.11。应收账款同时也要按客户类别披露，其格式省略。有应收票据、预付账款、长期应收款、其他应收款的，比照应收账款的披露方式进行披露。

（2）存货，披露格式见表 11.12。存货跌价准备的披露格式见表 11.13。

（3）固定资产，披露格式见表 11.14。企业确定有准备处置固定资产的，应当说明准备处置的固定资产名称、账面价值、公允价值、预计处置费用和预计处置时间等。

（4）资产减值准备，披露格式见表 11.15。应付职工薪酬，披露格式见表 11.16。

（5）短期借款和长期借款，披露格式见表 11.17。对于期末逾期借款，应分别按贷款单位、借款金额、逾期时间、年利率、逾期未偿还原因和预期还款期等进行披露。

表 11.11 应收账款按账龄结构披露的格式 （单位：元）

账龄结构	期末账面余额	年初账面余额
1 年以内（含 1 年）		
1～2 年（含 2 年）		
2～3 年（含 3 年）		
3 年以上		
合　计		

表 11.12 存货的披露格式 （单位：元）

存货种类	年初账面余额	本期增加额	本期减少额	期末账面余额
1. 原材料				
2. 在产品				
3. 库存商品				
4. 周转材料				
……				
合　计				

表 11.13 存货跌价准备的披露格式 （单位：元）

存货种类	年初账面余额	本期计提额	本期减少额		期末账面余额
			转回	转销	
1. 原材料					
2. 在产品					
3. 库存商品					
4. 周转材料					
……					
合　计					

表 11.14 固定资产的披露格式 （单位：元）

项目	年初账面余额	本期增加额	本期减少额	期末账面余额
一、原价合计				
其中：房屋、建筑物				
机器设备				
运输工具				
……				
二、累计折旧合计				
其中：房屋、建筑物				
机器设备				
运输工具				
……				
三、固定资产减值准备累计金额合计				
其中：房屋、建筑物				
机器设备				
运输工具				
……				
四、固定资产账面价值合计				
其中：房屋、建筑物				
机器设备				
运输工具				
……				

表 11.15 资产减值准备的披露格式 （单位：元）

项目	年初账面余额	本期计提额	本期减少额		期末账面余额
			转回	转销	
一、坏账准备					
二、存货跌价准备					
三、债权投资减值准备					
四、其他债权投资减值准备					
五、长期股权投资减值准备					
六、投资性房地产减值准备					
七、固定资产减值准备					
八、工程物资减值准备					
九、在建工程减值准备					
十、无形资产减值准备					
十一、商誉减值准备					
十二、其他					
合 计					

表 11.16 应付职工薪酬的披露格式 （单位：元）

项目	年初账面余额	本期发生额	本期支付额	期末账面余额
一、工资、奖金、津贴和补贴				
二、社会保险费				
其中：1. 医疗保险费				
2. 工伤保险费				
3. 生育保险费				
三、住房公积金				
四、非货币性福利				
五、短期利润分享计划提供的职工薪酬金额				
六、其他短期薪酬				
合 计				

表 11.17 借款的披露格式 （单位：元）

项目	短期借款		长期借款	
	期末账面余额	年初账面余额	期末账面余额	年初账面余额
信用借款				
抵押借款				
质押借款				
保证借款				
合 计				

表 11.18 营业收入的披露格式 （单位：元）

项目	本期发生额	上期发生额
1. 主营业务收入		
2. 其他业务收入		
3. 提供服务收入		
合 计		

（6）营业收入，披露格式见表 11.18。营业外收入，披露格式见表 11.19。营业外支出，披露格式见表 11.20。

（7）每股收益。企业应披露的每股收益的内容包括：基本每股收益和稀释每股收益分子、分母的计算过程；列报期间不具有稀释性但以后期间很可能具有稀释性的潜在普通股；在资产负债表日至财务报告批准报出日之间，企业发行在外的普通股或潜在普通股股数发生重大变化的情况，如股份发行、股份回购、潜在普通股发行、潜在普通股转换或行权等。

表 11.19 营业外收入的披露格式 （单位：元）

项目	本期发生额	上期发生额
1. 债务重组利得		
2. 盘盈利得		
3. 捐赠利得		
4. 其他		
合 计		

表 11.20 营业外支出的披露格式 （单位：元）

项目	本期发生额	上期发生额
1. 债务重组损失		
2. 公益性捐赠支出		
3. 非常损失		
4. 盘亏损失		
合 计		

（七）其他需要说明的重要事项

这些事项主要包括或有和承诺事项、资产负债表日后非调整事项、关联方关系及其交易等，具体的披露要求须遵循相关准则的规定。

【本章小结】

财务报表，是指企业对外提供的反映企业某一特定日期财务状况和某一会计期间经营成果、现金流量的文件。编制财务报表具有重要的意义。我国现行会计准则规定，企业财务报告包括资产负债表、利润表、现金流量表、所有者权益变动表、报表附注等。正确编制资产负债表、利润表、现金流量表和所有者权益变动表，可以为有关方面进行管理和决策提供所需的会计信息。编制和提供报表附注，有利于财务报表使用者全面、正确地理解财务报表。

【综合练习】

一、单项选择题

1. 下列资产负债表项目中，应根据其总账科目期末余额直接填列的是（   ）。

    A. 预收款项　　　　B. 实收资本　　　　C. 长期借款　　　　D. 应付账款

2. 下列各资产负债表项目中，应根据有关科目余额减去其备抵科目余额后的净额填列的项目是（   ）。

    A. 预收款项　　　　B. 其他应付款　　　　C. 货币资金　　　　D. 固定资产

3. 下列资产负债表项目中，根据总账余额计算填列的是（   ）。

    A. 存货　　　　B. 短期借款　　　　C. 无形资产

    D. 其他应付款　　　　E. 资本公积

4. 某企业"应付账款"科目的月末贷方余额为 40 000 万元，其中，"应付甲公司账款"明细科目的贷方余额 25 000 万元，"应付乙公司账款"明细科目的贷方余额 25 000 万元，"应付丙公司账款"明细科目的借方余额 10 000 万元；"预付账款"科目的月末贷方余额 20 000 万元，其中，"预付A工厂账款"明细科目的贷方余额 40 000 万元，"预付B工厂账款"明细科目的借方余额 20 000 万元。该企业月末资产负债表中"预付款项"项目的金额为（   ）万元。

    A. 20 000　　　　B. 30 000　　　　C. −30 000　　　　D. −10 000

5. 甲企业采用计划成本法核算材料，20×8 年 12 月 31 日结账后有关科目的余额如下："材料采购"科目的借方余额为 100 万元，"原材料"科目的借方余额为 2 600 万元，"周转材料"科目的借方余额为 200 万元，"库存商品"科目的借方余额为 5 000 万元，"发出商品"科目的借方余额为 300 万元，"委托代销商品"科目的借方余额为 400 万元,"生产成本"科目的借方余额为 1 000 万元,"材料成本差异"科目的贷方余额为 600 万元,"存货跌价准备"科目的贷方余额为 400 万元,"受托代销商品"科目的借方余额为123 万元,"受托代销商品款"科目的贷方余额为 123 万元。20×8 年 12 月 31 日,甲企业资产负债表中的"存货"项目的金额是(　　)万元。

    A. 8 600　　　　　　B. 8 723　　　　　　C. 7 600　　　　　　D. 9 800

6. 某企业某年年末"固定资产"科目的余额为 6 000 万元,"累计折旧"科目的余额为 1 800 万元,"固定资产减值准备"科目的余额为 200 万元,"工程物资"科目的余额为 200 万元。某企业该年末资产负债表中的"固定资产"项目的金额应为(　　)万元。

    A. 6 400　　　　　　B. 6 000　　　　　　C. 4 400　　　　　　D. 4 000

7. 某企业某年末"无形资产"科目的余额为 500 万元,"累计摊销"科目的余额为 200 万元,"无形资产减值准备"科目的余额为 100 万元。某企业该年年末资产负债表中的"无形资产"项目的金额为(　　)万元。

    A. 500　　　　　　B. 300　　　　　　C. 400　　　　　　D. 200

8. 资产负债表中的"未分配利润"项目,应根据(　　)填列。

    A. "利润分配"科目的余额　　　　　　　　　　B. "本年利润"科目的余额

    C. "本年利润"科目和"利润分配"科目的余额计算后　　D. "盈余公积"科目的余额

9. 某企业某年的"主营业务收入"科目的贷方发生额是 2 000 万元,借方发生额为退货 50 万元,发生现金折扣 50 万元,"其他业务收入"科目的贷方发生额 100 万元,"其他业务成本"科目的借方发生额为 80 万元,那么某企业该年利润表中的"营业收入"项目填列的金额为(　　)万元。

    A. 2 000　　　　　　B. 2 050　　　　　　C. 2 100　　　　　　D. 2 070

10. 某企业某年发生的营业收入为 200 万元,营业成本为 100 万元,销售费用为 10 万元,管理费用为 20 万元,财务费用为 5 万元,投资收益为 20 万元,资产减值损失为 10 万元,公允价值变动损益为 30 万元(收益),营业外收入为 8 万元,营业外支出为 7 万元。某企业该年的营业利润为(　　)万元。

    A. 108　　　　　　B. 105　　　　　　C. 85　　　　　　D. 100

11. 下列各项中,会引起现金流量净额发生变动的是(　　)。

    A. 从银行提取现金　　　　　　　　　　B. 生产领用原材料

    C. 以银行存款偿还应付账款　　　　　　D. 用设备抵偿债务

12. 某企业某年主营业务收入为 1 000 万元,增值税销项税额为 170 万元。该年应收账款的年初数为 150 万元,期末数为 120 万元。根据上述资料,某企业该年现金流量表中的"销售商品、提供劳务收到的现金"项目列示的本期金额为(　　)万元。

    A. 1 188　　　　　　B. 1 178　　　　　　C. 1 212　　　　　　D. 1 200

13. A 公司某年购买商品支付 500 万元(含增值税),支付 20×7 年接受劳务时的未付款项 50 万元,20×8 年发生的购货退回为 15 万元。假设不考虑其他条件,A 公司该年现金流量表中的"购买商品、接受劳务支付的现金"项目的本期金额应填列(　　)万元。

    A. 535　　　　　　B. 465　　　　　　C. 435　　　　　　D. 500

14. 编制现金流量表时,企业因资金短缺,变卖厂部用旧汽车收到的现金属于(　　)。

    A. 经营活动的现金流量　　　　　　B. 投资活动的现金流量

    C. 筹资活动的现金流量　　　　　　D. 非正常活动的现金流量

15. 支付的在建工程人员的薪酬属于(　　)产生的现金流量。

    A. 投资活动　　　　　　　　B. 不属于现金流量表中的内容

    C. 筹资活动　　　　　　　　D. 经营活动

16. 下列各项目中，不属于投资活动产生的现金流量的是（　　）。

    A. 取得投资收益收到的现金

    B. 购建固定资产、无形资产和其他非流动资产支付的现金

    C. 收回短期投资、长期债券投资和长期股权投资收到的现金

    D. 偿还借款利息支付的现金

17. 下列各项目中，不属于筹资活动产生的现金流量的是（　　）。

    A. 吸收权益性投资收到的现金　　　B. 收回债券投资收到的现金

    C. 发行债券收到的现金　　　　　　D. 借入资金收到的现金

18. 下列事项中，引起所有者权益内部结转的项目是（　　）。

    A. 将资本公积转增资本（或股本）　B. 用现金等价物清偿债务

    C. 用存货抵偿债务　　　　　　　　D. 用银行存款购入三个月到期的债券

二、多项选择题

1. 资产负债表的数据来源，可以通过以下（　　）方式获得。

    A. 根据总账科目余额直接填列　　　B. 根据总账科目余额计算填列

    C. 根据明细账科目余额直接填列　　D. 根据明细账科目余额计算填列

    E. 根据总账科目发生额计算填列

2. 在编制企业资产负债表时，可以根据总账科目期末余额直接填列的项目有（　　）。

    A. 短期借款　　　　　　B. 应收票据　　　　　　C. 实收资本

    D. 货币资金　　　　　　E. 固定资产

3. 下列资产负债表项目中，根据总账余额计算填列的有（　　）。

    A. 存货　　　　　　　　B. 短期借款　　　　　　C. 无形资产

    D. 其他应付款　　　　　E. 资本公积

4. 下列各项中，应在资产负债表"预付款项"项目中列示的有（　　）。

    A. "应付账款"科目所属明细科目的借方余额

    B. "应收账款"科目所属明细科目的借方余额

    C. "应收账款"科目所属明细科目的贷方余额

    D. "预付账款"科目所属明细科目的借方余额

5. 下列项目中，应列入资产负债表中的"存货"项目的有（　　）。

    A. 发出商品　　　　　　B. 工程物资　　　　　　C. 委托加工物资

    D. 在产品　　　　　　　E. 在途物资

6. 在填列资产负债表"一年内到期的非流动负债"项目时要考虑的会计科目有（　　）。

    A. 应付票据　　　　　　B. 应付债券

    C. 长期借款　　　　　　D. 应付股利

7. 下列项目中，会影响企业利润表中"营业利润"项目填列金额的有（　　）。

    A. 对外投资取得的投资收益　　　　B. 出租无形资产取得的租金收入

    C. 计提固定资产减值准备　　　　　D. 缴纳所得税

8. 下列各项中，影响营业利润的有（　　）。

    A. 计提的工会经费　　　　　　　　B. 发生的业务招待费

    C. 收到退回的所得税　　　　　　　D. 处置投资取得的净收益

9. 下列各项中，应列入利润表"税金及附加"项目的有（　　）。

A. 增值税　　　　　　　　　　　　B. 城市维护建设税

C. 教育费附加　　　　　　　　　　D. 矿产资源补偿费

10. 下列项目中，在填列现金流量表中"销售商品、提供劳务收到的现金"项目时应予考虑的有（　　）。

A. 主营业务收入　　B. 应交税费——应交增值税（销项税额）　　C. 收回应收账款

D. 偿还应付账款　　E. 预收账款

11. 现金流量表中的"支付给职工以及为职工支付的现金"项目包括（　　）。

A. 支付给退休人员的退休金　　　　B. 支付的在建工程人员的职工薪酬

C. 支付的销售部门人员的职工薪酬　　D. 支付的生产工人的职工薪酬

12. 下列各项中，属于现金流量表中投资活动产生的现金流量的有（　　）。

A. 外购无形资产支付的现金　　　　B. 转让固定资产所有权收到的现金

C. 购买3个月内到期的国债支付的现金　　D. 收到分派的现金股利

13. 下列各项中，属于筹资活动产生的现金流量的有（　　）。

A. 支付的现金股利　　　　　　　　B. 取得短期借款

C. 增发股票收到的现金　　　　　　D. 偿还公司债券支付的现金

14. 下列各项中，不会引起现金流量总额变动的项目有（　　）。

A. 将现金存入银行　　　　　　　　B. 用银行存款购买1个月到期的债券

C. 用固定资产抵偿债务　　　　　　D. 用银行存款清偿20万元的债务

15. 下列交易或事项中，不影响当期经营活动产生的现金流量的有（　　）。

A. 用产成品偿还短期借款　　　　　B. 支付管理人员工资

C. 收到被投资单位利润　　　　　　D. 支付各项税费

E. 用银行存款偿还短期借款

16. 下列交易或事项中，属于投资活动产生的现金流量的有（　　）。

A. 为购建固定资产支付的耕地占用税

B. 为购建固定资产支付的已经资本化的利息费用

C. 火灾造成的固定资产损失收到的保险赔款

D. 最后一次支付分期付款购买固定资产的价款

17. 下列各项中，属于所有者权益变动表项目的有（　　）。

A. 本年综合收益总额　　B. 财务费用　　C. 所有者投入资本

D. 向所有者（或股东）的分配　　E. 盈余公积弥补亏损

18. 下列应在财务报表附注中反映的内容有（　　）。

A. 不符合基本会计假设的说明　　　B. 或有事项的说明

C. 资产负债表日后事项的说明　　　D. 重大会计政策和会计估计的说明

E. 会计报表重要项目的说明

三、判断题

1. 资产负债表中的"在建工程"项目应该根据"在建工程"科目的期末余额填列。　　　　（　　）

2. 企业年末"长期待摊费用"科目的余额为200万元，其中将于一年内摊销的为50万元，那么年末资产负债表中的"长期待摊费用"项目的金额为200万元。　　　　（　　）

3. 资产负债表是静态报表，应根据有关科目余额来编制；利润表是动态报表，应根据有关科目的发

生额来编制。 （ ）

4. 在资产负债表中，存货跌价准备应作为存货的抵减额在存货项目中列示。 （ ）

5. 资产负债表中的"无形资产"项目是根据"研发支出"科目的"资本化支出"明细科目的期末余额填列的。 （ ）

6. 如果"应交税费"科目期末为借方余额，应在资产负债表"应交税费"项目中以负数列示。（ ）

7. 将于一年内到期的应付债券，按照规定，应在资产负债表中作为流动负债反映。 （ ）

8. 利润表是反映企业在某一特定日期的经营成果的财务报表。 （ ）

9. 利润表中"税金及附加"项目应根据该科目的本期发生额填列。 （ ）

10. 企业出售无形资产形成的净损失，应列入利润表的"营业外支出"项目。 （ ）

11. 企业以现金支付给职工的工资、奖金、各种津贴和补贴等职工薪酬均应反映在"支付给职工以及为职工支付的现金"项目中。 （ ）

12. 用银行存款偿还应付账款属于筹资活动的现金流出。 （ ）

13. 企业以发行债券的方式筹集资金时，实际收到的款项应反映在"取得借款收到的现金"项目中。 （ ）

14. 所有者权益变动表中的"上年年末余额"项目，反映企业上年资产负债表中实收资本（或股本）、其他权益工具、资本公积、库存股、盈余公积、未分配利润的年末余额。 （ ）

15. 财务报表附注是对在资产负债表、利润表、现金流量表和所有者权益变动表等报表中列示项目的文字描述或明细资料，以及对未能在这些报表中列示项目的说明等。 （ ）

四、业务处理题

1. A公司某年3月31日有关科目余额见表11.21。

要求：计算并填列资产负债表中"货币资金""固定资产"项目的金额。

2. C公司某年5月有关科目的期末余额见表11.22。

要求：计算并填列资产负债表中"存货""长期借款""未分配利润"项目的金额。

表11.21　科目余额表　　（单位：元）

科目名称	期末借方余额	期末贷方余额
库存现金	5 200	
银行存款	532 800	
其他货币资金	61 000	
固定资产	360 800	
累计折旧		73 000
固定资产减值准备		5 800

表11.22　科目余额表　　（单位：元）

科目名称	期末借方余额	期末贷方余额
原材料	55 240	
生产成本	22 350	
库存商品	50 380	
长期借款		280 000
其中：一年内到期的长期借款		60 000
本年利润		31 750
利润分配		8 000

3. D公司某年7月31日的有关资料如下。

表11.23　长期借款资料

借款起始日期	借款期限（年）	金额（万元）
20×5年6月1日	4	450
20×6年1月1日	5	600
20×8年1月1日	3	300

（1）长期借款资料，见表11.23。

（2）"长期待摊费用"项目的期末余额为50万元，其中将于一年内摊销的金额为20万元。

要求：根据上述资料，计算D公司该年7月31日资产负债表中下列项目的金额：

（1）长期借款；

（2）长期借款中应列入"一年内到期的非流动负债"项目的金额；

（3）长期待摊费用；

（4）长期待摊费用中应该列入"一年内到期的非流动资产"项目的金额。

4. 甲公司为一般纳税人，适用的增值税税率为 13%。原材料和库存商品均按实际成本法核算，商品售价不含增值税，其销售成本随销售同时结转。20×8 年 12 月 31 日，资产负债表（简表）如表 11.24 所示。

表 11.24 资产负债表（简表）

编制单位：甲公司 20×8 年 12 月 31 日 （单位：万元）

资产	期末余额	负债和所有者权益	期末余额
货币资金	360	短期借款	180
交易性金融资产	126	应付账款	252
应收账款	234	应付职工薪酬	36
预付账款	1.8	应交税费	90
存货	540	其他应付款（含应付利息）	73.8
固定资产	1 800	长期借款	540
在建工程	180	实收资本	1 980
无形资产	126	盈余公积	180
长期待摊费用	18	未分配利润	54
资产总计	3 385.8	负债和所有者权益总计	3 385.8

20×9 年 1 月，甲公司发生如下交易或事项。

（1）购入一批材料，发票账单已经收到，增值税专用发票上注明的货款为 200 万元、增值税税额为 32 万元。材料已验收入库，款项已经支付。

（2）销售库存商品一批。该批商品的售价为 500 万元，增值税税额为 80 万元，实际成本为 320 万元，商品已发出。该批商品销售符合收入确认条件，款项尚未收到。

（3）出售交易性金融资产，售价为 150 万元。该交易金融资产的账面价值为 126 万元，其中成本为 100 万元，公允价值变动 26 万元。款项已经收到。

（4）计算并确认短期借款利息 15 万元。

（5）计算并计提坏账准备 4 万元。

（6）计提行政管理部门用固定资产折旧 30 万元；摊销管理用无形资产成本 18 万元。

（7）分配工资费用，其中企业行政管理人员工资 18 万元，在建工程人员工资 7 万元。

（8）计算并确认应交城市维护建设税 3 万元（教育费附加略）。

（9）转销无法支付的应付账款 30 万元。

（10）本年度所得税费用和应交所得税均为 36.5 万元（不考虑其他因素）；提取盈余公积 10.95 万元。

要求：

（1）编制甲公司 20×9 年 1 月上述交易或事项（1）~（10）的会计分录（不需编制各损益类科目结转本年利润以及利润分配的有关会计分录，金额单位为万元）。

（2）填列甲公司 20×9 年 1 月 31 日的资产负债表，见表 11.25。

5. 成华公司为一般纳税人，适用的增值税税率为 13%，销售商品和提供劳务均属于公司的主营业务。假定销售商品、原材料和提供劳务均符合收入确认条件，商品、原材料售价中不含增值税，且成本在确认收入时逐笔结转，不考虑其他因素。20×9年7月，成华公司发生如下交易或事项。

（1）月初委托某公司销售甲商品，代销协议约定的商品售价为800万元，商品实际成本为640万元，代销手续费为售价的10%，月底收到代销清单，注明已经销售了商品的75%，同时收到代销款，并结算了代销手续费。

表 11.25　资产负债表（简表）

编制单位：甲公司　　　　　　　　　　20×9年1月31日　　　　　　　　　　（单位：万元）

资产	期末余额	上年年末余额	负债和所有者权益	期末余额	上年年末余额
货币资金			短期借款		
交易性金融资产			应付账款		
应收账款			应付职工薪酬		
预付款项			应交税费		
存货			其他应付款（含应付利息）		
固定资产			长期借款		
在建工程			实收资本		
无形资产			盈余公积		
长期待摊费用			未分配利润		
资产总计			负债和所有者权益总计		

（2）销售乙材料一批，增值税专用发票上注明的售价为340万元，款项已收到并存入银行。该批材料的实际成本为280万元。

（3）作为福利，向本公司销售人员发放自产产品。该批产品的实际成本为60万元，市场售价为100万元。

（4）以银行存款支付管理费用15万元、财务费用10万元、销售费用5万元、营业外支出10万元。假定除上述业务外，成华公司本月未发生其他相关业务。

要求：（1）编制上述业务的会计分录；

（2）计算成华公司20×9年7月的营业收入、营业成本、销售费用、营业利润、利润总额。

6. A企业收到本年销售商品的款项3 000万元、以前年度销售商品的款项600万元，本年预收商品货款300万元，为本年销售本年退回商品支付现金240万元，为以前年度销售本年退回商品支付现金180万元。

要求：计算本期销售商品、提供劳务收到的现金。

7. C企业出售某项长期股权投资，收回的全部投资金额为2 000 000元；出售某项长期债券投资，收回的全部投资金额为1 000 000元，其中，300 000元是债券利息。

要求：计算C企业本期投资收到的现金。

8. B企业本期购买原材料，通过银行转账支付材料价款1 500 000元；"应付票据"科目的期初余额为30 000元，期末余额为40 000元；"应付账款"科目的期初余额为20 000元，期末余额为50 000元；本期购买工程用物资20 000元，货款已通过银行转账支付。

要求：计算B企业本期购买商品、接受劳务支付的现金。

9. D企业出售一台不需用设备，收到价款480 000元。该设备的原价为640 000元，已提折旧200 000元。D企业支付该项设备拆卸费用6 000元、运输费用1 000元，设备已由购买单位运走。

要求：计算D企业本期"处置固定资产、无形资产和其他长期资产收回的现金净额"。

附录　自测试卷

自测试卷（一）
（含答案）

自测试卷（二）
（含答案）

主要参考文献

[1]　陈明灿，宋瑞. 2018. 中级财务会计[M]. 北京：经济科学出版社.

[2]　贾永海. 2014. 财务会计——含企业会计准则与小企业会计准则[M]. 北京：人民邮电出版社.

[3]　贾永海. 2015. 财务会计[M]. 2 版. 北京：人民邮电出版社.

[4]　刘永泽，陈立军. 2018. 中级财务会计[M]. 6 版. 大连：东北财经大学出版社.

[5]　郑英莲. 2018. 中级财务会计[M]. 北京：中国原子能出版社.

[6]　周兵，魏军. 2016. 财务会计[M]. 长春：吉林大学出版社.

更新勘误表和配套资料索取示意图

说明1：附录中自测试卷为学习参考资料，供各位读者学习中参考。

说明2：本书配套教学资料在人邮教育社区（www.ryjiaoyu.com）本书页面内下载。下载本书配套教学资料受教师身份、下载权限限制，教师身份、下载权限需网站后台审批，参见示意图。

说明3："用书教师"，是指学生订购本书的授课教师。

说明4：本书配套教学资料将不定期更新、完善，新资料会随时上传至人邮教育社区本书页面内。

说明5：扫描二维码可查看本书现有"更新勘误记录表""意见建议记录表"。如发现本书或配套资料中有需要更新、完善之处，望及时反馈，我们将尽快处理！

咨询邮箱：13051901888@163.com

更新勘误及意见建议记录表

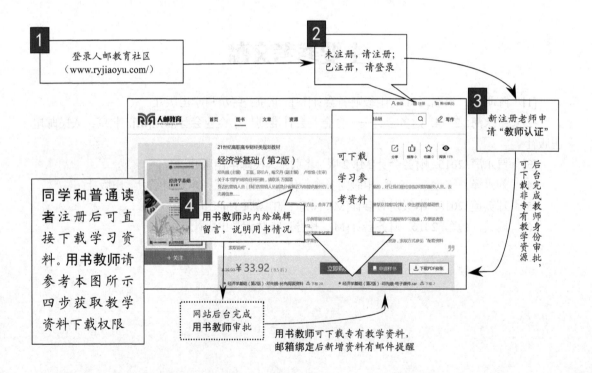